李新回忆录

李 新 著　陈铁健 整理

四川人民出版社

图书在版编目（CIP）数据

流逝的岁月：李新回忆录 / 李新著；陈铁健整理.
-- 成都：四川人民出版社，2019.12（2021.7重印）
ISBN 978-7-220-11415-1

Ⅰ.①流… Ⅱ.①李… ②陈… Ⅲ.①李新—回忆录
Ⅳ.①K825.81

中国版本图书馆CIP数据核字（2019）第109817号

LIUSHI DE SUIYUE LIXIN HUIYILU

流逝的岁月：李新回忆录

李　新　著

陈铁健　整理

书名题签	陈铁健
责任编辑	章　涛　邹　近
特约编辑	吴佳惠
封面设计	叶　茂
技术设计	戴雨虹
责任校对	蓝　海
责任印制	李　剑

出版发行	四川人民出版社（成都市槐树街2号）
网　　址	http://www.scpph.com
E-mail	scrmcbs@sina.com
新浪微博	@四川人民出版社
微信公众号	四川人民出版社
发行部业务电话	（028）86259624　86259453
防盗版举报电话	（028）86259624
照　　排	四川胜翔数码印务设计有限公司
印　　刷	四川华龙印务有限公司
成品尺寸	160mm×230mm
印　　张	30
字　　数	385千
版　　次	2019年12月第1版
印　　次	2021年7月第2次印刷
书　　号	ISBN 978-7-220-11415-1
定　　价	69.00元

■版权所有·侵权必究

本书若出现印装质量问题，请与我社发行部联系调换
电话：（028）86259453

序一 | 王蒙 |

怀念我遇到的第一位共产党员李新同志

李新同志是我此生遇到的第一个共产党员。1946年，他参加当时叫做北平的军事调处执行部的工作，跟随中共的代表叶剑英来到国民党统治下的北平。作为先父的客人，在一个晚上他来到我家。我当时只有十一岁半。他给我留下的最深的印象一个是讲自我批评，我当时不记得什么事与姐姐有一点争吵，他就提出来我应该作自我批评，这对于我完全是崭新的概念，崭新的思路。我一开头老大不乐意，但是在他的无可抵挡、无懈可击而又春风化雨的逻辑说服下，我终于心悦诚服。第二是我当时被学校委派去参加全市的中学生演讲比赛初中组。这个演讲他干脆出主意，要我讲孙中山的三民主义与罗斯福的四大自由，联系实际，鞭挞时弊，矛头直指国民党政府，我记得我讲演中提及在垃圾堆上捡煤核的贫民儿童，就是我自己想出来的例子，证明国民党没有实行民生主义，立即受到李新同志的赞扬首肯。

我在自传《半生多事》中相当详细地写到了这一段。此前我恰恰在广播中听到国民党市社会局局长温崇信的讲话，他的公鸭嗓子，他的满口空话套话陈词滥调，与李新同志的言谈成为鲜明的对比，我体会到一个政党的前景，从它的文风上已经可以看出端倪。我还说，一个政权的衰落是从语文的腐烂上开始的,可见我印象之深。

解放后不久,我随先父去过一次李新同志那里,似乎是参加一位老同志王南的婚礼,记不清了。我知道,他是党史研究的专家。

这样一位前辈已经在几年前过世了。此次有机会读到他的自传的一部分,真是令人感慨。他在书的开始所讲的关于写真话的想法,关于拍马式的史料的抨击,还有他的诗,也令人感到他的一身正气,甚至是迂直的书生气。虽然我作为后辈不该这样放肆地说话。

可惜了,当年李新同志在世时无缘朝夕请教。同时我也感到幸运,有机会对他的早年回忆录先睹为快,并为其出版写几句怀念的话,怀念李新同志,也怀念那个时代,那时节革命人充满了真诚的理想与献身的热忱,哪怕是带几分天真。

李新同志的在天之灵安息。

序二 | 李锐 |

岁月的分量

把《流逝的岁月》拿在手里,沉甸甸的,看过之后,心里更是百味杂陈,久久不能从沉重当中自拔。心里反复掂量着"岁月无痕"这句话——它到底说的是人对于时间的无奈?是无可反抗和逃遁的接受?还是彻悟之后的平静?不管到底是什么,当亲人和挚友的生命终于无情地流逝,终于被岁月掩埋,并且终于无痕的时候,怀念就像疼痛的波浪,一波又一波地涌上心头。

李新叔叔的名字是我小的时候从父亲嘴里听到的。父亲在家里是个严厉的人,平日不苟言笑。但是父亲爱酒,关于他的身世,他的学生时代,他的革命生涯,他的被审查,甚至他会唱的抗日歌曲,我们大都是从他酒后的闲谈中听到的:

"五月的鲜花开遍了原野,鲜花掩盖着志士的鲜血……"

少不更事的我们,从来没有体会到父亲酒后闲谈中的沉重。也不知道李新叔叔到底是一个什么样的人?为什么他总是出现在父亲的回忆和闲谈当中?

现在,手里捧着这本沉甸甸的《流逝的岁月》,在李新叔叔的回忆中,忽然回想起父亲曾经的酒后闲谈,忽然清晰地看到那么多曾经不被我们理解，也不被我们确切了解的人和事，渐渐无痕的岁月忽然间波澜骤起，久久难平。

  记得父亲曾经不无自豪地提到，当年在"一二·九"运动中，他们重庆川东师范学生会的"三李执政"，但是到底"三李"做了些什么？只了解一鳞半爪。也曾经不大明白来龙去脉地听父亲讲过，他们一伙热血青年是怎么从四川步行到陕北投身抗日战争。还曾经断断续续听父亲讲到他是怎么在延安的窑洞里接受"审干"。因为年龄的关系，许多事，许多人，对于我都像是遥不可及的传说，都像是墙壁上斑驳漫漶的残迹。但是现在，一切都原原本本地出现在《流逝的岁月》中。就像李新叔叔说的，"我亲身经历过的一些历史事实，都被一些大名鼎鼎的'史学家'为了政治目的而把它歪曲了，我的良心使我感到有责任把它纠正过来"。"要如实地把真人真事写出来"。

  七十多年前，一群四川的热血青年，为了抗日救国，为了参加革命，冒着杀头和坐牢的危险走上街头，走向延安。如今，他们早已不在人世。连写下这本回忆录的李新叔叔，也已经魂归大海。不止他们，当年那些热血沸腾的年轻人，如今大都早已经不在人世。他们所赢得的胜利和辉煌，他们所经历的曲折和错误，他们所遭遇的残酷和幻灭，随着他们的谢世，也都已经成为"流逝的岁月"。

  近一个世纪以来，中国经历了太多的革命、铲除、打倒。可是，那个一次又一次被打倒的历史，却从来也不能被消灭。它一次又一次地浴火重生，它一次又一次无远弗届、无微不至地来到我们中间。于是，流逝的岁月，一层又一层地在心底沉积出难以泯灭的分量。

  李新叔叔在世的时候我从来没有见过他。没有想到，竟然在他的回忆里这样生动亲切地看到他，看到我父亲，看到他们那一代人的燃情岁月和蹉跎人生。逝者永去，可他们却又能凭着历史的潜流，无远弗届、无微不至地来到我们中间。

2008年10月15日，于太原

前言[1]

近年来出版了很多回忆录。我看过的也不少,颇受教益。通过回忆录,使我对许多历史事实了解得更加具体和丰富。但是,大多数的回忆录都"隐恶扬善",无论对别人或对自己,都是拣好的说,坏的不说或少说。其实这也难怪。人们在回忆往事的时候,关于自己,多半爱说"过五关斩六将"的事,至于"走麦城",连提也不愿意提。对别人,一般是爱说别人的坏话,能为别人说好话的并不多。因此"隐恶扬善"只要说的是真话,就应该说是不错的了。至于那些谁当权就为谁说好话,谁倒霉,就说谁的坏话,甚至伪造历史、取宠求荣,这样的为拍马而写的"回忆录",一切正直的人,都会对它不屑一顾,虽然也能凭权势而畅销一时,但用不了多久,就会被抛进历史的垃圾堆里去。

写回忆录,按理我是没有资格的。记得50年代末,我在成都帮助吴老(玉章)写回忆录。在写留法勤工俭学时,恰好陈毅外长从国

---

[1] 此前言为中共党史出版社1995年12月出版《回望流年:李新忆救亡与抗战》中的"前言"。

外回来,也住在成都金牛坝。既然住在一起,我便过去访问了陈毅。他对留法勤工俭学记得很清楚,因此谈得很详细。他除谈了事实经过之外,还提出了一些非常宝贵的意见。他说:"赵世炎当时是党员,当我们在里昂被抓起来、关起来后,他却溜之大吉,一直跑到苏联去留学;而我们这批被捕的人,则被押送回国。他虽然是我党著名的烈士,我一直认为他当时这样的做法是不好的。领头的党员当逃兵,在群众中影响很坏。"陈毅由此更谈到我们的白区工作。他说:"我们的军队打仗,党员是冲锋在前的。但在白区游行示威,党员却躲在后面,把非党积极分子推到前面去,因此被捕的多半不是党员。我们还认为这样很'策略'。结果,非党同志为我们被捕、被杀头,使我们大大地脱离了群众。这样做是不符合列宁主义的。你们看,'血的星期日'不是布尔什维克领着群众一起去流血牺牲吗?"陈毅的谈话给我很大的启发。他谈完后,我说:"陈毅同志,请你再谈一次,我给你写成回忆录。"他说:"写回忆录,我没有资格。"我说:"你是元帅嘛,怎么没有资格?"他说:"留法的时候,吴老已经是名流了,我还是娃娃呢。"因此,此后我没有再找他谈回忆录的事了。陈毅尚且说他没有资格写回忆录,那么,我还有什么资格呢?

　　我是一个历史工作者,研究历史的人。我认为写历史应按照历史本来的面目来写,把它写成信史、真史。但这样做是很难的,有各种各样的困难。自古以来,要想写真史,首先在政治上就会遇到很大的困难。"在齐太史简,在晋董狐笔。"说明写真史会遭到杀身之祸。但是,中国的史学正因此而形成了一个光荣而伟大的传统。即认为写史而不真,有违史德,丧失了史学家的良心。尽管有不少"史学家"由于昧心写伪史而飞黄腾达,但悠久而光荣伟大的史学传统并没有完全失坠,它依然存在于史学界和广大人民的心中。

　　因为我亲身经历过的一些历史事实,都被一些大名鼎鼎的"史学家"为了政治目的而把它歪曲了,我的良心使我感到有责任把它纠正过来，因此我必须写回忆录。对于那些"隐恶扬善"的回忆录，虽然并没有隐去真事，但它毕竟太不全面，我也应该就我所知，加以补充，以便后人对真相不致以偏概全。总之，我写回忆录是应客观的要求，至于够不够资格，我就不管它了。

我写回忆录的目的既然是这样，那它就不能像文学作品《红楼梦》那样，把"真事隐去"，而要如实地把真人真事写出来。可是这样的回忆录是很难发表的。所以我的回忆录都只送中共中央党史研究室保存，并不想发表。

那么，现在为什么又出版这本回忆录呢？说来话长。大概是1995年吧，组织上考虑让我离休。既然要离休，就得确定我的工龄。从前，我的工龄都是从1938年，我从陕北公学毕业后算起的。对此，我一直没有计较甚至没有注意。后来，我发觉抗战前参加工作与抗战后参加的待遇大不一样，而且，提拔干部也是一个大界限。因为解放初，邓小平就要我去西南局任青委书记并兼西南军政委员会秘书长，那就是副省长的待遇了，但吴老没有让我离开中国人民大学。而在中国人民大学评定级别时，我就是行政九级（以后一直没有增长），也不算低。那时人们对级别的观念不像现在这样浓厚，现在是连和尚、道士都有级别。现在既然要离休，工龄就不能不计算。现在是，凡参加过"一二·九"游行、跟着喊过口号的都算参加了革命，而我那时是重庆学联主席，能不算参加革命吗？何况我们被开除学籍以后，留下来没有被开除的人，现在都被承认是参加革命了。因此我请党委进行调查，解决我的工龄问题。党委根据我写的回忆录《风雨巴山》，派人去四川调查，结果证明我写的完全属实，毫无虚假。四川当年从事学运的老同志们看见这篇回忆录后，都劝我将它发表。我说："其中的真人真事，不隐去能行吗？"他们说："没有关系，顶多，对个别的人，你替他改一下姓名就行了。"为此，我才准备在党史出版社出版我的《风雨巴山》。出版社的同志对我说："光出版《风雨巴山》未免太单薄了,要出,不妨多出一些。"既然出版社愿意多增加一些内容,我于是便把这次的回忆录增加为《救亡与抗战》,把从"九一八"到抗战胜利(1931～1945)这一段时期现成的几篇汇集到一起出版。这便是这本《救亡与抗战》出版的由来。

　　八年抗战,是我一生中最值得回忆的时期。无论是关于游击战争、减租减息、发动群众、统一战线、国共摩擦斗争以及整风运动等等,我都必须写,也准备写。例如我现在正写着的《中共北方局整风记》就是非写不可的。但要发表就很难了,大概要等10年以后吧?这并非是我的顾虑太多。我已年届八十,并且早已有安身立命之所,不必为"稻粱谋"了,还有什么可顾虑的呢?只是因为其中说到的人和事,距今太近,有的还活着,即使本人不在了,他的亲属还多嘛,何必要引起他们的不安呢?而且,有的领导人从政治上考虑,出版社从风险上考虑,都不愿出版这样的回忆录。因此,我一定要写的这些回忆录,暂时只能送存党史机关,束之高阁。但并不是要"藏之名山",而是要等到适当时机才把它发表出来,最好是等死后才发表。"死后是非谁管得",那时候什么评论都听不见了,多么干净!张学良要把他的回忆录留到下世纪(初)才发表,其用意很深,也可以说用心良苦。我认为他这样做很明智,所以我的某些回忆录也要留待将来发表。

　　以上,我把为什么要写回忆录,为什么要发表这本回忆录,以及发表的回忆录为什么只能是目前这个样子(不成样子),都如实地说明了。我写了这些,作为本书的前言,一则是请求读者谅解;二则是希望得到指正,以便今后能写得好一些。

1997年4月

续前言[1]

在出版这本新的回忆录（名为回忆录续篇）时，本拟写一篇新的前言，但一看原来的前言，内容仍不能去掉。如果重新再写，势必有许多重复。为此，就像书名叫续篇一样，前言也叫续前言。

在出版第一本回忆录的时候，我本来的意思，专名就叫《李新回忆录》，简单、明了而又朴实。但同志们认为在当前市场经济的情况下，应该有个引人注意的书名，于是便有了《回望流年》这个标题。为了封面美观些，在标题两边，分别又加上了两个小字的副标题：右上方是"忆往事之一"；左下边是"李新忆救亡与抗战"；并且找了一幅"一二·九"游行的照片作为整个封面的背景。这样，封面是比较美观了，但标题字面的重复是显而易见的，可谁也不管它，我也来了个"吾从众"。

现在要出版第二本回忆录了，封面上的标题怎么办呢？我的意见还是和第一本那样：中间是《回望流年》，右上方改为"忆往事之

---

[1] 此续前言为北京图书馆出版社1998年9月出版《回望流年：李新回忆录续篇》中的"续前言"。

二"；左下方改为"李新回忆录第二集"。但出版社的同志们认为那样太重复了！都主张把"第二集"改为"续篇"。既然大家都这样主张，我只好又一次"吾从众"。

新书叫续篇，前言叫续前言就更合适了。续前言要说明的问题不多，主要有两点：

第一，原前言说有些事和人现在不宜说或不宜直说、多说，甚至要等到死后才发表。但现在一想，那样不对。必须当这些人还活着的时候，我就应直接真姓真名地说到他，他如果认为不合事实，就可以起来辩正；如果等他死后我才写到他，那么，别人会认为我是捏造，尤是他的亲属会说我写的不合事实，则别人会相信其亲属而不相信我写的。因此，我这本回忆录写到了许多现在还健在的同志，并且其中有不少同志自己还写了回忆录（有的是著作或文章）。这样最好，让读者来评判谁写得真，谁写得假；谁写得偏颇，谁写得全面。书印在纸上，白纸黑字，当今和后世的读者总可以从中求得比较接近于真实的东西。任何欺骗，只能一时起作用，对少数人起作用；绝不可能永久对多数人起作用。

第二，因为这本新书的内容，在时间上包括了我的童年直到全国解放以后，所以小字副标题就取消了时间的限制，而总称之为回忆录续篇。

以上所述，就算是续前言吧。

1998年9月

目 录

故乡·童年
（1918—1930·四川荣昌）

李家沟 / 003

太星寺 / 006

安富镇（烧酒坊）/ 009

大观小学 / 015

荣隆场·蒋姑爷 / 020

全县会考和考棠香中学 / 028

相亲 / 031

"九一八"之忆
（1931·四川荣昌）

邱老师的运动经 / 037

"不抵抗将军" / 039

到城内去游行！/ 041

演戏募捐 / 046

"一·二八"之忆
（1932·四川荣昌）

古桥送别大哥 / 055

"一·二八"抗战 / 062

大哥之死 / 068

《回春之曲》 / 070

感怀 / 072

风雨巴山
（1934—1936·四川重庆）

布衣协会 / 079

众志学会 / 088

雨后凭栏 / 096

重庆学生哪里去了？ / 103

学生救国联合会 / 111

学联活动的展开 / 118

绝不交印 / 126

被川师开除 / 137

教我如何不想她 / 144

别了，重庆 / 155

反"扫荡"的回忆
（1942·晋冀豫）

二月"扫荡" / 165

五月大"扫荡" / 169

左权将军之死 / 182

"扫荡"之后 / 186

中共北方局整风记

（1941—1943・晋冀豫）

彭德怀走了 / 193

邓小平来了 / 199

难忘的1945年

（1945・河南濮阳、杞县）

太岳区所闻 / 209

赶回北方局 / 210

直下中原 / 211

在濮阳的争论 / 213

难忘的奇遇 / 215

赶赴豫东 / 217

在杞县工作 / 219

大李庄坐村 / 222

抗战胜利 / 226

重返太行 / 229

在永年做县委书记

（1946—1948・河北永年）

怎样看暴行 / 237

试胆量 / 244

施庄坐村 / 250

参军与战勤 / 258

全国土地会议 / 265

冶陶会议 / 273

解放永年 / 279

开门整党 / 284

生产推进社 / 294

与任弼时的三日长谈 / 302

告别永年，重访永年 / 311

中国人民大学"三反"记
（1952·北京）

范长江到人民大学 / 321

党组紧急会议 / 324

劝阻学生请愿游行 / 326

"三反"和"反三" / 330

各单位作检查 / 334

反贪污、打老虎 / 337

胡锡奎和成仿吾间的矛盾 / 342

反右亲历记
（1957·北京）

吴老（玉章）救了我 / 349

引蛇出洞 / 352

林希翎与葛佩琦 / 354

八角亭编书记
（1956—1962·北京）

近代史时期的划分 / 363

进驻八角亭 / 364

历史研究遇上"大跃进" / 367

贴满大字报的讨论会 / 369

反"右倾"大关 / 373

编书组最满意的一年 / 376

1961：大功告成 / 378

陪绑的毒草 / 381

蓬蒿满目八角亭 / 383

"四清"记
（1965·甘肃张掖）

刘少奇讲话 / 389

去甘肃张掖 / 391

"四清纪律" / 393

在老乡家 / 394

三餐都是稀饭 / 396

只动口，不准动手 / 398

短暂的欢愉 / 400

高台考察 / 403

过一个"四清年" / 405

边塞好风景 / 407

《二十三条》 / 409

将在外,君命有所不受 / 411

附录一

八十感赋 / 413

廿载重逢 / 414

我的好友王方名 / 418

雨歇凭栏 / 439

挽邹鲁风之死 / 444

附录二

李新生平简介 / 451

附录三

赤条条来,复赤条条去 / 454

编后记 / 456

再版后记 / 458

故乡·童年
（1918–1930·四川荣昌）
LIUSHI DE SUIYUE

流、逝、的、岁、月

① 1948年初秋，和中共河北永年县县委的同志们及家属在一起。二排坐左一为李长生，右二为赵幼博，后排右二为李文彪。
② 1948年初秋，李新卸任中共河北永年县委书记，在当时县委所在的原广平府城内武氏太极拳创始人武宇襄故居内与夫人于川合影。
③ 20世纪50年代初为人父

李 家 沟

  我的故乡，四川省荣昌县，现已划归重庆市，成了重庆的远郊区。从荣昌到重庆，320里。而我的出生地安富镇，还在荣昌县的西面，距县城40里，因此离重庆有360里之遥。我虽然出生在安富镇，但我的家乡却在李家沟，而且在我7岁的时候，我家又从镇上搬回了李家沟，所以谈起我的故乡，应该从李家沟谈起。

  李家沟虽然地处偏僻，但确是一个很好的地方。它的后面是一座山梁，与隆昌县交界。这座山梁上竹木葱茏，非常秀丽。山脊上有三块大石，相传大禹晚上耕田到这里，天明时停下，他的牛和犁便成了三块大石头。老百姓很迷信这三块石头，经常有人来向它烧香磕头，传说求它的人都会得到好报。李家沟的左右两边是两座小山，也长满林木，左青龙，右白虎，非常对称，好像一把座椅的两个扶手一样。

  李家沟的前面是一条小溪，溪流上有一座小石桥，流水从桥下穿过，沿着竹林向东流去，直到安富镇后面，与另一条溪流汇合。溪水在竹林下流淌，清澈无比，游鱼可数。我们小时候在溪水中捉鱼嬉戏，其乐无穷。溪桥畔有一座小庙，叫龙王庙。如遇天旱求雨，便在庙侧搭台演大戏，一演就要演几十天，直到下雨为止。如果老不下雨，就把庙里的神像抬到桥上去晒太阳。据说菩萨最怕晒，没晒两天，他便请天老爷下雨了。为了感谢菩萨，演大戏还得延长几天。

　　李家沟大院坐落在山脚下，坐北朝南，背靠山梁，面对龙王庙，左右两面的青龙白虎小山下，有小到只能没脚的两条小溪流，潺潺的流水汇合后流到龙王庙前的石桥。大院的建筑全是瓦房，与周围佃户住的茅屋相比，一望而知它是地主的院落。当然，它比荣昌、隆昌各大乡镇大地主的院落要寒碜得多。那些大地主住的是庄园，他们一般是一大户住一个庄园。庄园前面是池塘，经过池塘上面的场地才能到庄园的大门。进大门又要经过三进才能走到后门。后面是花园，园内种有名花异卉，各种树木也都是很名贵和罕见的。一般在大门的两边，左右各有和大门一样庄重的一座门可入舍，也都是三进屋，与中间的三进房屋作陪衬。庄园所有的房屋建筑都是很讲究的，其中的陈设也都很华贵。以我姓郭的姑父家为例，他的庄园叫斑竹山，我小时候到他那里去，就常常走错房屋，对花园里的花木，大都认不出来。斑竹山在荣昌仁义镇还不是著名的庄园。著名的大地主庄园不但建筑更好，而且大都筑有炮楼，庄主养着许多家丁，昼夜在炮楼上放哨，以防盗贼、土匪和乱兵。

　　李家大院不能和庄园相比。但因大院住了二十几户人家，所以规模还是很大的。前后也是三进。由南向北，东西很长，有八九座门，进门后也是三进房屋，住着血统最亲近的几家人。正中的大门是很庄严的，门槛很高，小孩是迈不过去的，必须爬着才能翻过去。进大门后是一间大厅，叫下堂屋。从下堂屋过一座门后，是一个大天井，从天井两旁上台阶，才能到大堂屋。大堂屋确实很大，可以摆十来桌酒席。大堂屋正中是神龛，上面供奉着李氏祖先的神位。两旁靠墙有很长的条凳，每边的条凳都能坐十几个人。每逢过年过节（特别是清明节），全大院的男人都要来祭祖。平常则每月的初一、十五，各户都要有一个男人来上香。大堂屋后面是一间空房，也算一进屋，不知是做什么用的。后门不开在正当中，而是在旁边开一个小门，从后门出去，就到了后山。后山和房屋并不相连，中间有一个陡坎，必须从陡坎两旁的斜坡才上得了后山。后山上有十几株很大的黄颠树，这些树又高又大，小孩必须三四个人才能合抱得住一株。大树后面是祖坟，埋的是李氏从湖南郴州第一个来到李家沟的祖先。祖坟后直到山梁都是松树林。因为禁止砍伐，松林长得茂密，松树长得粗壮。我记得小时候爬上一棵松树，敢于让它摇摆而攀到另一棵邻近的松树上去。这松林山是李家大院的正后方，它的左面（东）是纸厂沟，整个山和沟都是竹林，用竹造纸，开了一个土法造纸的小型工厂，造出来的叫草纸，主要用作供死人在阴间使用的纸钱。

　　松林山的右（西）边是炭厂沟，这里有一个用土法采煤的矿厂。这个矿是我的太曾祖父找到的，他是一个阴阳先生，会看风水，会使用罗盘（指南针），这个矿就是他用罗盘结合着那里的土质和生出来的蕨茎草等加以研究勘测才找到的。因为他有功，所以那个矿址虽不属我家所有，但我家在那个煤矿一直保有股份。我的大哥（李忠恒）失学时，曾在那个矿厂担任过司称（称量并登记每个矿工拉出来的煤，有多少重量），因为那里林深树茂，常有豹子出入（据说从前还有老虎），所以有时我会晚上去陪他。当听见豹子的吼叫声时，我们就把马灯开得大亮，拿着棍棒，准备学武松打虎那样打豹子。

　　从矿厂往上走不远，有一个岩洞，叫乌龟岩，又叫孝子岩，传说是大舜在那里饮水的地方。那里的泉水清凉凛冽，非常可口，恐怕当今的任何饮料都不能比拟。这里是到我外公（外祖父）住处鱼剑滩的必经之路，我们每次经过，都要饮此清泉止渴。从这里再往上去，便到了山脊上的三块石。这山脊是荣昌和隆昌县的分界线。我娘每到这里，都要休息一刻，并要去向三块石烧香。

　　我在青年时期，曾看过我们李氏族谱。我们这个李家属陇西李氏，北宋以前一直住在华北。到南宋时迁居湖南郴州。明末农民大起义，民谚说"张献忠剿四川，鸡犬不留"，清初移民入川垦荒，用"湖广填四川"，我的祖先才从郴州到了李家沟。我们的族谱上有个辈分表，我记得的那部分是这样的：

友、景、子、大、至、原、师，

永、定、安、邦、兴、万、载，

元、曾、正、士、传、忠、孝，

显、祖、荣、宗、上、左、朝。

最早到李家沟的是李元×，很显然，他是元字辈。我的曾祖父比他晚一辈，名李曾光，他因为会看风水，找到了煤矿，所以也住进了李家大院。

太 星 寺

从李家沟往外走，经过龙王庙出去不远，就是兰家坝，那里便是平坝子了。从成都到重庆的"东大路"[①]，要经过隆昌的李市镇到荣昌的安富镇，就要通过兰家坝前面的大坝子。我们所在的乡（五福乡）本想在东大路上成立一个集市（于李市镇和安富镇之间），但因它们两个镇相距不过30里，所以那个集市始终没有建成。东大路原来是石板路，后来成渝公路和成渝铁路建成后就废弃了。

从李家沟到东大路之间，紧靠兰家坝的东面，有一个孤立的小山头。那山头孤立在后面山梁的外边，很突出，成渝路上的行人一眼就能看见它。我们五福乡的人对它更重视，便在山顶上修了一座庙，叫

---

① 东大路：从成都到重庆有两条大路。一条是经过四川中部的遂宁等地的直路；另一条是经过内江后进入川东地区到重庆，这条路便叫东大路。

太星寺。五福乡的乡公所，本想设在东大路的集市上，因为集市建不成，就把它设在太星寺里。

五福乡需要办一所学校（小学），因为太星寺位于五福乡的中心，所以学校就设在太星寺内。太星寺庙宇不小，把它的殿堂当教室，非常合适。两旁的厢房就作了灶房和老师休息的地方。

我7岁的时候，我家从安富镇上搬回李家沟，正是入小学的年龄，便到太星寺开始读书。那时的老师是我本家的兄长李忠彬（李质文）。他是本县的旧制中学毕业生，那时的旧制中学，四年制，不分初级和高级，比后来的初中程度要高，比起高中来又要差一些。李质文聪明好学，是县中的高材生，他各科成绩都是优等，在我们太星寺初级小学教书，显然是我们这帮学生的幸运。

我父亲是川东师范早年的毕业生，参加过同盟会和辛亥革命，本来在安富镇当完全小学的校长，因在本地的派系斗争中不得势才退居乡下。他这时也在本县清江场地界的一所小学教书，因为那里离家较远，有四五十里路，需要住校，所以他只把我大哥带去，而把我留在家里上学。他知道我的资质较高，初小一年级的课本我基本上已经会了，所以就要质文哥除学校课本外，还要教我读《五字纲鉴》。到二三年级后，还要我读"四书"，首先读《孟子》。质文哥对我要求很高，如果我会两句，他第二天便教我四句。如果四句都会了，他便教六句甚至八句。我见他对我越加越重，于是想办法对付他。只要每天读四句，我在背诵的时候就故意结结巴巴，既背不错，也背得不流利。这样使他无法往上增加。后来他看出我是故意捣蛋，便当着孔子的圣像面前，打了我的手心。我于是哭诉着说：背这些东西，你又不讲解，我不懂书里的内容，实在没意思，我以后不想读了，你叫我跳班吧。

我父亲和质文哥都不主张我跳班，于是开始向我讲旧书的内容。我记得他为我讲《孟子》时，讲得很生动有趣。他说：孟子见到了梁惠王，梁惠王说，老头，你不远千里而来，给我带来了什么好处吗？（原文是"叟，不远千里而来，亦将有以利吾国乎？"）我对他的讲解很感兴趣，因此学习也很努力。到初小毕业时，我已把"四书"读完了，而且大部分都能背诵，这对我后来搞历史、研究文学，都很有益处。直到现在，我也很感谢我的质文哥。

从李家沟到太星寺，有5里路，每天早饭后去，中午回家吃饭，下午再去，太阳下山时放学回家。这样每天要走20里，那时，我们都是光着脚板走路，到了夏天，在那石板路上走，烫得脚板很难受。有的富家子女娇气，家里便让他穿着鞋走路。但因大多数都是光脚，谁穿鞋，我们就羞他，因此，谁都不敢穿着鞋走路上学。他们都是把鞋背着走到学校后才穿上。放学时也一样，要到家门口才把鞋穿上。

太星寺也收女生，我们李家沟上学的女生不少。因为不拘年龄，所以有的女生年龄较大，甚至有十几岁的女生，还在读一二年级。我邻居的李忠荀，比我大好几岁，但与我同在一个年级，因为她长得胖，人们把她叫"冬瓜"，我也叫她"冬瓜四姐"。这位冬瓜四姐很笨，我初中都已经毕业了，她还在太星寺念初小呢。

我们李家大院的女孩子，因为家庭大都是小地主，决不肯嫁到农家去，都希望与较大的绅粮攀亲。但大绅粮家又看不上这些小地主家的女儿。于是我们李家大院便有不少的"老孤女"。她们找不到婆家，便信佛念经，有的还吃斋吃素。她们为了找经济来源，便学会囤积居奇，放高利贷。四川的大地主有不少囤积鸦片烟土，特别是云南出的"云土"，更是囤积的好对象。李家大院的小地主家由于本钱和势力都不够，所以多半囤积粮食等农作物。一般是秋后贱价买进，第二年青黄不接时高价卖出或借出，这样大体上能获利一倍。李家大院的"老孤女"在这方面很精通，我邻居的明三姐（李忠明）和偏四姐（忘其名，因为头有点偏，所以叫她偏四姐），就是很善于囤积和放债的"老孤女"。

太星寺小学有一架风琴（脚踏的），质文哥上音乐课，就用风琴定音和伴唱。他的歌唱得好，琴也弹得好，而且还会指挥，所以我们太星寺小学与周围的小学比赛时总是名列前茅。我们那时唱的歌，主要是《满江红》《苏武牧羊》《木兰辞》和《阳关三叠》等古曲，民间小调如《孟姜女》《四季歌》等老师也允许唱。当《国民革命歌》传来时，立刻就流行开了，而且还教老百姓都唱。但它的曲调太简单，我们并不甚喜欢。黎锦晖的歌曲一时很流行，像他的《月明之夜》等歌曲，我们都很喜爱，但他的《毛毛雨》等曲，老师认为是靡靡之音，不许唱；可是街上商店里的留声机成天在放，我们听多了，自然就会唱；只要老师不在，我们就放声唱，特别是在路上，我们就专门对着女生唱。其实我们当时还是不到10岁的小孩，对什么"荷花刚展瓣"等歌词内容根本不懂，只因它曲调油滑，我们一听就会，唱起来不过好玩罢了。

太星寺当时还是乡公所的所在地，有时乡长要来办公。所谓办公，大多是问案，而问案又大半是拷问盗窃等罪犯。拷问罪犯时总要动刑，什么吊、打、压杠子、火烧、水烫以及扎针等等，无所不用其极。男孩们喜欢偷着看，女孩们一听着犯人们的哭叫声就吓坏了，有的甚至也哭喊起来。质文哥对在学校里审问犯人，把学校当作法庭很不满意，就发动学生（特别是女生）起来反对，不成；又发动学生家长反对，不成；又告到县教育局，最后终于胜利。乡公所问案，后来就不得不改到别的地方去了。

安富镇（烧酒坊）

安富镇原名烧酒坊，以红高粱酿的烧酒著名，后来因为商业发达起来，成为成渝路上两三个大镇之一，因此才取名安富镇。它与内江县的椑木镇和璧山县的来凤驿齐名，是"东大路"上一个重要的驻脚点。镇上街道东西长达5里地，比四川一些小县城的规模还要大。它与荣昌县城可以媲美。因为它与县城分据全县的东西两半部，和县城形成两股势力，人们便把县城的那股势力叫做"城帮"，把安富镇那股势力叫做"烧帮"。

　　城里有县立中学和简易师范学校，烧酒坊便成立了私立棠香中学和私立开智女中（都是初级中学）。城里有官办的银行，烧酒坊的棠香中学便办起了棠香银行。总之，城里有什么，烧酒坊也都有什么。而且，四川在军阀混战时期，成都和重庆总是被互相对抗的两派军阀所分据，而安富镇常是成渝两方的分界线。镇内有一个著名的旅馆——大公馆，常常是双方谈判的地方，双方的代表大都同住在这一个旅馆内。其实他们常常是熟人，虽然代表着对立的双方；而双方对立的军阀也都是熟人，只因一时利害不同便打起仗来了。例如1930年前后，刘文辉据成都，刘湘据重庆，他两人还是叔侄关系呢。刘文辉是刘湘的么爸（最小的叔父，不是亲叔父），但1932年的"安川之战"却成了四川军阀最大的一次内战。安富镇常常是内战的爆发点，又是内战的终结点（很像50年代朝鲜的板门店），双方在那里打几枪就走开了，它受到的破坏较小。荣昌城则不然，它是成都方面进攻的第一个目标，也是重庆方面向前进攻的前锋部队和辎重的集中地，所以不打仗则已，一打仗总要受到较大的损失。因此安富镇愈来愈繁荣，烧帮的实力完全可以和城帮相抗衡。而且，双方逐渐把全县划分成两个势力范围，彼此各守疆界，不许侵犯，就像四川各军阀的防区一样。

　　但是安富镇本身的情况也很复杂（县城里也一样），也有帮派势力的斗争。四川自从明末农民战争后，人烟稀少。清康熙时鼓励移民入川，实行所谓"以湖广填四川"的政策。由于政策对入川移民有利，所以到四川的，不仅有湖北人、湖南人、广东人，而且有不少福建人。拿安富镇来说，从西到东，一进镇是头道栅子，很快到二道栅子，再往下便是川主庙，这一带住的是本地人。本地人都姓张或姓刘，是张献忠和他老娘的后代，据说张献忠剿四川，除他和他老娘家的人以外，把四川人都杀光了。从川主庙再往下去，便到南华宫。南华宫一带住的全是广东人。再往下去便到了镇中心，这一带原来住的是福建人，他们供的神是天后妈祖，庙叫天后宫；后来福建人搬走了，天后宫也拆了，改建成一座天主堂，供全镇的耶稣教徒使用，因此这一带的住户比较复杂。天主堂以下称为下街，下街只有禹王宫一带全住湖北和湖南人，其他地方则各地人都有。湖广人供禹王为神，所以他们的庙叫禹王宫。安富镇街上由于各段居民的祖籍不同，因此他们各说各话，语言也不一样。例如吃饭，我们湖南人叫"噢饭"，广东人叫"食饭"；我们湖南人把父亲叫爷，母亲叫娘，广东人把父亲叫"阿爷"，母亲叫"阿嫁"，本地人把父亲叫"爹爹"，母亲叫"妈妈"，跟北方人一样。我家住在镇上的时候，那房子正在南华宫的对面，因为这一带的商店都是广东人开的，你要能说广东话，买东西就方便些，所以，我家的孩子们都能说一些广东话。但回到家里又必须说湖南话，否则大人就要骂你，说你连祖宗都不要了。

正因为籍贯不同，各说各话，所以需要一种共同的语言，因此四川便形成了四川官话。这四川官话因为在川、滇、黔三省都流行，所以又叫西南官话。这种官话和北京官话又有很大的区别，很像江浙一带通行的南京官话一样，被人称为南清官话。在四川，因为有了共同的四川官话，所以无论读书、演说以及唱戏和说书等都用这种统一的语言，不再用各省带来的方言了。这比其他各省的语言还统一。但因四川官话和北京官话的音韵不一样，所以四川人讲话，北方人有许多话都听不懂。四川人作诗，常常押错韵。在科举考试的年代，不少四川举子，常因作诗押错韵而名落孙山。

安富镇就有一位姓林的举人，因为诗韵有错而没有考上进士。

到民国时期,他对办教育很有兴趣,棠香中学的董事会就是以他为靠山搞起来的。他认为城里有县立的中学,安富镇不能没有中学,因呈请在安富镇再办一所县立第二中学没有批准,于是便鼓励龙树芬等人积极活动,终于办成了私立棠香中学。"海棠香国"本是古昌州的名胜,把它取为校名,颇有驾凌全县的意味。棠香中学的校董会以湖广人为主,于是广东人便以南华宫庙产为基础开办了一所私立的完全小学——大观小学。湖广人看见上街有了大观小学,便在下街也成立了一所私立的明远小学(完全小学)。至于私立开智女中(初中)是怎样办起来的,我就搞不清楚了。在一个集镇上,能办起两所初级中学、两所完全小学,而且都是私立学校,不用公款,实在不容易。从这里也可以看出"烧帮"的势力不小。

林举人除兴办学校外,对川剧改良也很有兴趣。他很想学川南的赵熙,把川剧改良推广。赵熙把"活捉王魁"改写为《情探》,无论内容和形式都极大地提高了一步,受到广大群众的欢迎和戏剧界的推崇。林举人在安富镇发起成立了一个川剧改良会,他虽没有搞出《情探》那样的样板出来,但使安富镇经常请戏班来唱戏,特别是冬天常来扎"冬班";并使镇上各茶馆晚上都有"围鼓"(清唱);这对川戏的普及起了很大的推动作用。在安富镇,无论什么地方,不分男女老幼,连那些抬轿子、滑竿,挑盐巴担子的脚夫,差不多都能哼几句川戏,而且一人开口,别人就能帮腔,非常有趣。

安富镇由于经济繁荣,过往客商很多,所以旅馆业也很发达。除高级宾馆大公馆之外,下街镇尾还开了一个很大的云集旅馆。这旅馆规模相当大,四周是平房,中间有两座"走马转过楼"的楼房相连,过兵时,往往住一个营,还有更高的官长住在正中心厢房里面。旅馆里有烟铺,还有妓女,大公馆就有比较高级的"舍娃"①。云集旅馆住

---

① 舍娃是古代对妓女的一种称呼,四川当时还沿用。

的是号称卖技不卖身的歌女,她们都自称是苏州或扬州姑娘,每一两个姑娘由一个拉琴的师傅领着去卖唱,唱的大都是江南的民歌小调,很动听。她们一般是到茶馆、烟馆(鸦片烟馆)、饭馆和旅馆去卖唱。师傅带着一本歌折,客人根据歌折点歌,当时一般是唱一曲一角钱,但有的客人偏要点唱折外的流行歌曲如《妹妹我爱你》等,这就要另外加钱;还有的要较大的姑娘(十三四岁)唱淫秽的《十八摸》等,姑娘则故意为难,非一元一曲不唱。有的流氓成性的客人,听完这样的歌曲后竟要去搂着姑娘来摸,姑娘叫喊,于是就引起周围客座的不满,客人们因此互相吵嘴以致打架的事情,时有发生。

安富镇和四川所有的城镇一样,茶馆很多,全镇至少有十几个。茶馆卖茶很便宜,一般是两个铜圆一碗,占一个位子,占多长时间不管。为什么开茶馆能赚钱呢?主要不在于卖茶,而在于白天有卖唱的、说书的,还有类似打官司说理调解的,晚上还有打围鼓的,等等,更重要的是它前面是茶馆,后面则是赌场。

赌场一般设在茶馆后面雅座的楼上,赌法很多,打麻将、打扑克、打本地牌,以至开红宝,悉听尊便。主人提供赌具、茶点,旁边还有餐桌和抽大烟的铺位,供客人吃饭和过瘾。这一切主人大都不要钱或只收从外面购买的费用。但客人赌钱时,不管谁家赢,主人都要"过十抽一",这样一来,所有来赌的人,都成了输家,因为钱都被主人"抽一"抽走了。虽然如此,但赌客仍然不断,甚至还等着上场呢。

茶馆旁边,多半有个饭馆。安富镇原名烧酒坊,以产酒出名。酒菜相连,喝酒总得有菜,因此便有许多做菜的地方——饭馆。安富镇不光来往一般的客人,而且常有达官贵人过往暂住,再加上本地的士绅名流,他们要求佳肴名菜,因此,安富镇就有比较高级的两家饭馆。一般人不能进高级饭馆,甚至连进饭馆都嫌贵,就采取"打平伙"的办法,到只管炒菜不卖饭等任何食品的炒菜馆去吃饭。几个朋友,一人买肉,一人打酒,又一人买菜,再一人买饼(或饭),然后一齐到炒菜馆去请大师傅烹调。这里的师傅。烹调手艺不错,吃起来很有味道。各人买东西,虽然出的钱略有不同,但相差不多,也就算"平伙"了。也有的由一个人先出钱,等吃完饭算账,再平均分配,这样分文不差的绝对平均,才算得真正的"平伙"。但也有故意带赌博性的分配法:在一张纸上,画几条蝌蚪形的线,每个蝌蚪头上写明钱数,然后把线弯弯曲曲地延长出来,然后让每人各分占一线,这样由线看头。就知道每人应出多少钱。我们学生时代,口馋了,又没钱进饭馆,就这样打"平伙",而打"平伙"又不愿平均分配,就采取带赌博性的分配法,青年人就是爱好这种情趣。

　　除旅馆、茶馆、饭馆之外,安富镇还有一种最坏的地方,那就是大烟馆。在四川各地,到处喊禁烟,可是到处都有大烟馆。最具讽刺意义的是大烟馆没有招牌,而在门前用大字写着"禁烟"字样。国民党中央入川后,觉得那样不好,于是把大烟馆叫做"公寓"。叫公寓,难道不是一样可笑吗?

　　一般的大烟馆,进门便是左右两排横铺,很像北方的炕铺一样。要吸烟的人,拿钱到柜台上去领一盘吸烟的工具,然后横躺在铺上就抽,这样抽大烟的多半是些苦力,如抬滑竿、担担子的脚夫等。从横铺再进一道门便是一间一间的卧铺,供中等人家的瘾君子使用。最后还有两三间专门供大人物使用的"雅房"。每间雅房设有讲究的桌椅和一个带有罗纹帐、锦缎被的踏凳床。床上的烟具都是十分贵重的,并有一个女人为客人打烟泡,侍候客人吸烟。这种女人,有的年轻漂亮,有的年纪不小,长得也不很美,但她的手艺好,并且能说会道,使烟客感到满意。她们一般并不卖身,有的感情好了,发生了性关系,她就要烟客娶她为妾,或作为外室养起来。

　　本地士绅赶场,首先就到烟馆(是不是瘾君子都去),然后到茶馆。安富镇是每旬的三、六、九为集日,它与李市镇的二、五、八和清江场的一、四、七错开。人们在烟馆里可以谈秘密的事情,到茶馆谈的大都是可以公开的。士绅到茶馆,店主立即给他找好的座位。他的跟班马上把他的衣物弄好,然后请他坐下。一会儿打扇的来了,装烟的来了,卖唱的姑娘也来请他点歌唱。如果想擦手擦脸,只要一招手,就会从空中扔来一块热手巾,跟班的忙接过来递给他。茶馆(烟馆也一样)里还有一帮为地主催账的"靠子手",这些家伙跟在欠债人的后面,要吃要喝,必须欠债人还了钱,债主同意了,他们才允许欠债人自由行动。我上高小一年级的时候(那时我才11岁),就被靠子手靠过,我狠狠地骂了他,不给他吃喝,因为我有本家堂兄李学文帮助,靠子手对我毫无办法,只得悻悻地离开。李学文在上街开了一个叫利亨通的当铺,是镇上名人之一,靠子手们望而生畏,谁敢前去找倒霉呢。

就是这个安富镇,使我对旧社会的黑暗了解了不少,它激起了我的不满和愤恨,使我想把它推倒、把它粉碎而不惜。我后来接受新思想,参加革命,和我童年早岁的这些遭遇有相当的关系。

大 观 小 学

1928年,我刚满10岁的时候,在太星寺初小毕业了。1929年春节过后,我就到安富镇去考大观小学。记得我去考试的那一天,我娘半夜里就把我叫了起来。家里没有钟表,估计叫得太早了,我吃了饭,赶了15里路走到大观小学的门口,天还没有亮,校门还没有打开呢。我坐在门前的石狮子旁边打盹,不觉就睡着了。校工来开门,见我睡在那里,连忙把我叫醒,让我先到教室里休息,等着考试。过一阵,我的肚子饿了,便把娘为我准备的煮鸡蛋拿出来吃了一个,又打了一个盹之后，才看见考生们一个个地来到了教室。

早8点，考试开始了。上午考语文和算术，午后考常识。语文题中有一首《千家诗》上的宋诗，要求用白话解释出来。我很小就读过这首诗，自信解释得不错。至于算术，我觉得题目都很浅，很快就做完了，但还是遵照老师质文哥的教导，反复检查后才交卷。下午的常识主要是问蚕丝是怎样弄出来的，因为我家和我外婆家都养蚕，外婆家附近就有一个缫丝厂，我小时候对养蚕和缫丝这一套就很熟悉，这次的常识题对我来说，未免太容易了，而对那些地主家的少爷则非常困难。考试后两天，正逢赶场的日子发榜。榜上的前三名是李忠慎、李忠棠、李忠彦。李忠慎是我的本名，李忠棠、李忠彦是我本家弟兄，而且都是太星寺的同学、李质文的学生。这一来太星寺小学更出名了，质文哥也非常高兴。

大观小学是私立的，是由广东人筹办起来的，虽然也征求各方人士捐助，但它的经费来源主要还是依靠南华寺的庙产，校舍就在南华寺后院。这里本来是住持和和尚们的地方，"五四"以后反封建迷信把住持和和尚们全赶跑了，经过改建，便成了教室和宿舍。大观小学的教室是新盖的两座楼房，我们那时认为它相当漂亮。教室的后面有一个很大的操场（体育场），操场内的足球场和篮球场是分开的，可以同时踢足球和打篮球。足球场也可以作网球场用，只是打网球的时候较少。至于打乒乓球则不在操场那边，而在院内。院内有四张乒乓球桌，供学生们用，而老师还有另外的地方。

大观小学的图书室很不错，它订了全国著名的报纸，供小朋友看的报刊订得更齐全。我一进大观小学就爱看报，从此养成每日必看报的习惯，以至于如今80岁了，仍然如此，这应该感谢大观小学。大观小学还有一个博物馆和仪器资料展览室，老师讲地理时就有各种地图和地球仪，讲动物和植物时就有各种标本。这些设备，能启发学生的兴趣，使学习更加深入。大观小学的教师，薪金较高，所以能聘到好教师。我记得有一位教地理的罗老师，他在黑板上画的地图很标准，他面对学生讲课，随时用教鞭指后面的地图，无论指到哪里，和他口讲的地方都一样，绝不会有错。我们对他这样熟练的老师，非常佩服。他要我们画地图，也非常严格。有时他让学生到黑板上去画图，如果画得不标准，就要受批评。他要我们把中国各省的图样都记住，各省省会在什么地方也要记准，至于省会的名称以及各省的简称，更要背得烂熟。

老师好，但学生还是要捣乱，这是童子们的特点。例如有一位林老师，教农业，他教得不错，就是有点口吃，差不多每说一句话，都要带一声"唉"。于是我们就用算盘记下他每一课讲了多少声"唉"，等他第二堂上课时，就在黑板上写下多少声"唉"的数目字，而且那数目字写得很大。开始老师并不注意，后来知道是讽刺他，就大为不满。有一次他发怒了，想狠狠地批评我们，但他越发怒，越口吃，竟连连地"唉"了好几声也说不出话来，这时我们更加有意地狂笑不止。这可把老师惹火了，他不等下课，抱着教本就走，直接去找校长辞职。校长来批评我们，要我们派代表去给林老师道歉。我们全班讨论的结果，认为林老师教得很好，我们不该胡闹，于是选了我和另一个同学当代表，去向他道歉，一定要请他回来继续给我们教课。第二天，林老师在教员休息室，我们两位代表去向他道歉。我们一进去就先向林老师三鞠躬，表示我们诚恳地认错，但当我们要说道歉话时，不知怎的，我们忽然口吃了，竟也"唉""唉"了好几声，说不出话来。这时，休息室里的老师，连在外边看热闹的同学，都感到这个场面可笑，不禁大笑起来。我们两位代表，更不知所措，只好跪在林老师面前，拉住他的衣襟，不断地叫林老师、林老师，等了好久，我们才说出：林老师，我们是来请你教课的呀！这以后，我们再也不敢在黑板上写数目字了，林老师的"唉"也减少了许多。

大观小学的同学们都很友爱，但同学之间又爱开玩笑，互相打闹，而且打闹时语言和行动有时还很下流。有一次，我和郑思贤打闹，用下流话相骂，被训育主任看见了，于是命令我们两人立正站着。他问我们是谁先用脏话骂人的，我们谁也不回答。然后他指着我问：是你先骂的吗？我说是。接着他又问郑：是你先骂的吗？郑也回答说是。于是他拿起板子来说，谁先骂就打谁的板子。这时他先问郑，是你先骂的吗？是就伸出手来挨打！郑思贤毫不迟疑地把手伸了出来，被狠狠地打了十大板。主任随即又问我，是你先骂的吗？我不回答，只把手伸出来。主任更生气了，他更用劲打我，打得我痛入骨髓，但却忍着不呻吟一声。主任又敲了我们几下脑袋。然后厉声训斥道，还不快滚回教室上课！我们这才赶快跑回教室。同学们在教室早已看见这场热闹，我们一回去，他们就鼓掌欢迎。有人还关心地问道，疼吗？我们无力回答，只伸伸舌头，表示不在乎。因为在同学们看来，能承担责任的就是英雄、好汉，把责任推给别人的尤其是向学校去告密的就是狗熊、混蛋。我后来长期从事教育工作，当教师，从教小学、中学，直到教大学，当博士生导师，我知道学生们有一套自己的伦理观念，它和大人的、家长的道德观不完全一样，因此不能用家长的思想去要求学生。而且从某些方面看，学生们的伦理观念比成人的还要纯朴和高尚些。以前国民党在学校里发展党团，搞特务活动，完全脱离了群众，因而它最后不能不垮台。我们如果也这样搞，那不仅是错误的，而且后果也不堪设想。

大观小学的教师好，学校要求也严格，因此学生的学习成绩大都很好，在全县会考中，总是名列前茅。这样，大观小学便出了名，不仅安富镇附近的学生以考上大观为荣，就是全县其他乡镇的士绅们，也都尽力把子弟送到大观来上学。例如，我的一个好朋友郭先恺，他家本是仁义镇（距安富镇60余里）的大地主，他也到大观来上学，因为镇上有亲戚，他可以同表兄罗善恒一起来，和我们同班。在我们这一班，我和郑思贤、郭先恺最小，常坐在最前面。我们三人的学习成绩也很好，每学期考试，我们三人都在前五名之内，而且第一名不是郭先恺就是我。我和郑思贤属于调皮孩子之列，经常参加同学们的打闹，而郭先恺则貌若处子，像个女孩，因他家里管教得很严，连一句脏话也不会说。但同学们并不欺负他，若有谁对他不礼貌，我和郑思贤以及全班同学都不答应。

大观小学的教师也是来自各地，不止有本县人，也常有外县乃至外省人。在四川，因为多半是外省移民来的人，所以人口的流动性很大。佃户是流动的，商店和工厂的职工，流动性也不小。学校的教职员（特别是教师）流动性更大。一个著名的小学教师，常在本县和附近地方流动。至于中学以上的教师，本县人很少，常常要聘请外县以至外省的人来教学。"远方的和尚会念经"。学生们对外来的教师特别有好感，总认为他们的学问一定很高，不然怎么能不远千里来教书呢？大观小学因为能请来外地教师，本地教师教学也特别努力，在这样强而有力的教学力量下，学生对学习自然也很用功，成绩自然很好，无怪乎它能闻名荣昌全县以及附近一带。

1927年南京国民党政府成立后，由蔡元培主持教育工作，他主张德、智、体、群、美五育并重。大观小学和安富镇所有的学校一样，都是按这一方针执行的。所以我们在大观读书，不单注意学习成绩，同时也注意体育、美育等各方面。美育、图画，我学得不好，但对音乐兴趣很高，学会了弹琴、吹箫，并特别爱唱歌。至于体育，无论田径运动和各种球类，我样样都爱。我特别爱踢足球，我不只参加一个球队，而且是班队和校队的队员，常常代表全班或全校去参加比赛。我对足球的爱好，一直保持到今天，我看电视，主要是看足球赛，今年（1998年）巴黎的世界杯赛，不管天气多么热，它的半决赛和决赛，我是非看不可的。

我在大观小学，虽然只学了一年，第二年我就转学到荣隆场小学去了，但大观给我留下极美好的印象，至今仍时时萦绕在脑际。我在大观的小朋友，如郑思贤和郭先恺，后来都成了老朋友。我们的真挚的友谊，愈久而愈新，我写到这里的时候，心里还怀念着他们呢。

荣隆场·蒋姑爷

听我母亲说，我父亲兄弟六人、姊妹六人，真可谓人丁兴旺得很！但我见过的却只有我的三爷（三伯父）、我父亲（排行第五）和我的么爷（排行第六，最小的叔父）。至于姑姑们，我生下来后，只有么姑（最小的姑姑，比我么爷还小）我还记得，其余的姑姑一个也没有见过。父亲兄弟姊妹十二人，看来大部分都夭折了！为了表示人口多，也许还为了纪念，人虽然死了，还要给他留个位置。大爷、二爷都死了，但不把三爷叫大爷，仍叫三爷；四爷死了，但我父亲仍被称为五爷；前面五个姑姑都死了，只最后一个姑姑，仍叫她么姑。已死的五个姑姑中有四个都在没有结婚之前就死了，只有三姑结了婚，并且生了孩子，一直与我家关系密切。我三姑嫁给荣隆场蒋家，因为荣隆场离李家沟有75里，路途较远，所以我从小只知道有个蒋姑爷（这时三姑已死），却从来没有见过，也没有到过他家。只是到了我11岁时，因为家境困难，到他家去念书，这才认识了蒋姑爷。我这篇回忆录，就是讲的我在他家不到一年的情况。因为其中有些情节太令人伤心了，所以我至今也不能忘怀。

1926年，当我8岁的时候，我的父亲就逝世了。从此，我的家境十分困难。为了让我在大观上学，我大哥主动地从棠香中学休学回家，在炭厂里临时当了一段时间的司称。1930年的春节，蒋姑爷的大儿子、我的大表哥蒋道宽来给我娘（他的五舅娘）拜年。他一身戎装，带着马弁，非常神气。他这时已经在军阀部队当了几年的营长，弄了不少的钱，在家里买了不少的地，使他家成为荣隆场不大不小的中等地主了。

在这种情况下，我娘便向他请求道："大表哥，你在我家上学的时候，也不过你二表弟这般大，现在可出息了啊！能不能借点钱给我，让你表弟好继续学业呢？"蒋道宽忙说道："要不是舅娘家肯帮助，五舅爷让我跟着他上学，我哪能有今天？借钱，一家人还说什么借钱！只要二表弟不嫌弃，就到我家去读书好了。你看，我大姐的儿子，正住在我家上学，他与二表弟同岁，也该今年高小毕业，他们一起同到荣隆高小去读书，该多好呀！"

我娘和大表哥心里都很明白，蒋家从前受过我家不少的帮助，若借钱，肯定是不会归还的，而到他家去读书，不过在他家吃一年的饭，算不了什么，因此他落得大方，才说了这么一大套好听的话。我娘本不想让我这么小就离家远走，但看出钱是借不成的，只好就势对蒋道宽说："既然大表哥这样看得起表弟，那么就让他随你去吧！"当即把我叫到大表哥跟前，让我给他敬个礼，表示感谢，遂决定让我从大观转学到荣隆场小学，住在蒋姑爷家去走读上学。

元宵过后，我就转了学，住到了蒋姑爷家。蒋家住在一个小山头的半山脚，山头上是树林，山腰是竹林，要在竹林中拐几道弯才能到蒋家院子。那院子住了六七家人，都是蒋姑爷的本家，也都是小地主，只有一户的田是自己种的。像蒋姑爷这样买了地成了中等地主的，不但他们这个院子里没有，就是荣隆场街上也是少见的。因为荣隆场相对荣昌县来说，是个小地方，没有什么大地主。荣隆场街上，一半属荣昌，一半属隆昌，所以叫荣隆场。这很像香港回归前深圳的沙头角，一条街以街心为界，南面属香港，北面属深圳。

正因为荣隆场是个小地方，所以蒋姑爷一发迹，人们就都来捧场。不管什么地方，只要他一到，"老太爷来了""老太爷来了"的呼声立刻传开，马上就有人来请他入座，而且座位总是首席。从前，除非赶场天，他才上街，现在则是每天一清早就到街上去。夏天，他头戴一顶巴拿马草帽，冬天则戴顶上有一颗红珠的瓜皮帽，身穿长袍（冬天是狐皮袍，夏天是细夏布长衫），外加一个坎肩，或披一个斗篷（蒋委员长式的），脚上穿一双新式的皮鞋（冬天则穿自家做的土棉鞋）。这一身打扮，把古今中外混为一体，谁看了都觉得可笑，但他却洋洋得意，满不在乎。一到街上，他便大摇大摆地直奔街中心那家大茶馆。这时，无论是伙计或掌柜都连声叫老太爷请坐。他于是就在临街正当中那张大茶桌的上位坐下。接着是沏茶、递毛巾、装烟、打扇，招待得无微不至。等赶场的人逐渐上场时，他却往回走了，而且故意拣最热闹的那条大路绕道走，让人们都知道蒋老太爷赶场回家了。他要到临走时才给茶钱。茶钱照例是零钱，二个或三个百文钱的铜圆。他从未给过一回小费或赏钱。掌柜的问他是否要用点心或开早饭，他舍不得花钱，一概免去，宁肯饿着肚子回家。茶馆里见他这样吝啬，开始还给沏好茶，什么龙井呀，碧螺春呀，毛尖呀、瓜片呀，请他挑，后来见他这个土包子什么也不懂，又一文钱也不肯破费，于是就只给他泡粗茶了。好在他从小粗茶淡饭，对粗茶反而觉得好喝，有味道，赞不绝口。

　　我到蒋姑爷家后，他让我和他的外孙（我大表姐的儿子）吕金宋都与他同住在一间房子里，并要我和吕金宋同睡在一个大床上。吕在家有人侍候，不知道盖被子，被子踢开了有人给他盖上。到外公家上学，没有人照顾，就经常着凉感冒。蒋姑爷怪我，就给我另外支一个小床。我当时年幼，睡在小破床上很不高兴，但还是忍住了。但吕金宋感冒伤风，依然如故。吕是个被娇惯坏了的小孩，不讲礼貌，他感冒了的时候，故意对着我咳嗽。我于是当着蒋姑爷骂他：你以后别叫我表叔了，像你这样的表侄，我不要！因为我是他的长辈，我骂他，他不敢还嘴，蒋姑爷也无可奈何。

吃饭的情景更可笑：蒋姑爷坐上方，我坐对面，吕金宋坐在他的右下手，挨着他。蒋姑爷早晚都要喝酒，下酒菜放在一个专用的小碟里，无非是几小块腊肉、香肠或皮蛋之类。每次喝酒时，蒋姑爷都要分一点下酒菜给吕金宋，并对我说道：他是小辈，应该让着他。到吃饭菜来的时候，他又把好菜都拿到他们那边，让我只能吃到一些下脚菜。做饭的张妈感到不平，便先在我的饭碗底下，埋下几块肉，但如果被老太爷发现，也是要挨骂的。我当年对此感到很气愤，借故说他们吃饭太慢，要和他们分开吃，蒋姑爷觉得那样也好，就同意了。

最让我生气的是关于读书的声调。我在学校的成绩很优秀，而吕金宋成绩平平；我从小念过古文，读过诗词，懂得平仄，读起书来比较好听，而吕金宋则没有学过这些，他唱歌时连音阶都唱不准，但蒋姑爷偏夸他读书声调好听。我心中不服，有时便借故嘲笑蒋姑爷说：听声音，各人爱好不同。有人喜欢听蛙叫，因为它像打鼓，便叫它"蛙鼓"；还有人喜欢蚊虫的叫声，因为它嗡嗡如雷声，便叫它"蚊雷"。蒋姑爷根本不懂什么"蛙鼓""蚊雷"之说，听我这么一说，又见我态度很诚恳，以为是赞扬他，便不住地点头称是。

蒋家院子到荣隆场小学上学的有七八个人，大多是和我同辈的，只有吕金宋和另外一个小孩比我们小一辈。吕自恃他父亲是督学，外公家又发了财，骄傲自满，没有礼貌，因此，大家对他都很反感，不愿同他一道上学。可他又胆小怕狗，每天都跟在我们后面走。

从蒋家院子到学校，约有六七里路，中间要从一户农家的旁边经过。这户农民养了一条看门狗，虽不甚凶恶，但叫声很大，能吓唬人。蒋家上学的孩子们很淘气，有时故意惹狗，让它来追，然后用棍棒打它。一天，吕金宋走在后面，孩子们故意把狗惹出来，然后拔腿就跑。吕金宋跑得慢，让狗追着了。狗并没有咬他，只把他的衣服撕破了。吕就此赖在地上大哭不止。农户家的人连忙把他劝了起来，并把那条狗拴起来打了几下，然后送他上学。因他到教室迟到了，老师不知道原委，按迟到罚他站了五分钟。他这回在路上挨了狗咬，到学校又受了处罚，感到十分委屈，一回家就号啕大哭，向蒋姑爷告状，说这一切都是我搞的鬼。蒋姑爷信以为真，就找到了一条执行"家法"的鞭子，要我跪下来挨他打鞭子。我因在他家里读书，老记住娘的劝告——"端人碗，受人管。"因此，不管多少委屈，我都忍受了。所以院子里的孩子们和吕金宋挑逗着玩，我总是躲开。这一回惹狗的事，我根本不在场，与我毫不相干。因此蒋姑爷让我跪下时，我不理他，我很冷静地说：蒋姑爷，请你先问一问吕金宋，他们惹狗的时候，我在场吗？如果我在场，我就跪下，如果我不在场，他应该给我跪下，他诬告我。这时蒋三姐（蒋的三女儿）、大表嫂（大表哥蒋道宽的夫人）和张妈都惊愕地在旁边观看。我忙对蒋三姐说：三姐，请你到西边去请他们来证明，是谁惹狗的。不等蒋三姐出门，西边一同去上学的人，有两三个听着蒋姑爷要打我，早已赶进屋里看热闹来了。我不等蒋姑爷问吕金宋，直接就厉声向吕问道：吕金宋，你说，当时我在场吗？我在什么地方？蒋姑爷见我发怒，又见当场有这么多人，才把鞭子放下，轻轻地对吕金宋说：不要怕，他们人多，要讲真话，他们惹狗的时候，你二表叔在不在？在这种情况下，吕看不说真话不行了，才慢吞吞地说：我没看见他，我当时没看清楚。我这时更生气了，忙说：你又说没见我，又说没看清楚，你得说明白，究竟我在不在场？你说呀！他这时更嗫嚅着说不出话来了。我于是更进一步追问道：吕金宋，既然你什么都不清楚，凭什么你说都是我捣的鬼呢？难道老师罚站，也是我捣的鬼吗？这时吕金宋无话可说，只呜呜地哭。蒋姑爷感到难堪，便对西院来的人喊道：你们都是些捣蛋鬼，还不给我滚开。西院的人一边走，一边还嘘了几声。

一场热闹之后，很晚才吃晚饭。蒋姑爷晚饭后把我叫到他房里，很严肃地对我说：余娃①，你是个好孩子。学习成绩好，人缘也好，老师和同学，大家都喜欢你。但是，在我家，我看你和金宋没有缘分，和不到一起。你们虽然一般大，但你是长辈。应该你让他。我看你是不是回家去和你娘商量一下，就到学校去读寄宿好了。我乍一听这话，简直是如雷轰顶，惊得难以置信。但很快就明白了。我读过古书，知道"寄人篱下"和"世态炎凉"的意思，况且娘在我离家以前，反复告诫我的正是这件事。我于是镇静了，毫不犹豫地回答了蒋姑爷：谢谢你，蒋姑爷，我马上就走。打搅了你三个月，对不起。说完我就去收拾东西，我的东西很简单，只不过两三件换洗衣服，便打了一个长形的包袱。然后我背起包袱，先去告别蒋三姐。三姐见状，早已在她房里哭红了眼睛，并拿出一大把她积攒的私房钱等着我，见我进她房里，先把钱塞进了我的包袱，然后抱着我大哭。但是我却不哭，我只诚恳地对她说：好三姐，有空到我家去，我们家里穷，但对人可好啊！

我随即去向大表嫂告别。大表嫂和张妈早已在那里等着了，她们两人都齐声问道：天这么暗了，不能明天走吗？见我不回答，并立即出了门。她们便跟着我出来，送到门外台阶前，张妈回去了。大表嫂一直送我到竹林中拐弯处，她拉我坐下，就势把我抱在怀里，含着泪对我说：二弟，我们都舍不得你走呀！尤其是我……这时，她把我搂得更紧，并继续说：二弟，莫怪我们呀，你大表哥不在，我们做不了主啊！她呜咽地哭了起来。我这时也忍不住哭了。但我立即收了泪，悄悄地对她说：表嫂，谢谢你，但我得赶路呀。她这才亲了我两下，然后把我放开，让我快走，并一再叮咛道：一路上要小心呀！

从荣隆场到安富镇，60里，再到李家沟，又是15里，一晚上要走75里，对一个不满12岁的孩子来说，多不容易啊！而且要过一道

---

① 我名李忠慎，字德余，所以长辈都叫我"余娃"。

荣隆两县交界山脉中的一个垭口，这垭口中间，有一条小河，河的两岸，树茂林深，不但有野兽，而且有盗匪，就是白天，行人也要非常警惕。一个小孩怎么能孤零零地夜间闯过呀。从蒋姑爷家出来，因为怒气填胸，根本没想到有什么可怕的事情，及至半路上，想到前面要过垭口，未免有些胆怯了。再一想：回去吗？不能！大丈夫只能勇往向前，哪有后退之理！于是鼓起勇气，向前快走。走到离垭口不到10里路的地方，发觉有一个人跟在我的后面，相隔约有两丈远。我快走他也快走，我慢走他也慢走。我感到奇怪，索性坐下来休息片刻，这时他也坐下来休息了。我想这人一定有问题，但他为什么跟着我这个穷孩子呢？再仔细一想，我明白了：蒋三姐给我塞了些铜板进包袱，正好在外层，我背上包袱，远看那些铜圆很像银圆，那家伙准是看上我包袱里有银圆，想打我的主意，我于是也想定了主意，马上起来急走。直走到垭子中间的么店子，才进去歇脚。那家伙也紧跟我进了么店子。这么店门口挂一个红灯笼，专门晚上营业。我进店要了一碗醪糟鸡蛋，热腾腾地吃了个痛快，然后故意打开包袱，把全部铜圆都摆在桌上，等付清账后，再把包袱收拾好，起身就走。这时那家伙不跟我走了，很显然，那不是个好东西，他是看花了眼，把铜圆看作银圆了。

　　从安富镇街后往李家沟，路要近些，并且好走，也用不着担惊受怕。我这时心情舒坦了，就放慢了脚步，趁着朦胧的月色行进。等走到家时，天已经亮了，娘也起来做饭了。娘一见我，感到很惊奇，不等她发问，我就扑到娘的怀里，大哭起来，一直哭到吃早饭。饭后我向娘诉说了详细情况，娘一点也不怨我，只长长地叹了一口气，然后才安慰我道：娘早就不该让你去，现在好了，再也不到他家去了。想你爷在的时候，他们蒋家是什么样？现在翻了个"个儿"，人世间就是这样冷暖无常嘛！好了，就在家，不求人，跟着娘，有两只手，饿不死。要读书，找外公去。外公不是在家里读书也考上了秀才，一肚子学问吗？娘说的话，虽然有些不合乎实际，行不通，但她那一片爱心、诚心，实在令我感动。今天回想起来，还令我落泪呢。

过了两天，学校派人来了。来人说，老师们听说我因家境困难退了学，便大家凑钱，让我回校读寄宿，还带来了地理教师罗广洲给我的信，要我马上回校，别耽误了功课。

这位罗老师，就是大观小学那位罗老师，他现在在荣隆小学教书，很了解我的情况。我读了他的信，很感动，决定第二天就回学校去。回到学校，立即去向罗先生道谢，并问他都是谁资助了我的费用，我将来好归还。罗老师说：这些不用你管，你只管读书，今年高小毕业，还要考中学，有困难，找我。罗老师的家就在荣隆场街上，属隆昌那边管。他不但知道我家的情况，连我外公家的情况，他也很了解。他也是贫寒出身，很羡慕外公，以一个佃户家的孩子能在清朝考上功名，而且思想进步，能跟上时代。他对我一直关心，帮助我考上了棠香中学，考上了川东师范，对我参加抗日救国活动，一直很支持。可惜新中国成立后被打成了右派，很快就被折磨死了！

我回到学校读寄宿，宿舍离音乐老师贺先生的住处很近。贺老师有个女儿贺学利，是我同班同学。我记得从大观转学到荣隆上课的头一天，因为办手续，到课堂较迟，老师早已开讲了。这堂课的老师正是罗广洲先生，他一见是我，忙叫我在后排坐下。而后排只有一个女生那张桌子有空位，我便靠近这位女生入座。我没有课本，她就把课本放在当中，两人合用。以后我的座位就固定在那里了。我没钱买书，我们两人就一直合用课本到毕业。这位女生便是贺学利。

贺学利长得很美，但她并不爱打扮，可是她不打扮，也比那些涂脂抹粉并不好看的小姐们还要漂亮得多。因为她妈妈教音乐，所以她喜欢唱歌和弹琴。她的喜好也是我的喜好，我们两人特别要好，常常一块儿跟她妈妈学音乐。

贺老师教我们唱会许多歌曲，除课堂上教唱的以外，还有各种流行歌曲、民间小调以及古曲等，例如王迪定谱的《阳关三叠》，我就是那时学会的。她教会我弹风琴；我吹箫她也爱听，并加以指点。她教我唱歌一定要按歌谱唱，音阶一定要准，又教会我如何定音、识谱，识简谱后还要识五线谱，因为弹琴时看五线谱最有用。我一生喜欢唱歌和音乐就是受到贺老师和贺学利的影响。我那一点点音乐知识主要也是从贺老师那里学来的。

到20世纪80年代，我有一次到成都，看到街上有演文成公主的广告，演文成公主的演员竟是贺学利，看那照片就是她，虽然相隔半个多世纪了，但她的神气依然没变。我于是去看她，贺老师也出来接待我。我们一见面是多么的高兴啊！谈起往事，彼此都记得十分清楚，只是人老了！"逝者如斯夫，不舍昼夜。"我们都希望以后能再见，可是直到今天，还是未曾再见到一次，谁知道她们母女现在怎样呢？念念！

全县会考和考棠香中学

20世纪30年代，在四川，全县的高小毕业生，都要到县城里去会考。中学毕业生，因为实行防区制，不能集中到成都去会考，则分别到军阀控制的成渝两地会考。荣昌长期属刘湘的防地刘湘驻重庆，所以荣昌县的小学会考，由刘湘派人来监督，相当严格。但荣昌县有城帮和烧帮的矛盾，而它们下属的各学校之间又有矛盾，各学校都希望自己的学生考出好成绩。私立学校，尤其要争取好成绩，因为成绩不好，学校有被取消的危险；而成绩好则可以争取到更多的补助费。

荣隆场小学是公立学校，属城帮势力范围，但它邻近烧帮，而附近的烧帮学校，都是著名的学校，因此它受到的压力很大。加上县督学吕炳炎又是荣隆场的人，他更不能让荣隆场小学的成绩考坏，影响他的声誉和地位。所以荣隆场小学得想一切办法争取会考成绩优秀。除了尽量聘请好教师保证平时的教学质量之外，还不惜到会考时弄虚作假，让成绩差的学生也能过关。吕炳炎虽不明说，可是实际上他在暗中指使，不断对学校领导说：成绩好的学生你们不必多管，最重要的是对成绩差的要多注意，就是到了考场也要有人帮助才好。学校领导和教师们听了，都明白他允许学生（成绩差学生）可以在考场上作弊。

吕炳炎到学校视察时，单独召见了我，很亲切地叫我二弟（本应叫二表弟），说我的成绩优秀，值得表扬，他那个小子吕金宋是个蠢材，要我不必和他计较。至于我在学校寄宿的费用，他已告诉学校，由他负担，不必麻烦各位老师。我那时年轻，听他这么一说，觉得他上过大学，是个大知识分子，当督学，有学问，毕竟和蒋姑爷不一样。这时，学校正准备到城里会考，要我多帮助程正卿的学习。程正卿是个乡下佃农家的孩子，大高个子，有力气，打架时，谁也打不过他。而他却很正直，决不欺负人，只帮助弱小被欺负的同学。他读书很用功，但就是资质差，理解力和记忆力都不行，各门功课考试成绩都不好，尤其是算术，老是不及格。他本来比我高一班，因为留级，这时与我同班学习。平常我两人的关系就不错，我常常帮助他温习功课。现在，学校正式决定要我帮助他抓紧学习，以便进城会考能够过关，我们两人都很高兴。

到城里会考时，我和程正卿住在一起，每天寸步不离，选重点温习功课。历史和地理他都考得不错，语文差一点，但及格也不成问题。考算术的时候，我很担心，但一看考题都很浅，又很高兴。这天，他的座位离我很近，我做完题目后还没有交卷，就在座位上等着。我见他坐着不动，也不写字。心想难道他还有不会的吗？于是拣了一个较容易的题目，在一个小纸条上写好做法，揉成一个小纸团，看他还在那里发呆的模样，趁无人注意，给他扔了过去。谁知那纸团太圆，滚到他邻座的脚下，那人忙拣起来并喊道：有人作弊啊！监考的忙走过来把纸团打开一看，并问谁扔的？我见势不好，只得承认是我扔的。并说我做完了题目，所以把稿子扔了，随即去交了卷。程正卿接着也交了卷。只见监考的把我和程正卿的卷子放到另外一边。下场后，我问程都会做吗？程说这次题目浅，又有选题，所以他都能做。我问他为什么不早交卷？他说等我。谁知这一等可就等出问题来了。

我们仔细研究，好在我写在纸团上那道题，他根本没做，谁也不能说我帮了他。吕炳炎知道这件事情后，忙来问我们。我们把情况说明后，他说不要紧，你们不承认作弊，大家看卷子作证，你们就没有事。后来听说监考的人们讨论时，争论很厉害。吕炳炎说：从两人的卷子上看，他们是没有作弊的。但因有各种矛盾，许多方面都不愿荣隆场考第一（如果我的卷子不取消，我就是全县第一名），就采取表决的办法，把我的算术成绩取消了。虽然取消了我的算术成绩，但因其他各科成绩都很好，平均分数也不低，所以毕业还是不成问题。程正卿因为他的答题与我那纸团无关，所以他的成绩不受影响，因此这次会考也及格毕业了。

会考完毕后，县教育局发出了一个通报，说全县有六个学校会考作弊，荣隆场小学也是其中之一。吕炳炎这下可恼火了。他回到荣隆场，就把学校领导叫去骂了一通，随后还对全体教师训斥道：教育学生，首先应重视德育，要教育学生诚实，你看，你们在全县都出名了，教出学生会弄虚作假，会在考场上舞弊，这像什么话……老师们听了，非常气愤，下来都骂他是婊子立牌坊——假装正经。我顺便问了问罗老师，我的寄宿费用吕炳炎说由他全给，是否给了？罗老师笑了笑，说道：你这位表哥嘛，比他儿子更坏，真是龙生龙，凤生凤，他们这般老鼠嘛，生儿都会打洞的。

高小毕业，应该考中学了。罗老师对我说：县里出了通报，县立各中级学校你都不能去投考了。唯一的办法是考棠香中学，它是私立的，只要成绩好，它就收。我于是去投考棠中，这也好，离我家更近了。只是它要收学费，不像官办的不收学费，简易师范还有补助呢。我投考棠中也不是没有问题。虽然考的成绩很好，校长龙树芬仍有顾虑。罗广洲和龙树芬从前是同学，他就对龙说：李忠慎品学兼优，又是贫苦出身，是他要舞弊吗？怎么能怪他！于是棠中录取了我，但算术成绩打对折，表示尊重教育局的通报。所以棠中发榜时，我不在前三名（仍在前十名之内），我记得第一名是郭先恺。

相 亲

大概是1934年吧？我母亲逼着我到清江场去"相亲"，准备为我娶媳妇。

我父亲是个教书匠，我8岁时他就去世了，以后家境更加困难。因为我自幼身体瘦弱，不能干体力活，只好读书。为了我升学，我哥哥从初中二年级就辍学到城里一家绸缎庄去当学徒。1931年"九一八事变"，我哥哥和城里的徒工们一道参加了救国运动。1932年"一·二八事变"，长江流域的救国运动特别高涨，我哥哥便参加了我县的援沪义勇军。这支义勇军在重庆被军阀刘湘扣留，把他们强迫编为刘湘第二十一军的学兵队。从此我哥哥即未回家，直到1934年被刘湘杀害。

我母亲认为我哥哥的出走是因为没有给他娶媳妇，没有人能把他拴在家。现在，我已经初中毕业了，可以在家乡当一名小学教员，如果再给我娶一个媳妇，这样，我便会贪恋温暖的小康之家，就不会像我哥哥那样远走高飞、不知去向了。

正好我母亲熟识一位媒婆，她看透了我母亲的心事，于是向我母亲说：清江场屈家有位姑娘，长得非常漂亮，她父母一心想给她找一个匹配得上的先生，我看你家余娃子总是考第一名，人又长得好，和这位姑娘成亲，正好是女貌郎才、天生一对，我母亲听了媒婆的吹嘘就答应了，并按我们那里比较"文明"的做法，可以先去"相亲"。要我选一个日子，穿戴好后到女方家附近的地方，装作过路客，借故看看那位姑娘，如果双方满意，就可以按习俗订婚结婚。

我是坚决反对家庭包办婚姻而主张自由恋爱、自愿结婚的，所以母亲要我去"相亲"时，我没有答应。母亲为此很生气，两三天都没有很好地吃饭睡觉。

我于是去请教小学时的老师——我隔房的兄长、李质文哥。他一贯教我们要坚持婚姻自主，而且他在清江场那一带教过书，对屈家乡户的情况都比较熟悉。我把情况告诉他以后，他支持我的主张，但认为对母亲的态度应该和缓一些。屈家那户人家的女儿，曾经在他手下读过书，学习成绩虽然不错，但也不算好，模样儿长得也还可以，但不能说漂亮，而且他一算，至少要比我大两岁，很不合适，何况从未交往过，哪里能有什么感情呢？因此他对这门亲事坚决表示反对。但我母亲已经答应了，他知道我平常对母亲很孝顺，他对我母亲也很尊敬，那么该怎么办呢？两人商量的结果是：可以去"相亲"，利用"相亲"戳穿媒人的谎言，不但可以打破这一次家庭包办的婚姻，而且可以争取到以后在婚姻问题上完全由自己作主。最后他说："老弟，要坚决，不要妥协！但态度要好，要学会随机应变。到时候我会帮助你，五娘很明理①，她也很听我的话呢。"

记得是一个热天，我穿戴整齐，装作是到清江场去赶场。根据媒婆的指示，我没有上街，而是到街后一个井台旁边的小路上等候，并

---

① 我父亲排行第五，质文哥把我母亲叫五娘。

台上有两个姑娘，一个相当漂亮，年纪比我小，身材也比我小，一个年纪大一些，长得也平常。我故意到井台上去讨水喝，但一到井台，那两个姑娘却躲开了。我也就此返回了家。

回去和质文哥分析，那位大的就是媒婆为我介绍的，那位小姑娘则是用来骗我的。我把情况告诉了母亲，并当着媒婆的面说：我要娶那位小姑娘，你介绍的是她吗？媒婆脸红了，支支吾吾地不敢答应。媒婆走后，质文哥也来了，我对母亲说："媒婆为了挣媒钱，多半是骗人的，不知坑害了多少对男女呀！婚姻应该自主，我绝不会给你老人家找一个坏女人进门来。请相信我吧！婚姻问题请以后别为我操心了。"质文哥也在旁帮我说话，他说：余娃子自小成才，现在已长大成人了，五娘何必为他操心呢？做得好倒也罢了，做不好他不埋怨你一辈子吗？何况还有我们这些当兄长辈的人，而且他还是我最得意的弟子呢。于是，这场文明的斗争在质文哥的指导下，我获得了全胜。

从此以后，母亲未再跟我提婚姻的事情，我在参加革命以前没有结婚，对我来说是一大幸事。我能全心全意地干革命，并未给组织上添麻烦，这也是一大幸事。

"九一八"之忆
（1931·四川荣昌）
LIUSHI DE SUIYUE

流逝的岁月

① 20世纪50年代初摄于朝鲜战争爆发后（从窗玻璃上贴的纸条可以看出）的原东四六条38号（此地现为全国重点文物保护单位）人民大学校部院内，和苏联专家及其家属的合影。右侧抱孩子的为成仿吾，他的左边为李培之；中间吴玉章后为李新，他的左侧第二人为何干之。

② 同图①。前排左三为成仿吾，左四为李培之。

③ 同图①。左一为胡锡奎，右一为成仿吾。

邱老师的运动经

像我们参加过抗日战争的这一代人，大多对"九一八"事变有着深刻的印象。也可以说，正是"九一八"事变激起了我们高昂的救国热情，把我们推到抗日的前线。

1931年春，我考入本镇（四川荣昌县安福镇）私立棠香初级中学。这个学校既有春季始业的，也有秋季始业的。我因为小学是春季始业，所以上中学也是春季始业。"九一八"事变发生的时候，我正上初中一年级第二学期。记得9月19日阅报栏前的学生，一看到日军占领沈阳的消息，热血就沸腾起来了。"打倒日本！"人们不住地高呼口号。有的同学立即奔向寝室，把用品中的一切日本货都拿了出来，直往操场奔去，并一路呼喊：要打倒日本，首先就要抵制日货，快把日本货拿到操场上去烧了啊！于是，人们都回去拿了日本货走到操场。

这时，上课铃声响了，但没有一个人往教室去。有人问："今天还上课吗？"马上就有人回答："国都快亡了，还上什么课？"接着，一个人在后面说："先把日本货烧了，回头再上'最后一课'吧。"这位大概是高年级生，读过《最后一课》，他的话音里充满了悲愤。

很快，全校学生都集中到了操场上，没有人指挥，但秩序非常好。三年级各班在操场的最前面，其次是二年级，最后是一年级。尤其是我们第八班，不但班次低，而且年龄小，个儿也长得不高，所以排在最后，成了全校的尾巴。每班学生围成一个圈，把日货扔在当中，等候一声令下，就放火焚烧。不一会，三年级的蒋大个儿站在一条凳子上喊道："都准备好了吗？""准备好了吗？""准备好了！"全场的回答有如一声巨吼。蒋大个儿又问道："日本货都搜光了吗？""光了！"在回答声中二年级三班的一个积极分子忽然高喊道："我身上这件人造丝背心还忘了脱下呢。"蒋大个儿似乎没有听见他的喊声，就大声下命令："烧！"于是各班班长和积极分子都点火焚烧，一时火光冲天，烟尘飞舞，极为壮观。二年级那位积极分子一面点火，一面忙脱下自己身上的背心往火里扔，他不顾光着脊梁在那里烧火，周围的人都为他鼓掌欢笑。

随后在校学生会的主持下，召开各班长和积极分子的会议，讨论如何到镇上去开展抵制日货的运动。会上决定成立宣传队和查货队。安富镇是一个著名的大镇，镇上商家很多，卖日货的商家不少。查出了日货怎么办呢？有人说把它烧了；有人说没收，作为以后运动的经费。大家都拿不出一个准主意。于是立刻去把教国文的邱老师请来求教。邱老师早年参加过五四运动，在五卅运动中又是积极分子。但他认为抵货运动不可冒失，要争取各界人士的同情。到商店去查货可以，对日货应进行登记，要他限期卖完，并且以后不许再进日货。这样，由于日货追卖，一般货价就会下跌，群众对抵货运动都会满意。对商人来说，不没收他的日货，他就满意了，而且还允许他卖出，只是不允许他再进，他也会觉得为了爱国，商人应该这样办。邱老师说：抵货运动初期，重点在商家，即不许商家买卖日货，只要做到这一点就是很大的胜利。至于不用日货，只作一般的宣传，不要去干涉使用日货的一般群众。等运动深入，我们再号召群众不用日货，提倡用国货，说用国货就是爱国，用日货就等于帮助了日本。邱老师还说：中国政府是软骨头，恐怕抵制日货，会受到禁止。你们应该早做准备，把抵制日货叫做抵制仇货，而且尽量宣传使用国货，这样会使阻力小些，能得到更多人的同情和支持。大家都认为邱老师的意见很好。当即把宣传队和查货队的人员决定下来，并推选出两个队的队长，准备第二天就到镇上行动。

第二天，我们就到镇上展开抵制仇货运动。老百姓都说：日本就是我们的仇人嘛，日本货就是仇货，该抵制。邱老师的意见很受群众欢迎。而且不几天，上面就有命令下来，说不应该抵制日货，这证明了邱老师果然有先见之明，我们按邱老师的指教办事不会错。

当我们走进商家去查货的时候，开始他们有些紧张，等我们登记完了仇货，并说允许他们定期出售，只不准他们再进仇货时，他们都很高兴，不住地说：各位先生把自己用的仇货都烧了，却不烧我们的，你们真好啊！有了你们这样的爱国青年，中国亡不了！在镇上只进行了两天，仇货就查完了，宣传工作也取得很好的成绩。而且在商会自订的限期内，各商家都把仇货卖完了，同时据商会报告和我们的调查，各商家都没有再进仇货。

"不抵抗将军"

日本军队侵占沈阳后，迅速占领南满，很快长春也失守了。日军又向北满进攻，除在嫩江桥遭到马占山的抵抗外，哈尔滨、齐齐哈尔等地都落入敌人之手。不过几十天工夫，美丽富饶的东北——数十万平方公里的锦绣河山，全部沦为日寇的殖民地，我亲爱的3000万东北同胞,都成了日寇铁蹄下任人蹂躏的奴隶。

东北的沦陷对全中国人民尤其是对爱国青年学生是莫大的刺激,人们对国民党政府的不抵抗政策,异常愤慨。张学良身为东北军政长官,守土有责,因此更遭到全国人民的责骂,骂他是"不抵抗将军"。就在这时,上海《时事新报》刊登出马君武的两首诗《哀沈阳》,一时全国传诵,更让张学良名誉扫地。《哀沈阳》诗云:

赵四风流朱五狂,翩翩胡蝶最当行。
温柔乡是英雄冢,哪管东师入沈阳!

告急军书夜半来,开场弦管又相催。
沈阳已陷休回顾,更抱阿娇舞几回。

诗中所说的赵四,就是著名的赵四小姐,当时张学良正对她迷恋得不可开交。诗中所谓的朱五,是朱启钤的女儿。我们当时在北平上学的学长们,回来都曾对我们说过:"北京有个灯市口,朱家小姐卖风流。"至于胡蝶,那是当时最红的电影明星,她这次从上海到北平,是为了自己的业务,说她在"九一八"之夜与张学良跳舞,是传闻之误。马君武把它写入诗中,当然是错了。但后来有人说他借此骂张学良,完全是为了替蒋介石开脱罪责,这种说法也是错误的。因为马君武对蒋介石的统治从未称颂过,他写《哀沈阳》还是出于爱国义愤。他这两首诗能在全国传诵一时也绝不是偶然的。

"九一八"之夜,张学良并没有和胡蝶翩翩起舞,但他带着赵四去看梅兰芳演戏则是事实。"九一八"之前,日本挑动朝鲜反华,并在东北进行了一系列的挑衅,谁都能看出日本将有大的侵略行动。对此,蒋介石和张学良都是明白的。但蒋介石早已下定不抵抗的决心,并一再指示张学良,而张也是完全遵照执行的。因此,骂张学良是"不抵抗将军"并不错,只是把不抵抗的全部罪责都放在张学良头上,而不追究祸首蒋介石,那就不对了。

我们当时棠香中学的学生,对蒋介石和张学良本来就没有好感,到"九一八",对他们更加痛恨。当时四川荣昌县属于军阀刘文辉的防区。在1930年"中原大战"(蒋介石与冯玉祥、阎锡山之间的军阀混战)时,刘文辉估计蒋介石会失败,所以他派人参加了汪精卫在北平召开的"扩大会议",但结果是张学良引军入关。帮助蒋介石获得全胜,参加"扩大会议"的各派(包括汪精卫和冯、阎在内)全都失败了。刘文辉这时赶快转弯,派人向蒋介石疏通,表示他以后一定拥蒋。蒋因鞭长莫及,也就罢了。1930年,安富镇满街都是打倒蒋介石、拥护汪精卫和拥护冯、阎的标语。随后,这些标语被抹掉了,但是较偏僻的地方,痕迹依然可见。当时我们这些青年学生,对张学良入关助蒋就很不满意,见他入据北平后,生活又极其腐败,而且吸毒瘾深,意志消沉,对他就更加唾弃。及至"九一八",他又成了"不抵抗将军",我们读到马君武的诗,发泄了心头的积恨,所以对那两首《哀沈阳》十分欣赏。直到今天,虽然事隔60多年了,我还能把这两首诗背诵下来。当然,张学良以后转变了,特别是他发动"西安事变",促成国共合作以至推动了抗日战争。他为中华民族建立了不朽的功勋。但"九一八"这一段历史,我相信今日年近期颐的张将军,回首当年,也一定会感到莫大的遗憾。

到城内去游行!

我们荣昌县在"九一八"事变后的爱国运动中,以安富镇表现最好,最有成绩。在我们荣昌县,县城在县的东半部,而安富镇在县的西半部，这样便形成两个中心，正像重庆和成都形成为四川东西两个中心一样。荣昌县东部以县城为中心形成的势力称"城帮"，西部以安富镇为中心的势力称"烧帮"（因为安富镇又名烧酒坊）。在"九一八"运动中，荣昌城因为和重庆关系较为密切，当时重庆是军阀刘湘的重镇，而刘湘是一直紧跟蒋介石的，对抗日爱国运动不支持，荣昌城受其影响，爱国运动不热烈。城内各学校（如县立中学、简易师范和蚕桑学校等）的学生，对此很不满意，纷纷写信和派人来和我们联络，希望我们安富镇的学生到城里去游行，帮助和推动城里的爱国运动。

我们棠香中学的学生，对于城内各校同学的要求，当然满口答应。为了到城内去游行的队伍声势浩大，必须把安富镇各校的学生都联合起来。当时安富镇除棠香中学外，主要的学校就是私立开智女中（初中）和私立大观小学、私立明远小学（都是完全小学）。由于我是校学生会委员和第八班班长，而且对几个学校都比较熟悉，所以学生会就委托我负联络之责。开智女中校长罗承烈兼任我们的博物教师，我对他很尊敬，他对我的印象也很好（主要是我的学习成绩不错）。因此我大胆地去找他直接商量，希望他能让开智女中全体同学参加到城里去游行。罗承烈校长毫不犹豫地答应了我的要求，并立即把校学生会主席叫来，要我和她去给学生会商谈。

这位学生会主席和我并不熟悉，但也认识。等到和全体学生会委员们见面时，其中不但有我的小同乡，而且有我高小的老同学，因此大家谈得很欢洽。她们不但答应全体都去参加游行，并且还应我的要求，推举一个人出来担任游行队伍的副总指挥（至于总指挥应以男生为宜，棠香中学当然义不容辞了）。

开智女中联合成功后，我便去大观小学。我曾在大观小学读过高小一年级，因为成绩好，校长很喜欢，我二年级的时候因家庭经济困难转学走了，校长还感到很遗憾，一直打听我的情况。为此，我便直接去找校长。校长见到我很高兴，商谈的结果是高小学生参加，初小学生只在镇内游行，就不到城里去了（因为安富镇离城有40里，来回80里路，初小儿童是走不了这么远的路程的）。

对于明远小学，我们第八班有一位同学比我更熟悉，他不但是明远小学毕业，而且家就住在明远旁边，他父亲与明远的校长又是最要好的朋友，因此我便让他去交涉。结果很成功，和大观小学一样。

为了到城里去游行，我们作了充分的准备。我们去请教邱老师。邱老师说："九一八"后，全国的爱国运动非常高涨，很可能要闹出大事来。现在，全国都叫抗日救国，我看叫救国很好，更能激发群众。这是一场大的政治斗争，抵货运动已经降到次要的地位了。你们到城里不要搞抵货了，就是城里有人搞，你们也别去参加，尤其是查货，千万不能去，安富镇的学生到城里去查货，是会遭人嫉恨的。听说你们荣昌县有"城帮"和"烧帮"之分，这很不好。你们这次游行，可不要被人利用了。要争取通过这次运动把全县的学生抗日救国会组织起来。我们希望邱老师和我们一起进城，邱老师说：不行！你们荣昌县情况这么复杂，我更不能去。

邱老师不愿参加我们的游行。但是，奇怪得很，学校当局，校长龙树芳、训育主任罗溪午、庶务主任李乐斋以至体育主任、童子军教练，都要参加我们的游行，而且专门派了一个校刊的编辑来"指导"我们的宣传工作。

这次安富镇学生的游行，组织是统一的，总指挥是我们棠香中学的蒋大个子，副总指挥有3个：一个是开智女中学生会的人，另外两个则是大观小学和明远小学的教师。这次活动没有查货队，但组织了宣传队、纠察队和救护队。宣传队由各校出人，编成3个分队；纠察队由4个学校各出一个童子军小队组成；救护队则完全由开智女中负责。所有这些组织，统归总指挥部委员会领导。而总指挥部的委员是由各校学生会推选出来的。由于宣传工作重要，总指挥指定棠香中学和开智女中的学生会主席负责。我也在其中担负了一些工作，主要是宣传口号方面的事情。我们的口号都是请教过邱老师才决定下来的，提得很慎重，没有几条，并且连领着喊口号的人也事先指定，不许旁人随便喊口号。

我们对校刊编辑来"指导"宣传工作婉言谢绝了。我们说：这次活动是各校的联合行动，由棠香中学来"指导"恐怕说不出口，而且这是学生的行动，学校当局何必管这么多呢？学校当局最好把老师们发动组织起来，让老师和学生比赛抗日救国的积极性。那位编辑很不高兴，怏怏地走了，但还是把他带来的一张口号单留下来给了我们。我们立即拿着口号单去找邱老师。邱老师看后，笑了一笑，说：不要把他们提出的口号全都废了，可以印出供参考。不过像"谁反对学生爱国运动就打倒谁"这样带挑拨性的口号应该取消；"拥护××县长领导学生爱国运动"，这条近乎拍马屁，可以改为"拥护××县长支持学生的抗日救国运动"。我们听了这席话，大家都笑了，并且说："我们学生的运动，怎么能请县长领导呢？真是天大的笑话。"临走时，邱老师一再叮嘱：不要被别人利用啊！

大概是11月底（记不清是哪一天了），安富镇各校学生，黎明即起，开始游行。除初小的儿童到镇东的关门栅子停止前进外，其余高小以上的学生，一面呼口号，一边唱歌，浩浩荡荡直奔荣昌县城。沿途还有附近的学生，因事先就有联系，按时参加进来。这样队伍越来越大，声势越来越壮。等快到城墙的清江河边狮子桥畔，学生队伍已超过3000人。城里欢迎和参观的人很多，人山人海，挤得水泄不通。很快，城内学生的游行队伍也按计划前来会合了。一时，欢呼声和口号声惊天动地，高入云霄。

这次游行，只顾宣传，并不查货，队伍行进得很快。原定在城内各大街游遍后，即到城郊蚕桑学校开大会，成立全县的学生抗日救国会。但队伍走到文庙附近的教育局门口时，我校那位校刊编辑忽然拿出口号单来，让一小撮人跟他高呼："反对教育局压制学生爱国运动！"这时教育局的人出来干涉，他却喊："教育局打人啊！我们往里冲！"由于听说教育局打人，人们非常激愤，队伍中的一些人不明真相，便跟着进了教育局。教育局局长被吓跑了，文件被乱翻、撕毁乃至焚烧，整个教育局被捣毁得一塌糊涂。总指挥蒋大个子控制不了队伍，看到刚赶到的我，忙问该怎么办。我一看是上当了，被人利用了，应该改变游行计划。恰在这时城内各校的指挥也赶到了，于是立刻商量，决定把游行队伍的前队改为后队，由后队领头把队伍开到县中去集合并吃午饭，然后再商量午后如何行动。这位指挥是县中学生会的负责人，他知道这次游行队伍是安富镇的学生在前面，而以棠香中学为前锋；县城各校学生在后面，又以县中学生殿后。他于是立即派人赶到队伍的最后头，让县中学生掉过头来，领着全部队伍回到他们学校去。

城内和安富镇两个指挥部的人员都集中到县中学生会的会议室里，认真研究这次游行发生的问题。安富镇的人说：棠香中学那位校刊编辑扬言，他从文件中查到了各学校向教育局报告的积极分子名单。可见教育局不但不支持爱国运动，并且还准备迫害学生。城内的人说：教育局不支持爱国运动甚至可能迫害学生是真的，这次把教育局冲了是好事，太叫人高兴了。大家对此进行了分析，认为荣昌县是刘文辉的防区，他现在仍是省主席，县长是他任命的，因此并不压迫学生爱国运动，而教育局局长与重庆刘湘通气，所以对学生态度不好。看来，棠香中学学校当局是想利用县长来打击教育局局长，扩大"烧帮"的势力。大家一致认为：我们学生不应卷入"烧帮""城帮"这类封建宗派斗争，我们应把全县的学生团结起来，成立全县的学生抗日救国会。但对于全县学生的联合，无论"烧帮""城帮"以至政府当局都是反对的。

这次到城内游行，安富镇和城内各校学生会都曾设法与各乡镇学校联络，但真正来参加的还不到全县各学校的一半。这都是"烧帮"和"城帮"的学校当局破坏的结果。因此我们原想到蚕桑学校去宣告成立全县学生组织是不行的，那样他们会说我们是假冒。商量的结果是：城里各校去联络东半县各校，安富镇各校则联络西半县各校，然后全县代表一齐在安富镇开会，如果到会代表超过全县学校过半数，我们就宣告成立全县学生抗日救国会；如果不到半数，我们就先成立筹备会。

两个指挥部的联席会开得很圆满。这时游行队员也都吃完了中饭，人们精神都很好。在向大家说明改变计划后，由安富镇的蒋大个子领头，游行队伍仍按上午的序列出发，经过若干街道后又来到狮子桥边。当两个总指挥握手告别时，城内城外的学生们也都纷纷挥手，甚至把帽子和手巾扔向空中，表现了依依惜别的情谊。

从城里回来不几天，城内各校和东半县各校的学生代表都来到了安富镇。由于到会的学校超过了全县学校三分之二以上，所以经过友好的协商，荣昌县的学生抗日救国联合会成立了。

演 戏 募 捐

马占山在嫩江桥抗战，立即引起全国人民的欢呼，成为名满中华的民族英雄。东北人民不甘心做亡国奴隶，纷纷组织义勇军打日本。参加义勇军的，各阶层的各种人都有。我们在报刊的图片中，看到不少学生义勇军，其中还有不过十三四岁的少男少女。这时我们兴奋极了，觉得自己是有条件和有资格去打日本的。看见开智女中的同学时，故意问她们：你们敢去打日本吗？她们大多涨红了脸，但马上就有人回答：只要你们敢去，我们就敢去！于是大家都欢笑、欢呼起来。这学期的语文课，正好有《桃花扇》中的《哀江南》，邱老师讲课时，不但把故事讲得很生动，而且反复吟诵。当吟诵到沉痛的地方，他声泪俱下，以至我们听课的也都泣不成声，仿佛真像南明亡了国一样。南明亡国的痛史，更加促进了我们抗日的决心。

  这时，全国兴起了为东北义勇军募捐的运动。义勇军在冰天雪地里与日寇作战，我们忍心让他们受冻挨饿吗？不能！我们应该帮助他们。怎样帮助呢？像全国一样，为他们募捐。怎样募捐呢？想来想去，最好是用演戏卖票的办法，才可以筹集到较多的钱。

  为了演戏筹资，安富镇各校学生会拉着商会的代表一起研究。商会的代表对筹资很有信心，他们说：你们戏票的价钱尽可以定高些，又看戏，又爱国，人们是愿意出钱的。如果达不到预定数目，我们商会包了。他们还建议我们的票价应与普通演戏的票价不同，不是按座位定价，而是按商家的大小和卖仇货的多少不同来定价，即大商家每张票价高，卖仇货多的票价也高。把票送到商号去，商号是不好推辞的。关于演出的节目，大家主张各校都要出，连幼儿园的和小学低年级的节目也会受到欢迎。不过，棠香和开智应多演，尤其是开智要多演。看女学生演戏，人们是愿意花钱的。关于男女同台演出问题，商会代表说：同台演戏，男女各演各的，不成问题，但是男女同演一出戏就不行了。我们问他为什么？他说，现在坤角演戏，都常常闹事，你们学生同演一出戏，特别要演夫妻，怎么办？你们真敢演吗？我说：怕什么？他说：你们是丘九，比丘八还厉害，当然不怕。不过丘八有枪，你们可没有呀。讨论的结果，还是照顾现实，男女同台演出，但不同演一出戏。

  我们的戏，一连演了3天，效果都很好。在开演前，我们教大家唱歌，唱的是改了词的《国民革命歌》，新词是："打倒日本！打倒日本！除军阀！除军阀！国民革命成功！国民革命成功！齐欢唱！齐欢唱！"因为这首歌大家原来都会唱，所以一教就会。在开幕前和闭幕后,全场唱起这首歌,随后并高呼"打倒日本"的口号,情绪十分热烈。人们抗日救国的热情激发出来了,所以卖票筹资的目的也达到了。

这次演出的剧目,精彩的不少,虽然至今已过了大半个世纪,但对其中的几个剧,我一直没有忘记。例如幼儿园演出的《义勇军打日本》就非常有趣。装扮日本兵的小孩嘴上画着八字胡,头上歪戴一顶黄军帽,背上背个太阳旗,走起路来一蹶一蹶的,有时却故意昂起头来表示很骄傲的样子,让人觉得真像一个鬼子,既可恨又可笑。演义勇军的小孩则骑着马(竹马),拿着一根鞭子,一面打马要它快走,一边又追打鬼子;那"日本鬼子"随着义勇军的鞭子扭摆,这个舞蹈动作非常合拍,非常漂亮。两个小孩演得很出色,观众觉得不仅很有意义,而且很有美感,随时发出欢笑,谢幕时掌声不绝。

最受欢迎的当然要数川剧。学生演川剧虽然没有戏班那样熟练,但他们熟悉历史,了解剧情,能根据情节发挥,随腔婉转,有时特别动人。这次演出的两出戏都是高腔,一出是《红梅阁》,一出是《柴市节》。《柴市节》演的是文天祥在元朝大都(现在的北京)柴市口就义的故事。这个戏在清朝统治下的京戏中是没有的,但是川戏却有,它的唱腔很高亢,加上帮腔,颇能扣人心弦。演唱的这位学生熟悉宋朝灭亡的历史,崇拜文天祥的人格,他平常在"打围鼓"(清唱)的时候就爱唱这出戏,对戏词和唱腔早已滚瓜烂熟。现在,为了挽救亡国危机,登台唱这出戏,他的心情非常激动,他的嗓音洪亮圆润,很适合演悲壮的戏。现在他演文天祥,好像他就是角色本身,正在柴市痛骂汉奸卖国贼。唱到沉痛的地方,他忍不住痛哭起来,泪流满面,把脸上化妆的粉都冲洗掉不少。这时,台下的观众也跟着他哭,跟着他唱,加上帮腔和锣鼓也格外加起劲来,使这台川戏变成了一场成千上万人的悲歌大合唱。全场没有人不伤心的,没有人不流泪的,也没有一个人不跟着齐唱的。文天祥一下场,顿时就有人喊口号：打倒日本！我们誓死不做亡国奴！这出戏实在令人感动。

我记忆最深的还是我们棠香中学演出的话剧《棠棣之花》。我从小爱吹箫，《棠棣之花》的曲谱，我早就会吹。歌词我也会唱，而且很喜欢，背得很熟。演这出戏时，我在幕后帮助吹箫。有一次，演聂政的演员身体不适，于是由我上场代替。我在高小学历史的时候就对游侠英雄人物荆轲等十分崇拜，现在能轮着我扮演聂政，既感到非常光荣，也感到非常合适。剧中的诗写得很好，郭沫若是借古讽今，充满了对军阀当权者的忿恨和对人民受难的同情。当聂嫈开始唱出：

别母已三载，母去永不归。
阿侬姐与弟，愿随阿母来。

我在吹箫相和的时候，心里已十分感动，因为我也是一个8岁丧父的孤儿，无怙无恃，都是一样令人心痛的。当唱到：

不愿久偷生，但愿轰烈死。
愿将一己命，救彼苍生起。

我的情绪激昂起来了，这种个人英雄主义的意识，正符合我当时年少负气的心情。歌词继续唱道：

苍生久涂炭，十室无一完。
既遭屠戮苦，又有饥馑患。

饥馑匪自天，屠戮咎由人。
富者余粮肉，强者斗私兵。

唱到这里的时候，由于满怀愤怒，我连箫也吹不下去了。因为那时四川军阀混战不已，川北大旱，老百姓没饭吃，许多人抢吃"观音土"（白色泥土），因而大便不出来，困死地上的比比皆是。我们曾亲眼看见过这些事实，唱着这样的歌词，我们怎么忍受得了？我于是停止了吹箫，干脆帮聂嫈唱了起来。这时场内观众也并不以为怪。等唱到：

侬欲均贫富，侬欲茹强权，
愿为施瘟使，除彼害群遍！

这时，我一面帮着大声唱，让全场都能听清歌词，一面竟挥舞着箫，好像要拿它当宝剑，要把一切害人的强权者杀光一样。这时，场内观众，不但不认为演戏出了格，反而爆发出一阵狂烈的掌声，并有人高声叫好。

随后，剧情和歌词的情调改变了，聂嫈唱道：

明月何皎皎，白杨声萧萧，
阿侬姐与弟，离别在今宵。

今宵离别后，相会不可期。
多看姐两眼，多听姐歌词。

接着又唱：

汪汪泪湖水，映出四轮月。
俄顷即无疆，月轮永不灭。

姐愿化月魂，幽光永照弟。

何处是姐家，姐将何处去？

这歌词是多么的深情啊！多么的美妙啊！我用箫声相和，虽然声音很低，但全场鸦雀无声，每个人都听得清清楚楚。聂嫈是含着泪唱的，我也是在含着泪吹箫，我知道，这时全场的人都在哭泣。

最后，聂嫈改变腔调，要聂政不再悲抑了，要鼓起勇气，去完成壮烈的任务。并再唱一曲歌来壮行色：

去吧，二弟呀！

我愿你鲜红的热血，迸发出自由之花，开遍中华！

二弟呀！去吧！

聂嫈唱完了一遍，又开始唱第二遍，我知道观众大多会这首歌，便走到台前，指挥大家唱起来。于是这场戏无所谓闭幕，就这样结束了。这时台下有人领着喊口号：打倒日本！支援义勇军！我们也要上前线！全中国人团结起来！打倒日本！

散场后，路上仍有人在唱《棠棣之花》的歌曲，也有人在呼口号。这次演出是我第一次演出，它使我终生难忘。

"一·二八"之忆
（1932·四川荣昌）
LIUSHI DE SUIYUE

流逝的岁月

① 1955年的全家福
② 1950年春,北京铁狮子胡同1号,欢迎苏联青年代表团。右三为吴玉章,左二为成仿吾,右二为毛岸英。

古桥送别大哥

日军于1931年发动"九一八"事变,侵占我国东北后,1932年又发动"一·二八"事变,进攻我国上海。

"九一八"事变在我家乡引起的救国运动,我已在《九一八之忆》中比较详细地写了。上海的"一·二八"事变,在我家乡引起的震动更大。因为上海离我家乡更近,上海是长江的龙头,家乡重庆则是长江的龙尾,正所谓首尾相应。关于如何游行示威,以及演戏募捐等情况,虽然规模和影响都比"九一八"时更大和更深入,但基本情况颇为相似,所以我就不再费笔墨了。在"一·二八"事变中,给我留下最深刻记忆的,是我大哥参加援沪义勇军的情节。尽管事隔六十多年,我已是八旬老翁了,但当时的情节,还是历历如在眼前,一想起来就激动不已,甚至潸潸流泪。因此,我一定要把它写出来,一则是为了留给后代,激发他们的爱国思想;同时也是为了纪念我那可敬可爱的大哥。

我的大哥名叫李忠恒。他早年随父亲上学(父亲于清朝末年在川东师范毕业,长期从事教育工作),学习成绩优异。1926年父亲死后,家里无力供大哥和我两人同时上学了。大哥主动让我一人上学，他自己去找职业，后来在荣昌县城里一家大绸缎庄当了学徒。

"一·二八"事变发生后，我县的救国团体发动组织援沪义勇军，大哥和几个志同道合的爱国青年踊跃地报名参加了。

日本帝国主义入侵上海，本是它的蓄谋，因为它仅以三个多月的时间便轻易地侵占了我国东北。国民党政府实行不抵抗政策，加上美国和英法控制的国际联盟只做点表面文章，并不敢真正制裁，这就更加助长了日帝的侵略野心，它料定进攻上海，中国政府也不会决心反抗，国际上也不能把它怎么样。况且，这样做还会转移世人对它侵略东北的非难，并为进一步侵略以至灭亡中国开辟好道路。后来的事实也证明它的这种估计没有错，中国爱国军队（十九路军）虽然抗战了一个多月，但随后还是被迫撤退了。国际帝国主义扮演的只是调解的角色，最后还是迫使中国政府签订了屈辱的《淞沪协定》。真正抵抗日军侵略的只有中国人民，日军最害怕的也是中国人民。特别是城市里的知识分子和工人，他们是最先也是最坚决地起来反抗日军侵略的力量。

"一·二八"事变的起因也是由于日本侵略者要求中国政府取缔抗日运动。"九一八"引起的全国抗日运动，一刻也不曾停息。尤其是上海，多种抗日救国团体如雨后春笋，层出不穷。国民党政府听从日寇，不许叫抗日，那么，叫救国总可以吧。于是，各种救国会、救国团以至"五四"以后就涌现出来的十人团等爱国组织，连锁发展，到处都是。不许叫抵制日货，那就叫抵制仇货好了。而把"日货"叫做"仇货"更能激发人们的爱国心。同时又提倡使用国货，这样就得到更多人的同情，民族资本家对此更为满意。

"九一八"后，上海仿效东北人民的抗日方法，学生和工人组织了许许多多的抗日义勇军。政府不许叫抗日，他们就叫义勇军。但谁都知道，义勇军就是专门打日本的，所以日本人在上海跟在东北一样，最恨的就是义勇军。他们要求取缔抗日，首先就是要取缔义勇军（当然也包括各种抗日团体和抗日活动）。

正是"一·二八"前10天，即1932年的1月18日，5个日本僧人在上海马玉山路向中国义勇军队员挑衅，双方发生冲突。日本帝国主义即借口扩大事态。20日，数十名日本浪人放火焚烧了马玉山路的三友实业社（这是一家在抗日运动中因国人抵制仇货而兴旺起来的民族工业）。同日，日本侨民举行居留民大会，会后持木棍游行，捣毁中国商店及公共交通车辆。在一连串暴行之后。21日，日本领事反而向中国上海市政府抗议，并提出一系列无理要求，要中国政府道歉、惩凶、赔偿、取缔抗日运动。22日，日本驻上海第一舰队司令部发表恫吓性声明：如上海市政府不圆满答复，日本海军将采取严厉行动。随后，日本海军陆战队即加紧战备活动。日本侵略者更陆续增兵上海。至27日，日本增调到上海的兵力已有军舰30余艘、飞机40余架、铁甲车数十辆，陆战队6000余人。日本侵略者在军事部署就绪之后，于27日晚向上海市政府提出最后通牒，限48个小时内答复。上海市政府在日寇的威吓下完全屈服，28日晨即下令封闭各界抗日救国会，随即送复牒至日本领事馆，对马玉山路案件"深表歉意"，答应了日寇的各项无理条件。但蓄意进攻上海的日寇于28日晚又由其舰队司令提出：中国军队必须立即撤出闸北，而且不等答复，即开始向我闸北军队进攻。"一·二八"事变便是这样开始的。

"一·二八"距"九一八"才4个月，日寇又在中国人民的怒火上浇油。因此它不但引起了十九路军的奋勇抵抗，同时也引起全国人民抗日浪潮的空前高涨。它迫使国民党统治者都没有人敢说不抵抗，连蒋介石嫡系部队的将领也有不少人请缨杀敌。张治中率第五军参加沪战，尽管对外不声张，但其爱国热忱是和十九路军完全一样的。他们作战的英勇，也和十九路军一样，只是由于国民党为妥协留后路，故意把他们的抗战事绩不予宣扬。我们今天写历史，写到"一·二八"淞沪抗战时，应该把第五军和十九路军同样看待，因为他们都是抗战英雄，应该受到同样的称颂。

由于"一·二八"前10天，日寇即向工人义勇军挑衅，所以全国的工人，尤其是工人义勇军即纷纷起来声援。我们荣昌县的工人也是首先起来响应的，于是我大哥便参加了县工人组织的援沪义勇军。由于日寇焚烧了三友实业社，而"三友"是著名的国货厂家，我们这些学生当时都是"三友"的支援者，所以日寇的暴行更加激起了城市学生以及广大市民的爱国热情。"一·二八"事变时期全国人民爱国情绪之高，非身历其境的人所能想象。后来的"一二·九"运动和"七七"事变后的全民抗战正是在这个基础上发展起来的。

我大哥参加工人援沪义勇军，我们李氏家族和一切亲友都表示赞扬。我母亲虽然舍不得，也只是说："政娃，你是老大，你走了这家里谁管呀！"①说罢泪如泉涌，但却忍着不哭出声来，怕旁人听见。大哥听了，尽管也伤心，但他义无反顾地说："我家弟兄三人，都不出一个人去打日本，那谁来救中国？"然后就收拾行装，赶着起程。母亲见劝说无用，就收泪和悦地说："那你就去吧！家里你不用担心，我们都有两只手，饿不死的。不过，走以前，总要到你爷坟前烧把纸哟！"大哥没有答应。这时母亲忍不住大哭起来了。

原来我父亲曾经无理地痛打过我大哥，大哥对他的怀恨当时未消。我父亲（李传捷）和我的族兄（李光辉）本是清末川东师范的同学，民国以来不知怎么成了互不相容的仇人。我们两家是邻居，孩子们又都是同学，谁也不知道大人有仇，所以都是好朋友，经常在一起游戏玩耍。一天，我大哥和他家老三（李孝克）掷土块为戏。李孝克被我大哥打中了，按游戏规则，他应该向我大哥敬礼认输。但他输不起，反而哭闹起来，这在孩子们中间是最被看不起的。李光辉不但不斥责自己的孩子，却反过来责骂我大哥，并含沙射影地讽刺我父亲枉

---

① 我大哥名李忠恒，字德政，长辈呼政娃。

自身为教师，不知教育自己的儿子。我父亲听了，不问青红皂白，就把我大哥拉回家来，绑在条凳上，用很粗的荆条，狠狠地痛打。母亲在一旁只管哭，不敢劝。后来看见打得太厉害，才对我说："余娃，还不与你爷跪下，别让把你大哥打死了！"我于是赶忙双膝跪地，拉着父亲哭喊着说："爷！打我吧！你看大哥……"这时，我大哥的裤子已被打烂，屁股上皮破血流，就和《红楼梦》上贾宝玉被贾政打的那样。但我大哥性情倔傲，一声也不叫唤，他咬着牙在那里挺着，宁死不哭。父亲的手被我拉着，这才把荆条放下。后来，大哥的伤治好以后，又大病了一场。他从此见父亲只敬礼，不叫爷。

一年之后，我父亲病逝，大哥回家来看了一下，就借故走了，披麻戴孝，全由我一人承担（我弟弟才一岁多）。我父亲是1926年逝世的，到1932年已经6年了，我母亲要大哥去父亲坟前烧纸告别，大哥仍不肯答应，以致母亲痛哭失声。这一幕在我心中怎能忘却啊！所以我一生痛恨家长制，痛恨封建道德。什么"百行孝为先"呀，我听着就反感，因为它是"三纲五常"的根本。我一直主张"家庭要和睦，反对讲孝道"，"国家要富强，废除大家长"。由于我苦苦相劝，为了不使母亲难过，我大哥在临走前还是到父亲的坟前烧了一把纸。但我们烧的不是纸钱，只是一把草纸；我们也不磕头，只是三鞠躬。因为我们那时提倡新思想，反对旧习俗。

和我大哥同行参军、离我家最近的，是李市镇的李人杰。李市镇离我家不足20里。临行前我送大哥去了他家。那天晚上，他们全家正为他饯行，于是我们便成了座上客。人杰哥已经结婚，并有一子一女。他妻和我们打个招呼后就到房里去了，她虽然没有大哭，但在宴席上我还是听得到房中的悲泣声。伯父和伯母都表示赞成儿子去抗日，并说了许多嘱咐的话。但当饭后两个孩子缠着爸爸不放时，伯父不禁央求儿子道："你不能晚几天走吗？……"伯母也哭着说："你走了这一家靠谁哟！……"这时，两个孩子不住地叫爸爸，问爸爸什么时候回来。人杰哥不忍见此情景,立即转身入房。他转入房中,见妻子悲泣不已,便又回到堂屋,拉着我大哥便走。伯父随后追出门喊道:"杰娃,杰娃!别忘了到祠堂去!别忘了到祖坟上去烧纸啊!"我因为走在后面,对这一切看得格外清楚。

这一幕实在太感人了,我回家便写了一首《从军行》,送给人杰哥。我在诗中写道:

山河悲,家国危,从军去,誓不归!
隔院鸡鸣天欲曙,别离楚上何凄凄!
爷娘苦相劝,儿女牵衣啼。
父谓:"儿性勿太急。"
母谓:"儿去娘无依。"
儿前索我抱,女来问我何日归?
睹此崩五内,避之入房帏。
新人揽衣卧床上,斜托香腮力不支。

榻上鸳鸯扇,手中唱和诗,
见我碎之弃于地,返身面壁哭声嘶。
吁嗟乎!
男儿眶中亦有泪,有泪不当别时挥。
念我中华民族四千余年之历史,而今乃复遇灾危!
白山何崔巍!黑水复迂回。
纵横数十万方里,须臾三月化为灰!
弃城者比比,赴难者伊谁?
伤心目击山河碎,壮士安能不奋飞?
纵骐骥之奔驰,佩干将之光辉,
万里长征吾去矣,不扫倭奴誓不归!

男儿自古重意气，安能戚戚乎别离？

这首诗，我一直铭刻于心，不曾忘记。1937年冬，我和王方名合写了一个独幕剧《两弟兄》，剧中把《从军行》用川戏高腔吟诵。这个剧和这首诗，我们在从四川到延安的途中一路演出，都很受欢迎。

我大哥和人杰哥是从古桥出发的，因为清江场有两位参军的相约在古桥会合。古桥离我家20余里，距李市镇、清江场也都20里左右，最适合于在那里集中。古桥虽然是个小地方，但很有名气，从大足县、荣昌城下来的那条清溪河经过这里，然后拐弯流到泸州汇入长江。本地人把它称做"蓝桥"，并说《蓝桥会》那出戏上的故事就发生在这里。于是什么"抱柱石"呀、"望夫台"呀，都有遗迹，桥边古亭里的石碑上还有文字记述。尽管这些都是牵强附会的，但传奇色彩也丰富了我们这些青少年的想象。这里滨河多雾，更兼雨水多，很少有晴朗的时候。

大哥他们走的那天，从早就下起蒙蒙细雨，古桥亭上，雾气腾腾，五步之外就看不见人影。我们到古桥店里等清江场那两位同行时，其实他们早已在亭上等我们了。大家见面时哈哈大笑，但阴冷天气却使大笑变成了苦笑。于是大哥领头唱起了《满江红》。悲壮的歌声立即使我们振奋起来，连路人也有跟着唱的，因为这一带的人，从辛亥革命时期直到现在，都爱唱也会唱岳飞这首歌。

人杰哥这时特别兴奋，他要我把送他的《从军行》朗诵给大家听。我于是站在亭边的栏杆上朗诵起来。当我朗诵到最后的两句"万里长征吾去矣，不扫倭奴誓不归"和"男儿自古重意气，安能戚戚乎别离"时，大家不禁欢呼起来，并高呼口号："打倒日本！""保卫中国！"这时不少路人也涌进了碑亭，一齐来欢送要到上海去抗日的几位义勇军战士。人们一致称赞我的《从军行》写得好，说我们不仅要在上海打日本，而且要打到东北去，像岳飞所说的那样，要"直捣黄龙，与诸君痛饮"。

真没有想到，这次古桥送别，竟成了群众性的送别。因此，我一点也没有风雨凄凄的感觉，而是热血沸腾，想要急起直追，早日奔赴抗日前线。我后来参加救亡运动以至抗战时期奔赴华北敌后抗日，都与这次送别大有关系。我也绝没有想到，这次为大哥送行，竟成了和他的永别。我可敬可爱的大哥哟，你永远是我前进的动力，我怎能一刻把你忘记呢！

"一·二八"抗战

我大哥走以前，就和我说好，他不写信回家，因为那样反而会引起母亲的挂念。所以他走以后，我并不惦记他，我最关心的是上海抗战的战况。

在学校的阅报栏前，不等报纸贴出，同学们早已等候在那里了。一看见我军打胜仗的消息，人们就不断地欢呼。一看见有什么人牺牲了，人们就脱帽致敬，有时甚至痛哭起来。当日军屡败、不断撤换指挥官的消息传来，则使我们兴奋。敌酋盐泽被撤，野村继任；野村战败，又换植田；后来又三换主帅为白川。那时我们就认为日本人不行了。都说："我们中国的蔡廷锴、蒋光鼐才是真正的英雄啊！"当看到蕴藻浜一处阵地上，我军60名士兵，全身用火油濡湿，负巨弹猛扑敌阵，使敌人阵线崩溃，而我60名勇士全部壮烈牺牲时，我们的心都碎了。一位同学大声喊道："冲呀！"他手中高举帽子，冲出校门，一直冲到操场上。有不少人也跟着他冲了出去。冲到操场后，人们冷静下来了，于是在哭声中举行了一场庄严的追悼会。人们高呼："打倒日本帝国主义！抗日烈士英灵万岁！"然后才返回教室上课。

我最关心义勇军特别是工人义勇军在沪战中的表现。当我看到驻守宝山的青年工人义勇军打退了几倍敌人的进攻并坚守住阵地毫不动摇时，我对他们钦佩极了。我想：大哥该到上海了吧？该加入战斗了吧？我哪里知道，他们一到重庆就被刘湘扣住了呢！

我对少年儿童在沪战中的表现也特别关心。我当时是童子军。所以对童子军也特别关心。当我看到有几十个少年儿童架通了宝山与常熟之间电线的消息时，我在心里为他们庆祝。当看到在闸北救出几百难民的也是些少男少女时，我对他们钦佩不已，同时也看到许多童子军英勇牺牲的消息，于是决心赴大哥后尘，准备联络些童子军到上海去参加抗日，但这时学校当局传来了上面的命令：一切在校学生不许参加沪战，也不许辍学。童子军系半军事性质，一切行动须服从命令。这样，我们的抗日愿望当然不能实现了。但从"一·二八"事变开始，我们那颗少年的爱国心就被激发起来，准备随时为挽救祖国的危亡而抛洒自己的热血。

当1月29日我们在报上看见十九路军领蒋光鼐、蔡廷锴和淞沪警备司令戴戟发出的抗日通电时，我们兴奋极了。通电中说："我们分属军人，捍患守土，是其天职，尺地寸草，不能放弃，为救国保种而抵抗，虽牺牲至一人一弹，绝不退缩。"通电中的话，多么悲壮啊！我们为这些抗日英雄欢呼。我们相信，中国今后只会有抵抗将军而不会出现不抵抗的将军了。张学良、蒋介石滚开吧！

汪精卫当上了行政院院长，表示对日本要"一面交涉，一面抵抗"。我们当时是信以为真的。因为在这以前，他一直主张抗日，反对蒋介石不抵抗，他也因此才上了台。那时胡汉民在广东，和西南军阀一起，主张抗日，我们也都相信。并希望他能北上和汪精卫合作，团结一致，共同抗日。我们那时是多么天真啊！

沪战开始不过两三天，报上就登载了宋庆龄、何香凝到真如前线去慰问十九路军的消息。我们对这两位夫人表示无限的敬佩。看见开智女中的同学时，我们就问她们：你们敢上前线吗？她们表示，不但要到前线去慰问，而且要参战，要拿枪打日本，至少也要参加救护队，抬担架、救伤兵。我们佩服她们有志气，决定一致向学校请求，赴沪参加抗战。

张治中率国民党嫡系部队第五军（辖中央军的八十七师、八十八师）于2月初参加沪战的消息，对外虽不声张，但在四川却广为传播（可见蒋介石、国民党在四川还颇有势力）。学校当局、童子军教练都大肆宣传。我们于是深信，这次沪战中国是不会妥协的了，中国的抵抗会长久坚持下去。我们也一定会去抗日，中国绝不会亡，但中国人一定要准备流血，不怕牺牲。今天回忆起当时那颗纯洁的少年爱国心，我仍感到自豪。虽然现在已是八旬老翁，一生也不知受骗多少次，但至今我毫不后悔，无怨无悔，因而也就无遗恨了。

最可笑的是到了3月5日，四川军阀刘湘也发出通电："准备东下抗日，现正整队待发。"我们居然也相信了。我认为大哥想必早已到了上海，此时一定在与敌人拼命。我哪里知道，大哥一行被扣留后，强迫他们参加了二十一军（刘湘为军长）的学兵队呢？就是这个分明破坏沪战的刘湘，在舆论的压迫下，竟然假意说他要整队东下抗日。天真的少年是多么容易受骗啊！但历史总要把真相暴露出来，骗子们终必为千秋后世笑，而真理终会胜利（刘湘后来在抗战军兴时，曾坚决主张抗战，并带头令30万川军出川，奔赴南北抗日战场。应该说，他"从前虽有罪，此时却有功"）。

"一·二八"抗战，十九路军英勇奋战了一个月之后，终因敌人大量增兵，而我后援不济，不得已于3月1日晚撤退到第二道防线。他们在3月2日的通电中说："日人猝增援兵，而我以运输艰难，后援不继……敌人以一师之众，自浏河登陆，我无兵可调……不得已……撤退至第二道防线，从事抵御。本军决本弹尽卒尽之旨，不与暴日共戴一天。"人们在阅报栏看到这一消息后，无不失声痛哭。有人喊：

"完了！完了！"有人喊："没完，没完！"有人高声说："十九路军绝不会弹尽卒尽啊！中国人还没有死完嘛！"有人领着大家高呼："绝不与日寇共戴一天！""打倒日本帝国主义！"

正是1932年3月，傀儡溥仪沐猴而冠，宣布登极为伪满皇帝。全国人民对此都十分愤怒，痛恨这个无耻的奴才。同时转而对张学良也异常痛恨。这时全国各地各界都电张，要他出兵东北，收复失地，上海还派熊希龄、王造时等赴北平，当面对张提出要求。但张却表示："须有中央命令始能出兵。"到这时，我们这些少年才看出，张学良是不抵抗的，蒋介石是不抵抗的，连汪精卫也是不抵抗的，那么胡汉民和西南军阀的所谓抵抗也不过是空喊罢了。于是，我们对国民党的抗日失去了希望。

也正是这个时候，国联除派出以李顿为首的调查团正在中国活动外，英法帝国主义怕沪战影响它们的利益，又在中日两国政府之间进行调解，希望双方妥协，以免西方各帝国主义侵略中国的最重要的根据地——上海的半殖民地地位，受到动摇。国民党政府本来就没有抗战的决心，十九路军在上海的抗战，提高了中国人在国际上的地位，对中国政府妥协有利，英法的调解，正符合国民党政府的愿望，于是中日双方开始了妥协的谈判。但中国人民是不甘心妥协的。大好的东北河山，尚在日寇的铁蹄之下，中国怎么能在上海屈服呢？所以当谈判的消息传出后，全国立即掀起了反对妥协的浪潮。在全国的反对下，中国的外交人员，没有人敢充当谈判代表。还是在行政院院长汪精卫出面表示一切责任由中央承担后，副外长郭泰祺才去参加由英国人主持的中日和议谈判。

就在中日妥协谈判紧张进行之际，驻沪日军耀武扬威，在虹口公园举行阅兵式。朝鲜独立党员尹奉吉怀着亡国之恨，为复国仇，经过缜密的策划，身怀炸弹，进入会场，乘机向主席台上掷出，一声巨响，当场把日军司令官白川、公使重光、师团长植田等炸伤。看到这一消息时，我们是又兴奋，又痛愤。朝鲜勇士的爱国精神使我们兴奋；而国民党政府的屈辱妥协又使我们痛愤。难道我们连亡了国的朝鲜人都不如吗？难道我们真的要当亡国奴吗？这时，有的同学高呼"打倒日本"的口号，有的同学在号啕大哭。

尽管全国人民誓死反对妥协，1932年5月5日，国民党政府还是派郭泰祺为代表，与日本代表重光葵在上海签订了《中日上海停战及日方撤军协定》。协定共五条及附件三条，规定：自5日起，中日双方军队在上海周围停止一切敌对行动；日军撤至公共租界；虹口方面之越界筑路，恢复到1月28日事变之前；组织共同委员会证明双方撤退，并协助撤退之日本军队与接管之中国警察间移交事宜。

我今天在写回忆录时查阅了这个协定的原文。应该说，在当时情况下，中国既不可能对日全面开战，则对日的妥协就不可免。只是因为中国军队在沪战中的英勇表现，才取得协定中的那些条件。按这些条件妥协，并不是投降。但当时全国的抗日情绪特别高涨，只要是妥协，便认为是屈膝投降，便为举世舆情所不容。

至于学生，尤其是青少年学生，更接受不了这种妥协。我们当时一看见报上登了这个妥协的协定，立刻把它撕下来踩在脚下。同学们无不大哭大喊，谁也不到教室去上课了，不少人冲出校门，冲到操场上去，准备集合起来，到街上去游行。这时，学校当局，无论是校长、训育主任，以及童子军教练等人，也都表现出了爱国心，都对我们表示同情，有的还同我们一起哭泣。正因为这样，我们才听从劝导，回到了学校。校长在我们回校后，宣布："为了纪念国耻，全校停课一日。"我们听了，泣不成声。平常，我们对学校当局是持反对态度的，现在，为了抗日救国，我们站在一起了。中国人的爱国心是多么强啊！任何外国想灭亡中国都是不可能的。日寇、倭奴、法西斯，能灭亡中国吗？不能，中国人必将把你埋葬在中国土地上。中国后来能结束内战，结成抗日统一战线，经过八年全面抗战，打败日本侵略者，不是偶然的。

5月26日，日酋白川因被朝鲜义士尹奉吉炸伤后死亡。我们看到这个消息后，心中无比地痛快，都说：这就是侵略者的下场啊！但是，我们知道，白川之死，不是日寇侵略的终止，恰恰相反，日寇的侵略反而会加紧的。只有彻底消灭日本帝国主义，中国才能翻身。我们必须准备长期抗战，准备流血牺牲，可不能有任何侥幸的心理。现在回头来看，我们那时虽然年少，但对时局的分析，还是缜密的、正确的，而且抗战决心之大之纯，确实值得写出来，以为后世青少年借鉴。

就在日酋白川死后两天，1932年5月28日，淞沪抗日阵亡将士追悼大会在苏州举行。这次追悼大会非常隆重，全国各地也一律下半旗志哀，并停止娱乐一天。这次追悼会给我留下很深刻的印象。我在日记本上写下了"人生自古谁无死，留取丹心照汗青"的著名诗句。我准备把自己的热血洒在抗日战场上，以争取祖国的独立和自由。我哪能知道，后来同我一起参加抗战的战友大都成了烈士或病故，而我竟孑然一身，苟活到八旬而不死。真的如谚语所说，"好人不长寿"吗？思想起来，不胜感慨。

继苏州的追悼大会之后，全国的童子军也为在沪战中牺牲的童子军开追悼会。有四名童子军表现得特别英勇，他们的事迹和姓名我一直记得很清楚，可惜现在忘了，而且也查不出来了。我感到很遗憾，要能在我的回忆录中把他们写出来该多好啊！可惜我办不到了！我记得我们荣昌县追悼童子军烈士的大会是在广顺场开的，因为荣昌县东西两半部有"城帮"和"烧帮"之分，广顺场恰好在县城和安富镇（烧酒坊）之间，只有在那里开，才不致有争议。我们棠香中学的童子军为追悼会写了一副挽联，在会上很受人们的称赞，我们对此颇引以为荣。可惜这挽联我也忘记了！真遗憾！这次追悼童子军烈士的纪念会，全国是在同一天召开的。因为童子军是一个国际性的组织，所以童子军国际组织和各国的童子军组织都发来了唁电。这很好嘛！全世界的少年都和我们站在一起，共同反对日本侵略者，我们抗战是必胜无疑的，这对我来说，可算是最早的一次国际主义教育。

大哥之死

沪战结束了。大哥一直渺无消息，难道真的流血牺牲了？沪战牺牲的烈士，家属都会得到通知，全国各地人民以及海外华侨为安抚烈属募集了不少的资金，报上就登载了何香凝等为烈士遗孤学校募捐的启事。难道大哥怕母亲伤心而隐姓埋名，以致牺牲了也无人知晓吗？我思念大哥的心情，随着时光的流逝而愈增，为此我读报特别仔细。1933年长城抗战时，敌我双方进退的情况我了如指掌，从长城到平津一带的地图就像印在我的脑海中一样，同学们看到不熟悉的地名都来问我。

1934年夏，我为投考川东师范到了重庆。经过多方打听，终于知道了大哥的下落。原来1932年2月初，刘湘便把经过重庆的各地援沪义勇军拘留起来，强迫他们编入了二十一军的学兵队，说是要经过训练后才送他们到前方去抗战。后来刘湘把他要"东下援沪"的报道也拿出来让学兵队讨论。但是，随着沪战的发展，特别是沪战终结，刘湘的欺骗彻底破产了。1933年，刘湘不是把学兵队往东开，而是往北开去"剿共"、打红军。这一行动，遭到学兵队员坚决的反抗。反抗行动虽然是秘密的，还是被军官发觉。为了镇压学兵队反对"剿共"，刘湘下令把我大哥等五名队员枪毙了。

我投考川东师范时，在荣昌县籍近三百人报名而只收五名学生的情况下，居然被录取了。我当时是多么的高兴啊！等到我确知大哥被害，我的高兴立即变做极度的悲哀。

回家的路上，我考虑如何向母亲隐瞒大哥的死讯。晚上在店里睡不着，沉痛地为大哥写了一副挽联：

死生苦乐如何？快到泉台，与阿爷作伴；
消息灵通若此，怕回家去，对老母难堪。

我故意绕道古桥回家。走到古桥，已是夕阳西下的时候了，但我仍然踟蹰不行，怕母亲看见我的泪痕。我躺在松林里闭目休息。当年大哥参军以及送行的情景，一幕幕地从眼前闪过。我于是想成了一首诗：

当日送行地，从兹不复还。
男儿心似铁，慈母泪如泉。
日暮松林暗，风吹江水寒。
浮云如有意，来往绕家山。

硬是等到太阳落下，我才慢步回到家中。这时家里已点上一盏菜油灯，那如豆的灯光是看不清人的面目的。母亲见我回来，非常高兴。我把川东师范录取的喜讯告诉了她，她喜笑颜开地说："昨晚我还梦见你爷，你爷说：'余娃的功课好，一定会考上。'这梦真灵验呀。"她于是去给我拿来一个皮蛋，让我下饭吃。这一晚我故意多谈些重庆和考学的事情，不提大哥，就这样我把大哥的死讯瞒过去了。

《回春之曲》

"一·二八"沪战,是惊天动地的大事,只要是中国人,谁能把它忘得了?所以,田汉专门写"一·二八"的剧本《回春之曲》一出来,就全国风行,各地都排演,长盛不衰。其中的插曲,也很流行。《梅娘曲》太缠绵,我们男学生不肯唱,有些女生偷着唱,还遭到男生的笑话。主题歌《回春之曲》写得真美,聂耳的曲谱唱起来实在感动人。这首歌把华工在南洋的苦难和斗争如泣如诉地再现了:

流水潺潺如怨歌,
春风激起生洪波。
平草莱,辟陂陀,
华工创业艰难多。
乾隆皇帝何曾哀民瘼,
一任帝国主义苛例多。
华工自动奋起挥长戈,
可怜男女老幼鲜血流成河!
　它在叹息
"二百年月日等闲过"之后,
无限悲壮地喊出:
中华民族再不怒吼将如何?

并重复地再喊道:

中华民族再不怒吼将如何?

当年我们川东师范歌咏队长周极明以他那洪钟般的男中音高唱出这两句歌词的时候,人们都立即振奋起来,同声合唱,把整个校园都惊动了。

插曲中的《慰劳歌》有唱有白,而且通俗易懂,曲调又好唱,一时便成了流行歌曲。许多女同学一见我们,就故意吟诵歌中的道白:

今天是旧历的新年,各位家里都盼望各位回去……他们哪里知道?

接着便唱了起来:

你们正为着我们老百姓,
为着千百万妇女儿童,
受了极名誉的伤,
躺在这病院的床上。

唱到最后一句是:

听啦!
飞机还在不断地扔炸弹,
大炮还在隆隆地响,
我们要拼着最后的一滴血,
守住我们的家乡!

于是我们也像剧中那样,一齐参加合唱:

听啦!
飞机还在不断地扔炸弹,
大炮还在隆隆地响,
我们要拼着最后的一滴血,
守住我们的家乡!

《回春之曲》剧中所有的歌曲,我都会唱,就是60年后的今天,我也唱得出来。1935年我们在重庆唱,1936年到1937年我们在万县唱,后来我们又从万县一路唱到延安。看来一直到死,我也不会忘记这些歌曲。

感 怀

"一·二八"对我一生的影响太大了!我大哥为要参加沪战而死。我一定要实现他的志愿,为抗战,为战胜日寇而死。虽然我在抗战中幸存下来了,但我当年参加抗战是抱着必死的决心的。可以说,我们这一代人经过"九一八"到"一·二八",受到"一·二八"沪战鼓舞的人,都是踏着"一·二八"烈士的血路走上抗日前线的。我们和"一·二八"沪战的将士们一样,抱着"弹尽卒尽之旨,不与日寇共戴一天"的决心准备为抗日牺牲流血。但我们对抗战也有必胜的信心,我们相信:中国军队一定会"直捣黄龙",打到鸭绿江边。后来的事实证明:我们抗日必胜的信心是科学的,有根据的。那些当年笑话我们,说我们的"抗日必胜"理论是"抗战八股"的人,他们旁观了抗战的胜利。对他们,只要他们没有为敌人服务过,我们就可以原谅他们。如果他们还为抗战尽过一点力,我们就应感谢他们。因为我们参加抗日，是为了挽救祖国的危亡，是尽天职，是尽匹夫之责，是完全自觉自愿的。我们的行动，并不以他人的态度为转移。我们深信：四万万同胞，除极少数没有肝肺的、甘当汉奸卖国贼的人以外，都是炎黄子孙，中华儿女也都是爱国的。爱国同胞不需要每个人都去流血。我们自愿去牺牲的人，为什么要别人陪着我们去流血呢？如果那样，我们还能算真正的爱国者吗！有一千万人上前方尽力够了，其余那三万万九千万人在后方为抗日出力不是正好吗？那些受"一·二八"沪战影响而自觉奔赴抗战的人，都是些纯真的爱国者。他们为抗日而无条件地自甘流血，他们没有任何自私的个人愿望。他们可以牺牲一切，甚至可以牺牲爱情（但不能牺牲友情）。他们不想（也没有想到）在抗战中结婚。"匈奴未灭，何以家为？""不打败日寇不成家，许多人这样说了，也这样做了。

"一·二八"事变对我的刺激太深了！只要一想起它，我就思绪如麻，感慨万端，我的这支写回忆的笔，也随着我的思绪奔腾，如行云流水，不知其所至何方，也不知将止于何处，它不受时空的限制。论时间，当然主要是写1932年的事情。但它也回溯到1931年的"九一八"，以至"九一八"以前。并且往后涉及1933年的长城抗战、1935年"一二·九"运动，以至八年全面抗战，从1937年的"七七"事变直到1945年抗战胜利。论空间，虽然主要是写上海抗战和我家乡的援沪爱国运动，但对全国的援沪斗争以至全世界的援华运动也写得不少。为了写日寇的侵略，写美国和英法的纵容、干涉以及所谓调解，我的笔触几乎遍及全球。这样不是扯得太远了吗？但既是写回忆，那就按回忆的思绪，想到哪里就写到哪里。这样就不免有重复和零乱之处，那也顾不得了。

我今天写回忆，不是为了别人，只是为了自安和自慰。我年已八旬，去日苦多，来日无几，为了活得高兴，该说的我就说。只要说的是真话，也不管它该与不该，要说就说。我还有什么可顾忌的呢？难道还怕杀头吗？不用怕杀头了，既然不怕杀头，因此。我笔下的回忆是任情的、毫无顾忌的。

不止写回忆无顾忌，就是对当今世事的评论，我也无所顾忌。我参加抗日斗争和革命运动已半个多世纪，又研究历史，中外古今的兴亡成败，我知道得不少，亲眼看见无数的个人，许多的党派和集团以及一些国家，有的兴，有的亡，有的成功，有的失败，可谓多矣！多矣！由于历尽沧桑，并不断总结经验，加以认真读书和研究多年，自信今天对世事的看法，颇有心得。对世事的发展，虽然所料不会完全准确，但大体上总差不了太多。由于年纪大了，料事从坏处想得更多，所以世事的发展多半比我预料的更好。因而我总是高兴的、乐观的。特别是对那些搞骗局的，因为一生受骗太多了，所以对他们看得最清楚。而且对骗局的感觉也特别灵敏，只要它一出来，虽不是一眼就能看穿，但可以说很快就能把它看穿了。我屡试不爽，同志们对此也颇为称赞。但他们都劝我看穿不必说穿，以免招祸。我虽然不怕招祸，并认为说穿了也未必一定招祸，但既然大家都劝，我又何必辜负他们的好意呢？后来的事实证明：骗局总会拆穿。而且拆穿的时间之快，又常常超过我的预料。人民的眼睛是雪亮的，相信人民，要永远相信人民呀！

从回忆扯到当今的世事，这可真的拉得太远了！还是说回忆吧！我开始写"一·二八"，说是为了激励后人的爱国思想和纪念我的大哥。其实，"一·二八"作为历史，其英雄业绩，早已树立起来，永垂不朽了。"一·二八"烈士的纪念碑，在上海、苏州和南京等地，已经巍峨地立在那里多年，前往吊祭、参观过的人何止千万。那上面刻着烈士的姓名，不止有十九路军的，也有第五军的，一些义勇军和童子军烈士的名字也铭刻其上。是否有我大哥的名字呢？我没有去看过，不得而知。就是亲自去看，那么多人的姓名，我怎么看得过来？而且经过风侵雨蚀，早已看不清楚了。我是研究历史的，我知道，创造光辉历史业绩的人，不止是有名的英雄，还有更多的是无名的英雄。正是千百万无名英雄以至全体人民推动了历史的前进，那些有名的英雄也是从其中涌现出来的。因此，"一·二八"的英雄业绩还用得着我来写吗？我大哥的事迹还用得着我写吗？不写也就罢了。不过，我还是要写，而且真的写出来了。

我写这段回忆，看来是为了自己，是为了自安和自慰。回顾自己的一生，错误和失败何其多也！但自问总是在追求真理和为真理而斗争，从没有做过昧良心的事（虽然也说过些违心的话）。尤其是少年时代那颗纯洁的爱国心，现在回忆起来，也感到可以自豪，值得把它写出来。

作为历史工作者，我也知道回忆录的历史价值是有限的。有些回忆录，歪曲历史事实，写了大量的假话，对研究历史不仅不利，而且有害。正因为这样，说真话、写真事的回忆录才有一定的价值，才必不可少。我之所以要写回忆录，这也是原因之一。我写回忆录，自娱而已，但决不可因此误人，为此，我虽然随着思绪写，不免前后颠倒，乱七八糟，但我一定要它忠实于事实本身和忠实于自己的回忆。只要做到这点，它就既可以自安自慰以自娱，也不致于误人了。无论是误今人或误后人，都是有罪的。尤其是历史工作者，更当引以为戒。

风雨巴山

(1934—1936·四川重庆)

LIUSHI DE SUIYUE

流 逝 的 岁 月

① 1964年,在成都和李大章合影。
② 1961年底,陪同吴玉章到韶山的集体合影。
③ 1961年,纪念辛亥革命50周年会议合影。集中了当时一批知名历史学家:前排中高个光头为范文澜;左侧柱前穿西装为侯外庐,向右依次为黎澍、尹达、李新;后排正中黑发戴眼镜为刘导生,向右依次为蔡美彪、吴晗,隔一人为刘大年。

布 衣 协 会

1934年秋,我考入重庆川东师范学校,心情是无比的高兴。

川东师范的官费是很优厚的,每学期83元。因为我大哥于"一·二八"时即参加义勇军离家出走,家境非常困难。我不但不能从家里拿钱出来上学,反要从官费和祠堂奖学金中留一部分以供家用。官费中每月伙食费5元,我却参加4.5元的伙食团;书籍费10元,我尽量不买书,到图书馆借或与同学合用;制服费13元,校服一般都要用德国咔叽布制作,我却用"三峡布"去做,这样可以省下5元。谁知用"三峡布"做制服却惹出了麻烦。

"三峡布"是什么?是民族资本家卢作孚在合川开的织布厂的产品。因为嘉陵江从合川到重庆有一段路很险要,风景也很好,人称"小三峡"。卢作孚便用它作商标把他所属工厂出产的产品称为"三峡布"。我们那时很崇拜卢作孚,认为他是一个了不起的爱国实业家,就像江苏南通的张謇一样。本来,卢作孚创办民生公司是颇不容易的,他在和外国资本的斗争中屡遭风险,但是他依靠职工的爱国热情冲杀出来了。卢作孚不仅在川江航运中站稳了脚跟,而且在合川办工厂,修轻便铁路,同时还办学校、设立图书馆,等等。在他的治理下，合川的一个特别区欣欣向荣，受到人们普遍的称赞。我们曾到那里去参观。当欣赏了小三峡的美丽风光之后，坐上那轻便的小火车，我们心中既是无比的兴奋，又有无限的感慨。我们四川从辛亥保路运动闹起，闹了几十年，连一寸铁路也没有修起来，今天毕竟坐上火车了！虽然是轻便铁路上的小火车。

卢作孚等爱国人士凭个人奋斗就能搞出这般成绩，请问军阀们、大官们，你们都干些什么呢？你们就知道争权夺利，打内战，一年打几次内战。现在日本人打进来了，你们还要打内战。卢作孚不愧是合川人、四川人、中国人。历史上，蒙古大将蒙哥就是在合川钓鱼城被打死的。合川有光荣的传统，卢作孚继承了这个传统，而那些军阀官僚，只打内战，不打日本，则是背叛了祖宗的不肖子孙，不配是四川人、中国人。不是汉人养的①，简直是汉奸！

我们当时一些穷学生，用"三峡布"做制服，一方面因为它价廉物美，经济上合算；同时，也因为它是国货，而用国货具有爱国的意义。"三峡布"有多种质料和颜色，其中黄色的和德国黄咔叽布相差不多，远看很难分辨，必须就近细看才有区别。学校当时的制服只规定样式和颜色，并没有规定衣料的质地，更没有明文规定一定要用德国黄咔叽布来做。因此，我们平时穿着"三峡布"制服，同学不以为奇，学校也从不干涉。当时也有些富家子弟（主要是普通班而不是师范班学生）②嫌我们寒酸。但我们却认为国难当头，那班阔少只知享受，不知救亡，根本看不起他们。好在这是个人的事情，各不相干，各行其是，彼此也相安无事。

谁知双十节前后，省教育厅有位督学来校视察。学校通告全体

---

① 四川因为汉人与少数民族杂居，汉人有大汉族主义思想，常用"不是汉人养的"来骂人，我们那时也有这种错误思想。
② 川师办有普通班，即普通高中，完全是自费生。因为川师很有名，所以许多有钱人家的子弟都来投考川师普通班。

学生一律要穿学校规定的制服上课，并特别注明制服要用咔叽布的。尤其可笑的是在操场欢迎督学讲话时，连鞋袜的颜色和样式都作了规定。通知最后照例用可恨的官样词句："如有违犯，定予严惩！"见了这个通告，同学们都是一肚子的气。既然当学生，尤其是穷学生，只好忍耐。我把衣服洗得干干净净，鞋袜也按规定换上，自以为无事了。不料第二天正在上课，训育主任夏先生从我身边过的时候，特地拍我一下，向我严肃地轻声说道："一会儿督学就到，快回寝室把衣服换了！"我一听很生气，也明白他的意思，但故意地回答："我的衣服是刚换的，很干净嘛。"因为在上课，他不好发脾气，就怪声怪气地说："好，那你下课到我办公室来一下。"

下课后我去训育处，夏主任不在。办公室的人说："夏主任要你晚上8点来。"晚上去，他又不在，但办公室里已有几个人在等着，都是穿"三峡布"的。二十班的杨兆临和十九班的赵承绪我认识，因为都是后期的[①]。前期两个班的同学我则不认识。又等了大约一刻钟，夏主任还是不来。赵承绪说："我们回去吧！"杨兆临说："学校要我们守时刻，夏主任为什么不守时刻呢？"他说话时特别朝着办公室的人，并且声音很大。我接着说："管他的，我们守时刻就得了，回去上自习吧，还要点名呢！"于是大家就走了。在路上，杨兆临对我和赵承绪说："看来夏主任要搞点名堂呀！"他问我是否认识刚才那几个初级班的人，我说不认识，赵承绪说他认识。杨兆临说："好，去联络一下，只要大家一致行动，我看学校也不能把我们怎么样。"于是决定杨负责联络二十班的，我联络二十一班的，赵联络十九班的，前期的也由赵负责去联络，我从旁协助。

第二天中午，训育处叫我去谈话。我进屋后，夏主任一言不发，

---

① 川东师范当时仍行旧制，分前期、后期。前期相当于初中，后期相当于高中，但程度略高一些，并分文史、数理和博物三科。

只递给我一个通知,上面说我不守校规,并蔑视师长,记大过一次。我顿时怒火中烧,但马上又冷静下来,准备应对之策。夏见我好久不说话,忍不住开口问:"你服不服?"我郑重地回答:"不服!"他又问:"为什么?"我说:"我犯了哪一条校规,蔑视了哪一位师长呢?"夏说:"你的制服不合学校规定,你对我就太无礼貌!"我说:"我的制服无论颜色和样式,都是合乎规定的。"他稍停了一下才又说:"但你的不是咔叽布。"我也想了想才回答:"是的,我的是'三峡布',不是咔叽布。但是,我们师范学校不是提倡节俭吗,为什么一定要穿华贵的呢?我们不是讲爱国吗,为什么一定要用外国货呢?"这时我见他气得面色发青,恶狠狠地向我走来。我以为他要动手打我,不自觉地向后退了一步。但他却笑眯眯地轻声对我说:"你是不是觉得你有理,就故意对抗学校?"我看出了他在耍诡计,也就做出尊敬的样子回答道:"夏主任,您知道我家境贫寒,上学很不容易,能考上川师,简直是天意,怎么会故意对抗学校呢?再说,当初学校并没有规定非穿咔叽布不可,我的制服已经做好了,现在再做哪有钱呢?夏主任,您能不能让我把这身衣服穿了再说呢?"我见他怒气渐消,便继续往下说:"那天在课堂上,您让我换衣裳,我以为说我的衣服脏了。因为在上课,只小声回答了一句,怎么能说是蔑视师长呢?夏主任,我对您是尊敬的,对所有老师都是尊敬的……"他听得不耐烦了,打断了我的话,说:"那你就一点错也没有,都是我错了,学校错了?"我赶忙接着说:"怎能这样说,夏主任、学校,怎么能有错呢?错嘛,总是在我们学生身上。"他明知我意带挖苦,但也只能就势下坡了。他把记过通知书收了回去;说道:"既然知道错在自己身上,就认错吧,学校历来宽大,可以不处分你们。"一场紧张的谈话就这样结束了。

下来我立刻去找杨兆临。原来夏主任先找他谈话,谈完之后他正要找我,训育处就把我叫去了。夏主任说杨兆临是学生会主席,应该带头做个好样子。杨回答说,很想做个好样子,可家里是"灾区"①,经济来源完全断绝了。现在的伙食费还是由学校补助的,如果学校再补助他一笔衣服费,他马上就去做新的。夏主任一听,无可奈何,两手一摊,说:"你先去吧!"随后就叫我去谈话了。根据夏和我们两人谈话的情况,我们一致认为事态可能缓和了,因为所有穿布衣的人都没有处分通知书,可见对我的记过通知不过是吓唬人的,现在他既收了回去,事情大概就到此为止了。

几天之后,我们所有的人都接到一个通知,大意说:"该生等无视校规,不着校服,本应严惩,姑念其家境贫寒,并能悔过,免予处分。惟自今日起,限一月内每人按学校规定制作校服一套,经呈阶后备用。该生等不得再以任何理由抗拒!"大家都被这个通知气炸了,决定星期日齐集南山共商对策。

在去南山之前,杨兆临、赵承绪和我,还有我的一位好友陈泰湖,晚上在一个僻静的地方约会。杨兆临一见我就说:"咱们太天真了!"我说:"咱们是君子之心嘛。"随后大家分析情况,认为学校是先摸我们的思想,断定我们不敢反抗才出此下策的。我们下一步应该斗争。"人心齐,泰山移。"内部决不能有变心的,因此凡参加斗争的都要有所表示。不过斗争还得有方法,哪些人靠前,哪些人靠后,要预先有布置。并且还要先留退步,不要把事情想得太顺利。一切都商量妥当了,决定星期日的会由我主持,杨兆临拿主意。而事务工作由陈泰湖负责,赵承绪协助。为什么要陈负责呢?因为他虽然穿"三峡布",那是为了爱国而用国货,而且他从小学到初中就和我要好,我们从来就衣履一致。其实他家境富裕,为人慷慨,要他负责事务就是要他出钱的意思。

南山在长江南岸,从川师去约有三四十里路程,还要坐船渡江。

---

① 当时国民党把苏区叫"灾区",苏区的人民叫"灾民"。

为了避人耳目,我们是分散去的,每次轮渡只许上一个组,不超过七八人。不到10点钟,各组已都到齐,集合在预定的松林中了。检查人数,47人,一个不差。会议开始,大家推我为主席。我首先说明穿"三峡布"是有理的,并不违反校规,而学校后来随意决定必须穿德国咔叽布则毫无道理。几句开场白之后,我详细地把夏主任找杨兆临和我个别谈话的情况说了一遍,指出:学校并不和大家打招呼,只向我们两人摸气候,认为我们是穷学生,软弱可欺,所以才发出了那个荒谬的通知。今天大家自动集合在这里,请大家发表意见,对那个通知怎么办,是服从呢,还是不服从?

我的话还未完,各种喊声就出来了:"服从个球!""谁服从谁就是孙子!"一时乱作一团。杨兆临个子高,嗓门也大,朝大家高声喊道:"光嚷嚷也不行呀!到底决定服从不服从,然后还要决定怎么办。"大家安静下来了。有人说:"服从不服从,大家表决。"我说:"不行,不能用表决的办法。这件事要每个人完全自愿。有人不愿意可以自便,大家还是好朋友。凡是不服从的都要先考虑后果才决定,不要凭意气。决定了就要一起斗争到底,不能中途变卦。凡是想服从的不能顾面子,尽可按通知去办,不过决不能站在学校一边来破坏我们的斗争。"这以后好一阵没人说话。赵承绪才出来说:"老拐①说得有理,大家同意不同意?""同意!"回答得很干脆。于是我接着说:"那好,现在先请想服从学校的出来,到那边小树林里去集合。"结果一个人也没有。我一连说了三次,还是没有人出来。我又说:"现在请不服从的到石头后边。"结果一轰而去,全到了石头后边。我也走了过去。对大家说:"现在天已快中午了,陈泰湖同学为大家准备了吃的:肉包子和糖包子,不服从的请拿肉的,要服从的请拿糖的。大家拿吧,吃完了再开会。"

---

① 四川江湖上把姓李的称"老拐",取"铁拐李"的意思。

结果肉包子都被拿光了，而糖包子没人动，大家笑逐颜开地吃起来。杨兆临又说："既然大家都自愿斗争，我看糖包子也可以吃。大肚子的请跟我来，吃饱了才有劲儿斗到底。"于是一些人把糖包子也都吃光了。有人提议："我们大家吃，怎能让老烟①一个人出钱呢？"大家一齐喊道："我们自己出！"我说："很好，谁愿出钱就出钱，愿出多少出多少，没有钱出不打紧，以后出也可以。我们就请老烟当会计吧！反正以后还要用钱，现在先把钱交给他，凭自愿。大家以为如何？"一阵鼓掌之后，大家都向陈泰湖交了钱，过后一数，竟有70多元，而当天只不过才花了20元。

吃完之后，又集合起来开会。我请杨兆临先发言。我说："他个头大，有劲儿，又是'灾民'，见多识广，请他出点主意吧！"杨说："我家是'灾民'，穷人闹共产，我在重庆，没有回去。学校把我当'灾民'，救济我上学。我没钱，要我穿德国咔叽布。那也好，反正靠救济嘛，能穿绸着缎我也干。我看'灾民'们在这场斗争中打头阵最好，请学校再救济，理直气壮。'灾民'们请出来！我们首先去向学校申请。"马上就有8个"灾民"站到了他跟前。杨又说："我看毕业班的打第二阵，因为学校最怕毕业班。"赵承绪应声而起，喊道："十九班的请到我这里来，我们要商量个办法。"于是毕业班的6个同学过去了。杨兆临又说："二十一班是新生，但人多，可以把住阵脚。前期3个班的同学年纪小，当预备队，跟着二十一班的同学一起干。"他停了一下，问大家："这样好吗？""好！"大家齐声回答。接着他又问："但是，谁来当总指挥呢？"大家齐声喊道："就是你嘛！"他摆了摆手说："不行，我领着人打头阵去了，怎么能当指挥呢？毕业班的来当也困难，因为他们快毕业了，功课忙，事情多。前期的……也不合适。我看二十一班的老拐最合适，大家看怎

---

① 四川江湖上把姓陈的称"老烟"，由烟尘的谐音而来。

样?""赞成!"在一片掌声和喊声中,杨兆临把我拉上了那块大石头。人们都涌向了我这边,要我发表"政见"。我说:"既然大家一定要我干,我就干吧。就是上刀山,下火海,我也认了。"又是一阵掌声,"但是,我得声明,我只是前台,必须老杨作后台我才干。"听我这样说,人们发出了笑声和掌声。杨兆临立即出来说道:"好,我是后台,但后台不是我一个,是大家,只有大家才是总后台,大家谁也不准拆台!"人们一面鼓掌,一面高喊:"不许拆台!""拆台的人不是汉人养的!"杨兆临继续说:"对,谁也不能拆台,不能中途变心,尤其不能告密!"有人喊:"那我们宣个誓吧。"杨兆临说:"好!那就请跟我高呼:'坚持到底,决不变心!变心的不是朋友!告密的天诛地灭!'"他喊一句,大家喊一句,声震山谷,把松涛的吼声都压盖住了。

最后,大家说应该给团体起个名字。我提议说,就叫"布衣协会"吧,大家一致通过。并通过我为会长,杨兆临为总参议,赵承绪、陈泰湖等为参议。

布衣协会成立后,立即筹商如何对付学校。决定第一步由"灾区"学生申请制服救济费;接着毕业班学生申请借款,保证毕业后一年内还清,看学校如何答复。第二步由前期班学生到处募捐,扩大影响;荣昌学生则向甘绩镛[①]恳切求助,以便通过他影响校领导。最后准备向报纸投诉,全体到街头募捐,实行决战。为应付学校到期检查,特做大中小三套制服,准备轮流个别送验;同时每个人向有两套(一套的也可以)制服的同学预先说好,如学校要集中检验时借用。如果需要妥协,只要学校把限制展缓,我们也可以表示服从,以拖延时间。

当"灾区"学生的救济申请送上时,学校即感到十分难办。因为

---

① 甘绩镛,字典夔,四川荣昌人,刘湘的亲信,曾任刘湘二十一军的政务处处长、川东师范校董会主任、校长。

那时刘湘对川北红军"围剿"失败,而中央红军又到了贵州,重庆人心浮动,谣言四起,当局唯恐出事,要各学校注意学生动向(尤其是"灾区"学生的动向)。夏主任于是找杨兆临谈话,说上次的通知,不包括"灾区"学生,希望杨能回去向大家进行解释。杨说:"'灾区'学生有困难,学校可以从宽,如其他人确有困难,学校何不也从宽呢?况且衣服的颜色样式都已符合规定,在此困难时期,何必一定要逼着他们去买德国咔叽布呢?现在人心惶惶,倘若因此逼出事来,对学校也没有好处。"一席话说得夏主任无言以对,只好嗫嚅地说道:"你先回去向大家说说,只要大家不闹事,可以商量。"但当杨兆临走时,他又故意严肃地说:"现在是紧急时期,谁敢闹事,决不姑息!"

针对学校外强中干的情况,我们决定全面出击。除毕业班申请借款外,我们荣昌学生利用和甘绩镛是同乡的关系,全体签名给他写了一封信,恳求他出来解救穷学生的苦难。说有的同乡同学一时无法,准备上街去乞讨,那样对我们荣昌人是很不光彩的。这封信对他表示了诚挚的乡谊和热烈的希望,而且连称主任(因他是校董会主任),措辞既诚恳又恭敬,目的是打动他的心。我把这封信托他在图书馆工作的一位亲属送呈。那位亲属和我关系很好,他看了信说:"这封信写得好,甘主任最顾乡情,他一定会帮忙的。"果然,甘见信后非常生气,立刻打电话给学校,问谁规定一定要穿外国咔叽?为什么有事不出公告而暗下通知?这一下学校可慌神了。

我从甘的那位亲属得知这一消息后,立即让前期班的荣昌同学到附小去募捐(川师附小办得很好,许多有钱人都把子弟送来入学),但不要到街上去,不要把事情搞太大了。很快,夏主任找我谈话。我一进门,他就声色俱厉地冲我喊道:"李忠慎!你真厉害,干嘛告我的状?"我明知他色厉内荏,却故意惶恐地表示惊讶:"我哪里告过状呢?连法院在什么地方也不知道呀。"他气得更厉害了,声嘶力竭地吼道:"你别装!给甘主任的信是你领头写的吧?"这时我才冷冷地回答:"哦,你原来问的是这个。这是请他帮助嘛,怎么能说是告状呢?""那你是领头的了?"他狡黠地问。我于是严正地回答道:"夏主任,你是想找出为首的严办吗?老实说,这是逼着大家无法可想了,才一起联名写信的,谁也说不上是带头人。如果要处罚,那就处罚我好了。大家都无罪,我也是无罪的。"夏沉吟了好久,忽然态度温和了,走过来拍了我两下肩头,故作亲切地说:"你这人够朋友,所以大家选你当头儿……其实,我也是贫寒出身,也是同情你们的,但是要应付教育厅呀。现在督学也走了,学校也不想严办了……"猛然间,他又提高了嗓门:"回去告诉大家,不许再闹了!再闹没有好处。"我故意站着不走,他又高声问道:"怎么不走?听见了吗?"我说:"我可不是头呀脑的,我怎么去和大家说呢?"夏主任于是说:"你去吧,就说是我让你传达的。"我看可以收场了,就说:"既然是夏主任的命令,我就回去传达。"于是慢慢地走出了训育处。

　　这场斗争我们总算胜利了。但是我们知道学校一定要维护"威信",岂肯在学生面前示弱?夏主任也并非善类,他是一定要报复的。因此布衣协会仍然保留下来,准备随时再斗。

众 志 学 会

　　日本帝国主义侵略的加紧和红军西征的影响,使得重庆人民对国事日益关心。布衣协会本是一个非政治性的组织,学校对制服问题已不再追究,它也就在无形中解体了。但由于人们不断地在一起讨论时事问题,我因是协会会长,对大家的思想情绪比较了解,觉得大家需要有一种新的形式组织起来。

我一上初中就赶上"九一八",因而养成了看报读书的习惯。川东师范有一个很好的图书馆,是甘绩镛捐赠的,特地用他的字号命名为"典夔图书馆",藏书很多,报刊也订得齐全。图书馆的人员几乎都是甘的亲友,大半是荣昌人,和我的关系都很好。我每天都要到图书馆看书报,并且可以偷偷地直到楼上藏书室去看书。在那里,各种禁书我都可以看到。当时严禁的是马克思主义书籍和共产党的宣传品,而我最感兴趣的正好是这些。虽然好多书我都看不懂,但总要硬着头皮看下去,看多了也就大略地知道一些内容。图书馆的人要我解说,布衣协会的人要我介绍,我竟敢大胆地开讲,甚至是口若悬河,乱说一通,仿佛自己真懂得许多似的。其实是似懂非懂,现炒现卖,充分表现了青年人"半瓶醋"的特点,现在想起来还觉得可笑。

由于时局日趋紧张,大家常在一起议论,因此有人建议组织讲座会或读书会一类的团体。1935年初,李成之、王方名转学来到川师,更促成了这一团体的诞生。李成之因在成都参加革命活动被开除,王方名因到苏区参观后发表言论被开除。他俩年龄较大,阅历也较多,有明显的政治倾向,一听说我们要组织团体,不但极力赞成,而且帮着出主意,实际上起了指导的作用。这个团体,以布衣协会后期班特别是二十一班的同学为基础,很快就成立起来了。李成之建议我们的团体定名为众志学会,我们以众志成城、共御外侮之意组织众志学会,这是谁也无法干涉的。大家同意他的意见,并推他为会长,但他坚决推辞,说是刚转学到此,不恰当。我因了解他转学的真实原因,所以不勉强他并替他解释,同时提议杨兆临当会长。但杨说他下学期就是毕业班了,并且是"灾民",更不合适,结果大家还是推我当了会长。

众志学会人数不多,因此规定要读理论书,还要做读书报告。为了团结更多的人,又由周极明出面,组织了一个歌咏队,又叫合唱团；由李成之出面，组织了一个体育队，又叫球队。这两个队都是由众志学会发起的，并以众志为名，但对外就简单地叫歌咏队和球队，以免过分引人注意。

众志学会成立后，大家读书和讨论的热情很高。在李成之的影响下，读的都是进步书刊和马克思主义的入门读物。后来又根据一些人的兴趣，分别成立了文学组和教育组。文学组主要读左翼作家的作品和苏联作家的译著，尤其是鲁迅和高尔基的著作。教育组主要研讨陶行知的生活教育主张，也读李浩吾的著作和介绍苏联教育的文章，这样就使我们这些师范学生突破了杜威的教育学说。不少人一接触到马克思主义就很感兴趣，尤其是唯物辩证法吸引了我的注意力。那时我们刚学完逻辑学，觉得我们中国封建专制统治过久，人们缺乏逻辑思维的习惯，对一切大人物的武断言论不加思索，奉命唯谨，实在可悲。现在读到辩证法，又觉得光讲形式逻辑还是不行，必须懂得唯物辩证法，才能引导我们求得真理。王方名和我有同感，于是我们两人一起读书，一起探讨，常常在学会上发言，做专门的读书报告。

因为经常开讨论会，交流思想，发表意见，大家便有出壁报乃至办刊物的要求。办刊物一时还办不到，可以先向有关报刊投稿。至于出壁报，对众志学会来说，那是轻而易举的事，因此决定出《众志周刊》（壁报）。王方名的字写得好，由他负责写报头和组织人抄写文章，陈泰湖会画，由他设计并画报头以及负责壁报中的插画或专门的漫画。编辑事务由我和王方名、陈泰湖共同负责。决定后不到一星期，《众志周刊》就张贴出来了。它色彩鲜艳，图画动人，而且内容充实，谈的都是大家很关心的问题，吸引了许多人来看，一时观者如堵，轰动了全校并传播到校外，当然也引起了学校当局的注意。

与出壁报同时，我们也把讨论会扩大，定期举办讲演会。当时，学校有一个官办的讲演研究会，每星期六在大礼堂举办讲演会或游艺会。虽然学校资助它不少经费，但由于它的内容和形式都很死板，所以观众时多时少，不甚踊跃。我们的讲演会也在星期六（只有星期六才有时间），因为内容切合实际形势，讲演者感情充沛，所以前来听讲者不少，教室容纳不了，教室外面也常常挤满了人。这样就惹得讲演研究会不满，说我们有意夺走了他们的观众，并且到学校告了我们一状，要求学校取缔我们的讲演会。

恰好那一期壁报是发表了我的一篇文章，题目叫《谈辩证法》，这样的大题目，我现在也不敢写，可那个时候却勇敢地写了，并且自以为得意，认为自己找到了正确的思想方法，应该把心得写出来，帮助大家。

这篇文章登出来后，训育处夏主任就找我去谈话。他问我那篇文章是自己写的还是别人写的。我说："自己的文章还要找别人写，那未免太丢人了。"这时他非常严肃地对我说："你知道什么人讲辩证法吗？那就是共产党。我看你还不像，你的文章准是有人指点你写的。你把指点你的人说出来，就没有你的干系，不然恐怕你会吃官司的！"然后他睁大了眼睛瞪着我，想透过我的身上寻找出什么特别的东西来。但是我很冷静，若无其事地回答道："夏主任，学校不是号召我们要多读书吗？我从图书馆看了点书，写了点心得，就要吃官司吗？"他很不耐烦地呵斥我道："我问的是谁指点你写文章？"我仍然沉静地回答："恐怕夏主任也了解，我写文章连稿子也不打，我还靠别人指点吗？请问谁能指点我哟！"夏主任更生气了，他吼道："是我问你，还是你问我？"我于是不开腔了，看他再怎样吓唬我。

他许久不说话，最后改变了腔调，装出很关心的样子，拖长了声音对我说："李忠慎，你本来很聪明，可是现在你上当了，你上了辩证法的当、马克思的当。马克思主义是什么？老实说，你年轻，并不懂。它最能蛊惑人心，你上了它的当，会去杀人放火，闹得家破人亡。"他停了好一阵才继续往下讲："唉，小伙子，太年轻，不知道厉害。我是过来人，上过当、吃过亏的。"他又停了一阵才说："我劝你回头吧！别再看那些鬼东西了，免得将来后悔。"他又朝我靠近一些，轻声地问："是谁介绍你看这些的？"

我明白他的诡计，很郑重地回答："那些书都是图书馆的，我爱去图书馆，还用得着人介绍吗？夏主任若不信，可以问图书馆的人嘛。"他见榨不出油水，便让我先回去。可临走又把我叫住，问："你们为什么要破坏人家讲演研究会呢？"这时我确实生气了，但仍勉强地抑制着，一本正经地回答："他们能开演讲会，我们为什么不能开呢？夏主任，学校能不能给我们一点经费，让我们像他们一样，到大礼堂去讲演呢？"

他沉吟了一下，意外地对我说："可以，学校对同学是一视同仁的。我看都是讲演会，就合并在一起吧，何必搞两个？"这时他逼问我道："你看怎么样？都是同学嘛，应该以团结为重。"这一下可把我将住了。

想了一下后，我回答道："讲团结，好嘛，可是要真的。"他马上追问："那你同意了？"我说："我个人完全同意，但这是大家的事，总要经过大家嘛！"夏说："你是会长，怎么不能做主？""我们不是讲民主吗？当个小小的会长，就独断专行，那不成了军阀吗？"我顶了他两句，然后便回头走了。

下来我就找李成之商量。他从夏和我的谈话中分析，认为夏很可能是共产主义的叛徒，要大家提高警惕。后来又和王方名、陈泰湖一起研究，都觉得学校注意的重点是李成之，因为夏已向许多人询问过李成之的情况，而独独不找他本人谈。夏问是谁指点我写文章，我也隐约地知道他是有所指的。因此我们决定，以后李成之少出面，多往球场和附小方面走动。因为我年纪较小，夏现在对我还不甚怀疑，而且又是甘绩镛的同乡，与甘的亲友拉上了关系，一切场面上的事最好由我去办。与讲演研究会应该联合，但不能合并。还应向学校要求补助经费，让《众志周刊》能出版发行。

我向夏主任报告：众志学会愿意与讲演研究会联合举办讲演会和游艺会，并望学校资助《众志周刊》。夏主任很高兴。但后来讲演研究会不愿意合作，说我们看见他们有钱，想去揩油。并对其会员造谣说，他们曾几次邀请我们参加，都被我们无理拒绝。他们为了争取观众，特举办一次讲演比赛，会后还有余兴——文艺演出。对此，我们专门致函提出：讲演会应按学校要求联合举办，我们将有3人参加比赛；在余兴中，我们的歌咏队要唱歌助兴。他们一直不答复我们。我们则用心地准备讲演和唱歌，到时一定要大显身手，争取到各方面的同情。

讲演比赛的日期到了，我和陈泰湖领着学会的人整整齐齐地来到大礼堂。讲演研究会守在门口的人想阻止我们入场，故意问我是什么人。我挺胸把校徽朝他一亮，厉声说道："本校的人，不是历来都可以自由参加吗？"然后便昂然走进去，后面的人也跟着进入会场。我见会场的人并不多，前面几排和后面几排都空着，本想坐到前排去，后来一想，还是坐后排好，遇事商量方便些。因为我们队伍整齐，都穿上了制服，戴上了校徽，而且又坐在一起，动作一致，秩序井然，会场的注意力很自然地便集中到我们身上来了。大家向我们鼓掌，并欢迎我们唱歌。我们立刻唱了一首流行的爱国歌曲，赢得了全场的喝彩。这时，讲演研究会的人不得不下来，把我和陈泰湖请上主席台。我提出我们参加比赛的人应抽签，他们说早已抽过了。我问："那该怎么办呢？"最后协商的结果是前5名、中5名、后5名各增加1个人。关于文艺节目表演，我们则自甘放在最后。

比赛开始前，主持人发表了一通讲话，但一句也不提我们参加的事。他讲完后，问我是否讲话，我毫不客气地走上讲台。这时台下有人发出嘘声，我置之不理，开始讲："今天的讲演比赛，根据学校的意见，是要讲演研究会和众志学会两家合办的。""夏主任，是这样的吗？"我特地转身朝着夏主任问道。夏勉强地点了点头。我继续说道:"但是有人说我们不愿意联合。今天众志学会的人都来了,请问:你们中可有人不愿意联合?""没有!"后排发出了响亮的回答。我又往下说:"我们没有一个人不愿意联合,而且专门写信提出了意见。但是我们没有收到回信。可是我们仍然决定来参加。我们相信,'精诚所致,金石为开'。我们要求联合的愿望是一定会实现的。现在,我们参加进来了,联合实现了,请问:都是一个学校的同学,这样团结起来、联合起来办事好不好?""好啊!"全场爆发出雷鸣般的掌声。同时,会场中部有不少人在议论,他们都是讲演研究会的,因为他们从来听到的都是我们反对联合的谣言,我的讲话使他们感到吃惊。我怕会场乱了,赶快说道:"现在联合起来就好了,过去的事情就让它过去了吧。下面希望按顺序进行。无论对谁的讲演和表演,都应表示欢迎,都不可发出嘘声、喝倒彩,那样就太不礼貌了。如果我得罪了谁,我先在这里表示歉意,请他谅解!"我的话在一阵笑声和掌声中结束了。

在讲演比赛中,我们的3名参加者获得极大的成功。余兴中的表演,我们的唱歌最为出色。当合唱《大路歌》和《开路先锋》时,全场不自觉地跟着唱了起来。直到散场之后,在各路归途中,"轰,轰,轰!我们是开路的先锋"的歌声,仍在夜空中飘荡。

对于这次成功的盛会,讲演研究会却认为是最大的失败。他们向学校报告并到处造谣,说我们有政治背景,在做赤色宣传。参加比赛会的学校负责人,如夏主任等也对我们讲演和唱歌的内容不满,认为是受了社会上左翼思潮的影响,应予纠正。经过仔细的研究之后,学校领导取得了一致意见,决定把我们众志学会合并于讲演研究会,并要我去当讲演研究会的会长。夏主任把这个决定告诉我。我当即明确表示:合并与否应该由全体会员决定,我一个人不能做主;我不是讲演研究会的会员,绝不能做它的会长。夏主任忙说:"那你不能参加讲演研究会吗?"我说:"就是因为不愿意参加那个会,我们才另外组织的。"这一下他火了，板着脸问我："讲演研究会有什么不好？你说！你说！"我故意放慢调子反问他："我说了它不好吗？它再好我也可以不参加呀。它不是也规定自愿参加吗？"夏主任一时语塞，停一会才似乎是自言自语地说："我知道，你们思想不一样，你们太左，嫌他们太右，太右固然不好，太左了也要出问题的。"我装着没听见，由他说去。他见我不理，便走过来对我说："我从来不强迫，不过学校已经决定了，你若不服从，要考虑后果。"我立刻反问他："难道学生参加什么团体也要学校决定吗？"他不回答，只挥手道："你下去仔细考虑吧。"

我认为事态严重，和成之相约，星期日到一位老师家里去请教。《众志周刊》是星期日定稿，星期一清晨贴出，因此这一期就交由陈泰湖负责。陈听说学校要把众志学会合并掉，非常气愤。平日他就对夏主任两面三刀的作风十分反感，早想画幅画来讽刺他。这一下把他的灵感激出来了，于是画了一幅《三种平衡》的漫画：第一种是不稳平衡，画的是一个很有学问的老师，因为不会巴结上司，饭碗被打碎了。第二种是稳平衡，画的是权贵的亲朋好友，稳坐在交椅上。第三种是随遇平衡，画一个人驾着一辆重心很低的四轮大车，两匹大马拉着，他用一个拍子拍着马屁股，那车子随意地向前跑，却很平衡。那个驾车的人，神态酷似夏主任。

这一期壁报一贴出，立即震动了整个校园，人们像潮水一样涌来观看。都说这幅漫画画得太好了。这下可惹恼了夏主任，他当即命人撕了壁报，然后把我叫去训了一顿，说我们太无法无天了！并说学校决定整顿校纪校风，开除陈泰湖，勒令《众志周刊》停刊，众志学会自动解散。我说："陈泰湖的画，针对的是社会上的不良现象，有些人故意胡扯，用心太可恶了！夏主任一贯宽宏大量，何必与一个年纪轻轻的学生计较呢？如果真有得罪的地方，这刊物是我负责的，我向您赔礼道歉。"说着我就向他一鞠躬，然后又往下说，"若是开除了陈泰湖，那不等于说讽刺的就是我们学校吗？我看这样并不好。"他迟疑了一下，忽然问我："你说怎么办？该开除谁？"我说："何必一定要开除呢？如果非开除不可，那就开除我好了。"他稍一沉思，狠狠地对我说："你以为就不能开除你吗？"随即愤然地走了。我等了好一阵也不见他回来，只好默默地回去，心里十分忐忑不安。

因为在老师那里，已预料到夏主任不会善罢甘休。老师说我们太天真了，遇事只往好处看，不往坏处想，现在又出了漫画的事，看来是非倒霉不可了。我准备着被开除，去找李成之想办法。他认为不一定，不过有这种思想准备也好，如果真被开除了也没什么，他可以介绍我到外县去教小学。我有了这个底，心里就踏实了，实心地静待事态的发展。

第二天，训育处叫我去，给了我一个通知书。夏主任坐在那里，既不看我一眼，也不和我说一句话。我也故意很沉着地把通知书拿在手里，却不打开来看，把它装进口袋就走了。我以为问题一定很严重，回到寝室打开一看，原来只说："该壁报（指《众志周刊》）言论图画，多有不合，着即停刊。"既没有对陈泰湖和我的处分，也没有禁止众志学会的活动。以后一两个星期，我们都等着大祸降临，但一直没事。从此，我们更加小心谨慎，把主要活动放在歌咏队和体育队方面，众志学会的活动尽量减少，并且多半在歌咏和体育活动的掩护下进行。

雨后凭栏

1935年夏天发生的华北事变，使中国人民受到极大震动。何应钦答应了日本驻天津部队司令梅津的一系列无理要求，报纸上都说是签订了《何梅协定》。虽然国民党的宣传机器一再否认，但人们眼看着河北省政府主席于学忠被免职了，国民党的军队调走了，甚至连蒋孝先的宪兵第三团也被赶出了平津[①]，国民党在平津和河北省的活动也都销声匿迹了，如果不是答应了日本人的条件，怎么能出现这种情况呢？很显然，国民党又一次出卖了国家的主权，华北即将成为东北第二，亡国的危险真是迫于眉睫了！这时虽在暑假期间，我们回到家乡仍要天天看报，关心时事。而时局的发展也随时激起我们心头的波澜。

恰在这时，陈泰湖接到了令其退学的通知。在30年代的四川，学校开除学生有两种：一种是公开布告，叫做"斥退"；另一种是在学习成绩通知书中附上退学通知，叫做"默退"。默退是最不得人心的做法。既然要开除学生，为什么不把理由公之于众呢？这太不光明磊落了！只能说明他们理亏。所以学生对于这种做法非常痛恨。陈泰湖很着急地来找我商量，如何去向他父亲说明情况。因为他本人对开除并不在乎，而且早有思想准备，只是他父亲是江湖上的人士，很讲面子，怕儿子做的事情有辱门风。商量决定由我去向他父亲报告。

我见了陈大伯还未及寒暄，他劈头就对我说道："你可把我泰湖带坏了！叫我好丢人啊。"我这下可怔住了，但稍微一想，反觉事情好办了。连忙恭敬地回答："大伯，我们结拜弟兄几十人，做的全是光明正大的事。我们不怕日本鬼，爱国救国，有什么丢人的？泰湖在重庆出了大名，替您争光了！我也没错，这件事本来是我为首的，应该从我开刀。'杀人不过头点地'，爱国受罪，流芳千古。我准备向学校请罪，把泰湖开脱。"陈大伯为人很开通，一席话就把他说明

[①] 蒋孝先是蒋介石的侄儿，他率领国民党的宪兵第三团在平津对付共产党和革命群众，有时也暗杀汉奸，所以日本人要把他赶走。后来在西安事变中，因他作恶太多，被革命人民镇压了。

白了。他赶忙拍着我的脑袋说:"小余娃,好样的!我看着你从小长大,没做错事。在棠中,是老龙板他们不对。你为朋友不顾自己,将来一定有好报①。这回怎么样?也给开除了?"还没等我回答,他又接着说:"开除算什么?杀人不过头点地嘛。要找事(指工作)我帮忙。"我向他说明我还没接到通知书,现在的问题是泰湖该怎么办?他说泰湖的事不用我管,他自有办法。他要留我吃饭,我推辞了。临走的时候,我故意问他:"大伯,泰湖该受奖呢?还是该受罚?"他笑着对我说:"要奖要罚,我都饶不了你这个小余娃,泰湖还不够格呢。"他一直把我送出了大门。我把见大伯的经过告诉了陈泰湖,他才泰然地回了家。

8月底,我约陈泰湖一起返校,他说他父亲的活动还没有结果。我到校后一个月左右,陈泰湖也来了。离家时,他父亲给了他一张请假条,要他拿着这张条子去报到。他照章行事,好像没有发生任何事情一样,就顺利地办完手续上课了。他因为晚到,忙着补课,众志学会各项活动我们都尽量不去找他。

这时华北的局势更加紧张了。日本军队大量涌入关内。在"中日亲善""经济提携"的幌子下,日本特务不仅在华北猖狂活动,而且还把它的魔爪远远地伸到了西北各地。从10月开始,就盛传"华北防共"。日本为了侵占华北,加紧扮演华北伪自治的丑剧。首先,在冀东"非武装区",日本人利用汉奸武装,驱使流氓无赖,袭击田税所。接着,天津、北平的"自治"运动队伍也不断在街头出现。这队伍里都是些什么人呢?全是些流氓、地痞、大烟鬼,在天津还夹杂不少日本浪人。正是在日本人的导演下,伪组织"华北民众自治促进会"成立了。日本大特务土肥原等人纷纷到太原、保定、济南等地活

---

① 在棠香中学,反对会考时我一直坚持到底。校长龙树芬(外号老龙板)不断加害于我。

动,想以"自治"为名,诱使某些地方军阀"独立",把华北从中国分裂出去。11月25日,国民党的冀东行政督察专员殷汝耕公然背叛祖国,在通县宣布成立"冀东防共自治政府",使冀东二十余县大片国土脱离了中国政府的统治。

冀东汉奸政府的成立,在全国引起了极大的震动。它意味着日本的殖民统治已经由东北深入关内,眼看着全中国都将成为殖民地,全中国人都要当亡国奴了!所以全国对这个汉奸政府一致声讨,要求南京政府把殷汝耕缉拿归案,按汉奸卖国贼治罪。但国民党政府在日本帝国主义面前毫无骨气,只有屈服。就在伪冀东政府成立的第二天,国民党对日本人表示驯服,非但不敢动殷汝耕一根毫毛,反而撤销了北平军分会,改设冀察绥靖公署,以宋哲元为主任。这就表明南京国民党政府已放弃了华北的"中央化"而允许其"特殊化"了。

对于日本的侵略野心和国民党的卖国政策,当时一般热血青年无不痛心疾首。我们那时都非常关心时局,每天清晨,阅报栏前面总有许多人等着看报。图书馆管报纸的人也很积极,只要报纸一到,就先张贴出来,然后再回馆去登记。记得殷汝耕当汉奸那天的报纸一贴出来,一个同学气愤不过,立即将那片报纸撕了下来,用脚在殷汝耕的像上面踩了又踩。所有在场看报的人,都为之鼓掌欢呼。连没有看到那条消息的人,本来感到遗憾,也一样兴奋地跟着大家鼓掌。然后又一连几天撕了踩了宋哲元的像,以至蒋介石的像。这一来学校慌了,忙在纪念周上说:撕报踩像的举动不文明,尤其对委员长不该这样。不知怎的,平常一提委员长就要立正,今天居然连立正也忘了;平常总要说委员长是要抗日的,只是共产党"捣乱",必须先安内才能攘外,今天连这一套鬼话也不敢说了。可见民心不可侮,在愤怒的群众面前,统治者的威风是扫地已尽。

我们分析了这种情况,觉得众志学会的活动不但可以恢复,并且要趁势展开。为了减少阻力,尽量少用众志学会的名义,多用救国的名义。从此以后，救国读书会、救亡读书小组、救国合唱团、救亡讲演队以及救国武术队、救亡体操队等组织，纷纷出现。

　　学生们的救国热情虽然高涨起来了，但整个社会还没有觉醒，重庆城里依然到处灯红酒绿，充满醉生梦死的人。"桃花江是美人窝，桃花千万朵，比不上美人多……"从七星岗，经过上下都邮街直到朝天门，一切大商号几乎都播放着这类靡靡之音。周极明对此愤慨极了，他领导着众志歌咏队唱救亡歌曲，并到处教救亡歌曲，虽然在许多学校里用洪亮的歌声把靡靡之音压倒了，但在整个重庆城，尤其是繁华的商业区，《桃花江》《特别快车》等流行歌曲仍然占着明显的优势。对此，周极明毫无办法。只是愤慨地骂道："你们是中国人吗？快去给日本人当亡国奴吧！"我们都劝他要忍耐，不要太激烈；但同时又和他一样，对那班只知争权夺利的官僚、政客，和那些见利忘义趁国难发财的奸商，也非常痛恨。我们尤其恨那些打扮妖艳的女人，认为她们是"祸水"，是"亡国的妖孽"。现在想来，我们当时的认识是多么幼稚可笑！而且受封建思想的影响不小。不过，在那国难当头的时候，如果没有一批热血青年，我们的民族恐怕是要沉沦下去的。所以我认为对过去的那些事情，应该有分析，但我们始终不后悔。

　　一天下午，满天阴霾四布，但一阵大雨之后，天气晴朗了。我们众志学会许多人，不约而同地登上了教室楼顶，对时局展开了热烈的讨论。慢慢地，夕阳西下了，飞鸟归巢了。山下的马路上传来了一曲《桃花江》的歌声。仔细一看，原来是求精中学的一群女生，穿着摩登的时装在那里唱流行歌曲。周极明刚开口骂了一句"他妈的"，就被李成之止住了。成之说："潇潇雨歇，凭栏远眺，不是很有诗意吗？管她们干什么，我们来联句吧！"我说："很好。老大哥，就请你开头吧。"他望着浮图关，沉吟许久，忽然念出一句诗来："浮图关上鸟纵横。"不知是谁正在眺望南山，立即扭过头来接道："一带寒山浸夕昏。"我随之又接上一句："雨歇凭栏无限意。"这时女生们的歌声又随风飘来，马上有人斩钉截铁地联了一句，作为七言绝句的结束："垂杨马路咒摩登。"这时有人立即说道："咒她们干什么，我们也来唱吧！"有人喊："请周极明指挥！"极明没有响应，可是歌声不用指挥就开始了，大家唱道：

怒发冲冠，凭栏处，潇潇雨歇。
抬望眼，仰天长啸，壮怀激烈。
三十功名尘与土，八千里路云和月。
莫等闲，白了少年头，空悲切！

靖康耻，犹未雪，
臣子恨，何时灭？
驾长车，踏破贺兰山缺。
壮志饥餐胡虏肉，笑谈渴饮匈奴血。
待从头，收拾旧山河，朝天阙。

我们的歌声是那样的雄伟，那样的悲壮，并且传得那么遥远，仿佛整个重庆，连浮图关、南山、嘉陵江和扬子江都加入了我们的合唱。凡是听到我们歌声的，都跟着唱了起来，下面马路上的女生们也跟着唱起来了。我们唱了几遍《满江红》之后，又唱《开路先锋》和《大路歌》。在我们稍一停顿时，女生们却唱起《新女性》来了。我们也给她们帮腔，特别是唱到最后那一段：

新的女性，是生产的女性大众；
新的女性，是社会的劳工，
新的女性，是建设新社会的前锋。

新的女性，要和男子们一同，翻卷起时代的暴风。

暴风，我们要将它唤醒民族的迷梦；

暴风，我们要将它造成女性的光荣。

不做奴隶，天下为公！

无分男女，世界大同！

新的女性，勇敢向前冲！

新的女性，勇敢向前冲！

嘹亮而雄壮的歌声，震动原野，震动山谷。路上的行人停下了脚步，开车的人也停车走了出来，一时交通都为之阻塞。人们对山下山上的男女合唱感到新奇，又感到振奋，随即报以热烈的掌声，直到歌声停止，行人才分途散去。

这天晚上，大家批评了周极明，认为他太鲁莽。同时我们又感到对广大群众，尤其是对女学生的抗日积极性估计不足。女学生讲究穿着是爱美的表现，并不妨碍她们的抗日觉悟。抗日是中国人的共同要求，家境富裕的学生也都是要求抗日的，我们不应该排斥她们。应展开工作，深入学生的各种爱好不同的群落中去。我们平日对求精中学有成见，认为它是教会学校，学生都是少爷小姐，思想落后。现在事实证明：那里的学生也是要抗日的，那里的学生也并非都是少爷小姐，就是少爷小姐，也并非不抗日。因此我们决定：以后要把工作面放开些，放大些，要对所有的同学都展开工作，不要把讲演研究会的人看作敌人，要争取他们与我们合作。而且要把工作发展到校外去，不仅要做校际工作，同时还要到广大市民尤其要到下层市民中去展开工作。

当时做了分工：杨兆临负责与重庆大学联系，因他有亲友在重大工作，今年重大刚收学生，负责招生的正是他的一位亲戚；我负责与二女师及省职校联系；陈泰湖负责与艺专联系，同时因他与民生公司和两三个工厂有关系，要他设法到那些地方去筹办工人夜校或补习班；其他的人负责到什么地方，我现在已记不清了。李成之社会关系多，又有社交经验，所以校外工作由他负总责。歌咏和体育活动能团结一些并不热心政治的人，并且容易打通校际关系，当时重庆的歌咏活动正在兴起，体育比赛也不断举行，正好利用这个机会展开救亡工作。李成之说："为了工作顺利，展开歌咏和体育活动时，什么帽子也不戴（指团体的名称），尽管唱歌和打球就是了。你唱救亡歌曲、打球时多做宣传，何必一定要挂什么招牌呢！"他的意见很好，大家都同意，后来照此方针办事，果然很顺利，也很有成效。

重庆学生哪里去了？

1935年的四川，尤其是重庆的政治情况，是很复杂的。一方面，由于日本侵略的加紧，四川人民和全国人民一样，抗日情绪和自发的救亡活动在不断地增涨；另一方面，蒋介石利用追击红军，假"剿共"之名，把他的手伸入了四川。以贺国光为主任的行营参谋团首先在重庆成立，接着康泽的别动队也在四川张开了魔爪。这样就给人民的抗日救亡活动带来很大困难。不过，国民党的"中央"势力是要吞并四川地方势力的，因此蒋介石与刘湘之间的矛盾也日益尖锐化。

蒋介石为了讨好人民，采取了一些措施，如统一币制、统一税收、禁止滥征田赋等，这虽然于人民有利，却损害了地方军阀的利益。特别是蒋介石沽名钓誉，故意接受人民的控诉，惩办地方的贪官污吏和依仗军阀的豪强，而这些人恰好就是军阀的亲朋故旧。例如刘湘的干儿子也因遭到许多人的控告而被"法办"。这样做的结果，使得地方军阀大丢面子，无法忍受。刘湘为对抗蒋介石，保存自己的力量，开始提出"川人治川"，后来竟提出抗日和民主，并暗中和共产党以及全国各地方势力联络。既然要"川人治川"，那么对四川的民众就不能不"宽厚"一点；既然要抗日，要民主，就得利用人民的力量；而要联络共产党，更得要装出点进步的样子。可是蒋介石是"中央"，是上级，他又不敢公然反抗；而人民群众的斗争也常常直接针对着他的统治，他还是要照样镇压。对于这些复杂的情况，我们当时很年轻，既不甚了解，也不会分析，但凭一股热情去干，有时候胜利，有时候失败，却并不知道是什么缘故。现在回头来看，真觉得十分可笑，也想到那时的热情要能一直保持到今天该多好啊！一个人如果既有青年人的革命热情，又有老年人的深思熟虑，那一定会战无不胜，但二者是难以兼备的。

因为蒋介石对日本不抵抗，我们对他早已不存幻想。所以他到四川做的一切事情，我们一概反对，但在学生中也有人认为他总比四川军阀好些，对此我们估计不足。

现在记忆犹新的是参谋团一到重庆，头一件事就是大搞"新生活运动"。这个运动很快就在学生中出现了分歧。新生活运动是蒋介石在他进行"剿共"的大本营南昌搞起来的。他因为"剿共"不得人心，连连失败，于是提出对共产党要实行"三分军事、七分政治"的政策。七分政治的核心是实行法西斯主义。那时，到处写满了"干！干！！干！！！""一个党，一个主义，一个领袖"等大字标语，讲话时一提到"蒋委员长"就要立正，用一整套迷信和愚民的方法来统治人民的思想。他为了使法西斯主义中国化，又在学校里提倡读经，在社会上推行新生活运动。

新生活运动大谈什么礼、义、廉、耻，最突出的活动是要街上的行人靠左走和提倡集体婚礼。他的这一套东西还没有搬到四川来就已引起了我们的反感。

湖南军阀何键和广东军阀陈济棠也曾大力提倡读经，一个天天要向祖宗牌位烧香，一个要把祖坟搬到花县洪秀全家乡去，还有山东军阀韩复榘说他赞成新生活运动，就是担心行人都向左走在街上碰了头怎么办。这些笑话，有的不一定真实，但在学生中普遍流传。报刊上登出的集体婚礼照片，都是很豪华的，但偏说是实行节约，人们对此非常不满，见面时常说："大人们救国，全靠新生活，四维礼义廉，没本赚大钱。"四维礼义廉，就是骂他们无耻。这充分显示了我们四川人善于讽刺的本领。行人靠左走，是学习西方人的文明习惯，本无可厚非。但蒋介石把它和礼义廉耻扯在一起，就显得非常可笑了。说什么我们中国自古是礼义之邦，一言一行都是很守规矩的。行人靠左走很像我国古代的礼仪。蒋介石和他的党徒们大讲"礼义"而不讲廉耻，倒很符合他们的实际。

当时我们听了这类讲话，就故意鼓掌起哄，他们居然以为我们拥护这套卖狗皮膏药的瞎话，有人还笑眯眯感到很得意。为了推行行人靠左走，还特意组织新生活服务团上街值勤。参加服务团的人，实习生要穿童子军服，初中以上的要穿军服（受过军训的）或学校制服，并且佩戴着很惹人注目的值勤袖章，当队长的还可以佩戴一把短剑，这样装扮起来，显得十分神气。青年人是爱出风头显神气的，所以新生活服务团吸引了不少人参加。我们川师因为众志学会的影响较大，尤其是后期班的学生对蒋介石的一套已不大相信了，所以参加的人不算多。这一下可把训育主任和军训教官给急坏了。他们大力鼓吹，用尽一切利诱和威胁的手段才完成了上级规定的数字。为了欺骗上级，他们所造的表册，把许多并未参加的人都列入了名单。

我在"文化大革命"中还因此遭受了一次不小的麻烦。造反派审查我的历史，派人到我的家乡，凡我到过的地方都跑遍了，也没有找到任何问题。忽然在川师的档案中发现新生活运动服务团的名册中有我的名字。于是大施讹诈，要我交待参加过什么反动组织。不管我怎么申辩也没有用。后来我从他们的旁敲侧击中知道他们问的是新生活服务团。对他们采用的打"哑谜"的方式我很反感，索性把问题挑明了："你们问的是新生活服务团吧？为何不直说呢？老实告诉你们，那个服务团是为蒋介石服务的，但是个很广泛的群众性组织，不应给它扣上一顶反动的帽子。因为它做的最主要的一件事就是要行人靠左走，这能算什么反动呢？而且我根本没有参加。"他们很生气地说："你敢说没参加吗？如果有证据证明你参加了怎么办？"我说："如果我有隐瞒，可以开除我的党籍。"于是一个人把一个本子在我面前一挥，说："你太不老实了，服务团的名单上就有你的名字呢。我看你的党籍完了！"我这才明白怎么回事。我随即向他们说明：服务团员在街上值勤，手拿指挥棒在那里吆喝，众目睽睽，人所共见，又不是搞秘密工作，是很容易调查清楚的。你们找当时的人问一问，看我在街上值过勤、站过岗没有，不就清楚了吗？后来他们去调查，果然就清楚了。这场风波才算平息。通过这些事情，"造反派小将"也受到了教育，对旧社会的复杂情况也有了些理解。

参谋团搞的第二件事情是学生军训，这件事主要是通过康泽来进行的。以高中学生进行军训，在蒋介石统治的基本地区如江苏、浙江、安徽、河南等省，早已实行。集训时大多要强迫学生集体参加国民党，并在少数学生中发展复兴社员。蒋介石的中央势力伸入四川后，也向各学校派军训教官，同时准备集训。不过对蒋的这些做法，刘湘也很警惕，生怕挖了他的墙角。尤其对康泽，因为他是别动队总队长，复兴社十三太保之一，他愈是利用他是四川人，到处拉同乡关系，刘湘对他就愈加防范。

川东师范在重庆大学没有完全办起来以前，是重庆的最高学府，历史悠久，声名卓著，刘湘用他的亲信甘绩镛当校长，早把川师作为他个人私立的学校。因此在参谋团未派军训教官之前他已先派来了人。他的军训教官和训育处的某些人一开口就是"甫公"如何如何①,根本不提"委员长"。康泽知道这种情况后,岂能容忍?于是通过参谋团也派来了军训教官。参谋团是代表蒋介石的,刘湘和甘绩镛都不敢公开阻拦。康派的军训教官和训育处趋向"中央"的一些人,满口"委员长",而且一声一个立正,这样就使川师日益"中央化"。但这样的中央化,不仅在学生中不得人心,即使在教职员中也吃不开,因为"甫公"的势力在川师是根深蒂固的。关于"委员长"与"甫公"两股势力在川师的矛盾,我们当时并未能很好地加以利用。不过现在想来,我们的一些活动之所以能在这一个时期顺利展开,还是和他们之间的斗争大有关系。但是,无论蒋介石也好,刘湘也好,他们都不许学生闹事,特别不允许提"抗日"一词,因为蒋早已颁布了"睦邻"令,一提抗日,就是妨碍邦交,就要问罪。《新生》周刊被查封,杜重远被判刑,就是因为登载了一篇题为《闲话皇帝》的文章,得罪了日本人。蒋介石怕日本,刘湘也一样,重庆的日本领事馆和日本兵,是谁也不敢惹的。人民群众对此非常气愤,加上日本侵略不断深入,所以抗日潮流就像滔滔江水一样,即使三峡那样险峻,也阻止不住它的奔腾东流。

在重庆搞军训,因为刘湘与蒋介石有矛盾,所以还不能像东南各省那样,强迫施行。在学生中,对是否参加军训也有不同意见。就是众志学会的会员,意见也不一致。我因从小身体瘦弱,参加点体育活动还可以,要我参加严格的军训,我是不干的。李成之却认为既然要抗日,就该学会打仗,应该主动参加军训,并可从中了解更多情况。周极明等也很赞成他的主张。他们两人不但带着一些人参加了1935年暑期由"中央"主办的军训,而且在这年冬天,李成之还主动与刘湘二十一军的军官联系,由他一位亲戚四处张罗,在长江南岸搞了一次

---

① 刘湘,号甫澄,人们(主要是吹捧他的人)称之为"甫公"。

学生自愿报名参加的军训。

　　日本的侵略野心是无止境的。在1935年夏秋，尽管国民党已在河北满足了它的各项要求，但它还是继续在策动冀察政权特殊化。到11月底，纷传"华北特殊化"将逐步实施，冀察两省将"独立"，要继冀东而"自治"，全国人民莫不为此而忧心忡忡。虽然国民党一再辟谣，到12月7日，"谣言"竟被证实了。国民党为满足日本对"华北特殊化"的要求，决定设立"冀察政务委员会"，以宋哲元为委员长，由日本推荐的著名汉奸王克敏、王揖唐、齐燮元、曹汝霖等人为委员。这个机构定于12月16日成立，虽不挂"自治"的招牌，但这一"特殊化"的妙用，实际上把冀察两省划在中国的正常行政区域之外，怎不令全国人民痛心疾首，感到亡国灭种大祸临头的危险呢？

　　北平当时处于最危急的前线。而青年学生既富于爱国热情，对时局又最为敏感。他们目睹日本得寸进尺，国民党畏敌如鼠，"华北之大，已经安放不下一张平静的书桌了"。这时要他们再听信胡适那一套"读书救国"的谬论，怎么可能呢？何况红军长征胜利到达陕北的消息、中共《八一宣言》团结抗日的主张，他们都已经知道了。因此他们联合起来，首先在北平古城发出抗日救亡的吼声，是历史赋予他们光荣的责任。他们果然在12月9日开始承担起这项光荣的任务。

　　12月9日，北平6000多名学生冲破层层封锁线，集合到新华门前，向何应钦（由他的代表接见）提出了六项要求：

　　1. 反对"防共自治"运动；

　　2. 公开宣布中日交涉经过；

　　3. 不得任意捕人；

　　4. 保证国家领土安全；

　　5. 停止一切内战；

　　6. 言论、集会、结社、出版自由。

　　何应钦（由他的代表转达）不仅不理会学生的要求，反要学生

"遵守纪律"，赶快回校"安心读书"。学生们一听，义愤填膺，立即展开示威游行。浩浩荡荡的队伍，向西长安街奔去。"反对华北自治""打倒日本帝国主义"的口号，把人们心头的积愤倾泻出来，人们听着是多么的痛快呀！但是统治者对学生的正义行动却实行无情的镇压。1933年，长城抗战的大刀，不是用来对付日本兵，而是用来对付学生了。虽然不是刀刃而是用刀背向下砍，可怜文质彬彬的学生，尤其是女学生，怎么经得住这些"壮士"们的刀背呢？于是无数的学生受了伤。对着奋勇前进的学生队伍，警察用成排的水龙头朝着他们身上冲水。那天天气严寒，冷水喷在衣服上立刻冻成了冰。尽管有人冻伤了，有人冻得浑身发抖，但是热血仍在他们胸中沸腾，他们不顾被捕和受伤的危险，打散了又集合，终于完成了他们的任务。

北平学生"一二·九"的怒吼声，立刻传遍了全中国。当我们从报上看到这惊人的消息，从刊物上看见那动人的照片时，人人都热泪盈眶，恨不得马上行动起来。但我们在讨论应如何行动时，李成之却说要稍等一下，等他去找人商量之后再说。在这以前不久，我在图书馆看书时，从一本小杂志中看见一份夹在里面的宣传品，仔细一看，原来是中共中央发表的《八一宣言》。我把它拿回来给了李成之。他拿去问了一个朋友，回来说这宣言是真是假，尚待研究。正因为如此，成之这回特别谨慎，以致犹豫不决。

继"一二·九"之后，北平学生于12月16日——冀察政委会预定成立之日，又展开了规模更大的斗争。城内外各路学生队伍，经过和军警的多次搏斗，终于迂回和巧妙地到达了预定的集合地——天桥。当时集合在天桥的学生即达1.5万人以上，随后立即展开声势浩大的示威游行，不少市民也跟着参加进去。示威队伍折回前门时，召开了市民大会，通过了《不承认冀察政务委员会》《反对华北任何傀儡组织》和《收复东北失地》等决议案。

北平学生"一二·九"的示威游行，立即得到全国各地学生的响应。杭州和广州的学生分别于11日和12日即开始举行游行示威。12月16日，北平学生和市民更大规模的爱国行动，进一步掀起了全国抗日救亡的高潮。天津、上海、武汉乃至国民党中央所在地南京的学生，都奋勇地走上街头。各地爱国学生的英勇斗争，刺激着我们身上的每一根神经，使我们无法保持平静。找不着李成之，我们三四个人（杨兆临、陈泰湖等）商量了一下，便决定一面联络各校，一面准备全市学联的章程以及各种宣传品。正在这时，李成之回来了，他拉着我立刻去新蜀报社。报社的人问了我一下学校的情况，认为川师既已开始向各校联络，那么就应以川师为联络中心，立即组织全市学联，在座的人一致赞成。为了加速行动，大家都主张《新蜀报》应发表一篇文章来刺激一下，并议定这篇文章的题目为《重庆的学生哪里去了？》。于是我们大约三个人马上凑成了一篇短文，第二天《新蜀报》就把它登了出来。

　　《新蜀报》是四川最有影响的大报，由它出来问"重庆的学生哪里去了"，这对重庆的学生实在是莫大的刺激。自辛亥革命以来，重庆学生历来都站在革命运动的前列，具有光荣的传统，难道现在国难日亟，全国学生都奋起抗争的时候，重庆学生却自甘落后？难道蒋介石派来个参谋团就把重庆学生压垮了？南京的学生都不怕，重庆的学生还怕什么？《新蜀报》的文章，在重庆各学校引起纷纷的议论：有人说救国人人有责，为什么光责怪学生？你们不是要我们安心读书吗？读书救国吗？

　　怎么现在问我们哪里去了？应该问《新蜀报》哪里去了？也有人说不能问《新蜀报》，因为它并没有提倡读书救国。在这场议论中，大多数学生还是认为报上的文章问得对，问得好，我们是学生，应是抗日救亡的先锋，不能和别人比，只能和学生比，平津的学生不怕日本人，南京学生不怕蒋介石，为什么我们重庆学生不能动？我们落后了，怎么办？急起直追嘛！由此各校学生都自动组织起来，准备行动,并派人到川师联系,希望成立全市的组织,共同斗争。

川师的同学看了这篇文章也很激动,不少人埋怨众志学会,说它平时说大话,光会唱歌打球,到时候缩头了。众志会会员中有不少人则埋怨李成之,连我当时都有这种情绪。但成之见我却说:"越埋怨越好嘛,这样我们领头干,他们不就跟上来了吗?"我很佩服他有主意,既沉着又不泄气,但总觉得这回太落后了。他于是对我说:"像北平那样的斗争,我们领导得了吗?落后一点也好嘛。'后面乌龟照着爬',看人家的样子走路,免得摔跟头。'不怕慢,只怕站'。只要能一步一个脚印,总会达到目的地。"我虽然并不完全心服,但当时除了听他的,谁也没有更好的办法。现在想起来,李成之当时老不见面,准是到处找党、找领导去了。可又找不着,于是采取后发制人的办法,以北平学生为榜样,根据重庆的情况稳步前进。我看成之的做法是正确的。重庆学生响应"一二·九"的斗争,虽然不够轰轰烈烈,只是照着北平学生的样,亦步亦趋、稳扎稳打地进行,一会儿公开,一会儿隐蔽。一会儿又公开,却一直没有间断。尽管李成之在1935年冬就被学校开除了,我们一批人在1936年夏天又被开除了,后来由于党组织派人来领导,使运动的发展,终于由相当的自发性走上完全的自觉性。

有了李成之出主意,我们筹备学联和响应北平学生的行动,才得以有计划有组织地进行,并且进行得比较顺利而没有遭到大的挫折。

学 生 救 国 联 合 会

在筹备学联的过程中,各学校到川师来联系的人较多,这就引起了学校当局的注意。一天,夏主任找我谈话,他说:"最近你们太忙了吧？都忙些什么呢？"我说："是的，为了抗日救亡，大家都该忙一点。"他厉声说："不许说抗日！昨天'中央'又来了命令。"我说："日本人快占领华北了，不抵抗，难道要投降？"他更严厉了，高声喊道："你胡说！一切'中央'自有办法，用得着你管吗？"我停了好一阵，才慢吞吞地轻声说了一句："我是四万万分之一，我不过尽一份责任罢了。"然后两人都沉默不语。最后，他极其郑重地对我说："我管不了你们，你们厉害。但是，你们若招惹外面的人到我这里来闹事，那就别怪我不客气了！"他的话语中充满了讽刺和威胁，不等我答腔，就把门一拉，走出去了。

下来和成之商量，觉得夏是完全倒向"中央"去了，如果学联成立会在川师召开，可能会遭到迫害。但从他的口气看来，若在别处开，他不会管。因此决定找重庆大学的人想办法。

后来，在重大城内办事处召开了成立会。不知怎么搞的，开会的时候，竟有市党部（国民党）的人前来参加。而且讨论章程时，有人提出学联应服膺三民主义，在市党部领导下进行工作。这下可引起了一场大争论。大家说："'三民主义，吾党所宗'不是天天在唱吗[①]？干嘛还要写上学联的章程呢？"但有人却说："既然天天都在唱，为什么不可以写进章程呢？"大家说："各校学生会从来也没有说在党部领导下工作，不是进行得很好吗？为什么现在要写进章程呢？难道我们唱什么歌、打什么球，也要请示党部吗？"也有人却说："国民革命就是要由党来领导，社会各界都由党来领导，为什么学生不由党来领导呢？"双方争论激烈，各不相让，主席只好压下这个问题，先讨论别的。在讨论选举时，有人不赞成章程（草案）上规定的选学校不选个人，而多数人又都不赞成选个人，因为各校学生会的负责人不

---

① "三民主义，吾党所宗"是国民党党歌开头的两句，当时一切集会，都要唱国民党党歌。

断改换，不如选学校稳定，但意见始终统一不起来。休会的时候，成之对主席团成员说："为了团结，避免分裂，学联章程上写上以三民主义为指导，没有关系。正如天天唱党歌一样，不过念一声'阿弥陀佛'罢了。但选举一定要坚持选学校，如果选个人，容易受打击，而且个人一遭打击，学联也就瘫痪了。"大家都同意成之的意见，所以复会之后，进行得很顺利，章程终于通过。只是把"学生抗日救国会"中的"抗日"二字删去了。随后大家选举了川东师范、二女师、重庆大学为重庆市学生救国联合会的主席团，并推川师为首届执行主席。

川师的学生中，本来有众志学会和讲演研究会的矛盾。但从华北事件发生以来，救亡活动把双方的会员聚集在一起，从前的矛盾自然消减了。川师学生会选举的结果，是赵承绪、杨兆临、李忠慎、李成之、李昆明等当选。赵承绪毕业走了，杨兆临又面临毕业，所以二十一班的"三李"几乎成了学生会的代名词。由于杨兆临总是支持成之和我，而且都是众志学会的人，李昆明又很机敏，凡事都听我们的，因此，大家合作得很好。川师被推为学联常务主席后，秘书处自然也放在川师。于是王方名、陈泰湖等成了秘书处的骨干。王方名事实上成了学联的秘书长，学联的印章是他刻的并由他保管，油印机也在他那里，一切重要的印刷品一概由他负责。

全国的学生都行动起来了。紧邻重庆的武汉学生也冲破压迫行动起来了，我们重庆学生还能再沉默吗？所以学联成立后立即行动。好在什么都准备就绪了，只等一声令下。但是怎么行动才好呢？成之作了充分的考虑。公开提出示威游行，肯定要吃亏，各地的示威游行都遭到了镇压。因此决定以扩大宣传为名。各校的宣传活动早已自发地展开了，现在加以组织和扩大，大家一定很欢迎。政府当局对近日的宣传并未实行压迫，扩大宣传事前又未告诉它，它临时也未必镇压。为了掩护扩大宣传，决定同时到行营参谋团去请愿，请求"委员长"

出兵抗日。各校宣传队伍按计划分别到达预定地点，等请愿团出发后即开始宣传活动。然后纠察队引导，自西而东，到朝天门集合，举行示威游行。

12月24日①，重庆学生有组织有计划地、大规模地行动起来了。三十多个中等以上学校的一百多个宣传队布满全城，大家都分散地提前到达指定的地方，还有一些小学也闻讯参加进来。等到达预定的时刻，各处同时把统一的旗帜举出来，在救亡歌声中展开了宣传活动。一边散发传单，一边讲演。传单是统一印制的，简明有力，富于鼓动性，读了的人无不感动于心。讲演也规定了题目和大致的提纲，由于讲演者都是充满了爱国激情的青年，他们根据提纲尽情发挥，每句话都发自肺腑，扣人心弦，讲到伤心处声泪俱下，讲得激昂时振臂高呼。听众也是热血沸腾，时时跟着高呼口号，一时"反对华北自治""打倒日本帝国主义"的口号声，此起彼落，响彻整个山城。

到参谋团请愿的人，按计划比宣传开始早半个钟头到达行营门口。这次请愿是事前通知了的，参谋团以为我们会大队人马前去，所以行营附近戒备森严。一见我们去的只是少数代表，他们的情绪也就松弛下来了。我们说要见贺国光主任并向他递交请愿书，一个人出来说他可以代达。我们说还有许多意见要向贺主任面陈，他说了声"好嘛"，就领我们进了行营很里面的一间会议室。

这间会议室很大，正中挂着总理遗像，两边都有屏风挡着。我坐在靠边的座位，能看见屏风后的大部分地方。忽然间，我看见一个熟悉的人影走来，到屏风后站住了。仔细一看，原来是夏主任在窥视我们的行动。我心中一想：看来他们是一切都准备好了，今天的扩大宣传和游行示威可能会出问题。于是，我向靠近我的一个代表轻声嘱咐了一句："今天要小心！你们在这里态度要尽量缓和，时间要尽量拖

---

① 我的记忆中不是24日，要早一点，大概是20日，但查阅报纸却是24日。

延；我马上出去告诉外边的人，要加快进行的速度。"我装着出去找东西的样子，立即起身走出了行营，奔向我们的指挥部——重大办事处。成之见了我很惊讶，我向他说明了情况和意见，他表示同意。

这时一个纠察队员来报告：七星岗有日本人捣乱，抢宣传品，并抢着要给宣传人员照相，被我们的人包围起来了。成之要我马上去解围，赶快带着队伍提前到朝天门去。我赶去时，包围日本人的人更多了。只听见人们大声呼喊："把抢去的东西放下！""把偷拍的相片留下来！"但被围的三个日本人不肯照办。这时有人喊起了"打倒日本帝国主义""赶走日本鬼子"的口号，并向日本人冲去，好在被纠察队拦住了。

我见形势紧急，立刻进入包围圈的中心。宣传队的同学们一见，为我鼓掌。我站上一条讲演用的凳子，高声说道："同学们，同胞们：请冷静，请冷静！我们宣传抗日救国是光明正大的。我们的宣传品就让他们拿去吧！他们照的相就让他们拿走吧！让他们拿到日本去登报，那才好呢。"一阵掌声，打断了我的讲话。我停顿了一下，又接着往下讲："应该让日本人看看，我们中国人是怎样反对他们的侵略的！我们认为日本人民还是不赞成侵略的。我们只反对日本军阀。在战场上，对日本兵是不客气的，但对没有武器的日本人我们绝不伤害。我们中国人是有志气的，不能受人欺侮；但中国人又是讲文明的，绝不欺负手无寸铁的人。不管人家怎样挑衅，我们不要上当。兵来，将挡；水来，土掩；不拿武器，讲道理。'君子动口不动手'，我们有理走遍天下。真要打，战场上见。光我们四川就有7000万人，和日本人一样多，我们怕什么？如果我们现在动手，我们就上当了。人家就是要我们上当，好说我们不讲理，不文明，我们千万不要上当呀！"见大家的愤怒平息了，我用手一指，说："请这边闪开一条路，让他们走吧！"那三个日本人早先被吓得魂不附体，这时才惊魂初定，每个人都双手合十，连称"这位先生说得好"，乖乖地从人们闪开的一条小道中走了。

我为什么敢于让日本人把宣传品带走呢？因为我们的宣传品都是统一规定的，并且盖上了学联的印章。像"打倒日本帝国主义"一类的口号，只是口喊，并没印上宣传品，为的是避免被当局找麻烦。至于日本人照的相，我们宣传讲演，怕他什么，何必要扣留他的底片？我最担心的是扭打起来，特别是打伤了人，政府当局就一定镇压。现在把日本人的挑衅解除了，趁着人多，我们便高呼口号："打倒日本帝国主义！""赶走日本侵略者！""保卫中国每一寸土地！"七星岗地势高，呼声远播，山鸣谷应，把滔滔长江激荡的水流声都压住了。我们既已达到宣传的目的，便赶紧带着队伍奔向朝天门。沿途的宣传队也都得到了通知，提前往朝天门集合。

等我们到达朝天门的时候，各校一百多队的宣传队伍大都到齐了，人山人海，水泄不通。成之代表指挥部一声令下，由我讲几句话，立即开始示威游行。这时一辆行营的车开来了，吆喝着要见学联的人。成之急中生智，他吩咐我和重大的代表留下应付场面；二女师和省职校的几个代表把队伍分几路带走，这样既是游行，又是分途返校。他本人则和纠察队出面照应，回到指挥部。我们等队伍都分别进行了，才慢吞吞地走向行营的汽车。行营官员很不高兴，把一纸命令递给我们。打开一看，原来是要我们取消游行示威，立即返回学校。我们一声不响。他怒吼道："看见了吗？不许游行示威！"我说："我们是宣传嘛。""那为什么都集中到一起来了？""重庆的街道，就这么一长条，由西向东，自然就到了朝天门。"他见队伍已经分散开，似乎已完成了自己的任务，口气便稍微缓和了一些，又问道："为什么不解散，还要列队行进？"我说："这是新生活运动的规定嘛。"重大的代表补充说："今年军训时规定，学生三人以上，就要列队行进，学生们又不是乌合之众，列队行进，整整齐齐，不是很好吗？"这时学生队伍已经逐渐走远了，但口号声高响入云，仍然震人耳鼓。这人听了皱着眉头，无可奈何地向我们说："别再闹了，再闹没有好下场。快回去叫大家明天好好上课！"然后摆出一副当官的架子，登车而去。

回到指挥部，成之还没有回来，想派人去找，又不知道他在哪里，心里很着急。一会儿，收到他送来的一张条子，说行营派出了马队，紧跟着学生队伍，他怕出事，得等大家都回校后才回来，果然等到天黑才见到成之。他一天没吃饭，赶快给他搞来些吃的东西。他边吃边说："马队跟在学生后面，有时在两旁夹着学生队伍。开始大家害怕，后来学生呼口号，他们也不干涉，学生们就胆大了，于是纵情高呼，他们还是不管，只是旁观的群众，常常被他们轰走。有两个小学生，看见高头大马，吓坏了，乱跑，差一点被马踩着了，但骑兵却下来把小学生扶上了人行道。"等他把各校学生都已安全返校的消息说完后，大家才松了一口气，散了。这时他已填饱了肚子，拉我到房间里悄悄对我说：他今天已被特务跟上了，拐了好多弯才甩开了那些家伙，他要我先回学校去看看动静，然后到他的一个亲戚家见面，再决定是否返回学校。

回到学校，我故意到训育处去找夏主任。训育处一切如常，只是说夏主任开会去了，还要过两天才回来。第二天，重庆各报都登了学生请愿的事，扩大宣传的事只个别报纸有简单的报道，而对示威游行，所有的报纸都只字未提。学联的宣言和通电，没有一家登载。但由个别学校（如川师）发出的电文却登了出来。看来当局是控制了的，但似乎还不算严厉。

成之安然返校后，分析了这种情况，认为这是当局有意压缩空气，准备悄悄实行打击。他在学校已不安全了，决定寒假找二十一军在南岸搞军训，别的事，他就不管了，这样好避开旁人的耳目。学联的工作，他主张不罢课，但要继续宣传，并要把宣传往远处扩展。大家都同意他的意见，决定遵照执行。那时除了他以外，没有人能提出好的办法来。多次的行动已经证明：成之有主意，他想出的办法都是切实可行的。而且他看得较远，能预见到事态的发展，能预先拟定应付事态发展的对策。现在他要"退隐"了，以后怎么办呢？大家都感到惶惑，不愿他离开。我因了解实际情况，认为他非走不可，便向大家尽力解释。但以后到底怎么办呢？决定川师要以众志学会的人为骨干，加强团结，同时要注意校际联系，特别要和省职校、女二师和重大的优秀分子加强联系，要一些学校尽可能建立起核心组织来，使各校都有骨干分子，这样学联才能比较长久地保持下去。

成之特别向我们提出：从现在起，就要准备迎接当局的打击。要使学联即使受到打击也能活动，要准备秘密活动的办法。他还提出：重庆学联不能孤立地活动，要和全国一致进行。首先全四川都要活动起来，要立即与成都、万县取得联系；同时要派人到省外去，到武汉、到上海去；与北平有关系的人要争取和北平联系上。他把一切布置好了以后就不再和大家见面了。

学 联 活 动 的 展 开

由于李成之的指点，我们对当局可能的迫害是有准备的。因此，学联的活动尽量以不过分刺激当局的形式展开。

学联的宣传活动由扩大进行转为分散进行。市区由各校分别担任一定的区域，并且只用一小部分人分小组轮流负责，而把大部分力量向郊区发展，向过去很少有人去的地方发展。这时，经过陈泰湖，也经过其他人的关系，我们与民生公司的关系搞得不错，所以我们能搭民生公司的轮船，上自北碚、合川，下到长寿以至涪陵等地去进行宣传活动。这些地方的群众对我们的宣传很欢迎，特别是对救亡歌曲很感兴趣。为此，周极明忙得不可开交。他既要教大家唱会歌曲，又要教大家学会指挥，并且还要准备好歌片（油印的简谱歌曲），把所有教唱的人分配到每一个宣传队中去。他和艺专（艺术专门学校）的人经常到各校检查，组织和帮助各宣传队中的人员进行歌咏活动。极明的脾气急，专业的音乐人员要求高，常常和各宣传队发生矛盾。我为了去解决矛盾，被逼着学会了指挥。我问极明，我的指挥合格否？他说及格了。至于唱歌和简单的乐理我本来就会。于是凡极明他们发生矛盾难以解决的地方，我便代他们去那里教唱歌和指挥。等我把那里的人教入门以后，我总是告诉大家，我在搞歌咏上是二把刀，你们要想学好还得请专门的人来。这时极明他们再来，就不但没有矛盾，而且还特别受到尊重。

　　歌咏在抗日救亡运动中的作用很突出。哪里有抗日的歌声，哪里的救亡活动就开展起来了。极明喜欢雄壮的歌曲，对比较柔美的曲调便反感。但群众却很爱抒情歌曲，特别是具有民歌风味的更受欢迎。女同学也最爱抒情曲，例如《渔光曲》一出来就风靡一时。后来《夜半歌声》也在男女青年中普遍传唱。因为有许多女同学参加到宣传队伍中来了，极明不得不改变他的偏爱。在每个宣传队中总有女同学去教儿童唱《卖报歌》，教女工唱《新女性》，教大家唱《渔光曲》。当然，最能鼓舞人心的还是《毕业歌》《义勇军进行曲》和《扬子江暴风雨》中的一些歌曲。由于周极明和艺专同学的特殊爱好，学联宣传队所到之处，几乎都能听到雄壮的歌声：

　　……同胞们，大家一条心！
　　……我们，不做亡国奴！
　　我们要做中国的主人！
　　让我们结成一座铁的长城，
　　把强盗们都赶尽！

……向着自由的路，前进！

聂耳的这支歌曲是那样的雄伟、豪迈，富于鼓动性，只要有一个人开头，凡是会唱的人，便不由自主地跟着唱起来。这歌声立即汇成巨吼，震动人心，把中国人不愿做奴隶、要争取自由解放的心愿唤醒。这支歌曲代表了"一二·九"时期重庆救亡歌咏运动的特点。

尽管救亡歌曲振奋人心，但它毕竟不能把抗日救国的道理讲透彻。救亡宣传除依靠文字为工具外，歌咏只能起辅助作用，最主要的还是得靠讲演。在街头上作长篇大论的演说是不受人欢迎的，必须简明扼要，抓住群众最关心的问题讲个明白。每个人讲演一般不要超过5分钟，最后还应加以鼓动，在群众情绪高涨时高呼口号结束。我们学师范是要研究讲演术的，我们曾像演员那样自己练习和互相训练，不但要练口齿、练表情，而且要练嗓音、练呼口号的本领。不要小看呼口号的本领，要领着广大群众呼喊出整齐有力的口号，是大有讲究的。必须把口号口语化，太长了不好喊，太短了没有劲儿，长短一样又太平板；必须把它改变得适合于呼喊，而又长短错落恰当，到最后能掀起高潮，才合乎标准。为了训练讲演员，我们组织了许多练习组，由善于讲演的人去教练，除了到街上和四郊去讲演外，我们还特地派优秀的讲演员到剧场和电影院去，利用演出前和中场休息的十来分钟进行演讲。由于训练有素，而且讲的都是抗日救国的当前现实问题，所以很受欢迎，演讲总是在口号声和鼓掌声中结束。剧场和影院主人见此情景，也都希望我们多去，因为这对他们的票房收入是有利的。

我们的宣传一般都是讲演和唱歌相配合，同时还利用标语、图画和地图。我们到哪里，一般都贴出标语，另外也要在墙上写标语。在这方面，艺专搞美术的和各校擅长书法的人便成了老师。像通俗的漫画形式，尤其在郊区和农村中是深受欢迎的。用地图来辅助宣传，效果也很好。我们学地理的同学，时常在墙上画一幅很大的中国地图，把东北四省完全涂成红色，把华北各省分别画上红道道，在上海以至重庆等城市，凡有日本租界和领事馆的地方都标出记号。在东海上画一条凶恶的鲸鱼，张着大口，在长江和珠江流域写上两行大字："一口已经吃掉了东北，一口正在吃华北。下一口该轮到这里了！"两行字后面几个鲜红的惊叹号，看了令人感到实在是怵目惊心。宣传队有时也把这样的地图用硬纸做成，挂在竹竿上，讲演员对着地图向群众讲述日本侵占东北的经过和现在侵略华北的情况。群众看图听讲，最容易受感动，有的中小学生听着听着就哭了起来。这时再高呼"收回失地""打倒日本帝国主义"等口号，激愤之情，是任何文辞也难以形容的。

除宣传活动外，学联最重要的活动是抵制日货和劝人使用国货，因日本提出交涉，抵制日货遂改称抵制仇货，后来连仇货也不许叫，只称"抵货运动"。使用国货是谁也无法干涉的，而最为工商界的爱国者所欢迎。重庆的抵货运动很有历史传统，从"五四"以后，一直不断，到"五卅"时期更为高涨，至1927年革命失败后遭到巨大挫折，但"九一八"后又复高涨起来。四川有名的民生公司就是在抵制仇货和提倡国货声中发展起来的。30年代的抵货运动一直没有被压下去，所不同的是以前抵制的是一切外国，特别是英日两国，而现在抵制的对象则集中在日本身上。抵制日货自"九一八"后在学生中是毫无阻力的。但在工商界，情况却很复杂，因为做日货生意获利甚大，所以不光有专门从事日货买卖的商号，就是一般商人，也或多或少买进一些日货，以招徕顾客。自从"一二·九"运动以来，因为各界人士都同情并声援这一运动，所以由学生发起的抵货运动进展顺利，工商界也自动起来进行。为了避免当局干涉，学联没有像"九一八"时那样，实行检查没收甚至烧毁仇货等激烈行动。我们只组织一些调查组，把调查所得的材料提供给工商界的爱国团体，让他们自己去处置。但是，抵制日本轮船客运的斗争却是学生自己搞的。这场斗争进行得十分有趣，我至今记忆犹新。

陈泰湖的父亲和民生公司有业务关系，因此泰湖认识公司里的人。我有一位高小时期的同学，初中毕业后考上民生公司的练习生，这时已是船上的正式服务人员。此外，重庆学生中还有不少人与该公司有关系。

在"一二·九"之前，我们已为该公司的工友及附近的工人办过文化补习学校，很受工人们的欢迎。民生公司的职工爱国心很强，对外国轮船在中国内河上横行早就不满，特别对日本轮船横行川江更是愤恨。但民生公司在航运上与日本轮船的竞争，因势力单薄，老是处于不利地位。只有在爱国运动高涨时期。因有广大群众的支持，才能改变形势。所以民生公司对于抗日救亡运动，尤其是对于抵制日货和提倡国货的运动，不止同情，而且还给以行动上的支持。船上的员工很希望学生们支持他们与日本轮船的竞争。

在此情况下，学联决定派出固定人员与民生公司联合行动。首先我们的宣传队在码头上进行宣传和劝说：叫中国人要爱国，哪国欺侮中国，我们就不坐哪国的船。中国人要坐中国船，虽然中国船差一点，但是中国人自己的呀！"这种宣传和劝说很成功，再加上我们给民生公司代售船票，使得日本轮船的生意马上跌了下来。日本船商不服输，马上将船票大幅度降价，以招揽顾客。一些贪图便宜的人又跑去坐日本船。宣传队见此极为愤慨，一面加紧宣传，一面阻止人们去买日本船票，还在日船售票处和停泊地高呼"中国人不要上当""不要受人收买""不要贪小便宜""中国人决不当汉奸"等口号，那些买了日本船票和拿着票要上日本船的中国人，一听到这些口号，没有不把头低下来的。特别是听到"不当汉奸"的口号更受刺激，有的当时就把船票撕了，愤愤地往回走。当然也有个别顽固的家伙，故意昂首阔步地上船，并且还骂："老子买票坐船，哪个管得着？"对于这种毫无爱国心的家伙。我们愤恨之余，最后还是想出了惩治他们的办法。

在运动高潮时期，坐日本船的人确实很少。但日本船依旧按时开船，照样行驶。它的票价一跌再跌，最后甚至可以免票上船。后来还有传说，从重庆到宜昌以至汉口，不但不要钱，下船时还每人送一把洋伞，这恐怕言过其实。但由此可见当时抵制日本船是卓有成效的。可不管怎样，还是有人坐日本船，而我们对此又绝不甘心。为了制裁那些见利忘义的人，我们和民生公司的职工以及补习学校的工人们反复研究，终于想出了一条暗中实行的"妙计"。在上日本船的路上，我们半价出售民生公司的船票（当然是得到公司同意的），劝说那些还有点爱国天良的人回心转意。如他们还不听，一定要上船，那么他们在上船的长长跳板上或是在小划子上，就要倒大霉了。我们已安排好最善潜水的船工，到时把划子或跳板弄翻，让那些家伙跌入水中，虽然淹不死，可也叫他们尝够了泥汤入口乃至入肚的滋味。这种办法虽然近乎"残忍"，却很有效。

消息一传出，果然很少有人敢再来坐日本船了。当时有人说我们做得过分，但对那些人不加以惩罚是不行的。我们不仅是"先礼后兵"，而且可以说是"仁至义尽"之后才"惩治顽劣"的。不过现在回想起来，我们当时确实不懂得策略，没有和社会上层取得更多的联系，没有随着运动的高潮下落及时转变斗争方式，以致这场斗争没有坚持多久。后来政府当局禁止我们在码头一带宣传，说是"有碍秩序"，实际上是与日本人暗中妥协了，结果是由中国军警在岸上，日本武装在水上，共同保护日本轮船，维护日本侵略者的利益。在这种情况下我们的活动就更加困难了。而且很快学联就被取缔，派出宣传队变成"非法"行为，因而遭到禁止。抵制日本船的斗争终于无形中停顿下来。

学联要展开各项活动，没有钱是不行的。开始用度小，由一些家境富裕的同学慷慨解囊相助。川师的普通班，大部分是重大的预科生，其中颇有些富家子弟，他们捐助的钱不少。求精中学等教会学校也有不少人捐助。后来运动展开了，靠学生自己出钱无济于事了，不能不设法筹集经费。公开募捐，容易受干涉，只是在影剧院宣传时进行了几次募捐活动。虽然所得不少，但还是不够用。怎么办呢？演戏售票，这是最有效的募捐。

为了能把戏演好，我们以艺专为中心，把全市各校的演出力量都动员起来，编排最好的节目，争取观众。为了推销戏票，我们把戏票印得很别致。特制的戏票是石印的，色彩很鲜艳，一面印着既美丽又富有意义的水彩画；另一面当中印着标语——"解囊救国，举世同钦"，左上侧是演出时间，右下侧印的票价下面空着，准备让买票人自己填写。卖戏票的同时给一张收条，上面有3角、5角、1元、5元以至10元等不同的价格。购票者填什么价格就给什么收条。卖票由专门的宣传队负责，队员多半是女同学和善于辞令的男生。他们到繁华的大街上宣传，唱一些很动听的歌，同时向店家劝售戏票。他们根据店铺的大小送给相应的红票和收条，一般都能很顺利地卖出去，当然也有些是经过劝说才销售掉的。

最有意思的是他们看准了卖仇货的店家，故意给他最高价的收条，结果是这些店家都"自觉自愿"地填写了高价票，而且付款时非常客气。是他们真的有所悔悟，还是慑于救亡运动的压力呢？不管怎样，我们推销戏票是很成功的，得到了不少的收入。从此我们的活动就不愁没有经费了。

我们的经费开支是很严格的，不仅有专人负责审批，而且学联的监事会组织了专门的监察组，每开支到一定数目就做一次检查，而每次检查的结果都发现实际开支大于账上开支。原来有不少人自己掏了腰包而没有来报账要钱。学生们的心地是多么的纯洁可爱啊！整个"一二·九"时期的重庆学联，收支是很大的，但从未发现一个人揩油，更不用说贪污肥己了，这是很可以自豪的。特别是我们的"总管"陈泰湖，他不但自己很清白，在他的管理下，所有经管学联财物的人都是很清白的，一切账目也是清楚的。后来当局查封学联，把账本收缴了去，想从经济上找出镇压学联的口实。结果是他们无论怎样吹毛求疵，也没能挑出一点儿毛病，甚至在失望之余，对商会的人开玩笑说：如果你们缺少会计师，最好去找学联吧。

我们的戏票卖得贵，但演出也是很精彩的。许多人出来后都说"值得"。也有人故意说："一场电影不过二三角钱，一场川剧不过五角钱，就是大名角也超不过一元，怎么学生演戏就要几元钱？"马上就有人回答道："又看戏又爱国，就该多出几个钱嘛。人家演戏全是尽义务，连饭钱也不要呢。"于是人们纷纷议论哪个戏哪个角色演得好，几乎每场戏和每支歌都得到好评。记得《回春之曲》演出后，观众普遍提出一个问题！为什么"一·二八"的时候，光十九路军就敢打，现在却不敢打了呢？人们的抗敌情绪大大地提高了。《回春之曲》《梅娘曲》和《慰劳歌》立即风行一时。那时正是阳历新年和阴历新年之间，《慰劳歌》恰好应时当令，到处都在唱。从"今天是旧历的新年"开始的道白，大家都会念。"你们正为着我们老百姓"，从这句开始唱，人们越唱越感动，唱到结尾"我们要拼着最后一滴血，守住我们的家乡"时，人们的热情越来越高，于是就反复地唱，不停地唱，直唱得热血沸腾，不能自已，乃至痛哭流涕。这些歌，我至今还能唱得出来，有时独自哼哼，即能唤起当年的激情，时时感慨系之。现在有人说这些歌艺术性不高、不美，我却认为它们是当时最美的歌，艺术性最高的歌，最感人的歌。离开了具体的历史条件来谈艺术性，谈美，是不恰当的。今天的历史情况不同了，应该有今天的新歌，但那些老歌仍有它们的历史价值，是不该抹杀的。

重庆学联的活动，自成立之日起即大规模地开展起来，有合有分，有近有远，由于我们主观上比较谨慎，一般来说发展还算顺利。

但当时中国的社会情况很复杂，重庆的情形也不简单，四川内部的矛盾已不少，加以蒋介石中央的势力日渐深入，矛盾就更多了。青年学生虽然比较单纯，但个人家庭分属不同的阶级阶层，本人也有多种不同的社会关系，而且学生运动一掀起，就触动了社会各方面，使得各种矛盾激化，使各种利害和各种思想之间的斗争表现出来。于是各种社会力量都插手学生运动，使单纯的学生运动复杂化，使学生单纯的爱国思想不是走向进步，便要走向反动。在当时国民党的反动统治下，学生运动向进步方向发展，就必定要遭到镇压。这种情况，全国如此，重庆也不例外。我们当时没有分析这种复杂情况的能力，但凭一股爱国热情做去，只问是非，不计利害，虽然遇到挫折，却始终没有向邪恶的势力屈服，今天想起来，虽觉幼稚可笑，但也无愧于心。

绝 不 交 印

重庆学联成立后，我们即与本市各界、全川和全国学生界联系，以便协同一致和学习各地的经验。李成之推掉学联的责任后，我们更注意向各地特别是向北平的学生学习。这时报刊上报道北平学运的消息很多，尤以《大众生活》（《生活》停刊后出版的）的通讯最为详细。重庆各校学生在北平的朋友纷纷写信回来，鼓励重庆学生和北平学生一致行动。川师也不断收到北平学生寄来的信函和材料，看来我们发出声援北平学运的通电起了作用。但更重要的还是个人之间的信件来往，因为它可以较少受到邮局的检查，了解到更多更真实的情况。例如我就不断收到北师大余利民的来信，向我通报了北平学运的发展和经验。其他同学凡收到有益于学运开展的信息和材料，都自动地交给我们或向我们报告。所以重庆学运大体上是按照北平学运的步调一步一步地前进。

在重庆,首先起来支援我们的是教育界,他们发表了宣言和通电,有不少教师参加我们的扩大宣传和示威游行,同时还散发了他们自己的传单。我们对师长们的支持非常感动和感谢。重庆新闻界和文化界对学运也大都是支持的,很少有人公开出来反对。社会其他各界虽然无明确表示,也多半采取同情的态度。就是市政府当局,初期也干涉不多,没有采取断然的镇压措施。学运活动的开展因此是较为顺利的。

为了和成都取得联系,由川师派出了王方名去找他在嘉陵高中的同学蒋桂锐(江牧岳)。派到武汉和上海去的我记不清是谁了,好像是重大和省职校的同学,因为他们有亲友在那里。上海的学运搞得轰轰烈烈,不亚于北平。学生要到南京去请愿,当局竟至下令把铁轨拆了。但学生们却自己铺上铁轨,自己开车前进。当局不得不露出狰狞面孔,用武装把学生押解回去。上海学生的英勇斗争太激动人心了!因此我们立即派人去求教。听说,上海有两个学联,一个是大学生的,一个是中学生的,但两个学联的行动配合得很好。重庆学联主要是中学生,重大当时初办,只有两个系招生,所以我们派人去主要是找中学联,当然重大的学生也要找大学联。

我们向各地派出联络人员,多半还是用私人关系,但他们也都带有盖了学联图章的介绍信,以便到那里去和救亡团体联系。至于我们的宣传品,除在本市散发外,也尽量寄往全国各地。所有的宣传品上都盖了印章,一则表示郑重、负责任;再则是为了防止坏人假冒,以免出麻烦。可这样一来却引起了当局的注意。市党部通知我们,要学联注册登记,领取正式的印章,而我们自己的图章应立即停止使用。这时学联内部由于有社会力量特别是"中央"力量的插手,已开始分化。即以川师为例,李昆明已和行营派来的军训教官拉上关系,显然"中央"化了。他认为学联应接受"中央"领导,不能自行其是,应该立即去注册登记，办理合法手续。我们不好反对这种冠冕堂皇的意见，于是由他自告奋勇去办了登记手续，并领到了图章。因为过去分工由他管印信，只因他不愿插手，才由王方名负责。现在他把图章拿在手中，便自己掌管起来。但他用新图章发的通知却不灵，因此由他召集的会议只有他们小圈子内的人来参加。他把这情况反映上去。当局马上来函要我们交出学联从前的印章。我们置之不理，用拖延的办法应付。因为学联是由以学校为单位的集体负责，而不是由个人负责的，市党部来人问我的时候，我即回答不管印信，这人便回去了。

　　当时川师是学联执行主席，主要负责人是三李，而李成之不管事了，剩下我和李昆明，市党部的人向我要不了印，只能去问李昆明，这下可让他作难了。他过去挂名管印信，却从未问过事。他估计印信在王方名手里，但又不好去问，因为问也必然要碰钉子。我已把这件事告诉了方名，方名说不要紧，图章有好几个，全是他刻的，而且有记号，必须按记号发出的才有效。于是把现在正用的和下期要用的交给杨兆临，由他负责管和用，其余的放到别处去保存。特留一颗在方名处，以备对付当局来收缴。后来追缴印信越来越紧，李昆明来问我，我说："这不都是你招来的吗？我管不着。"他说："求你问问王方名好吗？"我说："王方名请假走了，我去哪里找他呢？"过了几天，他又来找我，说上面逼他缴印，因为颁发新印的时候就该收缴旧印，当时没收旧的就发给了新的，是因为看得起他，现在老拖着不交，他实在无法交代。希望我帮他个忙。我考虑到这件事也该解决了，否则于学联不利，于是故意迟疑了一下，然后对他说："王方名的箱子从来不上锁，我们去看看他的箱子怎样？"他也故意表示迟疑地说："那样好吗？"但随即和我一起到了方名的寝室。正好室长也在，于是共同打开了方名的箱子，找到了学联的图章。李昆明非常高兴地拿着图章走后，室长很不高兴地对我说："图章让他拿走了，学联以后怎么办呢？"我说："方名人走了，却把图章留在这里，想必他已有了办法。"室长和我会心地笑了一笑，然后才分手。

学联的图章被缴去了一个，但学联的活动并没有停止。我们从报刊上看到北平学生组织宣传团下乡，还有评论家指出：学生运动必须和工人农民相结合，才有力量。我们完全承认这个最简单的真理。我们学历史的都了解：中国封建社会无论抵御外侮还是改朝换代，都得依靠农民出力；而到了20世纪，农民斗争又须靠先进的阶级来领导。我们这些接受了一些马克思主义和共产党主张的人，很容易接受到工农中去的号召。不过知识分子与工农结合并不容易。我们从学联前一段的活动中已经深深地感到：在市区宣传，我们得心应手；一到郊区和乡下，虽然农民对我们还是很欢迎，但我们那一套学生腔，老百姓能听懂的很少。为使宣传有效，我们重新拟定了宣传提纲、标语、口号，画了更多的适合农民的通俗画。周极明除挑选了一些现成的歌曲外，还和艺专的音乐家们，把《哭长城》《四季歌》等旧曲适当改编，并填上新词，采取旧瓶装新酒的办法。这样一来，我们的宣传更受欢迎了。

许多在城市长大的学生，从郊区的活动中增长了见识。他们开始了解到中国农村贫穷落后的面貌，有的还接触到一些非常黑暗的事情。重庆郊区尚且如此，广大偏僻的农村更不用说了。他们对"灾区"农民的斗争开始理解，对"剿匪"的政策逐渐从怀疑走向反感，因而对国民党"安内攘外"政策的错误和共产党团结抗日政策的正确都有了进一步的认识。他们已经不怕郊区的肮脏和农村生活的艰苦了，纷纷要求深入农村，不止到郊区而要到外县去，并且时间要长一点。为此，我们分别找关系与巴县、江北和长寿等县联系，准备寒假去办民众学校（多半是夜校）。在城区，也准备增设文化补习学校，特别是在工人区，要在原有的基础上大力扩展。这项活动进展得很快，因为川师、二女师在这些县里的教育界有一定的势力，我们去到那里，只会增强他们的力量，对他们有利无害，所以很受欢迎。还不到寒假，有的离市区较近的地方，就已经办起民众学校来了。

　　学联的活动向郊外发展，引起了政府当局的疑惧。李昆明受到了他上司的批评，他推说这些事情不是他搞的。一天，聂校长找我去谈话，要我制止学生到郊外去宣传，他说："你们在市内还闹得不够吗？我见你们一片爱国心，已经放任了你们。你们还要到郊外去，那怎么行呢？如今世道乱，郊外治安不好，出了事谁负责？"然后他又说我们在市内还知道收敛些，到郊外未免太放肆了，最后他要我们把学联的印章完全缴上去。我说印章已上缴了。他说最近在郊外发现那么多宣传品都是盖有学联印章的，你们一定还有印章。我说印信全由李昆明负责，我从来不管。他无奈地拍了我肩头两下，说："李忠慎，忠慎忠慎，应该谨慎一点！现在甘主任，哦，还有刘甫公，都很注意我们川师，可不要给他们添麻烦啊！"

　　我回到宿舍，一个同学给了我一封信，打开一看，原来是李成之写的，要我晚上约几个人在一个教室内见面。那天是星期六，没有晚自习，但有的教室还是有人看书或下棋。我们去的那个教室是人们不常去的，人到齐后，成之小声地告诉我们：他在南岸的军训班闯了祸，别动队正要抓他。因知道他已不在川师，所以他回来躲两天反而安全些。原来他在军训班搞救亡宣传很顺利，可他偏要利用发子弹的机会发动一次游行。荷枪实弹游行，这还了得！别动队要镇压，怕引起武装冲突，通知二十一军，要它严厉制止，并缉拿从中鼓动的共产分子。这一下可把成之的亲戚难住了。好在游行尚未成事实，便推说全是谣传。别动队却指名要抓李成之。他的亲戚劝他赶快离开，然后自请处分。成之现在回校，是为了暂避风头，并了解学校情况。我见他在如此严重的情况下，仍旧泰然自若，心中十分佩服。我把聂校长和我谈话的经过说了一遍。大家研究的结果，认为学校还不会马上对我们实行高压，我们应该风声搞得小一点，多干实事。以后多办点民众学校，少搞大规模的宣传。在讨论的时候，我想到成之此刻很不安全，应该立即远走他乡。等讨论告一段落，我便对成之说："老兄！你平日那样精明慎重，怎么这回在军训班反倒那样冒失呢？你以为蠢猪真的那么蠢吗①？可不能小看呀！你这时回校，太危险了，赶快远走高飞吧！"

正在这时，负责警戒的同学来报告：夏主任带着两三个人打看手电，直奔教室楼来了。成之听后，并不惊慌，对那人说："等他们进了我们这座楼，再赶快来报告。"接着，成之要一个爱弹风琴的同学快到过道上去弹琴，他自己从口袋里掏出一把工具，到教室外去把电闸打开，看了看，然后要我们准备分散离开。一会儿，来人告诉夏主任进楼了，成之马上将保险截断，一时整个教室楼群一片黑暗，只有风琴还在弹出悠扬的曲调。这时成之和我们分别经过天桥，从别的两座楼悄悄地扶着楼梯下去走了。

夏主任问弹琴的同学："有人在这里开会吗？"那个同学说："有人打这里经过。""他们是谁？""我只顾弹琴，没看见是谁。"夏主任感到很泄气，"嗯"了一声，也就不再追问。成之很机警，他不敢回宿舍，也不敢出校门，偷偷地到附小一位教师家里住了一夜，第二天趁大雾离开了学校，并随即离开了重庆。川师奉上峰命令开除了李成之，但始终没有抓住他。

成之被开除后，学校内的气氛一时很紧张，纷纷传说别动队要到学校来抓人。我在棠香中学时有一位同学——方子成，和我很要好，他和我以及陈泰湖、何叔宽一起，被称为"四大金刚"。后来他考上了别动队，现在正在重庆。一天，他忽然到学校来找我，他那时已是军官，穿着一身呢军服，样子挺精神，很惹人注目。他来时对我说，康泽很相信他，要他到处拉人。他向康泽推荐我，康说我是个人才，

---

① 别动队队长康泽，我们骂他为蠢猪，因为猪吃糠，康泽姓康，在此取"糠"的谐音。

要他来请我去一见。我说："是要抓我吧？"他说："哪能？难道我会'丢人卖客'？"我说："你是不会出卖我的，我相信。但为什么要抓李成之？我们是一起搞救国运动的，看来我也有危险。""不，完全不一样，你是好人，他是共产分子。"我听了很气愤，立即回敬他："怎么？爱国的都是共产分子？"他马上很和悦地解说道："你误会了，爱国嘛，都是好人。李成之，我知道，你的好朋友，也就是我的好朋友。如果他愿意，我们可以见面的。我们康老板说过，共党里很有人才。"我知道与他争论无益，就转了话题，直接问他："你们准备抓多少人？"他特意郑重地回答道："不瞒你说，只抓李成之一人，他太大胆了，竟敢搞武装游行。其实也不是抓他，康老板还很看重他呢。"我忙接问："就不抓别人了？"他半开玩笑地说："要再抓，就该你了。连你都不抓，还抓谁？"他看出我不会上他的钩，也不想再拉我了。我已探出了一些情况，也不想再谈下去，便故意问他一句："你们不抓，要是别人抓了怎么办？"他沉吟了一下回答道："别人抓，我们管不着。但是，请放心吧，有事通知我，保你没事。"说着，他递给我一个小包，说里面是一点礼物，并有他的住址和电话。我当即打开一看，原来都是纪念册和照片等。他把我们"四大金刚"的照片都翻印了并贴在照片簿的显著地方，当然整个簿子主要还是他本人的"尊容"。应该说，他的相照得确是很神气。我于是开玩笑说："相貌堂堂，老兄是官运亨通哦！"他轻轻给了我一拳，回答道："吃粮当兵，哪有什么出息？老兄文采风流，将来发迹，别忘了棠中那三年呀！"就这样，我们在表面上十分轻松愉快的气氛中握手告别。

李昆明知道有一位别动队军官来找过我，他很高兴地来和我说："我看学联以后要听'中央'的。任教官（川师的军训教官）见你和方官长很熟，想必你很听他的话。我看就把学联从前的印全缴了吧，以后就用新印好了。"我很反感他的话，故意反问他："怎么搞的？学联从前那颗印没往上交？"他也很不高兴，随口回答："那颗早就交了，可现在到处都还有旧印的传单，你说奇怪不奇怪？"我忿忿地问他："印章不是由你管吗？你怎么反来问我？"他见我不吃他那一套，才讷讷地对我说："唉，老拐，算了吧，你们的活动我全明白。上面要我缴图章，我看交一颗上去算了。我们彼此照顾点，我不会为难你们。"我看穿了他的圈套，特意大声地斥责他："哦，原来你还私藏着图章！那就赶快交了吧！请问，我挨过图章没有？"你说啊！"他自觉输了理，只得改换口气，细声对我说："你别急，是的，是的，你与图章无干。只求你告诉他们，不要再使旧图章了，好吗？"我装着余怒未消的样子，问他："我告诉谁去？谁还用旧图章？"彼此都无话可说了，不欢而散。

这时蒋介石为了遏制学生运动，要在南京召开各大学校长和学生代表的谈话会。他在教育界的党徒们忙着要各学校的学生推选代表，并把到南京去开会叫做"聆训"。为了推选聆训代表，重庆一些学校的军训教官，彼此争名额。闹得不可开交。

他们哪里知道，重庆学生对于蒋介石那一套狗皮膏药，早已"聆训"过了。第一次是为了好奇去参加，第二次就只有被指派的人才肯去了。现在还要远到南京去听，谁还愿意呢？而且谁都明白，如果到南京去聆了训，回来一定还要向同学们传达，那不是找着挨骂吗？因此，军训教官争回了名额，却分配不下去，叫谁去谁也不去，何况还要经过大家推选？这下他们想利用学联了。找到李昆明，李昆明满口答应由学联来办。他来找我，问我如何让各校推选。我说："各地都只叫大学生推代表，干嘛我们重庆这么特别？要派人去，你去找重大好了！"我知道重大对他很反感，他去一定会碰壁。他见我态度冷淡，特意向我做工作，很神秘地对我说："'中央'特别重视重庆。所以让我们中学生也推代表，并且名额还不少。重大愿多派些人也可以，请你去和他们说吧。"不管他怎样说，我始终未承担任何事情。

李昆明于是用他自己掌握的新印发出通知,召集了一次学联理事会,讨论推选代表的问题。但他那颗新印虽然合法,却召集不了人来。军训教官们利用学联不成,准备自己出面,用强迫命令的办法派人去。各校来人找我,希望学联有个统一的办法对付。我主张不能发书面通知,大家约定一个时间开会就行了。可有人不同意,说还是有书面通知郑重。随后发出了通知,按时开会,会上都反对派代表,说我们是中学生,不够格,而且已聆过训了。重庆大学的同学问他们该怎么办呢,于是大家又决定:如果一定要人去,那么大家就都争着去,不推代表;或者我推选你,你推选他,他推选我,人人都是代表。几千人一起到南京,那才好呢!果然,后来有的学校不肯推代表,一个代表也没有;有的学校又推出了无数的代表,没法去;把学校弄得很狼狈。当局无法,最后还是由军训教官指定了几个人去南京。这几个人是哪个学校的我不清楚,反正川师没有去人。这几个人都是教官们的亲信,在学生中很孤立,所以他们只能偷偷地去,回来也不敢传达,甚至有的被人问起的时候,连去过南京也不敢承认。

  这场反聆训的斗争,虽然不明朗,但因为直接得罪了军训教官,引起了当局(倾向"中央"的)的密切注意,方子成曾经给我捎信,希望我谨慎从事,信末的一句话是"忠慎,忠慎,慎之!慎之!"我至今还记得。因为我们一切行动都合情合理,也不违法,当局也就无可奈何。但不知哪个学校,有人把我们发的开会通知交给了教官,教官见到通知上面盖的印章,不是市里颁发的,因此认定我们的集会属于非法,要加以追究。

  一天,夏主任找我去,问我为什么要非法召集学联开会。我否认其事,夏拿出通知来证明。我说不知道,而那天的会,我确实未去参加。夏说:"那好,如果有人证明你参加了怎么办?"我说:"没有的事,谁能证明?"夏始终找不到人证明,但他不肯罢休,又叫我去问道:"你们的印章在哪里?那是非法的,必须交出来!"我说:

"不知道，你去收缴好了。"夏气呼呼地，一面往外走，一面回过头来对我说："以后若再非法集会，惟你是问！"

就在"学生代表"去聆训期间，军训教官和那些"中央化"的训育人员，大肆宣扬"委员长"早就决定了抗日大计，但必须先安内才能攘外，我们四川应作抗日的堪察加，大家要卧薪尝胆，积蓄抗日力量，绝不许奸人捣乱，自毁长城。"抗日的堪察加"是南开大学校长张伯苓到重庆来筹办南渝中学时讲的。那时日本势力刚侵入华北，他就"未雨绸缪"，准备把南开搬到四川来。我们听了很气愤，骂他是逃跑主义，他就把列宁搬出来，说列宁当年为了反对帝国主义，不惜退到堪察加，我们把四川当作堪察加有什么不好。这番话令人哭笑不得，有人鼓掌支持，有人嘘声反对。张伯苓不掌权，说这番话还罢了；现在蒋介石的喽啰们说这番话，实在令人可恨！你们身为军人，不卫国御侮，怎么还能说出这种丧心病狂的话！陈泰湖为此画了一幅漫画：在一幅中国大地图上，上半部画一匹疯狂的驽马，它的四只铁蹄，后两只踏在东北，前两只踏在华北的土地上，铁蹄下是受苦受难的民众；下半部的西南标出了堪察加字样，上面画了两个人，一个凶恶地拿着屠刀杀人，口说要"安内攘外"，另一个气息奄奄地躺在一捆柴禾上，手擎着一个苦胆，口称"卧薪尝胆"。这两个人一个像蒋介石而又兼似陈诚，一个像陈诚而又兼似蒋介石，画得惟妙惟肖，看了令人喷饭。

那时全国的救亡运动还在高涨。上海继平津之后，成立了各种救国团体，成为全国抗日运动的中心。各种救亡刊物如雨后春笋，一个接一个地破土而出。而蒋介石则对各大学校长和学生代表们讲了一通"推心置腹"的话，使胡适之流感动得五体投地。而蒋接着又对全国学生发表威胁性的广播讲话，在《今日青年的责任》的大题目下，竟说什么"如有利用青年扰乱秩序、破坏纪律，牺牲青年学生，损害国家生命者，即为汉奸"。原来投靠日本的不是汉奸，畏敌如鼠、见敌就跑、丧失大片国土者不是汉奸，所有这些人都不是汉奸，而恰恰是进行抗日救亡的学生，同情和支持青年学生救国运动的人是汉奸！这是什么逻辑？这才是汉奸的语言！汉奸的逻辑！我们被激怒了，写了大批传单、标语，连同陈泰湖的漫画，纷纷贴了出去。为了避免缴印的借口，这次的宣传品一律不盖学联的图章。但这次活动还是激怒了当局，尤其是陈泰湖那幅画，竟敢在太岁头上动土，他们岂能容忍？他们估计是陈泰湖的手笔，便向陈同寝室的一个姓孙的同学展开攻势。在严厉的威逼下，孙同学承认了他亲眼看见陈泰湖画漫画。

当局本要逮捕泰湖，但方子成事先通了消息，让泰湖避开了。学校于是给泰湖家去了一纸勒令退学的通知书，要家长叫泰湖回家。泰湖回家后把经过告诉了他父亲，陈大伯并未深责儿子，反给姓孙的父亲去信，要他管教自己的儿子。原来姓孙的父亲是袍哥，孙本人也从小参加了袍哥。按照袍哥的香规，像他儿子这样出卖朋友，叫做"丢人卖客"，起码要受到"吹灯"（挖眼）、"砍丫枝"（砍掉手脚）的惩罚。孙父接信后很生气，把儿子叫回家，骂他没出息，狠狠地揍了他一顿。据说连腿都打残了，以后再未来校。

就在陈泰湖被默退前后，当局加紧追缴学联的旧印。杨兆临管的那颗印，因为工作需要，早已给了泰湖。泰湖临走时，本想把印交给我，但后来对我说："当兵的不能缴枪，我们学联绝不能缴印！老拐，印如果给了你，会叫你为难的，不如我管着。我在印在，保证不丢。要用时去找长子老张（民生公司的一个高个儿）。我回家一趟，马上就回来，想把老子赶出重庆办不到！"他又说，"方子成这回还够朋友，他这次见我时说他也是抗日的，他与我们是各为其主。我笑着给了他一拳，对他说：'你那主子可不得人心。我没什么主，我的是谁？四万万同胞。四万万同胞都要抗日，我们搞抗日活动有什么错？你们为什么要来干涉？这也不怪你，你有主子，身不由己。但现在我们要说好，今后你若不抗日，休来见我，老拐也不会理你的。'"泰湖越说越激动，最后拉着我的手，两人高高地把手举起，说："老拐，你告诉大家，我老烟抗日就要抗到底，学联的印我绝不会缴！莫说开除，杀头我也不怕。"我们激情地把手摇了几下，然后才放下分开。

被川师开除

  国民党政府为了瓦解学生的爱国运动，命令全国各地教育当局可以根据情况提前放寒假，重庆便是提前放寒假的城市之一。这一决定倒也合乎我们的愿望，因为不放假，学生都在校，固然有利于发动学生去开展救亡活动，但只要还在上课，我们这班积极分子老在校外奔忙，就很容易暴露出来受到打击。而一宣布放假，学校就管不着我们了。何况我们早已决定，要学习北平学生的榜样，利用寒假到农村去，特别是要到外县农村中去进行活动，因此提前放假正是我们求之不得的事情。于是我们趁机把寒假要回乡的同学组织起来，分为东路、西路和北路三个队，除沿途进行抗日救亡宣传外，还要争取回到本乡本地去办民众学校，所需材料，概由学联负责。另外留下足够的人在本市郊区和邻近各县工作。这次活动搞得很成功，一则因为当时四川的防区制尚未真正打破，国民党"中央势力"还未深入，许多县乡（特别是两个军阀统治交界的地方）对抗日救亡运动并不用力压迫；再则我们的宣传活动针对的是日本侵略者，讲的都是民族大义，无损于任何人，容易受到欢迎而不致引起反对，而且我们筹集到了经费，又准备得早，不仅传单、标语早已印好，就是民众学校用的课本《老少通》、歌本《大众歌》等也都翻印齐全，民校学生来上课，不花一文钱，反而能得到学习用品，所以来就学的人很踊跃。在重庆，则由于大部分学生都回乡,留下的也大都到市郊和邻县办民众学校去了,所以学生在市内的活动减少,当局也不过问,寒假期间相对地比较平静。

等到寒假过后,新学期开始的时候,情况就不同了。大约在二三月间,国民党对全国的救亡运动普遍进行了一次镇压。无论是北平、天津、上海,还是其他省市,都发生过取缔抗日团体、镇压救亡活动的事件,并且还逮捕了一批学生运动的骨干。重庆的气氛也紧张起来。我们大多数学联的领导成员都主张暂时忍耐一下,不要顶着去干。但有的学校不听,还是用学生救国会的名义去进行宣传,并散发了一些支援各地救亡运动的传单。这样就给当局抓住了一个借口,把市学联给查封了,把李昆明掌管的那颗学联图章也收缴了。

说来也奇怪,这次缴印,缴的是当局颁发的新印,却不再追究从前的旧印。这是什么原因呢?原来这次散发的传单未经我们同意,没盖章;另一方面,新印是经过登记批准的,只能收缴他们自己颁发的印才是正理。那么李昆明为什么不提旧印的事呢?大概他也是怕伤人太多、得罪广大拥护学联的群众吧?学联表面上被取缔了,但它的活动并未终止,只是转入秘密或半秘密状态罢了。而且李成之还不断到重庆来,大概他这时已与外地党组织或个别党员取得了联系,所以他能带来许多全国性的信息,对我们的活动能提出指导性的意见。陈泰湖被默退后,他父亲为他谋得一个小学校长的位置,但他却托给别人代理,自己跑到重庆来搞学联的工作。这样一来,重庆学联似乎无声无息了,实际上,它更严密更坚强了。

3月以后,全国救亡运动又趋高涨。在北方,由于刘少奇到天津领导中共北方局,加强对救亡运动的指导,克服了"左"倾关门主义倾向,不仅注重下层群众的发动,同时注意开展上层统战工作,这样就把宋哲元第二十九军的官兵大部分都争取到抗日战线方面来了。刘少奇还派人到南方去恢复或重建党的工作,推动抗日救亡运动的发展。

这时，以上海为中心的救亡运动非常活跃，不仅上海市的学生界、教育界、文化界、妇女界以及职业界的救国会组织已经成立起来，而且全国性的救亡组织如全国学生救国会和全国各界救国会等，也正在筹备中。由于上海是当时远东最大的国际性都市，有外国人的租界地，华洋杂处，国民党在镇压救亡运动时不得不有所顾忌。上海的抗日志士们对国民党的威胁镇压采取蔑视的态度。国民党中宣部发表《告国民书》，居然说爱国救亡运动是"共产党阴谋"，上海文化界救国会立即发表一篇《对国民党中宣部告国民书之辩证》的宣言，予以痛斥，指出其所捏造的"赤色帝国主义""赤色汉奸""共产党阴谋"等全是颠倒是非的呓语，是自绝于人民的拙劣手法。并且公开表示坚决的态度说："我们倘使是中宣部一纸文告所能恫吓得退的人，我们早就不敢在'爱国有罪'的环境之下，公然以救国相号召了。"虽然发表这一宣言的《大众生活》很快被查禁了，但更多的救亡刊物继续涌现出来。

就在北方救亡运动遭到严重挫折的时候，3月8日，上海各界以纪念妇女节为名，举行了万余人的反日大示威。何香凝、史良、刘王立明等著名人士和各妇女团体都参加了这一次活动。上海的抗日运动并没有被国民党镇压下去，我们派到上海去联络的人经常把那里的信息传递回来，所以重庆学联虽遭取缔，但学生的活动从未停止，而且士气一直是高涨的。《救亡情报》在上海创刊后，我们通过它对上海以及全国的情况都更加了解了。4月下旬，重庆发生地震，人心惶惶，都说天下要大乱，日本鬼子要打来了。5月中，胡汉民在广州逝世后，两广与南京的关系趋于紧张。而这时日本又向华北增兵，日本庇护的武装走私更加猖獗；天津海河里又不断发现浮尸，都说是日本人把修秘密工程的华工扔到水里的。人们对日本的仇恨和对当局的不满达到极点。

5月28日，天津工人和学生为反对日本增兵、反对武装走私和要求彻查海河浮尸，举行了规模盛大的示威游行。这次游行得到各阶层人民的一致支持，军警也不干涉并暗中表示同情。党的统一战线政策显示出巨大无比的威力。天津全民团结的行动鼓舞了全国的人心。我们重庆学联也准备响应。

就在这时，6月1日发生了两广事件。国民党西南当局陈济棠、李宗仁、白崇禧等打出抗日招牌，说是要"请缨抗日"，要求南京政府立即作出抗日决策。这下全国为之震动。我们对陈济棠毫无好感，对李、白稍好一些，但认识到他们也是军阀，因此对他们的主张是否真诚抱怀疑态度。不过，他们提出抗日，好嘛，看蒋介石怎么办？管他们抗日是真是假，反正我们抗日是一片赤忱，而抗日是人心所向，谁也不敢反对，我们何不趁此机会活动起来？于是我们决定再搞一次扩大宣传，并且把学联的招牌重又公开打出来，所有的宣传品一律盖上学联的图章。为了避免遭到打击，这次不搞游行，并且把各区活动的时间错开，分别定为上午9时、11时和下午2时、4时开始，尽量减少声势，但求实效。

这次活动结果很好，不但市民都很同情，军警也没干涉。但实际上当局非常注意，只不过当时我们不知道罢了。而且这次的宣传品，除我们拟定的以外，还出现了一些别的口号，如"北方、南方、华北、西南团结起来！一致要求中央抗日！""立即对日宣战！"很显然，提这些口号的人，可能有背景，这样就使问题复杂化了。李成之事后责备我们，说我们乱提口号。我把学联事先拟就的口号单子给他看，并指出那些口号没有盖学联的印章，必要时我们可以公开声明，以正视听。他说那倒不需要，不过这次两广的行动，动机究竟如何，有人反对，情况很复杂。情况不明的时候，不宜轻举妄动。否则被人利用，于抗日未必有利。以后我们学联只能接受正确的指导，绝不可受他人的影响，乱提口号，那样反而不利于抗日救亡。对李成之的这番话，我虽不完全信服，但是觉得他主张慎重其事，还是有道理的。

当我们正在讨论的时候，忽然有一个不认识的人闯进来，递给我一封信就走了。我打开信一看，上面写着："方君电告，陈泰湖已走，吾兄应即离渝。"我把信给了成之，因为他已从我处知道方子成和我及泰湖的关系。他看后，仔细考虑了一番，对我说道："看来是'中央'的人要下手搞我们了。这些家伙好厉害，连我们在这里碰头都知道。现在我最不安全，今晚我就离开重庆。你也要准备走，不过晚几天也不要紧，方君对你还是讲朋友的，但也要小心些！"我经过几天紧张的工作，把一切需要交代的事都处理好以后，就离开学校回到了家乡。

回家后不久，我收到学校寄来的一封通知书，那上面说我"思想乖僻，行动诡秘"，要我"下期勿庸来校"。同时还附有一张"悔过书"和一张"保证书"，说填写了悔过书还可以到县教育局去领官费，如不愿填悔过书，只要填了保证书，保证以后永不闹事，仍可复学，但这样就没有官费了。我看后很生气，但稍一想就平静下来了，因为这本是意料中的事。

我反复考虑该怎样告诉母亲。母亲因为大哥于1932年参加义勇军未归而哭瞎了一只眼，现在我若远走，她该是多么伤心啊！后果将是怎样呢？我不忍如实告诉她：我已被学校开除，除了远走去进行抗日工作外，已别无选择。我决不会留在家乡，也决不会屈辱地留在重庆。但我能骗我的亲生母亲吗？除了对她隐瞒大哥的死讯外，我从小在母亲面前没说过一句假话。在即将永远离开家乡的时候，我若对母亲说谎，必将饮恨终生。最后我还是决定说实话。万没想到，我一说到被学校开除的时候，母亲倒安慰我说："孩子，你没错，你从小不做坏事，你是李家的好后代。你爱国，要抗日，娘决不阻拦你。"我于是鼓起勇气说："娘！我决心离开家，离开重庆。我要去抗日，不赶走日本人，绝不回家乡！可我……"我哽咽了："可我就是舍不得娘啊！"我扑到娘的怀里痛哭失声，娘也泪下如雨。最后还是母亲止住泪说:"一切都由你自己定吧。外面的事,娘不知道,但娘相信你,你不会做错事。你能留下,娘喜欢;你若要走,娘也不强留你,耽误你的前程。你走了,家里的人都长着两只手,不会饿死的,你只管走吧。不过,要常写信回来,不要像你大哥那样,没有钱寄回家,就连信都不写了。"

提起大哥,她又止不住落泪了。这时,我心倒宽了一些,原来她还相信大哥活着,一点未起疑心。于是我又振作起精神对母亲说:"中国人多,地大物博,一定能打败日本,大哥和我都会得胜回来的。娘,世事就像戏上演的一样,好人有好报,最后总要团圆的。"母亲明知我是一番安慰她的话,但也就转而收起泪容,安详地对我说:"看来你是走定了,那也好。不过走之前,一定要到你爷坟上烧一把纸,他好保佑你前途顺利。"我当然是谨遵母命。但这回到父亲坟前,已没有像大哥走时那样的激情,大概是一个人太孤独了吧。我只草草地烧了几张纸,鞠了三个躬,就算尽了为人子的心意了。我从11岁上高小一年级起,就坚决反对迷信,反对跪拜礼节,所以今天是只烧纸而非纸钱,只鞠躬而不磕头。我见过不少的人,只要环境不利就改变初衷,我幸而坚持了下来。

被川师开除以后,我到哪里去呢?对此我已有所考虑和准备。陈泰湖早就对我说过:"咱们有福同享,有祸同当。重庆待不住就回来,咱们在一起教书,将来一起远走。"李成之说可以到涪陵他那里去当小学教员。万县省四师(省立第四师范学校)有我在棠香中学时的同学郑思贤、罗义淮、蒋忠槐等人,在学运中就已建立起联系,这时他们主张我转学到万县去,省四师今年正要招插班生,他们已问过学校当局,对重庆川师学生转学去表示欢迎。郑思贤就是我们安富镇上去的人,我俩从小学到初中,非常要好,他说放假回家后,我们可以一同到万县。我到镇上他家去问,说还要等几天才能回来。去看陈泰湖,他生病住到亲戚家去了,但给我留下了信,要我见到他以后再走。访两友都不遇，心中很难过。但我能等他们吗？不能。我想重庆开除的学生，绝不止我一人。学联自当局取缔后，转入秘密状态，无法改选。杨兆临毕业走了，成之早已离开，李昆明和我们又不是一个方向，实际上这时的学联只有我一人负责。当此危难之际，我就只顾自己不顾大家了吗？难道学联就此寿终正寝了吗？我若就此撒手不管，实在可耻！我决定立刻返回重庆，争取再作一次斗争，挽回局势。如果无法挽回，也要做好善后工作，让被开除的人有个去处，留下的人能继续奋斗。

我把我的行期告诉母亲，母亲还特地杀了一只鸡为我饯行，并嘱我以后不必惦念家里，一心报国。我的母亲实在太好了！她深明大义，既爱子，又爱国，到紧要关头，既有牺牲精神，又有斗争精神。我们伟大的祖国有多少这样伟大的母亲啊！正是因为有无数这样的母亲，激励着她们的孩子们英勇斗争，我们才能取得抗日战争和人民革命的胜利。

当我含着眼泪离开家乡的时候，我频频回首，望着屋后山上那著名的"三块石"，顿时产生了莫大的勇气。原来有个传说，说舜帝晚上耕田到这里，恰好鸡鸣天亮，于是牛和犁就变成了这三块石头。我是学文史的，当然不会相信这些传说是事实，但不能不说，这些优美的传说，是多么地鼓舞人心啊！中华儿女就是应该日夜奋斗，勇往直前。"马儿不吃回头草"，"大丈夫只有向前，绝不后退"！我下定决心，不仅要离开家乡，而且要离开重庆。到平津上海，看能否找上关系。到涪陵，太近。起码要到万县去，再向前发展。

经过安富镇，不停脚就走了。经过荣昌，故意到教育局去问一下。局里的人说，你的官费川师已来函停止，必须按学校规定填写悔过书才发给。我笑一笑就走了。本想去看一看郭先恺和何叔宽，稍一犹豫也就算了。郭先恺是我功课上和生活上的好朋友，我俩的感情特好，有时几乎是形影不离。何叔宽是棠香中学八班的四大金刚之一，毕业分手之后非常思念，可现在都顾不上了。但这次不见却遗憾多年。等全国解放后再见时已是1963年。这时何叔宽已因在重庆白公馆受刑而留下面部麻痹、两手发颤的残疾，连说话都很困难。郭先恺还不错，在自贡市当了电力总工程师，不过已不像从前那样貌若处子，正是"昔别君未婚、儿女忽成行"啊。

我在荣昌城里虽未去访友，却去城外狮子桥边流连了一番。那石碑坊上的一副对联又引起我无尽的感慨："风送马蹄趋郭北，月移人影到桥西。"有多少次我们一伙少年朋友在这里游玩，触景生情，才真正领会到这副对联的美妙。可现在就要离去了，什么时候才回来呢？这些伙伴什么时候才能再见呢？再见时又将是什么情景呢？想到这些，心中不免有些怅然。恰好这时上弦月已挂在天空，我徘徊到河边，西方彩霞与水光月影交相辉映，给我留下了难忘的印象。

教 我 如 何 不 想 她

四川僻处祖国的西陲，物产丰富，号称"天府之国"，封建势力极为雄厚。民国以来，军阀割据，内战不已，其统治极为落后而又混乱。因为商品经济比较发达，特别是重庆，开埠较早，资本主义的一套跟着洋人一起传来，把封建主义那一套搅得稀烂。于是封建末世早已衰败的世风，更是江河日下。

"好个重庆城，山高路不平，要钱不要命，笑贫不笑淫。"四周的乡下人就是这样地看重庆。但重庆的军阀官僚和一切卫道者们还是要维持封建的礼教旧习。直到30年代，重庆的中学还是男女分校的，只有外国人办的教会学校和艺术专门学校才男女同学。重庆大学当然要招女生，张伯苓办的南渝中学也把南开男女同学的惯例带到了重庆，但这都属例外，而且还是1935年以后的事情。

学生运动的兴起，很自然地打破了男女同学之间的界限。演戏需要男女同台，唱歌需要男女合唱，一切宣传活动都是男女同队方便些。尤其是下乡或到远处去，女同学都希望有男同学"保驾"。很奇怪，平时比较拘束的女同学，在抗日救亡运动中都开放了，男女同学间相处得非常自然，犹如兄弟姐妹一般。而一般民众，这时对男女学生在一起活动，也视为正常，并无异词。抗日救亡运动中的青年学生，赤心报国，他们是那样的纯洁无瑕，即使男女间产生了一点爱慕之情，也都能善自约束，并未发生过什么"风流韵事"。重庆救亡运动中青年学生的表现的确是高尚的，无可非议的。

在重庆1935～1936年的学生运动中，我结识了不少女同学。有几个我至今常常怀念。遗憾的是，从1936年以后再也没见到过，她们的下落我也打听不到。只有吴梅秀，我打听到她一直在万县教书。1963年我坐轮船经过万县时，曾想去拜访她，因为是在晚上，感到不太方便，走到她家院门口，没有进去，又返回了船上。1987年，听到她去世的消息，霎时间，往事如云浮现在心头，追念之余，还感到相当的内疚。

认识吴梅秀较早，大概刚入川师不久，就在一位教国文的老师家里遇见了她。这位老师在川师和二女师同时教课，因为他教得好，又擅长诗词，所以喜欢古文和诗词的学生常到他家请教。他也喜欢和青年学生们谈论古典文学。我自幼喜爱诗词，他曾对我的作文一再鼓励，我把私下写的诗作送给他指点，并向他请教填词的方法，他都不吝指教。在他那里，我和吴梅秀很自然地谈起诗词来。她很喜欢《离骚》和《古诗十九首》，对汉魏乐府歌辞也很喜欢。在唐代诗人中，她最欣赏李白；对杜甫，除几首《秋兴》之外，她的兴趣都不大。宋以后，她认为词曲更好，诗作就差了。老师问她喜欢李清照的词吗？她说更喜欢李的一首诗："生当作人杰，死亦为鬼雄。至今思项羽，不肯过江东。"我听了称赞道："好一个女性，真正的新女性！30年代的中国妇女，并不需要'冷冷清清，凄凄惨惨戚戚'了。"她长得很秀丽，打扮也颇英俊，常穿一身二女师的校服——阴丹士林布的上衣和黑裙，而胸前老是挂着一个口笛，表明她经常当裁判，是一个热爱体育的人。我赞赏她很少脂粉气和她对诗词的爱好倾向，二者是那样的和谐而美妙。她问我喜欢什么诗，我说："你喜欢的我都喜欢。"两人会心地笑了。从此我俩更亲近一些。她曾不断地索要我的诗作，阅后总是赞不绝口；我向她索诗，她却一首也不给。不过，我从老师那里看到过她的作品，写得不错，但毕竟还是女人之作，缺少阳刚气。对此，我反而更喜欢诗是抒情的，直抒胸臆，干嘛要矫揉造作地显示自己身上并不存在的英雄气概呢？

一天，在老师那里，吴梅秀弹琴，开始是《渔光曲》，后来弹起《九一八小调》来了。我和另外两个同学都不由自主地跟着唱起来：

高粱叶子青又青，
九月十八来了日本兵。
中国的军队有好几十万，
恭恭敬敬地让出来了沈阳城！

老师忽然让大家停止，他找出一首词来，让吴梅秀朗诵：

拂拭残碑，敕飞字依稀堪读。
慨当初，倚飞何重，后来何酷！
岂不念，中原蹙？
岂不念，徽钦辱？
念徽钦既返，此身何属？
千载休谈南渡错，

当时只怕中原复。

笑区区一桧亦何能，逢其欲。

　　朗诵罢，老师要吴梅秀讲一讲这首词的中心意思。梅秀红了脸，不肯讲。老师说："这是文徵明写的一首《满江红》，几百年了，你讲吧，怕什么！"梅秀这才嗫嚅地说道：我看这首词是说岳飞之死，不能单怪秦桧，应该由高宗负责。"老师一听，非常高兴，拍起了巴掌，说道："好青年，不简单呐！那么，请问，我们丢了东北，该谁负责？"大家面面相觑，都不说话。老师把目光转向了我，我说："当然要由最高当局负责，可我们一直骂张学良是不抵抗将军。九一八后，马君武挖苦张学良的诗可流行呢。"这时，老师很生气，非常激愤地说："马君武的诗，狗屁！颠倒黑白，那算什么诗？以后不许再读！"他那疾言厉色的神气，至今还历历如在眼前，我从此对马诗绝不再提，而对老师的胆识则钦佩之至。其实，马君武写诗，也是出于爱国热情，并非有意为蒋介石开脱，至于诗中不符事实的地方，也是传闻之误。

　　王方名转学到川师后，他虽然学博物，却也加入了我们古文词爱好者的行列。这时他正在与他的未婚妻办理解除婚约的手续。这个婚约完全是由他父亲一手包办的。对方是"绅粮"，而他父亲则是贩"渠烟"（渠县以产烟叶著称）发财的，彼此门当户对。渠县不比重庆，那里封建性更强，商人与绅粮结亲，还带有高攀的意味。所以他父亲对他要解除婚约坚决反对。女方的家长更认为是奇耻大辱，自己有钱有势，女孩又长得不错，现在被人家"休"了，感到有失脸面。

　　方名的未婚妻本人当然也不愿退婚。不过她与方名见过面，觉得方名长得不够英俊，有些像鲁智深，因而对婚约并不满意，加以方名退意坚决，她也表示未始不可。我们（李成之和我以及周极明等）根据这些情况，坚决支持方名退婚。并且认为女方看重的是貌，方名看重的是情，现在婚约对双方都毫无可取，要解除是完全可能的。因此决定由方名邀女方到重庆来做工作。女方接信后，她父母都以为方名回心转意了，便把女儿送到了重庆亲戚家里，让他们两人去"自由恋爱"一番。不过临行时还是吩咐女儿，千万不能退婚，否则别回家里来了！未婚妻到重庆后，方名即让她和我们大家见面。我们向她大讲一通妇女解放的道理，方名即向她提出解除婚约的要求。一天，我们大家都劝她说：解除婚约是好事，有利于双方的前途，解除的是痛苦，得到的将是幸福。大概是出于自尊心的缘故吧，她这时竟自站起来说道："我同意解除婚约，只是希望大家帮助我，就像帮助方名一样。"成之问她需要什么帮助，她说："我父母都说，退了婚就不让我回家了。你们说，我该怎么办呀？"这时她才伤心地哭了起来。我们大家一致安慰她，成之说："在重庆上个职业学校好吗？毕业后自食其力，自谋幸福，何必再回封建窝里去呢？"她后来表示同意成之的意见。成之和方名把她送回了亲戚家。她的这个亲戚是重庆人，很开通，说自她到重庆后，亲戚全家都劝她同意退婚，退婚后可以长住他家，自谋职业。后来，终于由成之介绍她进了一个缝纫学校，毕业后就找到了工作。

  正在方名闹退婚的时候，我们在国文老师家里展开了关于《婉容词》的争论，吴芳吉的这首长诗，在当时是颇为流行的。它描写民国初年一个留学英美的洋学生，获得了博士学位，与美国一女郎结了婚，抛弃了糟糠之妻婉容。婉容无奈，投江而死，死时唯有义犬玉兔为之鸣不平。故事带有传统性，只略加了一点时代新味。虽说是新体诗，实际上是旧诗词变化而成。

  吴芳吉旧诗词的根底很深，所以运用自如，无论叙事、抒情以至景物和心理的描写，《婉容词》都达到了相当高的水准。应该说，它在艺术上十分感人，所以才广为流传，脍炙人口。没想到讨论一开始，吴梅秀就给它来了个根本的否定。她说："这个题材太古老了，陈旧得发霉了！它的思想境界比《琵琶记》《情探·活捉》高明多少？"她见没人说话，又补充道，"本来是活捉，简单讲报应，太枯燥，又来个情探，增加点'艺术'。现在是负心人在美国，包文正捉不了她，中国的鬼神到美国去也怕不灵验，好，来一篇如怨如诉的长诗——《婉容词》。中国人是多么的有情啊！"

这篇议论出自于她，真是出人意料！因为当时绝大多数的读者，特别是女读者，都喜欢《婉容词》，都同情婉容的遭遇，怎么能有一个女性来提出反对意见呢？我听了，开始也惊，继而变为喜，我很佩服梅秀的见识，真不愧是新女性呀！我没有说话，大家也没人发言。没想到第一个起来反驳她的却是王方名。他不是正在闹退婚吗？按理，他应该支持"某生"离婚的要求呀。可是他却说："恋爱自由，乃至离婚自由，我都赞成，我是坚决反对封建包办婚姻的。我现在也正在办解除婚约的手续。可是像'某生'那样，世间的女子任我爱，世间的男子随你求，我却不敢苟同。""那么，只能限制你爱一部分了，最后，只许你爱一个人，也就是理之所必至，你又何必去退婚呢？"梅秀的回驳非常犀利，而又合乎逻辑。方名无法直接回答，只得另起一题："难道婉容不值得同情吗？"梅秀立刻回答："谁说不同情婉容了？但是有多少青年男女牺牲在封建礼教下面，难道他们就不值得同情？你不是也为了个人的幸福在奋斗？难道为了同情婉容，青年男女连自由也不要了？为什么卫道者们都喜欢《婉容词》，这不是很可令人深思的吗？"

这时大家都议论开了，这的确是个问题，为什么卫道者们都异口同声地称赞《婉容词》？忽然老师说话了："我也很喜欢《婉容词》，并把它选作教材让你们读，看来我是个标准的卫道者了。"梅秀忙说："老师，我可没说您呀！卫道者喜欢《婉容词》，喜欢《婉容词》的不一定是卫道者，老师，您讲不讲逻辑？"一句话问得老师脸都红了，但马上泛起高兴的微笑，因为这位老师很民主，喜欢学生们这样的辩论。我趁势为老师解围，慢慢地说道："老师要是卫道者，能允许我们这帮青年男女在这里胡说八道？老师喜欢《婉容词》，是从艺术上着眼的。"大家又讨论开《婉容词》的艺术性了。这时梅秀又说："讲真心话，我也爱读《婉容词》，有些词句还曾使我流泪呢。我能把它倒背如流。不信，我背给你们听听。"也不问大家是否同意，她竟自背诵起来，并且是从序文开始：

婉容，某生之妻也，生以元年赴欧洲，五年渡美，与美国一女子善，女因嫁之。而生出婉容，婉容遂投江死。

序文过后，她开始用抑扬顿挫的秀才腔吟诵全词：

一
天愁地暗，美洲在哪边？
剩一身颠连，不如你守门的玉兔儿犬！
残阳又晚，夫心不回转。
二
…… ……

十七
白杨何桠桠？惊起栖鸦。
正是当年离别地，一帆送去，谁知泪满天涯？
…… ……
野旷秋风紧，江昏落月斜。
只玉兔双脚泥上抓，一声声，哀叫她。

不知不觉地，大家也跟着梅秀朗诵起来。但到重要地方，人们还是屏着声息,听她一个人吟诵。梅秀懂川戏,她吟诗近似高腔,很有韵味。到一定之处,她一提腔,大家就又跟着她高声朗诵,恰似帮腔一样。待朗诵完毕,有人已泪流满面,但却感到十分过瘾。梅秀这才带泪说道:"你看,它多能骗人的眼泪啊!它让你流了泪,就心甘情愿地去向旧势力妥协。"方名至此,深为感动,非常严肃地对梅秀说:"好,我佩服你,但是,你的主张究竟是什么?你赞赏什么人和什么样的诗作呢?""佩服我,不敢当。"梅秀忙答道,"问我主张什么?作为女性,我主张做旧社会的叛逆。问我喜欢什么诗吗?古代的,《孔雀东南飞》;近代的,郭沫若的《女神》《湘累》以至于《瓶》,都是叛逆的诗作,还有其他的著作和译作,什么《三个叛逆的女性》呀、《少年维特之烦恼》呀,都是解放人性的。"

  这时,求精中学的小张很自然地吟诵起来:"世上的青年男子,哪个不会钟情?世上的青年女子,哪个不会怀春?"梅秀瞪了她一眼,厉声说道:"现在国难当头,可不是男女钟情怀春的时候呀!你们唱《桃花江》,不是遭到过川师同学的轰击吗?"最后大家讨论的结果,都认为现在为了抗日,一切都可以牺牲,包括爱情和生命,但自由却是不能牺牲的。恋爱自由、婚姻自由也不能牺牲。打日本正是为了争取民族和国家的自由,难道在自由的民族和国家里,还能容忍不自由的婚姻制度吗?我们要做自由人,绝不做奴隶,只有自由的、自觉的中国人联合起来,才能打败日本帝国主义,那种靠领袖的脑袋救中国的思想,是法西斯思想,也是封建思想,应该彻底铲除。"谁愿意做奴隶?谁愿意做马牛?"人们唱起了《自由神》之歌,然后和老师道别,老师这时也精神焕发,非常高兴。

  "一二·九"运动爆发后,我和吴梅秀的接触更多了。重庆学联在市内主要依靠川师、二女师和女职校。吴梅秀是学联的领导成员之一,是二女师最活跃的角色,她又是多面手,无论是写是画,还是讲演和唱歌,哪一样也离不了她。而我也是无所不管,到处乱跑,因此随时和她碰头。但这都是救亡运动的"公事",此外,我们总还希望有私自见面的机会,哪怕时间很短,心里也会满足。她会划船,我会爬山,因此我们常在山间与河边约见。她不太爱读理论书,见面时我总要考考她一些理论问题。她这时总是很坦率地说:"你推荐的书还没有看呢,怎么回答得了。干脆你讲吧!"我于是滔滔不绝地讲了起来。等我讲完了,她说:"你讲累了吧?'诲人不倦',好老师,该下课了,咱们回去吧。"就这样,我们相顾一笑,匆匆返城,临别都颇有依依不舍之意。有时我们在江上划船,找水流缓慢处,任小船自由自在地漂荡,徐徐下流,她纵情歌唱,我则闭目欣赏。待船流到江心,她又把船往上划到原处,让它再往下流。这时我们都不言语,尽情观赏天光云影和两岸的景色。等她感到尽兴了,才舍舟登岸,赶回学校。我们的会见常常变换时间和地点,也不让人知道。川师开除我的评语中,说我"行动诡秘",大概是曾经追踪过我的行迹,因无所获才这样说的。

梅秀曾请我看过两次电影,都是看的第二轮,而且是偏僻处的小影院,为的是避免遇见熟人。一次看的是《桃李劫》,看后就学会了《毕业歌》。另一次是《新女性》,主题歌很感人,词很美,曲调也激越高昂。以后我们都爱唱这些歌,并借以抒发感情。在影院,我们坐得近,心也靠得更紧了。看到激动处,她情不自禁地倚着我的肩,拉着我的手抽泣起来。我为她拭泪,提醒她要坚强些,并不无讽刺地悄声对她说:"新女性嘛!"她便狠狠地捏我一把。可惜以后工作更忙,再没有一起看电影的机会了。

1936年寒假期间,梅秀领着一批人到江北去办民众学校。一天,我接到她的来信,要我一定到她那里去"视察"。我自然是如约去了。她和三个女同学主办一所女工夜校,另有几个男同学主办以农民为主的民众学校。有的白天上课,有的晚上上课。重庆去的"老师"们,住在民众家里,而办公则在一间空阔的大屋内。大屋中间,生着木炭火，有三张方桌作办公和备课之用；两边搭了很长的通铺，很像北方客店里的炕，每一边可躺下十来个人，并且备有很多被子。我和同去的两个人，因为都是临时的，就被安排在这里住下。第二天上午我就去农民的学校参观，还和大家打了一阵球。晚上按计划给女工夜校讲了一课，回来时见南面铺上睡着三四个人，他（她）们都是晚间有课的。梅秀一见我，就问我今晚能否顶她值班，因为她最怕熬夜，我就慨然地应承了。她揉了一下沉沉欲睡的双眼，向我交代了任务，就爬上铺位，遥遥地对我说："只要你能保证到时间叫醒人去上课，也可以来这里躺一会儿。"说完，倒下去就睡着了。我把炭火拨旺了一些，觉得无事，就上铺靠近梅秀躺下。

　　正在迷糊之际，梅秀翻身，一只手压在了我的身上。一阵香味袭人心脾，我立时清醒了。我见她仍睡得很熟，就轻轻地抚摸着她那只柔软而秀美的手，揣测那股香味自何而来。猛然间我想起《红楼梦》中的宝玉闻着黛玉身上香味的故事，心头一怔，便小心地把她的手放开，然后悄悄地下铺烤火。一看墙上的挂钟，呀，到时间了！我立刻叫醒该去上课的老师。这时梅秀也醒了，她起来陪我烤火，用"悄悄话"向我叙说她们这里许多有趣的事情。这说明她对女工们和这所夜校，已产生了深深的爱，以后她一直热爱教育工作，恐怕也是在此种下的根苗。

　　第四天，是个星期日，按原计划，附近的几个民校举行歌咏比赛。那天的盛况十分动人。一会儿，女工们唱《新女性》，还加上表演。她们那汽笛声的效果很棒，头回声，二回声，三回声，完全像真的一样。她们的表演赢得了全场的喝彩。一会儿，农校表演《锄头歌》，当一群装扮了的青年人扛着锄头入场时，锣鼓声和掌声震耳欲聋。歌手们刚唱了一句："手把着锄头锄野草呀，锄去了野草好长苗呀"，全场立即合唱起"依呀嘿，呀嗨嘿！"，歌手们再唱："五千年古国要出头呀，锄头锄头要自由呀。"全场"依呀嘿，呀嗨嘿"的合唱声更加有劲了。最后的歌词是："革命的成功靠锄头呀，锄头锄头要奋斗呀！"这歌声更加激励人们。合唱之后，口号声此起彼伏："打倒日本帝国主义！""锄头要自由！""锄头要革命！""锄头要奋斗！"情绪之热烈达于极点。比赛结束时，规定唱《救亡进行曲》，由我指挥。我的指挥本事不太高明，但是因为群众情绪很高，所以效果相当不错。

我们离开江北后到长寿和涪陵，原定梅秀要同去的，后来她说女工夜校离不开她，就没去，但要我们快去快回，到她们这里来过旧年。结果我们到长寿和涪陵真的只"巡视"一番又回到江北。因为旧年要放假，工人们都要回家，夜校不得不停课。农民更重视过旧年，农校也必须放假。这样我们以提前过旧年为佳，反正我们这帮洋学生并不在乎什么日子，只要大家能在一起热闹，有吃的有玩的就够了。

工农学生们都笑话"老师"们随便择日子过年，但也非常高兴，给我们送来不少东西。大家不分男女一起动手，做出许多有名菜和无名菜。那天从中午吃到晚上，边做边吃，时断时续，好不热闹。到了晚上，意犹未尽，有人提议围炉而坐，行令饮酒，大家一致赞成。开始是猜谜，接着是联句，后来又转为对联语。

无论哪种游戏，梅秀都因思维敏捷，很少受罚饮酒或唱歌。大家感到不平，要我出一副对子来难难她。我想了一下，说出上联："除君以外无知己"，要她对出下联来。这是我不久前看到的一首打油诗中的一联，下句是"唯我独尊不在乎"。我想她是不会看到过的，就故意以此来难为难她。谁知，我刚说出上联，她几乎是不假思索就对出来了，而且相当精彩，令人叫绝："教我如何不想他"，既工整，又很有意思，马上赢得了大家的掌声。掌声之余，便有人开玩笑了："你们两人，一个是'除君以外无知己'，一个是'教我如何不想他'，真是城隍庙里的鼓槌——刚好一对！好，大家说，该不该罚？""该罚！先喝酒，再唱歌！"梅秀不善饮，请我代喝，大家也不反对，只是要她唱了《教我如何不想他》方才罢休。然后我问大家要我唱什么歌，有人说，你就唱你老爱哼哼的《新女性》吧！说着就把我和梅秀推出门外，要我为她唱这支歌。走出门外，我悄悄地拉着她的手唱起来。我唱得很动情，梅秀也跟着合唱。一时屋内掌声和喊声四起，我们趁势又回到了炉边。这天晚上我们直闹到夜深才散。"教我如何不想他"这一幕情景，从此永远铭刻在我心深处，至今无法忘记。

别了，重庆

1936年夏，我接到被学校开除的通知后，匆匆地离开家乡。到重庆后就四处找人，但很少找得着。因为大多数的同学都像寒假期间一样，按计划组成宣传大队，分三路返乡去了。本市的也分散工作去了，很难结合起来。看来在暑假期间再搞什么斗争已不可能。经过各方了解，才知道各校这次被开除的共约10人，现在重庆的只有我和另外两人，其余的都回家去了，这些人是否已接到被开除的通知尚不清楚。他们是否会立即返回重庆也无从得知。这样，也就无法要求被开除的同学采取统一的行动。怎么办呢？各位被开除的同学只好自己解决自己的问题了。如果找到学联来，学联也只能给他们介绍一些情况或提供一些意见，但学联绝不能就此垮台。好在我已通知王方名，要他早日返渝。

果然我到重庆不几天，王方名就回来了。我委托他以后负责学联的工作，因为他对以前的工作较熟悉，而且印信也在他那里。他与陈泰湖和民生公司的有关人士有较深的关系，要用钱可以去找他们。我们两人活动了几天，把几乎断了线的学联机制又恢复了起来。我问他，学联以后的命运会怎样？他说，死灰尚可复燃，何况这灰并没有死呢。他又说，李成之有信，不久就会来重庆，有成之出主意，学联会随着形势的发展，愈挫愈奋，更加活跃。

当时全国的救亡运动，因两广事件而更趋高涨。全国人民都赞成抗日，反对内战。既不赞成两广用武力对付南京，更反对南京用武力解决两广。传说陈济棠发动事变前，要他倚为高级智囊的翁半玄为他扶乩，以便决策。结果沙盘上出现了"机不可失"四个字，他于是急急忙忙地在6月1日发动了事变。蒋介石在全国要求抗日反对内战的强大舆论面前，不敢公然动武，转而利用金钱和官位，收买陈济棠的部下。很快，陈的空军人员驾机投蒋。接着，陈的两员大将余汉谋和李汉魂宣称接受"中央"任命。至此，陈不得不通电下野。下野前，陈责怪翁半玄说："都是你坏了大事。"翁辩解道："不是说'机不可失'吗？谁叫你不注意，让飞机跑掉了呢？"陈气愤已极，传说下令将翁杀了。

我在重庆的时候，陈济棠还没有垮台，全国空气都很紧张。由于有全国各界救国会和全国学生救国会等具有广泛群众基础的权威团体的号召，团结抗日的呼声响遍全国。我虽然被开除，但心情并不沮丧。我和方名都认为抗日战争即将到来，继续上学与否并不重要，重要的是要学会抗日的本领。我们于奔走学联的事情之外，每天还争读进步书刊，研讨救亡理论。

一天，川师聂校长找我去谈话，见面时他很客气，要我坐下来谈。他问我见到学校的通知没有？有什么意见？我回答："见到了。我的思想和行动，全在抗日救亡，一切光明正大，有什么'乖僻'和'诡秘'可言？如今爱国有罪，学校要开除我，我纵有一肚子意见又有什么用呢？"他见我虽然很气愤，但又挺冷静，一时竟然语塞。他考虑了好一阵子才说："评语嘛，可以改。对我们川师学生，刘甫公和甘主任都很爱护。对荣昌人，甘主任尤其关怀。你不想继续学业吗？""把我开除了，怎么继续学业呢？""只要填张表，不就可以了吗？"这时我实在忍耐不住了，就站起来问他："填什么表？那是什么意思？"他不回答。两人沉默良久，他才开腔："通知书里面那两张表，你不是都看见了吗？"我气愤已极，狠狠地对他说道："要我悔过，办不到！抗日要悔过，卖国不悔过，请问这是什么道理？"校长听了并不生气，只轻轻地、冷冷地又问一句："填个保证书也不行吗？"我仍狠狠地回答："保证什么？保证不救国？"他连忙插话说："保证好好学习嘛。"我打断他的话头问："我哪门功课学得不好？校长，请看看成绩单，这还用得着保证吗？"他看了看我的成绩单，确实是无话可说了。最后，才慢吞吞地说："看来，我们是无缘了，你转学好吗？年轻人还是应该上学才好。"这时，我已冷静下来了，转而很认真地问他："通知书那样的评语，怎么能转学呢？"他也很认真地回答："我说过嘛，评语可以改，马上就改。"并立即问我："你准备转到哪个学校呢？"我回答："省四师。"他说："很好，那是个好学校，著名的学校。不过，离你的家乡远一些。"他又沉吟了一下后才说："那么，把你的保证金退给你……这是没有先例的。你家境困难，我知道。退给你当作路费吧。"他说这些话时，声音很轻，仿佛自言自语一般。然后他让我把通知书留下，第二天再去领。

我从聂校长家出来，正碰着重庆大学的叶君带着饶、吴二女士来找我，他们三人决定到上海，希望学联帮助他们到民生公司买船票，那样可以减价。我于是与三君同去。到上海路远，坐统舱太苦，买三等舱，钱又不够，我把保证金拿了出来，才凑足数。拿到船票后，我们沿着江边漫步。那天江雾茫茫，阴云四布，江水波涛滚滚，浪花飞溅。

来到一座茶楼，我们进去坐下，钱已不多，除茶水外，只买了一瓶酒和一些花生之类的零食。我们一面喝酒，一面喝茶，边吃边谈。他们中只有饶君被默退。我问他们为什么要一起去上海，他们说上海是全国救亡的中心，眼看抗战就要爆发，只有先到上海，才能一听到抗战枪声，就奔赴到最需要的战场上去。他们问我的打算，我说先转学到万县，然后等抗战开始，就到华北。我问他们在上海有什么关系，有无具体办法，他们迟迟不能回答。后来又说有办法，但无把握。我说："既然没有把握，为什么贸然行事呢？那不是冒险吗？"他们又都不回答，吴君叹息了一声。我劝他们先别走，等与上海找好了关系再走。这时饶君愤然地说道："重庆这鬼地方还能待得下去吗？"一声之后，戛然而止，大家又都沉默起来。我心中一阵凄怆，起身便朝廊子走去，并回头对他们说："你们还是再商量一下吧！"在廊边扶着栏杆往江上望去，只见天色更加阴沉，似有大雨将至，但水鸟仍旧在飞翔，渔船依旧在漂荡。我待了一会儿，回到座中问道："决定了吗？"他们齐声答道："决定了！"叶君还加了句："义无反顾。"同时对我说："将来你到华北，我们不知到哪条战线，但我们都打向东北，直取黄龙，收复白山黑水，打到鸭绿江边。"我拿起酒瓶，给每人斟上一杯，随即将酒杯高举，一饮而尽道："今日为三君饯别，有酒无肴，惭愧之至。但长江胜似易水，花生不亚狗肉，我们从此分别，有去无回，不除暴日，誓不还乡！抗日战争必将到来，抗日战争也必将胜利。让我们到黄龙府再痛饮吧！"我又斟上一杯，与他们同饮而尽。

这时，忽然一声雷响，震动山川，随即大雨如注。大家非常兴奋，一起把瓶中酒喝尽，然后才尽兴而归。晚上回到寝室，心中还不平静，于是奋笔疾书，写就一篇长诗。这首诗至今仍是记忆在心，只可惜把三位志士的名字忘记了，今天只好把这首诗定名为《送三君之沪》：

重重惨雾压山城，万里长江逐吴云。

买舟既使囊如洗，送君难得酒盈樽。
有酒无肴愧送君，盘中惟有落花生。
少年送别心悲切，对酒无歌更怆情。
送君不快反留君，无奈君心已决心。
君心决似长江水，一泻东流不复停。
愿随江水送君行，送君行至海之滨。
与君共化长江水，东流入海没长鲸。
中华儿女四亿人，岂能坐视任鲸吞！
长鲸若犯神州境，四亿人民葬其身。
送君此去作先行，先行后继岂无人！
今日长江如易水，风萧萧兮壮士惊。
劝君更进酒一樽，劝君莫弃落花生。
痛饮黄龙当不远，白山黑水再逢君。

第二天我去找方名，寝室没有他，只由同室人交给我一封他留下的信。信中告诉我，他大哥有急事要他到合川去，三五天即可回来。信中还附有10元钱，说他知道我有断炊之虞，留下钱要我在此等他。但我屈指一算，必须马上起身到万县去，否则会误了转学的编级考试。方名给我留下的钱正好拿来买票。我于是又到民生公司去买了减价船票，回来时路过女二师，明知吴梅秀不在，还是到里面去转了一趟。凡是以前同行过的路或停留过的地方，我都不由自主地徘徊一番。而每一次徘徊，都感到若有所失。心中有一种预感，这次两人不在一起的分别，也许就是永远的分别（当然，后来的事实证明预感是靠不住的，我们在万县还待了半年多。但自从在江城万县一别，就再也不曾见面了。如今生死相隔，她既已离开人世，我也进入耄耋之年，而我又绝不相信灵魂与再世一类的说法。那么，除了无益的怀念之外，还有什么可说的呢）。

我极盼与李成之和周极明等好友能在重庆聚会一次，这更是幻想。他们可能知道我被开除，知道我转学到万县的打算，但他们怎能知道我此刻就要离开重庆呢？即便知道，又怎能这么如意地想来就来呢？成之此时可能在涪陵，他曾说我如果没有去处，可以到涪陵去，他也许正在为我谋求一个职位而奔走呢。极明在合川，方名可能见到他，他们都会以为我在重庆等着，哪里知道我已经不能再等他们了？我一个人悄悄地离开了学校，只拿着一点行李，别无长物，既简单，又不惹人注意，很顺利地上了江轮。

说也奇怪，我每次送人登舟，都要遇上风雨。送杨兆临的时候遇着风雨，我在赠他的一首词中说："风雨凄其巫峡暗，一别天低吴楚。"送三君之沪又遇着风雨。我今天独自登程，也是天昏地暗，大有非雨不可之势。好在无人送行，我上得船来，也就毫无牵挂了。等我找着铺位，又去吃了晚饭回来，天已愈来愈阴，最后终于淅淅沥沥地下起雨来。船在夜雨中启行，我走上甲板，频频回首眺望。重庆是一座山城，晚间从江中往上看，万家灯火，如在天上。那天街夜色的壮丽景观，是很迷人的。今晚有雨，看不十分清楚，但迷蒙中望见山城错落的灯光，却更为别致。而且越离越远，渐渐由微茫而消失。这时感到江风愈大，雨声愈紧，一种莫名其妙的凄凉感觉，袭人心头。啊，这不就是巴山夜雨吗？

我无心在甲板上流连了，回到自己的铺位上，斜躺下来，任凭自己的思绪心猿意马地驰骋。到重庆两年来的经历，如同电影一般，一幕幕地从眼前闪过。这两年中，自己的变化可真不小！从一个乡下的土娃娃变成一个现代都市的城里人。眼界宽了，思想领域也扩展了，关心国家的命运，也关心世界大事。对近百年来的中国历史，非常认真地钻研、学习。对辛亥革命以来的史事更为关切。特别是对四川、对重庆的革命烈士和革命人物尤为敬仰。

霎时间，邹容的形象就在眼前，他那本《革命军》是那样的鼓舞人心，其中一些警句，我都能准确地背出来。"《苏报》案"发生后，他不肯让章太炎一人受累而自动投案的勇敢精神，一直令我钦佩。我仿佛看见章太炎在给他吟诵那首赠诗：

邹容吾小弟，被发下瀛洲。
快剪刀除辫，乾牛肉作糇。
英雄一入狱，天地为悲秋。
临命须掺手，乾坤只两头。

多么雄壮的诗啊！邹容纪念碑就在我们川师附近，我们常去瞻仰，怎能忘记呢？

我眼前又展现出重庆辛亥起义的一幕：夏之时领兵到城外，城内革命党人举义旗响应。群众结队游行，不就是在朝天门开的大会吗？啊，朝天门，好地方，值得人们永远纪念的地方。

转瞬间，我面前又出现了20年代大革命的一些场景：

吴玉章，气度非凡，既是学者、教育家，又是革命家，据说他现在国外，什么时候回来了能见到他就好了。

杨闇公，坚贞不屈的烈士呀！你看，"三三一惨案"发生的时刻，他多么的沉着、勇敢！在敌人的屠刀面前，他脸上毫无惧色。

漆树芬，多好的学问，多好的口才，《帝国主义铁蹄下的中国》，写得是多么深刻呀！他不就死在我们学校旁边吗？我们该怎样继承烈士的精神呀！

……

日兵占领沈阳，上海"一·二八"抗战的场面，北平学生的"一二·九"游行。这些情景一一闪现在面前。

我们重庆学生扩大宣传、游行示威的场面也出现在眼前了，下乡宣传和办民众学校的情景格外清楚。

啊，这些都是真实的历史，眼前的现实呀！

我的思绪又从历史中回到现实。我从铺位上突地站了起来，重新走向甲板。这时雨声已停，风声渐小，但听得轧轧的机器声有节奏地轰鸣着。船在破浪乘风地前进。

别了，山城，再见吧，重庆！我是在你的抚育中成长起来的，我永远忘不了你。是川师开除了我的学籍，不，是反动派开除的，川师无罪。我是川师的学生，我爱川师；我是重庆人，我爱重庆，爱这美丽的山城。我不应当有任何悲凉的情绪。这次告别，是壮别而不是惨别。"今日长江如易水，风萧萧兮壮士惊"，这才是我应有的情怀。

别了，重庆；别了，山城。我是要回来的，打败了日本之后我一定会回来。我回来的时候，将是胜利者，而人民也已成了胜利者。中国是不会亡的。巴山风雨多，总有停止的时候；蜀日尽管被云遮雾盖，但总有一天要普照大地。一旦云开日出，壮丽的山城将是多么可爱呀！到那时我一定回来瞻仰你盛装的仪容。

反"扫荡"的回忆
（1942·晋冀豫）

流逝的岁月

① 20世纪70年代,和黎澍共同进餐。
② 1971年秋,李新从干校回京探亲时的全家福。
③ 1979年春,中美建交后访美的第一个社会科学院代表团:左二为宦乡,左四为宋一平,左六为费孝通,左七为钱锺书,左八为李新。

二月"扫荡"

1942年5月，日寇对八路军前方总部的围攻，使前总的参谋长左权将军壮烈殉国，这在八路军抗战史乃至全中国抗战史上都是一次非常重大的事件。我当时在中共北方局工作，是被围和突围的亲历者之一，早就想把这次终身难忘的经历写出来，但一直未能动笔。

我为什么久未动笔呢？一则是关于这次反"扫荡"的敌我情况一直没有搞清（有时某些人把它说得玄之又玄）；一则（而且是主要的）是一想起这次反"扫荡"就会想起我最敬爱的左权将军和我最亲密的一些战友（如周极明、杨琳等同志），一想起这些烈士，不禁悲从中来，无法落笔。

现在，事过五十多年，关于这次反"扫荡"的敌我情况以及整个战役经过，经过多年查考和研究已经大致清楚，某些尚未搞清的细节，尽可不必管它，我写回忆录的客观历史材料，可以说已相当充分了。至于想起烈士们而动感情，那是永远无法避免的事，而且年纪越大越容易感伤流泪，不过这时的理智也更加坚强，它能使流泪而不伤身，甚至还有益于健康呢。

1942年是敌后抗战最困难的一年。日寇于1941年发动太平洋战争后，负担愈来愈重，于是想利用其在华统治区的各种资源来为其继续扩张服务，这便是它提出的"以战养战"政策的用意。为了在经济上能"以战养战"，它又在政治上推行"以华制华"的政策。所谓"以华制华"，首先就是要利用汪（精卫）伪政权和伪军来帮助巩固其在中国占领区的殖民统治。同时对中国抗战阵营中因皖南事变而特别紧张的国共关系加以利用，它把进攻中国的主要矛头对准中共领导的八路军和华北抗日根据地。1941年，日寇在华北的"扫荡""蚕食"和"清乡"即已加紧，到1942年更达到穷凶极恶的程度。

1942年2月，日本华北方面军纠集它在山西的部队大举进攻晋东南。敌第三十六师团、第一一〇师团和独立第一、第四两个混成旅团各一部，共约1.2万余人，多路奔袭太行区的和顺石拐、武乡王家峪和黎城等地，随即对我八路军前方总部所在地麻田，实行"铁环合击"。但这些奔袭和合击都落空了。与此前后，敌人对岳南（太岳区南部）、太南（太行区南部）的"扫荡"也都遭到失败。我军新一旅和三八五旅在两次战斗中消灭日寇300余人，其先头部队几乎被我全歼。同时，我军主力大部进至敌占区，袭击日伪据点。迫使敌人的进攻部队回窜，从而粉碎了"扫荡"。

日寇进行"二月扫荡"时，我正领着北方局青委（青年工作委员会）巡视团准备到冀南区去巡视工作。我们随邓小平、戎子和同行，因为他们有部队护送。这次虽有主力部队两个营护送，过平汉路还是没有成功，而且返回时还遭到敌人伏击，把我们这些被护送的人员打得七零八落。青委巡视团副团长杨琳同志牺牲了，随巡视团回冀南的青年干部王甫（现名杨往夫，离休在中央党校）掉了队，经过好多天才回来。等我们正准备回到出发前的驻地武安县的北委泉时，碰到了当地的区委书记武后栓，他告诉我们，敌人正在根据地"扫荡"，北委泉在根据地边沿，后面山上有敌人的排哨，回去住很不安全，不如干脆就到敌占区去隐蔽，反而安全些。于是我们便在敌占区分散、流动隐蔽了一段时间，等敌人的"扫荡"结束了才回北委泉。

回到北委泉，我们看到了《新华日报》（华北版），知道总部和北方局都很安全。本可以径直回北方局，但因报上发表了中共中央关于土地政策的指示，大家（特别是冀南的同志）都主张就在这里发动群众，实行土地政策，以便取得一些经验，以后好推行。因为我们在北委泉住过一段时间，群众关系好，并且为群众办了一点好事，在群众中树立了威信，对发动群众很有利，同时这一道川叫临河川，各村联系密切，北委泉（包括南委泉小村）的群众发动起来，会影响整个临河川。而且区委书记武后栓的家就在后临河村，他是雇工出身，在这一带的贫苦农民中很有威信。他也希望我们留在这里帮助他发动群众。根据这些情况，我便决定先在这里做一段群众工作，同时派人回北方局请示：是继续到冀南去呢还是回北方局？等得到指示后再定行止。

于是，我们便以北（南）委泉为基点，发动群众，实行减租减息。很快，北（南）委泉的群众起来了，并且影响到整个临河川的群众也都起来同地主作斗争，实行了减租减息。因为这里接近敌占区，群众对我们既要减租又要交租的策略思想较易接受。所以群众发动起来以后，地主没有一个外逃的，而且对抗日民主政权的法令更加服从，对村干部的领导更不敢违抗，在群众面前也特别和气，再也没有像以前那样摆架子、耍脾气的人了。

日寇在山西的"二月扫荡"，一方面是它对冀中区和冀南区进行大"扫荡"的佯攻，同时也是对晋东南区进行5月大"扫荡"的预演。

5月上旬，敌人开始了它的"第二期驻晋日军总进攻"。第一阶段，敌人进攻的重点在岳南（太岳区南部）。第二阶段的进攻目标为太行山区，攻击重点是八路军前方总部驻地辽县麻田一带。日军出动兵力2.5万余人，第一军司令官岩松一雄把他的作战司令部由太原移驻长治，以便就近指挥。

5月19日，敌独立第四混成旅团主力，由平定、昔阳、井陉出动，第一一〇师团和独立第八十一混成旅团各一部，由河北元氏、赞皇出动，合击测鱼镇、黄北坪、浆水、将军墓一带，于24日控制了太行山在晋东南的最高峰峻极关（摩天岭）。由和顺出动的敌独立第四混成旅团一部，合击松烟、拐儿镇后，进至辽县的上、下庄，与峻极关之敌会合。这次进攻部队的主力是敌第三十六师团和独立第三混成旅团。这些敌军由西线的长治、武乡、辽县和东线的武安同时出动，沿途合击黎城县城、武乡砖壁和武安阳邑等地。然后集中力量，以麻田为总目标，做"向心大合击"。

当敌人发现八路军前方总部已离开麻田后，于5月24日夜，又在离麻田不远的姚门口、青塔、偏城地区构成合围圈。25日，日军步兵在其第二十九独立飞行队的配合下，向被围的我部发动总攻。事先，我军主力均已转至外线。因此被围的都是携带物资过多、行动迟缓的机关、学校、报馆和后勤单位。当时，我总部和北方局也在包围圈内，彭德怀副总司令和左权副参谋长亲自指挥三八五旅一部掩护机关人员撤退突围。后来包围圈缩得愈来愈小，左权将军坚决要求彭总带一排警卫先行突围，由他一人来承担指挥的任务。经过竟日激战，杀伤日军300余人，左权将军没有吃饭没有休息，始终坚守在指挥岗位上，最后被敌人炮火命中，壮烈殉国。

在突围和突围后的分散活动中，我北方局统战工作部部长张友清被俘（后在太原被敌查出后殉难），政权工作部秘书张衡宇牺牲。同时在此役中牺牲的还有华北新华日报社社长兼总编辑何云、总会计黄君珏、秘书主任杨叙九、作家陈默君、蒋弼，以及朝鲜义勇军华北支队领导人陈光华等。

进入麻田镇的日军，分散成许多小分队，就地实行"抉剔清剿"，搜索八路军零散人员，挖掘坚壁物资，捕捉壮丁和妇女，洗劫村庄并焚烧房屋。

我分散到根据地腹心区的小部队,结合民兵打击分散成小股的"清剿"之敌。转移到外线的我军主力部队,则向敌人的补给线、铁路干线和某些据点,展开袭击和追击,并从敌人背后打击其合击圈外的"残置封锁部队",以牵制敌人对我中心区的"扫荡"。5月30日,我三八五旅一部配合民兵40余人,在辽县苏亭伏击运送物资的日军高木联队一部,毙伤敌110余人。31日,我新一旅奇袭敌长治机场,毁敌机3架、汽车14辆、汽油库2座。在平汉、正太、白晋等铁路上,我军连续毁火车3列、汽车27辆,破坏铁路40余公里,攻克敌据点29处,平毁封锁沟、墙90余里,摧毁伪地方政权组织347处。

6月5日,"清剿"麻田一带的日军被迫撤退。

从6月9日起,日寇又以一二九师在涉县的驻地一带为目标,开始其第三阶段作战。但因刘伯承师长指挥得当,敌人一次次合击完全落空,其作战计划完全失败。

这次反"扫荡"作战,我太行山根据地军民毙伤日军3000余人,粉碎了敌人对我根据地基本区的进攻。但因我首脑机关精简不够,特别是后勤部门过于庞大,不能适应残酷的战斗环境,因此遭受到空前未有的重大损失,实在令人痛心!

五月大"扫荡"

如前述,"二月扫荡"后我在武安北委泉做工作,后来得到北方局青委的指示,要冀南区的青年干部仍等候着随部队回冀南;要我带着巡视团回麻田。

大概是五一节后,我回到了麻田。这时,我才知道周极明在"二月扫荡"时英勇牺牲了!周极明是我在重庆川东师范的同学,"众志

"学会"的骨干分子,"一二·九"运动时重庆学联歌咏队的总队长和总指挥,后来我们又结伴一起到延安。1939年春他到晋东南,随后到前方鲁艺(鲁迅艺术学院)工作。前方鲁艺归前方总政治部领导,驻地常在总政附近。我于1939年秋到前方,1940年到北方局工作,而北方局总是和前方总部驻在一起的。当时,北方局驻上麻田,总政驻下麻田,下麻田在上麻田之东,不到1里远,鲁艺驻上口村,在上麻田之西约2里路。由于住得很近,我和周极明经常见面,在一起聊天、唱歌或下棋,就和学生时代一样,其乐融融也。现在,他忽然一下牺牲了,我是多么地伤心啊!我立即到上口村去了解,从村干部和群众中知道"二月扫荡"时他没有随学校转移,而是留在村里和民兵一起打游击。一次敌人来村,他掩护群众撤离,等群众都走完了他才走。敌人追赶他。他先是利用有利地形射击,等敌人逼近了,他便掷手榴弹,手榴弹掷完了,便和敌人拼刺刀。他虽然身体强壮,又经过训练,但敌人多,他一个人孤身奋斗,怎能敌得过呢?最后终于死在敌人的刺刀下面。敌人为了解恨,死后还捅了他好几刀,以致尸体残缺,血肉模糊。我听后非常愤慨,在他的坟前鞠躬致敬,默哀了许久许久才回麻田。当天晚上,我怎么也睡不着,含泪写成了一首悼念他的古体诗:

    哭罢杨琳哭杰奇[①],我欲为诗以悼之。
    苦吟半夜不成句,文字安能寄我思?
    掷笔和衣卧于地,不觉泪流浸枕席。
    辗转反侧不成眠,但闻漳水声如泣。
    漳水东西日夜流,不知流尽几多愁?

---

① 周极明此时改名朱杰奇。

西村剪烛无人共，东崖对弈有谁俦？①

每逢寝膳常相念，犹把诨名相呼唤。

既知呼唤不回来，但愿梦中来相见。

　　吁嗟乎！

君既以身为国死。可以放心无愧矣。

吾辈后死当如何？誓当衔恨挥长戈。

驱彼日寇出中国，烈士灵前奏凯歌。

当我还沉浸在悼念杨琳、周极明的悲愤中时，又传来了要准备反"扫荡"的指示，并说敌人这次"扫荡"，时间会比以往历次都长，而且以冀中的"五一大扫荡"为例，还说敌人实行"三光政策"，非常残酷，大家要有充分的思想准备。我这次回北方局，从青委调到组织部工作，担任组织科科长，刘锡五（组织部部长）向我们传达了反"扫荡"的指示后，特别嘱咐我和周金光（组织部干事）赶快把组织部所有的材料，找最可靠的地方"坚壁"（埋藏）好，然后把全华北地方干部（地委以上）的履历表（每人一张薄纸），分成两口袋，由我们两人各背一袋，非到最必要的时候绝不埋藏，而且要保证不得有一份遗失，一定要与这套最宝贵的资料共存亡。

我们紧张地进行着反扫荡的准备工作。一时传言敌人出动了，一时又传说敌人暂未出动。同时还有各种离奇的传言，有人说敌人的"挺身队"（特务）到了麻田后山，把我军驻扎的情况搞清楚后并画了地图才走，因为"挺身队"伪装八路军，所以民兵虽然看见了，却没有发觉。甚至还传说日寇派出使者，专门持函要见彭副总司令，被彭总拒绝了。又说罗瑞卿（总政主任）认为两军对阵，不绝来使，因而接见了日寇使者，并在训斥了他以后把他放了回去。同时，几乎每

---

① 西村、东崖，皆当地村名。

天都要紧急集合，集合了又解散，说是演习，又说是随时准备出发，总之战斗气氛十分紧张。

5月24日下午，又紧急集合了。这次集合后，没有解散，但等了好久，也没有动身。等到后半响，队伍开始出发，可是走得很慢，而且走走停停，直到天黑。晚上，部队也不宿营，也不造饭，又一直走走停停，直到天明。就这样又一直走到第二天（25日）中午。我发觉队伍转来转去，还是离麻田不远，心里感到奇怪，但又不好问，因为大家都不说话。大约午后一个时辰，队伍走进了一个半山上的山洼，有命令来让队伍停下休息，并赶紧造饭。

正在造饭的时候，有个警卫员来把刘锡五叫走了。等锡五回来传达时，我正拿着手提小洋铁桶打饭。这时，我看见彭总带着大约一个排的警卫员，从半山坡横着走过去了，他们不循路径，一直往前急走。我心中一紧，想到糟了，今天要出问题。我正提着饭想赶去听锡五传达，忽然天上的飞机来了，而且开始轰炸，同时四面枪炮声大作。山腰路上的驮马被炸得滚滚而下，山洼里部队秩序大乱，各人径自奔逃。只要一颗炸弹下来，便有不少死伤，有的血肉横飞。我提着饭桶往山上跑，边走边吃，想努力爬上山顶，看个究竟，以便决定行动。

蓦一抬头，看见左权将军在几棵树下的一排灌木旁边，像钢铁一样地立在那里，比平常更严肃，一面指挥战士们对敌射击，一面呼喊机关干部们向他手指的方向突围。我走近时，他大声喊道："李新，快把背包扔了，往上走！向东！"我于是赶快往上向东跑，但并没有扔背包。我爬上山脊，见向东地形不能走，便顺着山脊往上爬。山脊有路，可以跑得快些，但敌机不断轰炸，有些同志不敢往上跑，结果就没有突围出去。

我因1938年在西安和武汉有躲飞机的经验，所以只要敌机不是从正前方俯冲下来，只要敌机俯冲不到90度或已超过90度我都不理它，因此尽管它来回轰炸，我还是一口气就跑到了山顶。这时山顶上人很多，敌机轰炸得也很厉害。但人们仍然东奔西跑，仿佛是拿不定主意该向哪个方向走。一会儿，彭华、李挺英（都是青委的干部）向我走来，想和我一起走。接着三四个警卫战士也来了，都说愿听我指挥。我于是要大家分辨方向和分清敌我的枪声。战士们有经验，彭华是抗大的学生，而且除李挺英是刚从延安来的以外，大家都有打游击、反扫荡的经验，因此我们很快就辨认出向右是东方，而且现在敌人的火力正向东面一个山头射击，断定那里一定是我们的部队在掩护我们突围。我让大家再轻装，把该扔的东西都扔掉，把武器准备好，战士们有步枪和手榴弹，我们有手枪，如果碰着敌人，尽可以拼一阵。等大家准备好了，我便带着他们下山。山下面是一道沟，我们这条路和沟的接合处是一片开阔地，敌人正用机枪封锁了这片地方。看来，只要突过这片开阔地，爬上对面山头，就能找到我们的部队了。

我让大家休息一下，准备鼓着劲冲过开阔地。我又把大家分成两组：战士们为一组，要他们冲过沟去以后就去找原部队；我们三个干部为一组，冲过去找到部队再说。战士们有经验，先趴在沟边，等敌人机枪一停就冲过去了，而且很快就上了山。我们也尽可能先走到沟边的隐蔽地趴下，等机枪声快停，我叫一声"准备"，三个人都像赛跑时那样作好起跑姿势，枪声刚停，我们便抢着起步飞奔，等敌人第二次梭子弹打来时，我们早已远离开阔地，跑进了沟对面的草丛中。但这里上山无路，我们便顺着沟边走，等到有路的地方上山。不料这时竟有敌机沿沟低飞，并向沟中投弹。忽见一敌机从正面俯冲下来，我们赶快趴下，敌机一连投了几个重磅炸弹，连续的轰隆声，比夏天的炸雷声还厉害。

敌机刚飞过，只听得彭华一声"哎哟"，趴在地上不能动弹，我和李挺英赶快过去看，原来炸弹把一块石头震下来将他压住了。我们帮他把石头推开，他起来拍了一身尘土，再一看，没有事，连一点伤都没有。于是三个人都笑了起来。好几天都没有了笑容和笑声，这一笑实在令人开心。我顺便笑说道："天不亡我也，日寇必败矣！"眼看着前面右手就有小路上山，我们便趁着黄昏慢慢地向山上走去。因为天快黑了，我们已突出重围，不怕敌人了，而且从昨天到现在，已经一天一夜多没有吃东西，腹内空空，实在走不动了，只得缓缓而行。我因为午饭时提着饭桶吃了不少，还好一些；他们两人，一直未进一粒米、一滴水，敌情紧张时不知道饿，现在眼看没事了，便觉饿得实在难受。他们走一会儿便要停下，再走几步，便要求坐下休息。我知道，只要一坐下休息他们便起不来，因此故意装做认真地说："今晚敌人要点火搜山，看！对面山上的火光不小呀！"他俩无法，只好拖着僵硬的双腿跟着我走到山腰，找到了部队。

　　这支部队是总政要他们来掩护突围的。我问他们罗（瑞卿）主任在哪里，他们指向有马灯的地方。我们连忙走了过去，只见罗主任正在和总政的同志们讨论问题。他见我便问道：那边的人都出来了吗？我说后半晌我们离开时还有不少人，现在的情况不了解。我问他现在的敌情怎样，他让我走到灯下去看地图，指着地图向我说明我们被围的地方，并说现在敌人正在对面搜山，估计明天会向这边合击，因此我们必须立即趁夜离开这里。我问我们三个人该怎么办？他说：你们有便衣，最好离开部队到地方上去。他又指着地图对我说：这里往东南是涉县，是清漳河，也是敌人进攻的重点。往东北走，山下便是武安，那里敌情不严重，你们最好到武安去。不过还要爬好高的山才能翻过去，你们走得动吗？我回答说：不要紧，我们走得动，只是他们两人太饿了。于是，罗主任叫人给了我们一些干粮，并让我们喝了一碗水。我们连声称谢后，便换了衣服，摸着黑路沿一条小溪往上走。

　　走了很久很久，见溪旁不远有灯光，似乎有人家或窝铺。虽然临走前，我已仔细地看好了地图，把去武安（临河川）的路径大致弄清楚了，但地图与实际情况常常有距离，现在既然有人家，就想去找本地老乡问一问路。于是我们慢慢地向灯光走去。走近一看，原来不是人家，而是一座小庙。门是敞开的，里面有灯，想必有人，我们便准备进去。但刚到门口，往里一看，呀！不好，里面全是日寇！不过，我们屏着声息细看，敌人全都睡熟了，横七竖八地躺在地上，像死猪一样，鼾声如雷，共约十来个人，看来是一个班，在这里放哨（班哨）。我们的到来，并没有使他们惊醒。我们于是蹑着脚往回走，走了一二十步后，开始加快脚步。由于听到了脚步声，值班的敌哨便大声发问，由于没有回答，敌哨开枪了。我们知道黑暗中开枪对我们毫无威胁。我们稳步地又摸回了小溪。后来我们三人曾谈论到这次遭遇：倘若当时，我们有一颗手榴弹，我们往庙里扔了就走，一定可以把敌人全部或大部炸死，而我们仍可安全脱身。倘若我们当时三个人商量好，三支手枪同时向敌人射击，至少也可以叫敌寇死三五人。但是，我们没有这样做，连想也没有这样想。我们都自觉惭愧，是天生当不了革命英雄的料。我们当时并不害怕，只是本能地就离开了敌人，一心想到武安去。我们不是按照"消灭敌人、保存自己"的军事理论行事，而是本能地符合了"保存自己、以待时机"的原则。这本是地下工作的原则，但也可能是打游击的原则。"文化大革命"中造反派批判我的"活命哲学"，我没有反驳，心想：说"哲学"，不敢当，说"活命"，是要的，不过只要我活着，我是绝不会向任何敌人低头的。"活下去，不低头"，这就是我的"哲学"吧。

我们回到小溪后，认真地研究了一下行动计划。首先必须搞清今晚走了多久和多少路程。说时间，只有李挺英戴着一只手表，现在既没有手电，又没有火柴，怎么看得清呢？而且，即使有手电或火柴，也不敢用，怎么能用火光暴露自己呢？三个人互相斟酌，认为至少已走了三个多钟头。那么路程呢，也该有20里左右了。因此决定往上走一段就该横着循路走，准备照预定的地方下山。

向上走了不久，果然发现一条横向越溪而行的小路。我们顺着小路走，可是不久就发现这条小路是往上行的。如果继续往上走，就会到达摩天岭（峻极关）。而摩天岭一定会有敌人盘踞在那里。怎么办呢？决定再走一段再说。结果走了不久路就向下行了。而且这时往下看，已能望见不少人家的灯火，说明我们已经从山的阴面走到山的阳面来了。从峻极关东下，无论是到武安，还是到沙河或邢台，我都走过多次。我们2月准备到冀南，虽没经过峻极关，但也是翻过太行山先到沙河册井再到武安北委泉的。彭华是从抗大调到北方局的，而抗大的驻地就经常在邢台浆水一带，所以彭华对这一带的地形比较熟悉。当我们知道已经翻过山，从山西来到河南或河北，我们的心情无比高兴。我们只要围着山腰往北，不要多远，再顺势下山，估计黎明前就可以到达武安北委泉，这样一路上都不会有什么危险。由于心情舒畅，走起路来不觉得疲劳了。其实，我们从24日午后到现在，已经走了几乎两天两夜，李挺英的脚掌已经起了泡，可是鼓起了劲，困难就不在话下，可见人们的精神力量还是很了不起呀。随后，果然很顺利，到北委泉一看，还不到凌晨1点钟。

我们知道临河川也是敌人进入太行的通道之一，从军事上看，这条小路比大路还重要，北委泉的地势，又扼临河川的咽喉，敌人很可能在这里驻兵或放哨。因此我们到达的时候，暂不进村，先到住在村边的农会主任家。他家离村须过一道沟，平常很少人来，所以我们鸡犬不惊地就走进了他的家门。农会主任一见我，又是喜，又是惊，忙问我们要吃东西否。我说：快弄些现成的来吃吧。这时，大嫂子为我们烧火热饭，农会主任把我们拉进小屋，轻声说：山上就有日寇一个排哨，村里敌伪军来来往往。他问我们是到此住下还是要走，我说是逃难来的，到此就是为了"躲难"。大家一听都笑了。于是急忙商量躲难办法，最后决定到敌人排哨下面的山腰去躲，那里是梯田，最中间一排梯田里有一个供干活累了休息的小窑洞，可容纳三四个人，人在里面，外面用石板一盖，谁也看不出来。农会主任很诙谐，笑着对我们说：“你们尽管安心住下吧！吃饭由我们给你们送去，山上有敌人给你们站岗，你们是最保险的了。”我们听了，几乎笑出声来，他忙用手止住我们。我们赶忙吃了饭，跟着农会主任上山进了小窑洞，这时天色已经蒙蒙亮了。

我们一进窑洞就睡觉，直到午后才醒过来。以后每天清早，农会主任便担着担子，把供我们一天吃的东西都送来了。晚上，只要情况允许，我们便出去工作。白天无事，我们下棋、打牌消遣。

直到北委泉，我也没有扔掉背包，我把重要文件让村支书收到最保险的地窖里，把象棋拿出来在窑洞里下。不知是彭华，还是李挺英，拾到了一副日寇从飞机上扔下的美人扑克牌。这种扑克牌的背面有裸体女人画，其中还夹有一张牌数之外的专页，一面是极其妖冶美女裸体照，另一面则是一首不堪入目的淫秽诗。这种淫诗，我在学生时代就见过。日寇想用性诱惑、性挑逗来瓦解我们，简直是痴人做梦！我是抛弃了爱情来参加革命的；李挺英如果贪恋女色，他能从海外到延安又到前方来吗？我们八路军是一支为民族生存而战的光荣部队，怎能被性挑逗所瓦解？虽然我们也常谈性、谈女人，食和色总是我们青年人谈笑的两大主题，但在男女问题上，我们一直是很严肃的。因此美人扑克牌便成了我们消遣的工具，而且还用那上面的画来开玩笑。

很快，区委书记武后栓就来找我。他说：敌人今年对我根据地"蚕食"很厉害。这次，口外的村庄都"维持"了，就连"内红外白"的两面派村庄有的也不理我们了。现在，口内的村庄也有要求"维持"的。口上村那个大地主从前还"开明"，这次可露出了狼子野心，由他告密已经杀害了我们两个党员，另外一个党员也受到威胁，说如果不接受他们的条件，日本人要杀他全家。武后栓问我该怎么办？我说：现在我们绝不能示弱，敌人已经逼近太行山脚下来了，我们还能退吗？北方局提出，我们要"敌进我进"，进到"敌后之敌后",也就是进到敌占区去。尽管敌人在我腹心区"扫荡",我主力已经转移到外线去了,他们要把敌占区闹得个天翻地覆,端敌人的老窝,同时武工队(武装工作队)也配合行动,要让敌占区没有一处安宁的地方。这样,敌人的"扫荡"必然会失败,"蚕食"也不会成功,它只好回去"清乡",但越"清乡"它就越往后退,"清乡"越清越不清,最后大多会变成两面派政权,连炮楼上的伪军也会变。他很同意我的意见。其实这不是我的意见,我只不过把北方局最新指示的精神通俗地解说一通罢了。

我们两人商量的结果,决定首先镇压口上村那个大地主,坚决制止口内任何一个村搞"维持"。他随后把县政府的布告(预先准备好、收藏着的)取来一大堆,立即写上×××勾结日寇,杀害同胞,甘当汉奸,经边区政府批准,予以枪决。我作为边区政府的代表,在县长的呈文上签了字。两天以后,口上村的大地主×××就被号称八路军的武工队(其实就是临河川的民兵)抓到群众大会上斗争,并立即枪毙。县政府的布告贴满了口内、口外各村,一直贴到武安城下,这一来,口内各村没有人再敢提"维持"了。敌占区一些两面派村庄又开始找我们区公所联系,并接受区里的摊派了。我还专门到敌区去走了一遍,因为"二月扫荡"时我就曾在这一带敌区"公开隐蔽"过,有几个大村的伪村长陪过我,他们见我又来了,都说我就是边区政府代表,要好好地招待。并说进攻边区的敌人快回来了,边区是打不垮的。他们也是身在曹营心在汉,希望边区政府相信他们。我对他们说:希望不要出第二个口上村的×××。我们惩办他,并不是因为他是大地主,只是因为他甘心当汉奸,害了中国人。不管谁有多少财产,只要照章纳税,支援抗战,就是爱国同胞。在敌区应付敌寇,我们是允许的,但事先一定要向抗日政府报告。谁敢违抗抗日政府的命令,边区是一定不会饶恕的。经过对口上村大地主的镇压,再加上广泛的政治宣传攻势,这一带敌区的形势扭转过来了。

为了照顾口内各村人民的利益，我们决定停止对口内的摊派。把口外送来的摊派物资，由民兵（秘密地）加以截留，改为口内的物资交给敌伪军，这样不但不出物资，而且避免敌伪派人进村骚扰。对口外送的物资，我们都用八路军的名义打了收条，让他们去向敌伪报告，八路军已经在他们这一带村庄活动。我们还给敌伪据点附近的村庄送去一些空白收条，让他们拿去应付敌伪，以减轻那里老百姓的负担。

在这次口内反"维持"的斗争中，北委泉那户大地主表现不错，口上村那户大地主×××派人来与他联络时，他立即向武后栓做了报告，并希望我们帮助他应付敌人。于是我们晚上经常到他家去，故意留下些痕迹，让敌人知道。例如我们曾用区长的名义写了一封信给他留在桌上，限他3日内交300元慰劳八路军。他拿这封信去问敌伪派出人员，那人说不能给，并给他留了张条子说：如果给八路军钱，就要杀他全家。他把这张条子给我们看时，大家都笑。敌人曾问他八路军是从哪里来的，他说是从口外进来的。他虽然并不知道我们住的小窑洞，但我们就住在北委泉，估计他会知道，但他一直未向人泄密。

6月上旬，由于我军对平汉路的进攻和破袭加紧，邢台、沙河以及武安一带敌占区在我游击队、武工队的积极活动和政治攻势的影响下，伪组织不断瓦解和后退；同时日寇进攻的重点南移，改向一二九师师部和边区政府驻地——涉县清漳河沿岸的赤岸一带，因此从河南武安临河川到山西辽县经摩天岭至麻田这一条路上的敌人撤退了。我们小窑洞的山头上已经没有敌人为我们站岗放哨，我们为"保险"，就住进了北委泉村里。全村的人见了我们都非常高兴，因为他们知道，由于我们在这里工作，他们在敌人的"扫荡"中没有受到多大的损失。村里大地主一见我就连声说欢迎欢迎，把我领到他家里去住，并且仍然住在2月间住的那间房子里。第二天，他引我们去看他的地窖，这地窖隐蔽得很好，也很大，里面陈设着范子侠司令的灵堂，他走到灵堂前便作揖叩头，并放声大哭。我们也赶快前去向范司令灵位鞠躬致敬。

范子侠所部本系国民党的河北民军，后来思想进步，加入了八路军，改编为新十旅，由范任旅长，随后又兼任太行军区第六军分区司令员。1942年2月他住在北委泉地主家。我带领的青委巡视团，过平汉路前也住在这里。我们本来就认识，彼此都很尊重。我常到他住处聊天，地主也很欢迎。就在这时，村青委会主任和农会主任领着一批人来找我，要当着我的面和地主讲理（斗争），说地主后山的禁林，本来是全村的，后来被地主占了，而且又封了山，围成禁林，现在全村人家没有柴烧，要地主开放禁林，让村民去砍柴。地主当着众人，无话可说，支支吾吾，只是说，我听李同志的。回头见范司令又说，我听范司令的。范司令忙说，这是地方上的事，军队不干涉。我这时才对群众说，既然是全村的山，当然不能由一姓强占。不过边区政府的法令规定，矿山和森林，属于公有，所以这禁山上的森林，该如何使用，还须全村人民很好地商量。首先，我们农会应提出个合理的意见来。我建议今天晚上村干部就先开个会讨论一下。我问大家意见如何，大家都说同意，于是群众就散去了。

群众去后，范子侠和地主都说我讲得好。地主趁势向我提出一个要求：希望他祖坟附近那一块树林不要归公，哪怕他再出钱买也可以。同时希望禁山不要全部开放，如果全开放，森林的树，不要多久就会被全部砍光。我说森林不应毁坏，但这一切都要依政府法令和群众意见而定，当然群众的意见也不能违背法令。现在全民族抗战，各阶层都要为抗日尽力，帮助群众解决困难，也是为了抗日，全村人民都应以团结为重。范司令最后也说：地主富豪，从前都是坐轿子的，农民是抬轿子的。现在打日本，农民抬着轿子怎么能打仗呢？因此，地主也该下轿来走路了，这样地主和农民一律平等，有钱出钱，有力出力，才能把日本鬼子赶出中国去。地主听了，连连点头称是。

在村干部会上，特别是在支部会上，大家虽然都同意开放一部分禁山，同时保留大部分禁林归公，但对留地主祖坟那部分树林都不同意。我说：地主怕伤了他们家的风水嘛。青年党员抢着说：就是要破坏他家的风水，让他家也穷下来。我说：咱们党员不是要反对迷信吗？为什么还相信风水呢？他们说不出道理，却还抢嘴说：干嘛地主要信风水呢？我说，地主信风水，现在不是也不灵了吗？我们农会团结起来减租减息，地主不是也低头了吗？我们现在翻身，不是靠风水，是靠团结，地主要信风水，我们为了团结他抗日就让他一步吧。最后，大家同意了我的意见，由村长、农会主任去和地主商定，划定一部分禁山开放，其余除地主祖坟地附近一小块归其所有外，全部归公，成为禁林。禁林按规则可出卖成材，收入归村，但不许任何个人砍伐，否则严惩不贷。

北委泉禁山问题的解决，得到范子侠司令的支持，人人称颂。这对临河川群众运动的顺利开展，起了很好的作用。因为地主们很听范司令的话，所以在北委泉地主的影响下，临河川的地主们对群众运动很少顽抗。"二月扫荡"中范子侠牺牲后，临河川一带的群众和地主都很悲痛，北委泉地主家为他设立了灵堂，甚至在"五月大扫荡"中把它藏在窑里也不肯毁掉。为此，我建议由他发起，在北委泉开了一个追悼范子侠的大会，这个追悼会开得很成功，既鼓舞了广大群众的情绪，又团结了地主和上层人士。

日寇撤退后，我们在临河川以及到口外甚至到敌占区工作，都很顺利。彭华和李挺英都说，若不是2月前后在这里打下点群众基础，恐怕这次到这里逃难都很成问题。我说，临河川在太行区还属于根据地，应该展开武装斗争，不能只是应付敌人，我们应该教会他们使用地雷，以便下次敌人再来时能展开地雷战。这里是山区，各种石头很多，可选择一些做石雷，而且附近有窑厂，所以这一带人家瓦罐特别多，大一点的瓦罐都可以用作瓦罐雷，附近的老百姓，会造旧式火药的人也不少。于是我们便教民兵，让他们学会制造各式地雷以及引炸地雷的各种方法。民兵很能干，一学就会，并且还很有创造性，能把地雷安放在各种敌人不注意又必然要到的地方。我们在好几个村都举行过演习，结果都很成功。1943年春，敌人又到太行山"扫荡"，我和彭华都在涉县更乐村（涉县指挥部所在地）。在这次反扫荡中，涉县沿武（安）涉（县）公路各村的民兵，都展开了地雷战。但不知流河川一带的情况如何，我一直很挂念。可是一直到今天也不了解。

左权将军之死

还是5月底，敌占区就风传左权将军殉国的消息。我们听到后，分明知道它很可能是属实的，因为当时我们亲眼看见彭总带着警卫人员突围时，左参谋长就在那里顶着指挥，料定他将以身殉国，但是我们总希望这个消息是误传，靠不住。随后，口内各村也传来左参谋长殉难的噩耗，村干部来问我们，我们还是说，我们离开战场时，左参谋长亲自在那里指挥，很精神。不过后来的情况，我们就不知道了。我们这时回答问题的口气，虽然已经有些改变，但仍然希望这个消息是误传。

到6月上旬，有人从敌区带给我们一份北平出版的报纸，那上面不但登了左权将军殉国的消息，而且有详细的报道。报道的前一段基本上符合我们的经历。对我们突围后的报道说：左权将军一直站在那几棵树下，一步未退。敌人估计他身边一定有不少部队，未敢突然向他冲去，只是用枪炮向他射击。后来不见他的身影了，也没有人还击了，敌人才从沟的对面走过去，当到了他站立的树旁，看见他已经倒在地上，神态很安详。很快，一个敌酋来查看，看出将军是中炮弹致命的。敌酋反复端详将军的神态，对将军很表崇敬，命令所有在场的敌军，一律向将军致军礼，表示对一个模范军人的敬意。我们看到这里，忍不住哭起来，旁边的人，见我们哭泣，知道左权将军真的牺牲了，一个个也都泪流满面，痛哭失声。

北委泉地主家首先为左权将军设立了灵堂，灵堂庄严肃穆，比范子侠的灵堂还要大些，他一家人都为左权将军焚香秉烛，作揖叩头致礼。村支部和我们商量的结果，决定在村公所大院里设灵堂，而在大院的门前，用柏树枝立一座牌坊。灵堂里的左权将军像是由李挺英、彭华和我三人用毛笔画成的，虽然不够形似，但我们认为画出了他的精神，那庄严威武的神态，令人肃然起敬。全村各户，除少数自设灵堂外，大多数都扶老携幼，到大院灵堂来烧香叩头，他们一进门就放声痛哭，无限伤心。妇女会还准备了一些人昼夜哭灵，被我们劝阻了。

整个临河川，无论口内口外，都以北委泉为榜样，各村都树立了牌坊，设立了灵堂，为左权将军致哀。这一举动，甚至影响到敌占区，那里设灵堂的人家当然要少些，而且多半是秘密的，但那一段时间内，敌区来往的马车和牲口头上，也和临河川一样，都戴上了一块白头巾，这分明是为左权将军戴孝嘛。敌伪明明知道，但也无可奈何，甚至有个别炮楼，用竹竿挑着一块白布，挂了出来。左将军之死，扣动了每个中国人的心弦，他真不愧为中华民族的脊梁啊！我们由此看到中国人心不死，抗战必胜，日寇必败。尽管我们当时困难重重，牺牲惨重，但人心所向，使我们从悲愤中感到无穷的温暖。

6月下旬，我们从太行区的报上看到了中共北方局和野战政治部联合发出的通知，通知叫《关于追悼左权同志的决定》。它要求全华北各解放区在7月7日抗战五周年之际，举行追悼大会。同时还登出了朱总司令《悼左权同志》的诗：

名将以身殉国家,拼将热血卫吾华。
　　太行浩气传千古,留得清漳吐血花。

　　这首诗悲壮沉雄,典雅古朴,把代表我华夏民族精神的浩然正气,用巍巍太行的形象表达出来,正好是千古传下来的,又将千古传下去。为抗击日寇侵略者,那无数英烈所流的血,好像江河里层层叠叠的浪花一样,非常壮丽,而清漳河以其清澈著名,由左权将军的血在其中所激起的浪花——血花,自然更加壮美无比。

　　我们读了这首诗,认为它虽是绝句,实为绝唱。于是决定我们三人都要写点东西来悼念。我记得李挺英写的是《誓词》,其中写道:他以后一定要参加空军,驾着飞机去炸平东京,为死难同胞复仇。后来,李挺英到了东北,果然参加了空军,全国解放后还当了东北空军学校的校长。不过,用不着他去报仇,日本帝国主义已因其侵略无度,恶贯满盈,在1945年就受到了原子弹的惩罚。

　　我也想写首诗来悼念左权将军,但一提笔就悲愤不已,写不出来。历代写这样的诗,除"骚体"中的《国殇》之外,都用"颂体",而颂体多是四言,既古板,又难懂,我从来就不喜欢。朱总司令用七言绝句的近体诗写了,而且写成了绝唱,无以复加,我可不想步他的后尘。怎么办呢?想来想去,凑成一首词:

　　清漳,浊漳,萦回太行。
　　曾经多少沧桑?
　　终流向远方。

　　天长地长,日月争光。
　　千秋万代留芳。
　　念将军不忘!

写完后一想：词，多半是风月之作，怎好用它来抒发庄严、赞颂、悲愤之情呢？后来再一想，词到苏（东坡）辛（稼轩）之后，不是也有豪放一派吗？总司令既可以创造性地用诗作来悼念，我为什么不可以创造性地运用词作呢？于是就这样写在纸上，算作定稿。不过当时我还记不清词牌，等以后找到词谱一查，原来这首词牌是《醉太平》，我对词谱的记忆并没有错。

　　为了悼念左权将军，我们把悼念作品拿到灵堂里在他的画像面前焚香朗诵，就像旧社会读祭文一样。彭华朗诵的声音凄凉婉转，令人伤痛。李挺英则激昂慷慨，大有炸平三岛之势。最后轮到我读时，全场的人早已潸潸流泪，但我还是抑制住悲痛，慢慢地焚香秉烛三鞠躬后，像军人那样立正在画像前，双手捧着我的词作朗诵起来。读上阕的时候还比较气足；读下阕时，我实在不能支持，还没有读完，便哽咽着读不下去了。这时彭华忙为我接着往下读，读到最后一句"念将军不忘"，他也泣不成声，只听得李挺英大声呼喊道："左权将军万岁！"于是全场跟着高呼口号，"为左权将军复仇""左权将军万岁"的口号声，震动屋瓦，震动山谷，人们的心情也由悲痛中惊醒过来，转为无比振奋。

　　在全华北于7月7日追悼左权将军的前两天，我们便在口上村召开了整个临河川追悼左权将军的大会。不仅口内口外各村的群众来了，武西县（当时武安分为武西和武东两个县）靠近临河川各村庄的群众来参加的也不少，就是武东县，除附近区村有群众来参加外，敌区也有许多村庄派代表来参加或送来挽联与花圈。开追悼会时，按本地习惯鸣炮为礼，同时民兵还拉响许多地雷，一时山鸣谷应，地动天摇，人们振臂高呼口号，把追悼会变成了对日本帝国主义的示威。

"扫荡"之后

抗战5周年纪念后,我们决定回麻田。我们沿太行山东麓并溯清漳河而上,目的是想看看邯(郸)长(治)路的黎城至涉县一段和清漳河涉县至麻田一段(也就是太行根据地的腹心地区)情况究竟如何。

日寇这次对我太行腹心地区"扫荡"的方针,按它自己的说法是:"消灭八路军统率机关和一二九师部队,毁灭根据地生存条件。"也就是实行"三光政策"。直到战后的今天,为日本帝国主义辩护的反动学者还在说:日军从来没有规定过"三光政策"。是的,在日本人的文件上从来没有写上要实行"三光政策",但它要毁灭根据地的生存条件。怎样毁灭呢?那就是把房子烧光,把东西抢光,把人杀光。我们从北委泉往武西走,不远,就到涉县境内,凡是敌人认为是我机关、部队经常驻扎的地方,村庄里房屋都被焚烧,到处是成堆的瓦砾;群众的财物,凡能抢走的都抢光了,连牲口也杀了不少,拉走不少;被奸淫的妇女无法计算,壮丁被抓去当劳工,村干部和民兵只要被俘,就被无情的酷刑整死。我们一路上看见到处是新坟,坟上飘着白纸,有的坟边还有妇女在那里啼哭。

当年冀中的"五一大扫荡"后,报上说的"处处有新坟、家家闻哭声"的情况,不想我们现在竟然亲身经历!我们心中的怒火不禁燃烧起来,我们的热血沸腾了,我们用歌声打破了难堪的沉默:"大刀向鬼子们的头上砍去!……对准那敌人,把它消灭!冲呀!冲呀!杀!"我们的歌声,引起了路上行人的注意。有一群儿童看见我们三个八路军(我们已换上了军装)在唱歌,非常高兴,他们大声喊道:"八路军同志,再来一个!"我们于是接着又唱《保卫黄河》《在太行山上》,孩子们也跟着唱了起来,雄壮、欢快的歌声改变了周围悲痛、低沉的气氛。

快走到涉县城的时候，李挺英说到城里他请客。李到太行不久，还没有到过涉县城，他这个广东佬以为县城总是比较大，我曾对他说过，涉县城都比不上南方一个小镇，他还不肯相信。当我们走进城一看，这个又小又穷的山中小城，经过日寇几次洗劫，剩下的商店已经不多，而这回5月"大扫荡"，把剩下的几处稍微像样的商店也全烧光了，只见到处是断垣残壁，令人目不忍睹。李挺英见此情景，愤怒地叫道：不能在这里吃东西，咱们走吧！他片刻也不休息，拔腿就大步离开。我和彭华也只好快步跟上。

我们沿清漳河逆流而上，走到一个村庄，在村口看见一张案上卖肉，一问，是刚杀了的猪。我们买了至少有五六斤肉，想找个地方吃饭。主人说他家就在村头，可以到他家去。他呼唤一声，一个女孩便来把我们领到了他家的一间破屋。原来他家也被日寇烧了，一家人就挤在这间破屋里。因为他家是开小饭铺的，所以为我们做的红烧肉很有味道。我们原拟把肉分为两份。吃一份，带走一份晚上吃，但吃到后来，把两份全吃光了，只剩下几个馒头。我们买的馒头也不少，好像是五斤。这一顿我们每人吃了差不多两斤肉和一斤馒头，我们的肚量真不小啊！

吃饱之后，精神为之一振。但拔腿走路，却更觉疲乏了。于是走不多远，便找到一个村庄休息。这天晚上，辗转反侧，不能入睡。漳水的呜咽声，声声入耳，蒙眬中仿佛看见那汹涌的漳河水，涌出一朵朵的血花。一刹那，左权将军似乎站在那里呼唤我：李新，快把背包扔掉！……我似睡似醒地连忙喊道：参谋长！这一声把彭华、李挺英都惊醒了，他们叫醒了我，问是做梦了吗？我清醒之后，首先不自觉地摸了摸当枕头用的背包，然后才讲起我分明梦见参谋长的感觉。这时，彼此都没有睡意了，不久天色黎明，我们便趁早起身。由于急着赶往麻田，李挺英不顾脚底有泡，也和我们一起加快了步伐，气喘吁吁地直往前奔。

回到麻田，周金光领我去见刘锡五。锡五因夫人被俘后，敌人又故意把她放回，他只得将她送回延安受审查，因此情绪不好。他因病躺在木板床上，一见我，很高兴，连忙坐起来。周金光劝他别动，他不听。我上前和他握手，他见我还背着背包，要我赶快解开放下来。我把我们突围后的情况简单地向他汇报后，特别说明我背包里的文件一件也没有丢失。他笑着对我和周金光说：我们组织部的人就是靠得住，我们做到了与文件共存亡。我连忙补充说：锡五同志，我们做到的是共存而不是共亡，这比共存亡还好啊！我们三人都哈哈大笑起来，刘锡五似乎连他的病痛都忘了。

彭华和李挺英一到麻田就去看周惠，因为周当时是北方局青委负责人。我大概第二天才看到周惠，他一见我就开玩笑说道，你这位"清谈家"能依靠群众活下来了，好啊！那一位"清谈家"可被鬼子抓走了！言下不胜叹惋。他说那位"清谈家"当然是指彭梦庚了。我和彭梦庚两个都是四川人，爱吹牛，彼此戏称"清谈家"，大家也都以此称呼我们两人。几十年后的今天，周惠和当时北方局一些人给我打电话，还叫我"清兄"呢。

周惠是朝彭德怀副总司令那条路线突围的，很快就找到了彭总。他见到彭总的时候，刘锡五也在，彭总很伤心，说这次是他一生最大的失败。这时的八路军前方总部和北方局，一共就剩下这么一些人，其余的都不知下落，何况左权将军又牺牲了，这怎不叫人痛心呢！

周惠谈到这里，又提起彭梦庚确实被俘，结果一定凶多吉少，也是无限的伤感。我也沉浸在悲痛中，彭华、李挺英在一旁也不说话。

沉默、沉默，平常那么活跃的青委干部们这时竟这样的沉默！一阵吃饭的号声吹响，才打破了沉默，于是大家都拿饭桶去打饭，我打了饭也拿到青委这边来吃。这时有战士在唱歌。在我的领头下，我们也唱起歌来："红日照遍了东方，自由之神在纵情歌唱……敌人从哪里进攻，我们就要叫它在哪里灭亡。"

我们回北方局最晚，这时，各单位都重新恢复工作。《新华日报》（华北版）虽然损失惨重，连社长何云同志都已牺牲，但在新社长的领导下又照常出版了。正如敌区的老百姓所说，八路军是打不垮的。日寇的"扫荡"，有时能打散我们一些思想麻痹的单位，但打散了又会重新聚集起来。要想消灭英勇善战的八路军，要想把坚持华北抗战的中华民族最有觉悟的英雄儿女赶出太行山，那是绝对办不到的。试看："书生"们依然在那里办报，"清谈家"也会发动群众，几十万手执武器的健儿和千百万敌忾同仇的人民绝不能让日寇在中华大地上横行。我们这次虽然吃了亏，但我们会愈挫愈奋，愈战愈勇；我们将和全国人民一道，坚持抗战到底；我们一定要为左权将军复仇，一定要把日寇赶出华北，赶出全中国！三年之后，我们终于做到了。

中共北方局整风记
（1941—1943·晋冀豫）
LIUSHI DE SUIYUE

流逝的岁月

① 1980年夏，李新和三子在大连棒槌岛宾馆。
② 1983年夏，李新和老战友彭梦庚在二连。
③ 1983年冬，李新在南方。

彭 德 怀 走 了

中共北方局整风的高潮是在1943年，但从毛泽东1941年5月发表《改造我们的学习》之日起，我们关于整风的学习就开始了。那时，我在北方局青委工作，主要的任务是办青年干部训练班，训练县青委书记以上的青年干部。杨献珍当时是北方局的秘书长，同时又担任北方局党校的教务长，实际上党校的工作都由他负责。北方局党校和青训班驻在一起（同住一个村）。我和献珍同志关系很好，他认为我不但政治上可靠，而且能干、会办事，不像他那样书呆子气（杨献珍自己这样说）。他把北方局秘书处和党校的一些事情都委托我办理。因此，这个时期，中共关于整风的函电，我全都看过。

关于中央发出来的函电，有一件闹了个大笑话，那就是《改造我们的学习》这篇文章的误读。中央用电报发出了这篇文章，北方局和《新华日报》（华北版）都收到了。其中有一句说："无实事求是之意，有哗众取宠之心。"电码中"哗众取宠"有错（或不清楚）。献珍同志因电码不清，便回电延安要求重发。在未收到重发稿前即不往下传。《新华日报》收到电稿后，明明看不清"哗众取宠"这四个字的电码，却凭估计，臆想这四个字为"雾中取宝"。更荒唐的是他们不仅错误地发表了《改造我们的学习》这篇重要文章，而且还写了一篇类似社论的文章来加以赞颂和解释。这篇文章的题目竟然是《雾中焉能取宝？》，真是可笑极了！杨献珍一看见这篇文章就很生气，等延安重发的电稿来到，他确知"雾中取宝"是"哗众取宠"的误释之后，气愤地批评了《新华日报》的领导人："你们把毛主席的文章弄错并发表，就已经犯了大错误，你们竟敢擅自发挥，而且是胡乱发挥，你们把毛主席和他的文章置于何地？"虽然《新华日报》的领导人（何云）连连认错，杨献珍还是气愤不已。直到1988年，杨老（献珍）已年逾九十，他还清楚地记得这件事情，我们同住北京医院，他和我谈起这件事的时候，我们大笑不已，旁边的护士听了，也都觉得可笑。

1941年，北方局书记的职务由彭德怀代理。他对中央发表的一切指示，都奉命唯谨。所以，《改造我们的学习》在延安还没有受到重视时，我们北方局却认真地学习了。

根据整风学习的要求，我们一方面认真地学习整风文件，一方面根据文件精神，认真地检查自己的思想和工作。经过自我的思想检查，发觉自己过去在工作中，有不少主观主义，不符合实事求是的地方。当发现自己的毛病那么多，而过去却常常沾沾自喜，自以为年轻有为、党对自己还重视不够时，就感到自己对不住党而非常痛苦。可是，经过大家友好的讨论和帮助，自己进一步学习和思考，便认识到自己能清醒地认识到自己的错误和缺点，乃是党性的提高，战胜了自高自大的个人英雄主义思想。这便是无产阶级思想战胜了小资产阶级思想，是个人思想上的进步，这正是整风的要求。看来，我们这些小资产阶级出身的知识分子，必须经过整风改造自己的思想，才能改变立场、观点和方法，站到无产阶级方面来，成为无产阶级先锋队合格的一员（合格的共产党员）。

随着整风文件的增加（后来增加到22种），我们学习的范围也越来越广泛和深入。特别是对《联共（布）党史》第四章第二节和《论布尔什维克化十二条》的学习，领导上（当时的领导叫学习委员会）要求得格外严格。大家逐字逐句地学了又学，把"十二条"几乎能一字不差地背诵出来。随后还要根据文件精神，联系实际，检查自己的工作和思想。当时我们这样做，确是自觉自愿的，并不勉强，而且这样做的结果，也确实把自己的思想纳入整风要求的框框里。正因为全党都纳入这个框框，所以才能达到全党思想的统一，统一于"毛泽东思想"，终于取得革命的胜利。这个思想框框，是很难突破的，直到20世纪末的今天还是如此。

当然，在整风学习期间，我们的思想也不是没有矛盾的。例如：延安开了文艺座谈会，提出了文艺要为什么人和如何为法的问题，毛主席发表了著名的《在延安文艺座谈会上的讲话》，这在我们心中引起了很大的震动。与此同时，北方局推荐了赵树理的作品《小二黑结婚》和《李有才板话》，这在太行山引起的震动更大。我们一方面认为我们过去的思想太落后了，没有和广大的工农兵站在一个立场上，因而痛责自己，以后一定要把屁股转过来，和工农坐在一条凳子上。但同时在思想深处，仍有未能解决的疑问：难道古今中外的文艺都要为工农兵服务吗？难道只有为工农兵服务的才算是文艺吗？此外就没有文艺了吗？我们这些知识分子读过不少中外的文艺名著，很自然地会发生这些疑问。我们想：屈原、李白的诗当然不是为工农兵的，但能说它不是好诗吗？《西厢记》不能算是佳曲吗？《红楼梦》不能算优秀的小说吗？就是鲁迅的作品，也大多不是为工农兵写的，难道也不能算文艺吗？那毛主席在抗战时期为什么又把鲁迅说得那么高呢？对于西方的文艺，我们更想不通。希腊的文艺算不算文艺？文艺复兴算不算文艺复兴？但丁、达·芬奇、莎士比亚……一切世界文坛、艺坛上的大师、名人，难道都要被否定吗？这些疑问都曾在我的头脑中闪过。但也只是一闪就过去了。因为那时整风学习正紧张，我们正要用无产阶级思想去克服头脑中的小资产阶级思想。所以这些疑问，这些"错误的疑问和思想"，只能埋藏在心底。直到今天，我们的文艺界还在争论这些问题，还被这些问题所苦恼呢。

还有一个更突出的问题是青年工作的独立性问题。我们当时从事青年工作的同志，都认为青年工作应该在党的领导下进行，服从党的领导，这是天经地义。但是，青年工作应符合青年的特点，符合青年的特殊要求。只有这样，青年团体（当时叫青年救国会）才能具有真正的群众性，青年人才能自觉自愿地自由参加，并成为青年团体（青救会）的主人。而不至于像国民党那样，建立许多官办的团体，结果是死气沉沉，并无群众基础。我们在整风学习中根据文件精神，检查自己的思想，觉得我们过去在工作中虽然犯过不少错误，但在青年工作应有相对的独立性方面，并没有错。而在这方面各地党委领导却把青年工作卡得太死了，有不少地方，干脆把青救会取消了，我们认为这种做法是不符合马列主义、毛泽东思想的。在讨论中，我们青委的干部思想上大体是一致的，妇委（中共北方局妇女工作委员会）的同志们也大都同意我们的意见，因为她们也认为下面党委对妇女工作重视不够。

当时中共北方局对青年工作比较重视，并不认为我们有闹独立性的问题。特别是组织部部长刘锡五同志很支持我们，所以1942年5月以后就把我调到组织部去了。但北方局下属的各级党委，大多认为青委爱闹独立性，不听从党的指挥。尤其是太行区，从区党委地委直到各县委，都发生过这方面的问题。太行区党委书记李雪峰一直和他的青委书记有矛盾，说青委不听他的话，不服从党的领导，并指责北方局青委支持太行区青委闹独立性。官司打到北方局，北方局既不支持他，也不批评他，最多不过是劝他要对青年人宽宏大量一些。因此，太行区青委书记不断换人，在我的记忆中，从刘南生、张罕涛、石民以至彭华，没有一个能和他搞好关系。但他都把责任推到青委方面，党委方面（就是他自己）则没有错。张罕涛从太行调到冀南，临走时诚恳而又严肃地向他提了意见，他也拒绝接受。不久张罕涛在冀南牺牲了，据说，李雪峰听到噩耗，也曾落泪，非常沉痛。1963年我在邯郸见了他，谈起张罕涛，他知道我和张关系好，特地对我说：张罕涛是个好同志，我不该让他离开太行。

从1941年到1943年，是敌后抗日根据地最艰苦的时期。日军的"扫荡"频繁，使得我方根据地缩小，经济困难，有时连吃饭都成了问题。但只要一安定下来，我们的整风学习还是继续进行，而且联系当时的困难情况来思考，可以说整风学习更深入了。尤其是1942年5月"扫荡"后，胡服（刘少奇）同志经过太行时，批评了北方局的工作，更启发了我们的思考。

我们这班青年人，十分天真，过去总是认为下面有错，而北方局是不会有错误的。因为北方局的领导人，都是老革命，是经过千锤百炼的人，怎么能有错误呢？但胡服说，北方局自从他离开以后，没有及时发动群众，所以经不起敌人残酷的"扫荡"，有被敌人搞垮的危险。胡服说：建立敌后根据地是有规律的：第一步，用军队打开局面；第二步，即应抓住时间，实行减租减息，发动群众，让农民翻身做主（当然也要注意统一战线，团结开明士绅和一切抗日力量）；第三步，即依靠农民，发展和重振武装力量（建立民兵游击队和分区性以至全区性的正规军）。同时建立、建设政权和多种群众组织，从事根据地的多种建设事业。他说：这是他从华北和华中敌后工作中总结出来的规律。必须按照这条规律办，根据地才能坚如磐石，日军和国民党顽固派都打不垮我们。如果我们把华北和华中的抗日根据地都巩固了，并把它们联结起来，将来抗日战争胜利了，大半个天下也都是我们的了。我们听了胡服同志的讲话，用整风精神来加以思考，觉得他讲得好、正确，而北方局确实犯了不少的错误。由此可见，即便在当时战争时期，敌后十分困难的情况下，我们对整风学习还是抓得很紧的。

1942年秋后，为了实行精兵简政，北方局在它的属下成立了太行分局，辖太行、太岳、冀南、冀鲁豫四个区党委。这样，北方局下属便只有晋西北、晋察冀和太行三个分局而没有直属的区党委了，它的机构非常精干，每个部只有三几个人。例如组织部便只有部长刘锡五、部员郭森（干部科科长）、部员李新（组织科科长）和一个干事周金光。成立太行分局后，我被调到分局任青委书记。分局驻地在河北省涉县的赤岸村（一二九师的驻地），和北方局驻地（山西省辽县的麻田镇）都在太行山中间的清漳河畔，相距大约70里，步行有一天路程，骑马半天多可到。我到分局后，因为整风检查，多半要联系到过去的青年工作，所以我常常到北方局青委去参加他们整风学习的讨论。

1943年春，太行分局在温村（太行区党委所在地，离赤岸村大约三里路）召开了一次全分局的高干会议，四个区党委所属的县委书记以上的干部都来参加了。在这个会上，薄一波、安子文对北方局过去的工作提出了很尖锐的批评。认为从1939年的黎城会议以后，北方局就执行了一条不但不敢发动农民，反而压制农民起来斗争的右倾路线。我没有参加过黎城会议，听说前任黎城县委书记说过，对地主应"先打击而后团结之"。他的这一"理论"在黎城会议上受到严厉的批判，他本人也因此受到很重的处分。

我听到这些情况后，对薄、安的批评意见很同意。但北方局的领导人彭德怀、罗瑞卿等拒绝接受这些意见。温村会议由于这场争论没有结果，实际上是不欢而散。随后中央把争论双方的主要人物都调回延安"整风"。后来在延安"整风"中，彭德怀受到"围攻"，就是所谓"操了几十天的娘"，这是中共党史上抗战时期的一件大事。不过在温村会议上，薄、安等人却没有提"百团大战"，因为那时人们都认为打日本没有错，谁也不能提出打日本是犯了错误，特别是"百团大战"这样的大战役,在前方,谁如果说它错了,人们心目中都会认为他的思想是汉奸思想。

邓 小 平 来 了

1943年秋彭德怀回延安后,北方局书记由邓小平代理,我于是又随邓小平回到北方局。不过这时我已离开了青年工作,专门担任组织科长了。其实这时北方局的青年工作和妇女工作已经没有人管。妇委自浦安修随彭德怀走了以后,连一个人也没有了。青委的宋一平早就回延安了,江明到太行担任了地委书记,周惠到太岳区士敏县担任了县委书记,青委这时也是空无一人。整风运动到1943年秋,已进入审干的阶段。按毛主席的说法:审干以前,整风属于思想清党阶段;而审查干部、清除特务则属于组织清党。这时延安的清查运动已进入高潮,北方局受延安的影响,整风审干也进入高潮。邓小平到北方局后,最主要的任务就是抓整风审干,特别是反奸斗争(反对内奸,清查混进党内的特务分子)。

1943年的夏天,由于胡宗南准备进攻延安,延安在备战声中加紧清查内奸。7月,康生在中央直属机关做了《抢救失足者》的报告。延安地区在10多天内就"抢救"出1400多个"特务"分子。以毛泽东为校长、彭真为副校长的中央党校也召开了坦白大会。解放后曾担任复旦大学党委书记的陈传纲在这次坦白大会上承认自己是"特务",并供出柯庆施也是"特务"。整风审干本来是由总学委领导的,总学委以毛泽东为主席,刘少奇、康生为副主席,而由康生主持展开日常工作。为了加强反奸斗争的领导,又成立了一个反内奸斗争委员会,由刘少奇任主任,康生、彭真、高岗为副主任。

刘锡五在北方局组织部的一次会上对我们说：中央现在的领导实际是由毛、刘、康、彭负责。

邓小平于1943年10月到北方局接替了彭德怀的工作。他立即抓紧整风运动，展开审干反奸的斗争。10月下旬的一天，他做整风报告，号召大家要和党一条心，坦白交代历史上和现在的一切政治问题。如有隐瞒，后果自负。他说话的语气和正在学习的文件《抢救失足者》精神一样。就在当天晚上，总政治部的敌工科科长张义权自杀了。第二天又开大会，宣布张义权畏罪自杀，党组织决定永远开除其党籍。并说：像张这样以自杀来威胁党，是毫无意义的。他自杀，就说明他有问题。有问题，坦白交代，党自然会宽大处理。有问题不交代，又怕隐瞒不了，于是产生了精神上的矛盾。矛盾解决不了，最后只好自杀。要知道，自杀是最不光彩的，是自绝于党，自绝于人民，是对党、对人民的背叛。大家要认真讨论，引以为戒。同时要加强监督，不许再发生类似的事件。散会后各单位回去分组讨论，形势极为紧张。我平时和敌工部的同志都很友好，从漆克昌部长到两位科长（张义权和覃应机），都比较熟悉。张义权经常跑平、津、石家庄以及安阳等地，覃应机主管内部工作。他们都是老革命，对党是忠诚的，对同志也襟怀坦白，非常正直，是不会有问题的。我因为有这样的认识，所以在小组会上没有发言。张义权是总政治部的干部，北方局和总政没有直接的隶属关系，而且又不住在一起（北方局和总部住上麻田，总政住下麻田），平常的往来不多，所以小组会比较平淡地就过去了。但总政和总部各小组则非常紧张，这种情况，我们是知道的。

就在这个时候，中央发来一个电报，这是针对领导同志的。电报中说：不要以为你们身边的同志都可靠，"说不定日特、国特就睡在你的身旁"。一看电文的口气，就知道它是毛泽东的手笔，刘锡五让我看完电报后，极其恳切地对我说：你刚到延安时，把家庭、上学和从事救亡运动中的一切事和人都向我谈了，我了解你，相信你，但你可不能有隐瞒呀！如有隐瞒，趁早向我交代，我保证你没事。如果再不交代，那你就太对不住我了！

他说话时，充满了感情，让我几乎感动得流泪。我非常诚恳地回答道："锡五同志，我参加革命，到抗日前线，是抱着必死的决心的。去年5月反'扫荡'，我也是用生命来保存了党的机密文件。我的一切都向党交代了。锡五同志，请你相信我吧！我确实没有隐瞒任何问题。我知道你信任我，对我特别好……"

说到这里，我哽咽起来，说不下去了。刘锡五也许久不说话，最后，他站起来对我说："那，那，你先回去吧，有问题就交代。"稍一停，他又说："如果没问题，也不能胡说啊！"他大概已经知道延安在坦白运动中发生了问题，可我是什么也不知道。但他要我"有问题就趁早交代、没问题就不要胡说"的教导，使我在整风、审干、反奸运动中坚持了真理，而且以后在一生中也坚持了真理。这，我不能不感谢刘锡五——这位对党对同志都无限忠诚的老革命。尽管后来在"文化大革命"中，在伟大领袖亲自鼓动起来的压力下，我也不能不作假检讨，不能不说几句违心的话，但至今我感到无愧于心的是，我从来没有说瞎话去伤害任何人。

运动的发展，果然越来越紧张。一天下午，紧急集合的号声响了。传来命令：不用打背包，跑步到村后漳河边集合。人们到河边整齐地排队站好后，一声命令：坐下，不许动！真是令下如山倒。开始，人们都正视前方，谁也不敢往旁边看一眼。约莫半小时，队伍里没有人说话，队前也没有人下命令，全都呆呆地坐在那里。慢慢地，紧张气氛缓和了一些。我偷偷地扫视了一下队伍，发觉没有一个女同志来集合。再注意一下，发觉支部委员们都没有来参加。我知道：那时领导北方局整风的是邓小平、刘锡五、李大章和滕代远几位同志。滕代远负责军队方面，李大章负责宣教系统所属和冀南区干部集中在偏城的整风班，北方局机关的整风由刘锡五负责，邓小平总揽全局。

北方局机关的支部书记是秘书处处长陈鹤桥，支部委员是组织部的干部科科长郭森和宣传科科长朱穆之。

我正在考虑支部委员为什么没有来，这时他们三个人都来了。他们要大家都脱下衣服，并可以下水，但不许交谈。我为了能看清一切，没有下水。我看见他们把每个人的衣服（特别是口袋）翻来翻去地搜查，看里面有什么东西，如看见有信件或什么字条之类的东西，还凑到一起认真研读。等全部搜查完毕之后，才叫大家集合。集合后一声"解散"，各人回到自己的宿舍。

各人回到宿舍后，发现自己的背包已经被搜查，所有的"隐私"都曝光了：有的是家人、朋友、爱人的照片被弄乱了乃至被拿走了，不少人的书信（家信以至情书）被拿走了。至于写的稿件，无论是已发表的或未发表的，几乎全被拿走，片纸不留，因为这些都是审查思想和行为最好的材料。

至于为什么包括卓琳同志在内的女同志没有到河边去集合，原来她们首先回到各自的住室里被搜查。关于支部委员搜查女同志的具体情况，我当时不得而知。后来到60年代初，我陪吴老（玉章）到韶山参观毛主席故居时，在湖南省委碰见郭森（当时任湖南省委组织部部长），提起1943年整风审干时搜查女同志的情况，真是骇人听闻，无法形诸笔墨。后来，由于没有认真总结这次审干的经验，所以新中国成立以后发生的"文化大革命"，情况比审干时不知严重多少倍！郭森还对我说："老兄，那次审干，多亏锡五同志给你说了话，说你到延安时，他详细地审查过你，他说四川过去情况复杂，你虽然1936年就入了党，现在到延安，还是重新入党的好。你说，不必叫重新入党，就算现在入党吧。后来你到前方，主要是在北方局工作，表现一贯很好，大家都觉得你可靠。正因为锡五向支部说了话，所以你的检查很快就通过，没有出麻烦。"

当时所谓的检查，虽然名义上仍叫个人的整风思想检查，但实际上小组讨论时主要是追查个人的历史，特别是与政治有关的历史。有的同志初到延安或敌后根据地时，因为不懂得如何划分阶级，填写履历表时，常常把家庭成分写错了。也有人故意把家庭成分提高，说是地主或资产阶级家庭，书香门第（在旧社会都不愿说家庭贫寒，更羞于说是工农出身）。这样一来可就糟糕了！整风小组会上就追查这些"阶级异己分子"为什么投机革命，钻入共产党内，一直要追逼到承认是"特务"，是专门打入革命阵营来搞破坏的，才能完结。有的女同志有意隐瞒年龄，在履历表上填小了一两岁，这也不得了！小组会的积极分子都是很有社会经验的人，他们能发现矛盾，找出你是否隐瞒。当你承认隐瞒后，就逼着你承认隐瞒有政治目的，最后将你打成"特务"，打成"反革命"。

我因为无论是填写履历表，或写自传，都毫无隐瞒。所以在小组会上，不管大家怎样地追查，都找不到破绽，一点矛盾也没有。大概折腾了两个半天，算是全小组中顺利通过的第一人。刘锡五虽然向支委会给我说了话，但全小组的人并不知道。他们对我的追问也并不轻松，我认为我的历史检查之所以能顺利通过，还是因为我对党忠诚老实，对自己的家庭，以及求学和从事救亡活动的经过，早就如实地交代了，没有隐瞒任何问题。对所提出的问题，回答时既没有夸大，也没有缩小，一切都是实事求是的，所以小组会上虽有人十分挑剔，也有人诱我乱说，但我都不管，我坚持讲真话，认真理，他们见无缝可钻，就放我过去了。

到今天我还是认为我的历史检查是诚实的，能通过并不是侥幸，也并非由于刘锡五说了话。要说是侥幸的话，那倒也真是侥幸。因为在这之前，胡其谦在延安被逼不过，已经在1943年的夏天"坦白"了：李成之介绍他加入的不是共产党，而是复兴社；李忠慎（我的原名）也早已由李成之介绍加入了复兴社。只是由于交通不便，胡其谦的"坦白"材料，没有寄到前方（中共北方局）来。如果这个材料寄到了,我怎么能逃得脱"复兴社特务"这顶帽子呢?这可真是莫大的侥幸呀!胡其谦交代的材料,早已装进了我在延安的档案袋里。直到1960年组织上要我担任中国文字改革委员会的党组副书记(书记是吴玉章)时,中央组织部才从我的档案里发现了这份材料,这时胡其谦正担任重庆钢铁公司的党委书记,这份"坦白"材料理所当然地被抽出来销毁了。

历史问题最麻烦,最难通过的要算秘书处的杨公素了。对他的追逼使我终身难忘,我必须把它如实地记载下来,以为后世的警示。

杨公素是我的四川同乡,比我年龄稍长。曾在蒙藏学校读书,会藏文。后来用杨度之子杨公素的名字到燕京大学读研究生,所以他的英文很好,知识水平也较高。抗战开始后他到刘戡的九十三军工作,得刘戡信任,被刘任为中校(或上校?)秘书。在九十三军秘密加入共产党,后经八路军总部转北方局秘书处工作。

当时把追查称为劝说,由三四个人组成一个劝说小组,每个人劝说两三小时,三四个人轮流劝说。被劝说者一天24小时都不能休息,其身体的疲乏和思想紧张的程度非身历其境者所能想象。所谓劝说,就是要你"坦白"。你"坦白"一点,他们再追问一步,一直要把你追问成"特务",才算了事。为了要你坦白,他们有的可以跪在地上劝你,说只要"坦白",就可以和党"一条心"干革命了,否则你不可能在革命阵营中有立足之地。那时,把一般的小资产阶级知识分子革命者称为"半条心",而把敌对分子如"特务"等统称为"两条心"。无论"半条心"和"两条心",都需要向党"坦白"交代。只要"坦白"交代了,就可以和党"一条心",成为真正的革命者。杨公素就是在这样的劝说下交代了他的"特务"身份。

于是杨公素终于被打成"特务",我们的审干、反奸终于取得了"伟大的胜利"!

多年来,我一直对杨公素在审干中的表现很敬佩。像他那样历史复杂的抗日战士，在当时审干的四面楚歌中，除了张义权学楚霸王乌江自刎的一条路以外，只有忍痛承认自己是"特务"才能苟活。而承认"特务"，势必牵连别人。杨公素为了不连累别人，不惜百般自污。他当时的心情该是多么的难过啊！他这种宁肯自污也不危害别人的品德是很高尚的，是值得敬佩的。我一直是抱着这样的态度来看待他的。

难忘的1945年

（1945·河南濮阳、杞县）

LIUSHI DE SUIYUE

流 逝 的 岁 月

① 1984年春，李新在北京颐和园昆明湖远眺。
② 1984年夏，李新和彭明在昆明龙门。
③ 1985年，李新夫妇在重庆和友人合影。左二为邓野。

①

②

③

太岳区所闻

1944年冬,大约是十一二月间,我随刘锡五到太岳区巡视工作。刘当时是中共中央北方局的组织部部长,我是组织科科长。到太岳区后,我到阳城等县下面的乡村去调查;他留在区党委听各地来汇报,有时也就地作些调查。

在阳城的时候,听说王震、王首道的南下支队从延安出来,经过太岳区过黄河,到豫西,往南边去了。群众传说南下支队过河时,天老爷保佑,河水全冻了冰,部队徒涉而过,非常顺利。这是因为河南人民对汤恩伯十分痛恨,认为他是河南四荒"水、旱、蝗、汤"的老总。日本人打来,他就跑了。而老八路是神兵天将,是来救老百姓的,所以天老爷特别保佑他们。从这个传说,可见当时民心的向背。听到这个传说不几天,刘锡五就给我来电话,要我赶快回安泽,到区党委去听重要传达报告。

做传达报告的是区党委的代理书记王鹤峰。他说:党中央认为目前抗战的形势很好,所以特别组成南下支队,以三五九旅为基干,王震为司令员,王首道为政治委员,要从豫西经鄂、湘直到桂、粤,筑一道长堤,防止蒋介石由峨眉山下来,从三门峡、三峡出来抢夺抗战胜利果实。同时，还由王树声、戴季英率两千余人到河南开展工作。

赶回北方局

听完王鹤峰的报告不几天，刘锡五就告诉我，邓小平有电报来，要我们赶回北方局。

1945年1月，我随刘锡五回到山西辽县的麻田镇，中共北方局和八路军前方总部从1940年就一直驻在这里。回到北方局，看到了中央发来的电报，要北方局加强对冀鲁豫工作的领导。

中央的电示指出：最近冀鲁豫根据地有很大的发展，人口将近2000万，超过太行、太岳数倍，是敌后最大的根据地。但减租减息大半尚未进行，各项工作尚未走上正轨，群众基础尚不巩固。黄敬（当时任中共平原分局书记）又因病离职。为此，北方局即应进至冀鲁豫根据地工作，并从太行、太岳抽调一批对减租减息工作有经验、作风又好的干部到冀鲁豫，帮助发动群众，进行彻底的减租减息。北方局必须亲自抓平原工作，至少半年至一年。八路军总部及野战政治部仍留太行。随后，中央又通知：北方局去平原工作期间，山东分局、晋察冀分局、河南区党委由中央直接领导；太行、太岳两区党委仍由北方局就近领导。

根据党中央的指示，邓小平立即率领北方局全部人马南下平原。

自1939年我率西青救（西北青年救国会）第二剧团到前方后，即在太行山吃小米，我心里是多么地盼望有这么一天，八路军南下平原，实行反攻，把日寇驱逐出中国啊！现在，这一天果然来到了！我兴奋得晚上不能入睡，从延安到太行的一切经历，像电影一样，一幕一幕地在脑海里浮现。为安定心情，我依《水龙吟》词调写成了这首词的上阕：

> 延安万古流芳，
> 延河送别多悲壮！
> 挥戈东渡，滔滔黄水，排空浊浪。
> 高举红旗，仰天长啸，太行山上。
> 望长城烽火，中原离黍，
> 凝眸处，增惆怅。

一想，这样写不对，我这时还有什么惆怅呢？惆怅，那是过去的事了，现在不是高兴得连觉都睡不着吗？应该改写。正想如何改写，想着想着，一睁眼，天大亮了。于是，赶快收拾东西，准备起程。

直 下 中 原

大约1945年春节前，邓小平率领中共北方局全班人马，由太行山上清漳河畔著名的麻田镇起程，浩浩荡荡，直奔已被日寇铁蹄蹂躏将近八年之久的华北大平原——中原。当时所谓的全班人马，其实并没有多少人。因为自从1942年5月大"扫荡"遭受严重损失以后，北方局进行了大精简。组织部除部长刘锡五外，只有部员两人，干事一人。两个部员即干部科科长郭森和组织科科长李新；一个干事即周金光。而郭森是从冀南调来的，成立平原分局时已回冀南去了；周金光似乎也走了。所以这次南下，就只有刘锡五和我两人。宣传部除部长李大章以外，只有部员朱穆之等二三人，在我的记忆中，朱穆之并没有随李大章南下。

统战部和政权工作部自5月"扫荡"、张友清被俘和张衡宇牺牲后就没有恢复了。青委的江明早已离开，周惠则到太岳区担任了士敏县县委书记。妇委自浦安修随彭德怀去延安后，似乎也没有人了。秘书处只有处长陈鹤桥随行，卓琳是否随邓小平一起南下我已记不清了。交通科的人较多，大概有十来个人，但他们有任务，是不能走的；城市工作部的人也是不能走的。为了到平原去加强群众工作，又从太行区把彭涛调来，从太岳区把周惠调回，是否还有其他人，印象也模糊了。不过最多也不过两三人而已。总之，这次的全班人马，大约有十多个干部，但因有北方局的主要领导人邓小平、刘锡五和李大章，在当时情况下，其声势的确也是很浩大的，何况还有护送的部队呢。

这次南下中原，一路顺利。一方面是因为有部队护送；另一方面，也是主要的，是因为1942年以后，我们对敌占区的工作加强了，许多伪军据点，都是两面派，对我们通过并不阻拦。这同1942年我带着青委巡视团，随邓小平、戎子和到冀南去的情况大不相同了。那次过平汉路没有成功，返回时还遭到日寇的袭击，这次通过不少敌人的沟垒，但没有听见敌人的枪声，如入无人之境。尽管日寇1944年经过豫湘桂战役，打通了大陆交通线，但从敌占区的情况来看，中国人心不死，"中原父老望旌旗"，我们的反攻，现在虽然还是局部性的，但最后的胜利已经是不远了。

一踏到平原的土地，我们就欣喜若狂。抬头一望无际，尽是麦田，而且每天都吃白面，这和太行山相比，真有天壤之别。每天一大清早，太阳就出来了，要很晚很晚才落下去；而在太行山则要很晚才看到太阳，很早太阳就被山遮住了。似乎平原的一天要比山区长得多。不过仔细一想，平原的同志们坚持抗战多么艰苦啊！他们每天都盼望早些天黑，晚些天明，他们真的是度日如年。这时我们就觉得太行山可爱了，要没有太行山，我们在华北坚持抗战，不知要困难多少倍呢。

不几天，我们就到了濮阳，当时，中共平原分局就设在那里。

在 濮 阳 的 争 论

我们到濮阳后，受到平原分局同志们的热烈欢迎。邓小平对分局干部的讲话，也使他们受到极大的鼓舞。邓说：当前革命形势很好，抗战胜利已不成问题。但必须使抗战的胜利成为人民的胜利，必须防止蒋介石抢夺和独占抗战胜利果实。为此，中央已派王震率部南下，从豫西、鄂西以至湘赣、桂粤，在平汉路西修一道大堤，防止蒋介石那股祸水从三门峡和三峡涌出来。这就像古代修筑万里长城一样，防止敌骑南下，到中原来抢夺秋收果实。今天，中央又要我们到冀鲁豫来，帮助你们巩固和扩大解放区，并向南和新四军的五师、四师打通联系，又在平汉路东再修一道长城，或叫再筑一道大堤，防止蒋介石那股祸水泛滥。黄河在中原是经常泛滥成灾的。蒋介石也和黄河一样，你们这里不是叫"水、旱、蝗、汤"吗？汤恩伯去年被日本人打垮了，我们就是不许他再回来。中原人民是最善于筑堤防水的，现在，我们对付蒋介石，就像对付黄河为患一样，这叫做"筑堤防水"。邓小平很会讲话，讲得既深刻，又生动，不时引起大家的笑声和掌声。

随后是分局和各地的同志们来向北方局汇报工作。汇报的中心是发动农民，主要是减租减息工作的情况。这时冀鲁豫各地正在开展"雇、佃、贫运动"。何谓"雇、佃、贫"？就是雇农、佃农和贫农。当时冀鲁豫发动农民进行减租减息的群众运动，搞得很"左"，只强调雇、佃、贫，不注意团结中农，甚至对中农连提都不提了。我们这些从太行、太岳来的人，见此当然感到不安。因为现在还在抗日嘛，连地主、富农、开明士绅都要团结，怎么连中农都可以不要呢！但是，他们这里的群众运动确是搞得轰轰烈烈，邓小平、刘锡五、李大章不好说话；彭涛是太行来的，周惠是太岳来的，说话也有顾虑，于是他们都推我出来讲话。那时，分局书记黄敬因病到延安去了，代理书记宋任穷又到前面管军事工作去了，分局管群众工作的是张霖之，驻地濮阳的地委书记是赵紫阳，地青委书记是纪登奎。在汇报和讨论中，平原方面主要是他们三人发言，他们都一致坚持说雇、佃、贫运动正确，尤其是纪登奎，分局驻地就是他在那里"坐村"。他讲得很生动，很动听，坚持雇、佃、贫也最坚决。纪登奎是我在北方局青年干部训练班的学生，所以这次从北方局来的人都认为我出来说话最合适，刘锡五还专门为此和我谈过话，我自己也觉得应该说话了。

一到濮阳，我就驻村去了解群众生活情况。会议开始后，我是白天开会，晚上到群众中作调查。尤其是大家要我发言后，我更深入地作了专题调查。经过深入了解，我发觉这里的雇、佃、贫运动，表面上轰轰烈烈，实际上强迫色彩很严重。群众每晚一听见敲钢轨的声音（当地群众把破坏铁路拉回来的钢轨吊在树上，敲击它便是号令群众集合的钟声），便跑步赶往会场。就连小脚老太太也都提着马扎，一歪一扭地赶着去开会。会场上鸦雀无声，秩序井然，就像我们正规部队集合时那样严肃。我一看到这种现象就怀疑，经了解，果然是强迫命令的结果。雇、佃、贫农、社会地位低下，很容易接受强迫命令。当他们被组织起来，连中农也不要，就感到很孤立，便一心依靠八路军、共产党。而减租减息，特别是通过清算退租，他们得到很大的利益，便又骄横起来，更不注意团结全村中农以上的群众。

我把情况了解清楚后，便在会上作了一次长篇发言。我根据太行的经验，说明强迫命令不能真正发动群众，说明不团结中农，不争取一切阶层抗日，是经不住战争考验的。由此证明中央既依靠基本群众，又注意统一战线的正确性。而且，基本群众就包括中农在内，只要雇、佃、贫，就会脱离相当多的群众，就会孤立，群众感到孤立，就不会自觉地起来，那就只会是强迫命令了。这时我把调查到的材料，把驻村的真实情况讲了出来，到会的人都大吃一惊，谁也无话可说。纪登奎虽然不服气，争了几句，但在事实面前，尤其是在中央明确的政策面前，他也只好忍着不说话了。

最后由邓小平作总结。他首先肯定了平原分局的工作成绩，称赞军队打胜仗，扩大了解放区；地方干部特别辛苦，支援了战争，也发动了群众，在平原地区的地方干部，坚持抗战是很不容易的，我们要特别关心他们。然后着重谈减租减息发动群众的问题。他说：在敌后，只有依靠农民，才能坚持抗战，才能争取革命的胜利。要依靠农民，就必须减租减息，而减租减息，就得依靠雇、佃、贫，冀鲁豫的同志们着重发动雇、佃、贫是对的。但是，今天是抗日战争，不是土地革命，一定要把中农团结好，同时还要注意统一战线，团结一切抗日力量。即便搞土地革命，也是要团结中农的，从前"左"倾路线的错误，就是没有注意团结中农。太行、太岳在发动群众中注意团结中农，有好的经验。总之，我们是来帮助冀鲁豫同志们做工作的。首先，太行、太岳的同志要向这里的同志们学习，这里的同志们也应该学习太行、太岳的经验。现在，我们开始局部反攻了，不久就会大反攻，抗战就会胜利。但是，同志们切勿骄傲，一定要虚心，要团结，争取胜利早日到来。邓小平的总结，面面俱到，一场争论，就此结束。大家都感到满意。

难忘的奇遇

在濮阳，我还有一次终身难忘的奇遇。

群众为了欢庆春节，特地请来大戏班唱戏。濮阳虽属河南，但地近山东，群众的性格豪迈粗犷，颇有水泊梁山的英雄气概。集上人们喝大碗酒，吃大块肉。唱戏时声音高亢，尤其是花脸，力竭声嘶地大喊大叫，令人震耳欲聋。

那天我看戏看得正带劲的时候，忽然有人从身后往我肩上一拍，蓦回头一看，原来是"死鬼"彭梦庚，我大吃一惊，定睛细看，不错，这不分明是活生生的"清谈家"吗？我们不由自主地紧紧拥抱在一起，许久才放开。这时，我开玩笑地问他："你不是老早就'万岁'了吗？今天不能来找我去替死呀！"他轻轻地给了我一拳，于是都哄笑起来，这一幕情景，至今仍深深地铭刻在我的脑际。

我和彭梦庚1940年一起在北方局青委工作，我担任青训班主任，他当副主任，亲如兄弟。我俩都是四川人，爱吹牛，彼此戏称"清谈家"，别人也都这样称呼我们。1942年5月"扫荡"，他被俘了，传说他与张友清一起被敌人杀害时，高呼"中国共产党万岁"。其实他被俘后押往太原，敌人审问他，他故意说是河北南宫人，因为他巡视工作时到过南宫，熟悉那里的情况，并学会说几句那里的话，因此连翻译都被他骗过了。

这次审问，凡说是南方人的都被当作是老红军给杀了。张友清因为是中共著名人物，敌人有他的照片，所以也被杀了。彭后来被送往东北做苦工，在黑龙江挖煤矿。在听到又要把他们送到日本做劳工时，他联络了一部分可靠的人组织暴动。暴动虽然成功。但逃到深山老林里无法立足，于是便分散了。他找到一个地主家当长工，这家人有爱国思想，尤其是那位大少爷是个学生，很同情抗日军队。后来便是在他的帮助下，彭梦庚才能够和一个难友（一二〇师宣传队副队长？）一起回到石家庄附近那位难友的老家。经过打听，他们知道北方局已到濮阳，于是那位难友，故意带上他的小侄女，一起赶到濮阳来。那个小女孩不过十一二岁，很机灵，我故意装做敌伪人员来考问她，她回答得一丝不漏。因此我相信他们一路上是很顺利的。

上述情况，是我在和彭梦庚谈话后得知的。我向刘锡五做了汇报。锡五说：在前方不便审查，送回延安去吧。在延安，对他这种传奇式的经历也无法做结论。后来到了东北，张闻天经过认真调查，证明他所谈属实，肯定了他们的斗争，恢复了他的党籍，并任命他担任了黑龙江省的一个县的县委书记。新中国成立后，他调到江西工作。江西省省长邵式平很赏识他，让他当了副省长，后来是省委的秘书长。他在江西真是红极一时，曾几次邀我到庐山去游览，但都因我工作繁忙，未能如愿。一直到今天，我也未曾亲上庐山，很可能是一生的憾事。

"文化大革命"期间，彭梦庚这个江西的大"走资派"当然在劫难逃。但他却善于躲避，造反派很难捉住他。有一次造反派追到庐山逮他，他实在无处躲藏的时候，便躲进了毛主席的住所。造反派明明知道他躲在毛主席那所特别的庭院里，但谁也不敢闯进去，因此得免于难。

"四人帮"倒台后，他被周惠邀到内蒙古任自治区政府常务副主席，后来又到东北工作了一段时间之后离休。去年秋天，因跌倒在地上便仙逝了。听到他的噩耗，我不胜悲伤，现在提笔写到这里，一想起我们在太行山上的真挚友情，我的手便止不住发抖，无法再写下去了。

赶 赴 豫 东

在濮阳没住多久，彭梦庚就起身往延安，我也就起身赶赴豫东去了。

这时北方局决定在平原分局下面，设立一个豫东区党委，辖十二地委和十三地委，十二地委在水东（黄河改道后黄泛区的东面），十三地委主要在水西。区党委书记是戴晓东，组织部部长是王一心，其余的人事安排我已记不清楚了。我现在看到的党史材料，有关豫东区党委的事竟一字也没有。我相信经过认真查考，豫东区党委成立的经过和它的活动情况，总可以搞清楚的。

我到豫东，是刘锡五和我谈的话。他说北方局决定新成立一个豫东区党委，因缺干部，要把王一心从太岳调到区党委当组织部长，把你调去担任十三地委副书记。现在王一心还没有到，你可随部队先走。王一心到职后，由他和你再联系。王原来是北方局组织部的干部科科长（刘尚志之后，郭森之前），我们曾共事两三年，非常熟悉。因为形势发展很快，部队走得很急，我也赶紧跟着离开了濮阳。这时十三地委在水西，我也随部队过了黄河。但刚一过黄河，又接到通知，要我赶快到水东去。我于是离开部队，由地下交通员带领着再渡河东去，经过黄泛区到了水东的中心区杞县。

大约半个月的时间内，我两渡黄河，并且经过黄泛区，使我对黄河两岸人民的苦难，有了初步然而十分深刻的了解。那一带的人民群众，居无定所，随时迁徙。所谓房屋，只不过四根砖柱，另外有一只小船，系在一根砖柱上。黄河水来了，一家人就到船上住，若水涨过砖柱，他们就驾着小船，四处漂流，随遇而安。等黄河水退了，他们又回到老家那四根砖柱内居住。因为砖柱上刻了字，所以能各回各的家。各家的土地，也可以从砖上的字，按方向、距离和面积测量出来，毫无差错。一般情况下，黄河是秋后退水，人们可以赶回家去种麦。他们种麦的方法很简单，前面一个人拉着犁走，后面一个人用手把麦种放进那浅浅的犁沟里面，这就是当地人所谓的"犁沟麦"。因为泛滥的河水淤成的泥土很肥沃，所以"犁沟麦"的收成很不错。不过要早种早收，种迟了或收迟了就有被河水淹没的危险。这一带人民主要就靠这一季麦收过日子，实在穷得可怜。家里什么也没有，穿着之破烂，看起来像乞丐一般。我们在太行听说平原老百姓吃白面，哪里知道他们比吃小米的山西人还苦得多呢。到黄泛区看到的景象，更令人惊异！天是黄的，地是黄的，连白云经过这里也变成了黄色的。纵长至少一二百里、横宽数十里的黄泛区，大部分地方水都不深，可以步行，但脚一踏进去，浅处拔起来已感困难，越深越难拔脚，到更深的地方，则越拔越深，以至有没顶之灾。这和红军经过的草地颇为相似，而这里是黄天黄地，中间还有深浅莫测的黄河流水，更增加人们的恐怖感。

因为有交通员引导，我们是从黄泛区上游的边沿到水东去的。上述的情况，大部分只是看到和听说，并没有亲历其苦。在随部队渡河南下的时候，我的情绪很高，曾写下一首诗记行，名曰《南下》：

中原父老望救星，天上飞来八路军。
万里黄河今夜渡，千寻江岸几时平？
壶浆箪食迎郊野，戴月披星奔远程。
胜利归来再相见，房东休怪未辞行。

等到经过黄泛区到了水东，虽然对抗日反攻的形势仍然感到鼓舞，但人民生活的困苦却使我心中感到很难过，连一点写诗的情趣也没有了。

在 杞 县 工 作

我赶到杞县时，豫东区党委正在开会。王一心在会下告诉我：因为十三地委在水西，这时河南省委已成立，而河南省委直属中央，水西究竟归河南省还是归豫东区，尚未确定。对这个问题，豫东区党委不好说话，北方局和平原分局也要等中央决定。不过，水西还没有一块固定的根据地，他们地委和专署机关人员以及几个县的干部现在都还在水东。因此区党委决定我暂时担任十三地委组织部部长，把十三地委在水东的人员全部管起来。至于如何开始工作，等再研究一下才决定。

我虽然列席区党委的会议，但大部分时间是用来了解这一地区的情况。这里本来是河南东部，因为黄河改道，才和河南其他地区分隔了。由于日寇占领了津浦路和陇海路，这样，黄泛区以东至两条铁路之间的三角地区便称为豫皖苏边区。从1938～1941年，这个地区都属于新四军活动的范围，1941年以后，党中央决定这个地区仍归华中局，但由冀鲁豫代管。1944年汤恩伯被日军赶跑后，我八路军分两路（豫西和豫东）南下。到1945年，我豫西部队又向豫中发展，以至成立了河南省委和河南军区。我平原分局成立豫东区党委和豫东军区也正是在这个时候。但这时水东地区的根据地，其中心比较巩固的地区也不过睢（县）、杞（县）、太（康）交界处的100来个村庄。现在，在这么狭小的地方，除豫东区党委、军区和行署外，还住着一个军分区（十二军分区）以及十几个县委、县政府和几个县大队，到处都是机关，到处都是干部，实在拥挤不堪，而且又没有发动群众，以至连给养都发生困难。根据这种情况，我认为当务之急，一是军队趁势向前推进，扩大解放区；二是集中干部，把中心区100来个村庄的群众发动起来，实行减租清算，巩固根据地，以便加速反攻，消灭敌伪，并防止汤恩伯之流的顽固势力卷土重来。为此，我建议区党委组成一个工作团，把所有十二、十三地委的有关干部都集中起来做发动群众的工作，我愿承担这项任务而不必到十三地委去工作了。区党委采纳了我的建议，任命我为杞县工作团的团长（因为中心区大部分都属杞县）、中共杞县工委会书记兼杞县抗日游击大队政委。

这次区党委开会，正值苏联红军攻克柏林，法西斯德国继意大利之后彻底失败，墨索里尼和希特勒都已毙命，欧洲的反法西斯战争取得完全的胜利。在讨论政治形势时，人们无不欢欣鼓舞，认为日寇的末日即将到来，但同时也感到蒋介石必将趁日寇灭亡之际，从峨眉山下来和我们争夺抗战胜利果实。我们必须赶快"筑堤防水"，以免"祸水泛滥"。眼看平汉路西那道堤修得很快，王震部队已到了湖北、湖南，快要与两广打通了；而我们平汉路东这道堤，虽说在水西已有很大发展，但至今还没有与新四军的五师和四师打通关系，联结起来。也就是说这道堤还没有筑成个样子，更不用说巩固了。估计到蒋军必将来犯，我们除军区主力要加紧反攻、努力扩大解放区并巩固和扩大部队外，两个军分区都要抓紧建成自己的地方主力，各县的游击队要赶快建成独立团或比较正规的游击大队，县以下各区都要有游击队，各村都要普遍建立起民兵来。只有这样，才能使豫皖苏解放区得到迅速的发展和巩固。而要做到这一点，首要的任务是要把中心区的群众发动起来，以便在发展中求巩固，在巩固的基础上迅速向外发展。在讨论发动群众的工作时，强调既要依靠基本群众（贫雇农和中农），又要团结一切抗日民主阶层，特别是有影响的上层分子，也就是说要注意统战工作。为此，认为用共产党员的名字（无论是烈士或著名人物）作为县名，很难得到社会各阶层尤其是上层的同意。会上决定恢复杞县、睢县和太康的名称。于是，杞南（芝圃县）和杞北（克威县）合而为一，两个县委合成一个县委，由我去担任县委书记；两个县政府和两个县大队也都合并。因为合并必须有人事变动，而我在那里工作不到半年，所以现在连县长、副县长以及县游击大队的大队长和副政委的名字都记不起来了。

杞县工作团共有100多个干部，以十二地委各县的干部为最多，其次是十三地委的干部，再加上区党委和行署机关的干部。另外还有刚从敌占区和国民党统治区来的十几个知识分子。我把全团人员集中起来经过动员之后，又把他们分配到11个基点村去。每个基点村一个工作组，首先在基点村发动群众，然后推广到附近的村庄。把工作团的工作布置好以后，又把两个县大队合并的问题处理好，因为军分区副政委李中一是我在延安就熟悉的老战友，而且还是四川同乡，所以一切麻烦都靠他来帮助解决。随后我把杞县县委和县政府的驻地安放在赵村吴芝圃的大院里。为了争取和团结各阶层人士抗日和建设新杞县，我以工作团团长的身份和县长共同具名邀请杞县各界著名人士开了一次座谈会。在会上，我作了抗日反攻的政治形势报告；县长则阐明有关减租减息的政策问题。刚从开封出来的一位女大学生，是学音乐的，会作曲，会唱歌，也会弹琴，她把我刚写成的一首《眼看日本快完蛋》的歌词，按河南曲调谱成新歌，并且当场自弹自唱地表演，赢得全体与会者喝彩。随即又有两个大学生出来讲话，一个痛诉敌占区人民的苦难；一个痛斥国民党的腐败，前者哭诉得泪流满面，后者激动得怒发冲冠，所有的人听了都十分感动。这次座谈会开得很成功。有几个士绅在会后说：共产党在这里坚持抗战多难啊！现在实行减租减息，也是为了抗日反攻，我们有什么话可说，就是割下一块肉，也只得忍痛了。开完这个座谈会之后，全县的领导干部，除留下个别同志照顾日常工作外，其余的全都下到基点村坐村去了。

大 李 庄 坐 村

大李庄是杞县南部的封建堡垒之一，当时敌伪还盘踞着杞县城，大李庄便成为杞南的中心地区，如果不把大李庄的封建势力打垮，要在杞县以至睢、杞、太地区建设抗日民主根据地就很困难，即使表面上建设起来了，也很难巩固。因此我选择大李庄作为基点，并到那里去坐村。同时，大李庄离县委和县大队的驻地都不远，对照顾全县的工作也较为方便。我到大李庄时，工作组正在准备成立农民组织。大李庄的东西两头历来有矛盾，这一头主张成立农民协会，那一头却主张成立农会，争论不休，工作组也感到为难。而且冀鲁豫那套"雇佃贫思想"也传到这里来了，认为每人平均有三亩地以上的农户都不能参加农民组织。我一到，工作组的干部和村里的农民积极分子都要求我解决这一问题。

经过了解，我知道村东头和村西头的矛盾，历史很久，是由于东西头的地主之间的矛盾造成的。这里在大革命时期成立过农民协会，而且参加过武装暴动，人们都说吴芝圃于1927年领导农民起义，打开过杞县城，还坐过几天大堂。这里的党组织，一直保存到现在，全村还有四个秘密党员，组成一个党的小组，长期由外面派人来直接领导（现在已归区委领导）。我首先找党员来商量，随后又和积极分子们讨论，结果大家认为农民协会本来很好，可是农民起义失败后，不仅地主恨透了它，就是农民们提起来也有些害怕。现在华北的农民组织都叫农会，由八路军做主，我们这里现在也来了八路军，那么，还是叫农会的好。组织名称很顺利地解决了。

关于什么人能参加农会的问题，大家都不赞成中农参加，说中农靠不住，工作组的干部也是这个意见。对此，我进行了详细的解释，说明要打败日本，反对国民党顽固派，非团结大多数人不可，结果总算说通了。不要富农参加，没有不同意见。可是什么是富农呢？都说每人平均五亩地以上的就是富农。我说：那样不好（不科学），是不是富农应该看他雇工不雇工？最后大家同意：五亩地以上又雇工的算富农，五亩地以上、自己劳动、不雇工的仍算中农，可以参加农会。党员和积极分子的思想统一后，由他们去串连，很快，参加农会的人就占了全村的大多数。成立农会时，锣鼓喧天，鞭炮齐鸣，热闹极了。

紧接着便展开了减租清算运动。首先，农会会员分片诉苦，然后找出最能说理斗争的积极分子和最需要向他展开斗争的地主对象。于是，先向容易斗争的对象展开斗争，等取得胜利并得到些胜利果实、群众情绪特别高涨时，再召开大会向最顽固的地主展开斗争。结果不错，一个最大的、最顽固的地主也低头了，不但承认了错误，并且答应按清算账目的数字（多年少交的各种负担）退贴给佃户、债户、雇工和全村群众。由于把所有积谷、财物拿来退贴都不够，便把土地拿来折价退赔。这下群众可高兴了，又有几家地主也得连土地都要拿出来。考虑到当时的情况和当地的环境，我觉得还不宜把地主的土地都给分了。事前我们也曾想到这个问题，所以我们减租减息和各种负担都是从我们在当地正式建立政权之日算起，而不是从抗战开始的1937年算起。但群众很会算账，把各种账目都一一加以清算，结果几乎所有地主的财产和土地都将被算光。怎么办呢？我找党员和积极分子来开会，说明现在就分田地还不是时候，这要等打完日本鬼子以后才可以，希望大家要忍耐。按照现在算账的结果，土地财产本应都退还我们，但我们可以大方一点，只要几户大地主的土地和房屋，其余中小地主的土地一律不动，对有困难的小地主连财物也可以多留些。就是大地主，留下的土地和房屋也要比全村的平均数高一些。大家听了我的话，开始不大同意。但经我反复解释，说如果团结不住大多数村民，如果大批地主都进城去当了汉奸，我们要打败日本就增加了困难，我们减租清算的果实也很难保得住。这里的农民有经过起义而又失败的教训，他们对我的解释终于理解和同意了。有一个老农（积极分子）拉着我的手说：老李同志，你真好，你真是在为我们操心呀。

农会在分财产的时候又发生了问题。东西头得到的财产相差很多，多的一头反对全村平分，少的一头不同意，开始是争吵，后来几乎打了起来。由于这种矛盾，民兵对地主的监视也放松了，那户最大的地主乘机逃跑，工作组领着民兵去追也没有追回来。于是立即召开农会会员大会，说明天下农民是一家，怎么能一个村还分两头呢？从前东西头矛盾是地主在争权，现在再闹东西头，要不是地主在那里挑拨，就是我们农会会员觉悟不高。我们农会会员可不能听地主的话呀，地主怕的就是我们农会团结。我们自己也不要太小气了，见了东西就眼红，总想多分一点，这样地主可要笑话我们啦。经过讨论，决定无论东西头都一样分，贫雇农分得多一些，中农也应按照账目把多负担的部分退给他们，因为这是从地主那里退赔的，我们贫雇农不应该去占中农的便宜。这样分配的结果，大家都感到满意。随后又召开全体村民大会，说明减租减息是孙中山的主张，中国政府早有明令，现在抗日民主政府是要坚决实行的。这不仅对农民有利，也是为了打日本，你不能让人饿着肚子抗日嘛。这是对全中国人都有利的，对地主也有利呀，中国亡了，地主不一样也当亡国奴吗？因此反对减租减息是不对的，不利于抗日的。地主接受减租清算是好的，逃跑是对减租减息的对抗。如果赶快回来，还可以原谅；如果不回来，就要受到应得的处罚；如果进城当了汉奸，那就是全中国人民的罪人，人民政府是绝对不能饶恕的。村民大会后，还分别向各地主家告诫，以后就再没有地主逃跑了。对地主的逃跑，农会会员们进行了深入的讨论，一致认为农民必须加强团结，防止地主有任何报复的活动。从此，农会更加巩固了，民兵的警惕性更高了，连妇女会、儿童团也更加活跃。

  由于运动一开始就注意培养贫雇农积极分子，所以在运动中能逐个地发展党员，不到三个月全村就有党员十几名了，于是建立起支部，并通过党支部去领导全村工作。运动后期，又在全村展开了民主运动，由全村公民来选举村长。选举时，不但农会会员们积极参加；没有参加农会的农民（主要是富农）也表现得非常积极；就连地主家，也都不分男女，只要是成年的全都来参加了选举。

  大李庄的群众，经过减租运动是发动起来了。因为我不久就离开杞县，这里的工作是否经受住战争的考验，我一直很担心，很想有机会再去作一番调查，可惜至今未能如愿。

抗战胜利

我这次到豫东，估计我们总得经过一两年的艰苦斗争，抗战才能取得胜利。到那时，我们在平汉路西和路东的两条长堤都修好了，蒋介石被我们挡在中国的西南和东北，华东和华中的大部分都将被我们解放，华北和东北更不用说了，这样，中国革命将通过抗日战争的胜利而同时取得基本上的胜利。谁也没有想到抗战胜利来得那样地快，以致一听到胜利消息，不但感到无比的欢欣，同时也感到无比的惊奇，而且还有些忐忑不安。

太平洋战争一爆发，我们抗战必胜的信心得到了百倍的加强。"今年打败希特勒，明年打败日本"的口号，我们当时都很相信。后来没有实现，有些工农干部泄气了，但我们这些比较有国际知识的干部，仍然坚信日本必败无疑，只是要看苏联反攻德寇和美国反攻日本的时间何时到来，以及其发展进程如何。等到1942～1943年苏军在斯大林格勒大胜和美军在太平洋瓜岛（瓜达康纳尔）反攻胜利后，日本战败的形势已定。希特勒败亡后，大家都认定日寇的末日即将到来。一听到雅尔塔会议的消息，特别是《波茨坦公告》的发表，更认定日寇的日子已屈指可数了。人们这时对时事特别关心，每天都盼望着有新的消息。

从开封出来的两位女学生，身体病弱。我到大李庄坐村时，她俩要求同去。考虑到她俩难以与贫雇农同吃同住，我劝她们先回开封去为我们在城市中工作。开始她们不同意，后来同意了，而且很感动，坚决把一个很好的照相机和不少胶卷送给了我。我根本不会照相也不爱照相，恰好一位刚从水西过来的军队干部很喜欢它，我于是转赠给他，他便把一个收音机送给了我。这个收音机很好，是反顽斗争的战利品，美国货。这下我可高兴了！每天能收听敌伪电台和重庆电台的新闻。天气晴好、夜深人静时还可以收听到延安的广播。听到美机轰炸广岛的消息，我们兴奋极了！接着是苏联红军参战，美机再炸长崎。我们每天都要听到深夜，务求从延安的广播中证实重庆中央电台传出的消息是否可靠。

8月15日，我们也是首先从重庆电台听到日本投降的消息。我们抑制住心里的兴奋，一方面让村干部和民兵准备庆祝，一方面拟就宣传品的文字，派人赶着拿回县里去大量油印。等深夜听到延安的广播后，全村所有的锣鼓响器都敲打起来，所有的爆竹、火炮都放开了，无论男女老幼都走出了家门，在口号声、欢呼声中，人们无不兴高采烈，以至热泪盈眶。周围各村也都得到通知，跟着和大李庄一样地狂欢起来。就在这时，军区、军分区、行署、专署都发来了正式的宣传品，于是，我们也把早已准备好的宣传品到处散发。第二天，各村墙上都贴满了红红绿绿的标语和传单，到处都有人群集合呼口号，唱抗日歌曲。有的村庄还开始唱大戏，比逢年过节还要热闹。这样热烈的庆祝活动一直延续了好几天。

在这一片欢腾的日子里，我的心情非常复杂。我当时写了一首诗，记录下了这一难以描述的心情：

爆竹连天天未倾，杞人今日尽欢声。
八年流血山河赤，忽忆英雄泪满襟。

当延安获悉苏联对日宣战后，8月9日，毛主席号召全国军民立即对侵华日军实行战略大反攻，争取抗战的全面胜利。8月10日，八路军总司令朱德在延安总部发布了第一号命令，命令解放区军民展开全面反攻，限期要日伪军投降，否则予以坚决消灭。根据命令，我冀鲁豫主力部队准备进攻开封。杞县的日军偷偷地撤离了杞县，但伪军却拒绝投降。我军区和分区遂决定以杞县等5个县大队和各区队数千人围攻杞县城。但杞县城池坚固，围攻了10天也未攻克。这期间，蒋介石于8月11日竟发出电令：“中共十八集团军部队就原地驻防待命，勿再擅自行动。”8月13日，我朱总司令致电蒋介石，坚持拒绝了他的错误命令。并于8月15日日本宣布投降后致电侵华日军总司令冈村宁次，要他命令被我解放区军民包围的日军停止抵抗，向我解放区军民投降。

正当延安和重庆争取受降权的时候，我党中央得知苏美之间已达成"红军不入关、美军不登陆"的协议，盟军总司令麦克阿瑟已电令蒋介石，要他接受中国战区的日军投降。这样一来，我军解放平、津、宁、沪以及武汉、开封等大城市已经不可能了，中央因此电令各解放区立即改变方针，努力攻取中小城镇，占领广大乡村，并破坏便于敌人进攻我解放区的那些铁路。

8月20日，中共中央决定撤销北方局，分别成立了晋冀鲁豫中央局和晋察冀中央局。同日，晋冀鲁豫中央局成立，以刘伯承、邓小平、薄一波、滕代远、王宏坤、张际春、王从吾、杨秀峰等21人为委员，邓小平任书记，薄一波任副书记。同时成立晋冀鲁豫军区，刘伯承任司令员，邓小平任政委，滕代远、王宏坤分任第一、第二副司令员，薄一波、张际春分任第一、第二副政委（张兼政治部主任），李达任参谋长，下辖太行、太岳、冀南、冀鲁豫四个军区。这样，平原分局、豫东区党委就自然取消了。

晋冀鲁豫军区成立后，根据中央的方针，放弃进攻开封，转而夺取中小城镇，杞县城便成为我豫东军攻取的首要目标。在包围和进攻杞县城期间，我每天骑着一匹快马，来回奔走于指挥部和赵庄、大李庄之间，忙得不亦乐乎。至于本地干部，他们为解放县城而动员一切人力物力，其辛劳比我更甚，不过，他们的兴奋之情，当然也超过我许多。8月26日，我冀鲁豫军区十五团、三十二团和二十九团互相配合作战，一举攻克杞县城，全歼守城伪军，杞县城终于解放了！

　　打开了杞县城，全县人民的高兴就不用提了，我们县委、县政府和所有的干部忙得几天几夜不睡觉，但谁也不感觉疲劳。就在这个时候，传来了毛主席到重庆去参加和平谈判和党内关于和平谈判的通知，似乎国内和平大有可能之势。但这时陇海路上，国民党军队不断从西面开来。很显然，我们"筑堤防水"的计划落空了。豫东在陇海路南，人们深深地感到国民党要打内战的威胁。所以尽管重庆在开谈判议和平，我心中始终忐忑不安，对和平并无厚望，而且担心杞县的工作，能否在国民党大举进攻时经受得住考验。

重 返 太 行

　　毛主席在重庆谈判期间，刘少奇在延安主持中央工作。在了解到东北的情况以后，党中央提出向南防御、向北发展的战略方针。从延安派出了大批的领导干部队伍到东北去。从华北和华东除派出大批干部外，更重要的是调去大量的部队或部队架子（只有干部没有战士）到东北，决心把东北拿到手。我们在谈判中，不惜把陇海路以南的8个解放区让出，我们的解放军可以缩编到24个师或至少20个师，和国民党军可以保持1∶7的比例。

　　中央要我们从华北到豫东去的干部和部队都撤回到陇海路以北的冀鲁豫区。我们感到很为难。当我们初到豫东时，特别是我们在发动群众时，老百姓怕我们走，怕变天，问我们走不走。因为新四军在这里曾几进几出，老百姓希望我们老八路不要像新四军那样，要顶住国民党。我们当时为了取信于民，曾信誓旦旦地对群众说：我们要永远和你们共患难、同生死，要与豫东这块土地共存亡。现在，我们到豫东不过半年，而且杞县城也打开了，在群众看来，正是大好形势，而我这个县委书记、大队政委，就可能要弃他们而去，我们怎么好说话呢？从区党委到县委，接到这个撤离的指示后都没有立即向下传达，甚至对县级干部中的本地人，也暂时不让他们知道这个指示。

但本地干部很快就知道了华北的同志要走的消息。他们来问我，我不好再隐瞒，只得如实地告诉了他们，并说我本人还没有接到要我撤退的通知。同志们都热情地挽留我，都说杞县人民都知道我是个好人，一定会用生命来保护我。我听了很受感动，于是决心留下来，如果在地方上实在待不住了，可以随新四军四师行动。在北方局南下之前，组织上就曾打算派我到敌占城市或回四川去工作。看来我到北方来打日本已完成任务，以后似乎应该在南方工作了。

当我把想留下来工作的意见向组织上提出后，这时中央又转来了对李先念撤离中原后当地应如何在国民党统治下工作的指示。大意是：国民党对撤离后的解放区一定会搞阶级报复，因此一方面要在艰苦的条件下坚持游击战争，一方面也要尽量争取合法，利用合法手段在白区坚持地下工作。因此，只要是还不太红的干部，尽可以和群众一道去"自首"，仍然担任着原来或新委任的"公职"。只是不允许用党员的面目去自首，如果那样自首，就是叛变，就要开除党籍。

我向杞县的党员干部传达了中央给中原局的这个指示，并表示我愿和大家一起在杞县坚持革命斗争。同时，我还对在杞县这一段工作做了检查和总结。我说：我们对革命形势的估计过于乐观也过于简单了。从全局来看，抗战胜利了，革命形势很好。但豫东地区，特别是我们杞县却很可能变得更加困难。我没有预见到这一点，所以我们在工作中有许多缺点和错误。我们不该把长期保存下来的秘密党员都提成干部，这就使他们很难在本村、本地继续工作下去。我们在群众运动中打击的面也大了一些，使我们丢失了一些朋友。但是群众发动起来了，我们的力量强大了，国民党再来，本地人也得考虑实际情况，不敢轻易就和我们拼命。在讨论到我能否在杞县工作时，他们都说能够，认为我来的时间虽然很短，但影响很大，名声很好，不仅基本群众拥护，就是在上层人士中印象也不错。因此，在偏僻地区，找个学校当教员还是可以的，不过要改个名字。他们说外来人在杞县做事（当教职员）的并不少，还说我已会说河南话，口音和本地人差不了很多，在群众掩护下是完全可以在杞县站得住脚的。我听了这些话很高兴。因为我有一定的白区工作经验，所以我这时对留下来工作的信心更增强了，何况实在不行时我还可以打游击呢，而打游击我也是有经验的。

会后我便和几个县委同志做了认真的研究，哪些人太红了，必须随部队到华北去；哪些人换一下地方到附近区县安置；哪些人可以留下来，根据情况以农会会员、民兵队员以及乡村干部的面目去登记或"自首"；我们研究得很具体，随后就分别和他们谈话，征得本人同意。一切都按中央指示办，进行得还算顺利。谁知后来在"文化大革命"中所谓揪"叛徒"的时候，造反派说中央给中原局的指示是刘少奇搞的，刘少奇是"叛徒"，李先念也是"叛徒"，应该揪出来。造反派也曾来追查我，想把我也打成"叛徒"，我料定他们根本不了解情况，所以并未如实"交代"，只推说我离开杞县很早，后面的情况一概不知，他们追问两次，毫无所获，也就算了。

正当我在杞县布置好工作，准备迎接困难局面的时候，《双十协定》公布了，我党让出陇海路以南各解放区已公之于众。同时又传来了我晋冀鲁豫解放军取得了上党战役的胜利，消灭了阎锡山军队13个师35000余人。中央并指示说，只要能打好几个大胜仗，和平还是有希望的。我这时已拿定主意，不管和平也好，打仗也好，我要在杞县坚持下去，直到革命胜利。并且自以为这次工作布置得早，有预见，而且把困难估计得很充分，因此以后不会在任何情况下束手无策。但就在这时，区党委转来了中央局要把王一心和我调回太行山的通知，说我们两人都是原北方局组织部的干部，现在的中央局是原北方局改组而成的，而组织部的干部全都走了，要我们两人立即返回，不得延误，并且不必经过冀鲁豫区党委了。

　　这时的陇海路已被国民党军占据，必须随军队才能经过。恰好我撤回华北的第一批部队就要出发，于是我们决定立即随军行动。因这次军队的行动是秘密的，我的行动也必须保密。但在动身的前夜，我还是到大李庄去告诉了那里的四个老党员，要他们按县委的决定办，杞县以后虽然会很艰苦，但最后还是会取得胜利的。同志们一个个都满脸是泪，但又不敢放声大哭，其情其景，令我毕生难忘。眼看东方发白了，他们才拣最僻静的小路把我送出村。这时两个警卫员牵着马已在那里等候多时，催我赶快上马，别误了部队出发时间，我这才挥泪和村里的同志们告别。

　　王一心和我一行六人（有四个警卫员），随冀鲁豫的部队过了陇海路，因部队另有任务，我们就只好单独行动了。在过去，几个穿着军装的八路军在敌占区公然行走是不可能的。可现在，日寇投降了，伪军虽然投靠了蒋介石，但蒋在国共谈判中被迫颁布了《惩治汉奸条例》，因此，伪军很心虚，唯恐八路军去打他们。我们了解到这种情况后，就大胆地穿着军装，戴着臂章，骑着高头大马，带着警卫员大摇大摆地由南而北，直奔邯郸（中央局所在地）。我们经过敌人据点时，炮楼上的日寇都已走光了，伪军没有敢向我们挑衅的，有的还故意向空中鸣枪鸣炮，仿佛是向我们致敬的。我们很快就到了大名，这时才知道邯郸地区正在打仗，中央局不在邯郸而在峰峰煤矿区。于是我们便绕道从磁县赶赴峰峰，找到了中央局。

　　我们到中央局时，人们正兴高采烈地庆祝平汉战役的胜利。在这一战役中，国民党第十一战区副司令长官兼新八军军长高树勋率部起义，第十一战区副司令长官兼第四十军军长马法五以下1.7万余人被俘，因为他们除3000余名伤亡者外，都未曾顽抗，我们便给他们取了一个比较好听的名称，叫"放下武器"而不叫投降。

一次，中央局正在开会时，陈赓闯进来向负责同志敬了个军礼后，假装气呼呼地喊道："报告首长，我想当俘虏。"大家劝他先坐下，然后才问他为什么想当"俘虏"。他回答道："当俘虏好嘛，受优待，有棉衣穿。当解放军有什么好处呢？活该冻着。"于是大家便议论开了。觉得先把棉衣发给俘虏而让我们的战士挨冻不妥，决定现有的棉衣平半分，以后做好了新的也平半分，最后每人一套，这样最公平合理，由此并想到"优待俘虏"一词不如"宽待俘虏"一词好。在随后向中央的报告中正式提出了这个建议，中央采纳了。

关于王一心和我的工作问题，王一心因为离开北方局较早，他又坚决要求到东北去，这也符合当时的需要，所以组织上就批准他到东北去了。虽然我也要求到东北去，但这时北方局组织部就只剩下我一个人了，中央局组织部部长宋任穷对我开玩笑说："我一来，你们原来的人，从部长到科长全去了东北（刘锡五早已去了东北），这叫我怎么办呢？是不是对我不欢迎啊？"于是我只好留下。不过，我留下来以后，中央局组织部也只有部长一人（宋任穷）和科长一人（李新），一共两人而已。

接着，中央局搬回太行山，搬到武安县的伯延镇。难忘的1945年就这样从太行山南下平原开始，又以从平原回到太行山而告终。

在永年做县委书记

(1946—1948·河北永年)

LIUSHI DE SUIYUE

流逝的岁月

① 1986年12月，李新在广州华南植物园。
② 1987年5月，李新夫妇在杭州。
③ 1987年秋，李新和陈旭麓（右一）等在一起。
④ 1988年12月，李新参加挚友黎澍的遗体告别仪式。

怎样看暴行

1946年夏,我从北平回到邯郸。那时中共晋冀鲁豫中央局的日常工作已由薄一波主持,刘伯承、邓小平率野战军到前方去了。原来的晋冀鲁豫中央局组织部部长宋任穷随后也到前方去了,改由王从吾接替。我仍回到组织部工作。很快,王从吾要到冀南去任区党委书记。那时,邯郸市要我去做市委副书记,范文澜希望我到北方大学去做党委书记,但王从吾则希望我随他到冀南去做永年县委书记。我拿不定主意,就去问薄一波,他说由我自己挑。不过他倾向于我到永年县去,因为那里离邯郸很近,却被蒋介石收编的伪匪盘踞着,是我晋冀鲁豫解放区的心腹大患。由我去永年任县委书记,可以协调包围永年的各方面的关系,而且可以与太行包围安阳的斗争相联系,共同对敌。眼看全面内战爆发,敌人将拼命打通平汉线,我们也应加强平汉沿线的工作,不让敌人得逞。我听从了薄一波的意见,决定随王从吾到冀南的永年去任县委书记。

那时冀南区党委在南宫。王从吾起身去南宫前和我谈了一次话,说他已与三地委(永年属三地委)联系好了,要我先到肥乡三地委,随即到永年去,不必再到南宫去绕圈子。大约在"七一"前夕,我到了肥乡,见到了地委、军分区和专署的各位领导同志。地委焦书记原在太岳区工作,在北方局和太行分局时期就见过;分区张司令员和我是党校同学,都是老熟人。只有温专员过去不认识,但也一见如故,因为他为人很活跃,我们在吃饭的时候就开起玩笑来了。那时我和于川刚结婚,她几个月前从北平出来,虽已穿上一身解放军服,但一眼看去仍能知道是从大城市来的。加上我们两人都戴着近视眼镜,知识分子的标记特别明显,因此我们便成了大家开玩笑的对象。在这个欢迎的"宴会"上,虽没有什么菜肴,但大家谈笑风生,倒也十分欢快。

我们从邯郸到肥乡,从肥乡到永年,都坐"轿车"。当然,这种轿车是中国古式的,四个铁轮,由一匹或两匹牲口在前头拉着。平原地区的女人出嫁或走亲戚坐的就是这种车。旧戏《三上轿》里的轿就是这种轿车,并不是人抬的轿。人抬的轿子只有达官贵人才能坐。不过,这种轿车,里面很宽敞,可以铺上软的坐垫,坐着还算舒适。讲究点的,再在轿外加上各种装饰,也还是很漂亮的。我们坐的那辆车大概是从有钱人家借来的,油漆尚新,颇引人注目。要不是因为赶车的人是个解放军,人们定会把它看作是喜车,里面坐的不是一位新娘而是一对新婚夫妇。其实,我们刚好正是一对新婚夫妇。只不过我们结婚,非常革命化,没有经过任何烦琐的形式罢了。今天坐轿车,正好补行一次"仪式",所以我们上车的时候,不由得都笑了。谁知刚上车时还很新鲜,坐久了却十分难受。因为我们的行李少,没有什么铺垫,坐在那硬梆梆的座位上很不舒服,加上道路不平,铁轮子又毫无弹性,车里面颠得很厉害,有时能把人颠起来直碰着顶棚,更不用说东倒西歪坐不安席了。车行之慢尤为可怕,每小时只能走上几里地。

从邯郸到肥乡不过几十里,走了整一天;从肥乡到永年也不过几十里,又走了一天。我是从太行山下来的人,都感到很厌烦,于川刚从有现代化交通的大城市出来，怎能不从心里发急呢？在休息的时候，我对她说："革命嘛，首先就是耐心的锻炼。抗战不就是因为能坚持打到底才获得胜利的吗？"我用唱歌来安慰她。我从小爱唱歌，会唱的歌数以百计。于是便从"打倒列强"唱起，直到把抗战歌曲唱个遍。所有的歌都唱完了，唇干舌燥，还没有到达目的地。

"路漫漫其修远兮"，屈原的叹息看来是有道理的。当年孔老二驾着老牛破车周游列国，其艰难困苦也就可想而知了。我把这些感想都告诉了于川，她这才感到舒展一些。也许是我随遇而安的乐观主义感染了她，一到永年境内，特别是到了城西地区，她的情绪高涨起来了。其实，既不是我的歌声，也不是我的情怀使她感奋，使她情绪高涨的真正原因乃是永年这片沃土上的动人景象。

沿永年城西的渠道走去，一路全是水浇地，井架林立，渠道纵横，庄稼的茂盛，农民的繁忙，特别是许多妇女都下地干活，身姿健美，穿着也较漂亮，在北方实属罕见。这一带地势平，道路宽，车行也较快而平稳，放眼望去，夏收作物一片金黄，秋禾一片深绿，好一派农村美景！无怪乎于川左顾右盼，目不暇接了。伴着我的歌声，我们兴高采烈地到了永年县委所在地——讲武。

永年这时的县委书记是由地委组织部部长康健生兼任的。他向我介绍了县委各重要成员的情况：副书记路子谊是长工出身。农民运动领袖，全面抗战八年一直在肥乡和永年这一带坚持游击战争，和群众关系很好，就是爱喝一点酒，脱离不了农民习气。宣传部长李庆和，永年城里人，小知识分子，抗战初期八路军来了即参加革命，一直在本地坚持工作。组织部部长王守信，邱县人，也是抗战初期参加工作一直坚持到今天的。县长宋钦，本县人，地主家庭出身，本人是知识分子，也是抗战初期参加革命在本地坚持工作的。县大队副政委李学文（政委由县委书记兼任），也是全面抗战八年都在三分区坚持游击战争的。公安局局长李文彪，贫农出身，抗战初期参加革命，在永北

（永年北部）抗日根据地坚持斗争多年，作战英勇。

第二天，康健生就召集了一次县委扩大会，让我和大家见面，说他不日即将离开永年到地委去了，并说当前群众工作的中心应放在平汉线沿线特别是临洺关附近一带。又说斗争汉奸宋品忍的工作已经准备好，要抓紧召开大会，要通过这次大会，发动群众，开展反奸清算斗争。

斗争汉奸宋品忍的大会是在临洺关后面靠近洺河的一片空旷地召开的。临洺关是历史上著名的地方，隋末农民领袖窦建德曾经在这里建立过大夏国；李世民曾经在这里和农民军激战；太平天国的北伐军从太行山出来，也是经过这里直指京津的。这里历来是兵家必争之地。日本侵占华北时，这里是它的一个重要据点。

宋品忍在日本军占领时期，在临洺关给日军充当宪兵队长，作恶多端，人们恨之入骨。所以这天的斗争大会，到的人特别多，数以万计，热闹非常，超过一般的庙会。但秩序良好，人们都听从民兵的指挥，无论是有组织的群众或一般的观众以及卖东西的小贩，都各到指定的地方，绝不超出规定的范围。会场当中偏北的一处，地势稍高一点，因地搭了个木台，全场都能清楚地看到那里。台前的柱子上写着对联式的标语，说明抗战胜利的果实应该归人民，对汉奸卖国贼要坚决斗争，不许包庇。台前的横幅上写明这次斗争大会是清算汉奸刽子手宋品忍的大会。在周围的树上、附近的墙上以及街上，到处都贴满了红绿纸的标语，内容都是揭露日伪的罪恶、汉奸宋品忍的罪恶和蒋介石国民党包庇日本侵略者、包庇汉奸卖国贼的罪恶。所有的宣传品都是立场鲜明并富有鼓动性的，但都没有点蒋介石的名。因为那时全国内战虽然实际上已经打响，可是国共双方都还没有宣布全面破裂，而且平汉道上行人还很多，如果看见我们这时就指名要打倒蒋介石，是不会同情的。应该说，这次斗争宋品忍，永年县委在政治上掌握的分寸是恰当的，完全符合当时的形势。

对这次斗争会，虽然县委会一再征求我的意见，我因为初来乍到，怕犯"钦差大臣"的错误，始终未提具体建议，只说既然县委早已决定，就按原计划进行好了。我和于川作为观众坐到了来宾席上。我们一进会场，便看见前台的一根木柱子上绑着一个人，从头到脚，被几根绳子紧紧地捆住，不用说全身四肢不能动弹，就是脑袋转动一下也不可能。不用问，这必是罪犯宋品忍了。全场成千上万的群众向他发出怒吼："打倒宋品忍！""打倒汉奸卖国贼！""打倒日本鬼子的死走狗！""打倒杀人魔鬼宋品忍！""打倒糟蹋良民的宋品忍！""打倒狼心狗肺的宋品忍！""把宋品忍千刀万剐！""把宋品忍碎尸万段！"……

在群众的怒吼声中，宋品忍紧闭着两眼，脸色刷白，平时的凶恶相不见了，即使是被绳子紧绑着，他的头也尽力往下低，浑身不住地发抖。这时，一条汉子跳上台去唾了他一口，并要伸手打他，被主席台上的人止住了。接着，大会主持人宣布开会，由救国会主任周世君报告开会意义。他的报告不时被口号声打断。周在报告中号召全县人民起来，清除一切汉奸卖国贼，清算他们的罪行，为抗日烈士和死难同胞复仇。他还号召全体农会会员、青救会员、妇救会员，一致动员起来，翻身做主人，反对内战，保卫解放区。最后，他说："今天斗争宋品忍，就是这一带新区人民翻身运动的开始。谁过去受过他的欺负，今天都可以出来诉苦，只有把苦水倒尽了，我们才能站起来当家做主人。乡亲们！大家看，宋品忍被我们绑起来了，他在我们面前发抖了，解放区的天是我们老百姓的天。我们现在还怕他吗？""不怕！"全场爆发出如雷贯耳的响亮回答。

"有冤报冤！有仇报仇！"又是一阵震天的口号声。听了这两句口号，我心中不太满意，暗想：如果是群众自发喊出的口号也就罢了，如果是领导上布置的，那就太不妥当了。因为我们共产党领导农民翻身，并不是简单的报仇而已。就在这时，只见一个老太太由两个男人搀扶着，走上主席台，她边哭边喊："我的冤情太大了！……我的女儿，我的媳妇……太惨了！……我的儿啊！"她泣不成声，愤怒地走到宋品忍跟前，翻来覆去地像要在他身上寻找什么东西，一个男子马上给她铺好了一个垫子，她站上去，从怀里掏出一把磨得十分锋利的刻刀，先敲了一下宋品忍的脑袋，然后利索地抓住他的右耳，嚓的一声，刻刀落下，这只耳朵被齐齐地切了下来，鲜血飞溅。马上有人过去用破布把伤处连头捆上。这时全场激动，高呼："把宋品忍千刀万剐！""把他碎尸万段！"

  我估计往后还会有更厉害的场面，便立即把县委委员们找到一起，开了个临时紧急会议。我说："群众的愤怒是可以理解的，但这样做，影响不好。应该由县长出告示，将该犯枪决。"大家都同意我的意见，可县长宋钦说：县里并无杀人权，这怎么办？我说：你先去写布告吧，我去向中央局请示。当下，我立即给薄一波打通了电话，他批准了枪决宋品忍的请求。于是我们立即贴出了布告，把宋品忍拉到一块低凹地里处决了。我回到会场找于川，这时人群早已涌向处决罪犯的地方，只有警卫员陪着于川在那里等我。

  等我们走到行刑处，人群已散，宋品忍的尸首只剩下了很少的几根骨头。一个汉子气冲冲地跑来，抓起那几根骨头看了又看，骂道："狗娘养的，也有今天。"他拿起一根骨头对着我们说："怎么把肉剐光了，也不给我留一点儿，太不公平了！"最后，他拣了两三根骨头走了，边走边说："吃不了你的肉，拿你的骨头回家让狗啃，也算解恨了。"

  于川从小在城市里长大，从南京、上海到北平，除去过郊区外，何曾真的到过农村？更何曾见过今天这样的场面？我虽然生长在农村，抗战时期又一直在华北农村搞农民运动，但也只在今天，才第一次看见愤怒的农民，把万恶的汉奸卖国贼，一刀一刀地活剐。

  我怕于川受不了，晚上问她对此有何感想。她给我讲述了大会诉苦的全过程：第一个上台去诉苦的那位老太太，她在宋品忍身上反复打量，本是想把他的下身割掉的，只因从腰到腿，被几层绳索牢牢捆住，无从下手，才站到垫上割下了他的耳朵。她为什么如此"心狠"呢？原来，她的女儿和媳妇被宋品忍强奸了，宋嫌她媳妇不肯和他配合，没有让他"过瘾"，就用刀把她媳妇砍死，并把阴部和乳房挖出来，一刀一刀地剁碎；她女儿被强奸时瞪了宋一眼，宋除施以对她媳妇一样的暴行外，还把她女儿的双眼挖了出来，狠狠地骂道："看你还敢不敢瞪我！"后来又有两个被宋品忍杀害了父兄的青年，一上台去就先揍了他几拳，然后才含泪诉苦，诉完苦就把他的一只手剁了，并说要拿回去祭奠各自的父兄。后来又有一个女人，抱着孩子，拿着一把刀，一上台就奔向宋品忍，喊着要把他的心挖出来，让大家看看有多黑。但她还没有走到宋的跟前，就昏倒了，孩子也哇哇大哭。主席一面叫人把她扶走，一面对大家说，希望诉苦的人不要太激动。又说今天要求诉苦的人太多，时间不够了，希望后面的人说话短一些。并说今天的诉苦大会就要结束了，没能发言的人，可以回到村里去开会时再诉。他的话音刚落，一群人涌上台去要诉苦，并争着要先讲，谁也不肯相让。主席正感到为难时，宋县长的布告就贴出来了。公安局来了约一班人，上台把宋品忍解开，拉出去枪毙。其实这时宋品忍早已断气，所谓枪决只不过是个形式罢了。但有些群众，特别是没有轮到诉苦的苦主，很不满足，说没有在活着的这个大坏蛋身上割下一块肉不解恨，于是纷纷涌向刑场，争着把死尸的肉分了。晚来一步没有分到的人，就只好拣一两块骨头回家。

  于川认为这次大会开得很好，实在鼓舞人心，也使她深受教育。原来人民的苦难是这么深啊！看来不搞阶级斗争，农民是翻不了身的。今天看来，农民诉苦是应该的，但把犯人一刀一刀地剐就不好了。因为它太不文明，太不人道。简单的报复行为，是农民落后性的表现。

试 胆 量

　　我刚到永年,就接到要成立永年围城司令部的通知,上级决定对永年城的敌人采取长期围困的方针。因为野战军二纵队进攻永年没有奏效,并南下到冀鲁豫前线去了,剩下的地方部队和民兵,要打下水泊中的永年坚城,暂时已不可能;只有将它团团围住,赶快发动群众,实行土改;等将来我们的力量更大,或则攻进城去把它消灭,或则把它困死城里,或则等它临死突围时将它消灭。

　　成立围城司令部就是要把全部围城的地方部队(分区独立团、各县的大队)和民兵统一指挥,并把地方工作和军事工作统一起来,共同对敌,以便最后战胜敌人。因此围城司令部由分区副司令李大磊担任司令员,由我任政委。接到通知后我立即赶赴分区开会。李大磊是我在党校的同学,很熟悉,关系也很好。他对我说:"老兄,现在二纵刚走,留下的部队还很多,城里的敌人惊魂未定,我们对付它不成问题。这边的军事工作你放心好了,你快到西面去发动群众吧!只要群众发动起来了,甭说城里这两股土匪,就是南边的敌人打过来,也没有什么可怕的。"说着,还走过来拍了两下我的肩头,半开玩笑地继续说:"老兄,群众工作是你的拿手好戏嘛。"这样我就专心到四区临洺关一带发动群众去了,围城的军事工作基本上没管。不久,三分区又奉命全力对付永年的敌人,而且冀南军区也直接来指挥永年的对敌斗争,于是围城司令部实际上已没有必要,因而也就不存在了。

　　我开罢围城司令部的成立会回到讲武,县委的人都分头下村去了。那天晚上,公安局局长李文彪走来问我:"李政委,今天晚上天气很好,咱们到前面去看看好吗?"还没等我回答,他又补充问了一句:"这两天城西比较紧张,敢不敢去?"听了这一问,我心里很不高兴,本想给他两句,考虑到刚刚到这里,便又忍住了。转而冷静地回答："都谁去？那就去吧！"于是我就让警卫员郝金生带好武器，并替我多带上了两颗手榴弹，我自己也带好手枪，然后先到公安局。李文彪已是全副武装，带了三个好枪手，正在那里等我。郝金生是刚从公安局调给我的，一见李文彪，连忙敬礼，并说："李局长，李政委刚来，不多给他两个人吗？"李文彪说："好，再去两个。"于是，我们就各带三人出发了。

从讲武一过洺河，就是许庄——铁魔头许铁英的匪窟。李文彪给我讲起了许多"老铁子"（即铁魔头许铁英）的罪恶史。许于1914年生于许庄，其父许炳瑞是个大地主，因吸毒和浪荡把家业败尽，老婆也气死了。续娶武八汪村的李氏女儿为妻，生了三儿一女，后来都成了土匪。老大就是铁魔头，老二外号"二瓜儿"，老三"三官儿"或三黑子，女儿则是然妮子，这四人在土匪群中都很有名。人们传说他兄妹四人武艺高强，能双手打枪，左右开弓，百发百中。其实这都是瞎说，双手打枪并不难，但哪能左右同时瞄准呢？所谓左右开弓，百发百中，全是胡吹。主要还是因为这帮土匪特别凶残，老实的农民怕他们，这些瞎编的东西才到处流传，以至越传越玄。

许铁英于30年代初即以贩卖私盐为生，当时贩私盐是非法的，必须有一些武功才能对付军警和贼伙。他既干这一行，自然要学会舞弄刀枪。后来他跟舅父一起当土匪，他的舅父是兵痞出身，藏有枪支，他就学会一些瞄准射击的技术。他的弟妹们跟着他当土匪，也都学会了使枪。他们这些人都没有受过严格的现代军事训练，也没有多少实战经验，哪来什么神枪法？只是在一次与另一伙匪徒拼杀中，被对方连发五枪未中，他的匪伙称赞他数枪未伤毫发，他的头像铁磨一样，于是他便自号"铁磨头"。但老百姓却把他称作"铁魔头"，因为他杀人作恶，简直就是一个魔鬼。

还在抗战之前，铁魔头已是永年一带著名的土匪头儿了。抗战开始，国民党的统治崩溃，各路土匪，纷纷自立为王，一县之内，司令多如牛毛。这时铁魔头也打起抗日招牌，把他的匪伙组成地主阶级的"保险团"，自任团长。但他不久就投降了日本，当了汉奸。

　　日本投降后，国民党第十一战区司令长官孙连仲收编了永年的两股伪匪，一股是王泽民匪部，编为河北省保安队第一纵队，王被委任为少将司令；又一股就是许铁英匪部，编为河北省保安第二纵队，许也被委任为少将司令。李文彪除给我介绍铁魔头匪帮的政治情况外，还讲了许多他们的罪行和兽行。永年县流传着一句话："男人躲债，女人躲祸，最难躲的是铁魔头绑票。"铁魔头绑票之多，对肉票之苛刻，特别是对不能按期赎票者，其屠杀之残忍，是远近闻名的。铁魔头弟兄奸淫妇女的兽行，尤其令人发指。有一个二百来户的村庄，除个别老妇外，差不多全村的妇女都遭受过他们的蹂躏。尤其是三官儿（三黑子），行迹更为恶劣，被他糟蹋的妇女不计其数，连他很年幼的侄女也未能幸免。他的婶母向铁魔头哭诉，铁魔头却说弟弟年幼无知，要婶母原谅。铁匪弟兄哪里还有一点人性！铁匪的妹妹也是一个淫乱无度的女妖，她经常强迫她看中的男青年与她同居，随时轮换，因此臭名远扬。铁匪嫌她败坏了家声，终于将她活埋了。

　　从西杨庄的村外经过的时候，李文彪又给我谈起王泽民的罪恶史，说王匪曾盘踞西杨庄，在这一带作恶很多。刚过西杨庄，就碰到了县大队的通讯员，他给我们送信说，铁匪今天又出来一股，要我们注意，别再往前面去了。因此我们在东杨庄就停下来休息。

　　房东正给我们烧水，一个民兵慌慌张张地进来报告：老铁子从东北方向往东杨庄来了。问他有多少人，他说："不清楚，反正不少哩。"李文彪问我怎么办，我说："听你的。"他说："咱们不能走，咱们人少，一走，敌人追上来就不好办。"他领着我们到了村东北的塞墙边，我们八人分为三组，每组相隔约二三十米。李文彪带两个警卫员朝东北方向警戒，我带着郝金生向正东警戒，张班长和两个警卫员在我的南面，也朝正东方向警戒。因为我在当中，李文彪要我指挥。刚进入既定位置，匪徒就摸索着向我们接近了。我轻声叫大家注意，听我的命令开枪。敌人离我们只有百余米时，我下令开枪："连发！"我们有四支驳壳枪，一对冲锋枪和三支小手枪。冲锋枪和驳壳枪集中在一起连发，形成的火力是很可观的，匪徒遭此意外的打击开始后退了。我又命令用步枪射击。这时附近村庄都响起了稀落的步枪射击声，大概是联防的民兵放的。我估计匪徒会再度来攻，但听到附近的枪声后，我确信战斗会被围城部队知道，他们一定会很快来支援我们，特别是我们的县大队，因为他们知道我和李文彪到前面来了。果然不一会儿，匪徒又来了。他们是先打了一排枪，特别用机枪连续发射了几排子弹之后才向我们这里推进。我们沉住气，未还一枪。当他们离我们百米左右时，我们像先前那样集中火力射击。匪徒稍停了一下，又继续前进。离我们不过五十米了，我们一排手榴弹扔了过去，可仍有匪徒向我们扑来，我们又连续扔了两排手榴弹，十几颗手榴弹同时爆炸，声震原野，匪徒退却了。这时，北面、南面，到处都是枪声，并有机枪声。很显然，支援我们的部队来了。前面的匪徒消失了。

我们回到村里，房东不但给我们烧好了水，而且准备了吃的东西。我们确实也感到饿了，便大口吃起来。一会儿，民兵来报告说，县大队截住了匪徒的退路，铁匪向南面跑了。又一会儿来报告说，匪徒拐了几个弯，终于回城里去了。我们刚吃完，县大队的张连长带着一个排来了，还带来了大队副政委李学文给我的信，他在信中责备我不该晚上随便到前方来，几个人就和匪徒开打，万一出了什么差错，他可负不起责任。我把信给李文彪，他看后笑了一笑，没说什么。我们起身往回走的时候，一看表，已是凌晨4点钟了。

这天上午，我睡了个大觉。晚上开县委会，我把成立围城司令部的经过以及分区要我们抓紧在铁路沿线发动群众的意见作了传达。经过热烈的讨论后，决定集中一批干部，由我负责带队到四区（临洺关以东）、六区（铁路以西）去发动群众，实行"五四指示"，通过减租清算斗争，解决农民土地问题。路子谊到五区（老区）检查，以"五四指示"为标准，看老区的农民土地问题解决得如何，达到了什么程度。一、二、三区当前仍以对敌斗争为主，但要抓紧作调查，准备在条件成熟的地方逐步实行"五四指示"。为了能让大家放手去工作，我提议把县委机关搬回五区的小北汪，因为讲武离许庄太近，并且群众还没有发动起来，县委委员们在外面工作，对家里总是不放心。由于开会前匆忙，这个意见只和路子谊商量过，并没有充分和大家酝酿，所以一提出来大家都怔了。抗战胜利后才逐渐把县委机关往前挪，这是胜利和前进的表示，现在要往后搬，难道我们失败了？又要往后退？大家都感到困惑，不发言，实际上是不赞成。

宋钦稍一踌躇后，发言赞成县委搬家。他说："大家都不说话，无非是怕说后退。唉！后退嘛，当然不如前进痛快。不过该退的时候还是以退为好。抗战开始我们不是占了永年城吗？后来还是退出了。后来一直退到了沙河边。抗战胜利了，我们才前进到了这里，但还是进不了城。现在又要打仗，又要发动群众，不退一下能行吗？我看先退一下，下一步再前进，进到城里去。"他的话还没说完，立即受到反驳和嘲笑。有人说："难道我们还要退到沙河边去吗？"有人说："沙河边好嘛，听不到枪炮声，多安全呀。"还有人补充一句："有的人就是怕听枪炮声呢。"宋钦听了这些话，脸涨得通红，很想起来反驳，但又忍住了，只在我身边嘟囔了两句："枪炮声又不是音乐，我就不爱听，谁爱听就听去吧！"接着又轻声说："怕听枪炮声的也有人能坚持抗战到底，爱听枪炮声的不也有人投降了日本人吗？"这时李文彪站起来说话了，他高声说道："在正式的会议上别开玩笑好不好？要县委搬家又不是宋钦提议的，为什么老冲着他来开玩笑？昨晚我同李政委到前面去了，本想试试他的胆量。结果李政委不但胆量大，很沉着，而且指挥有方呢。今天他提议把县委搬回小北汪，我看是敢进敢退，是经过深思熟虑的。为了县委同志们到前方的到前方，到四、六区的到四、六区，我赞成李政委的意见。这样，大家都无后顾之忧，有什么不好呢？"

经过一番议论，大家的意见趋于一致了，我让路子谊做结论。路说："今天大家都充分发表了意见，而且展开了争论，现在意见已经统一，是否还要表决呢？"他停顿一下，又说："对这样重要的问题，还是表决一下好。赞成县委机关搬回小北汪的请举手！"结果全体举手通过。他接着又说，"既然大家的意见完全一致，没有一个反对，那么说办就办，明天就搬。最后我要说一句，就是有些同志今天对宋钦的态度不好。宋钦同志怕听枪声，是个缺点，但他在永年坚持艰苦斗争，八年如一日，既没有换帜（指投降），也没有脱鞋（指妥协或半路回家），永年老百姓谁不尊重他？我们为什么要拿他来开玩笑呢？我看以后不光在会上不能这样，就是会下开玩笑，也要有个分寸。"他转身对宋钦说："宋钦同志，请别介意！我来给你道歉，为你鼓掌。"

随着他的掌声，大家一起鼓掌。这时宋钦笑了，连说："不敢当，不敢当。"在非常欢快的气氛中我宣布散会。通过这次会议，我很佩服路子谊的才干。一个贫雇农出身的干部，虽然文化不高，但处理问题能这样的周到完满，真不容易呀！广大工农中确是很有人才，知识分子看不起工农的偏见是应该破除的。

见到于川的时候，我把到前方和开会的情况告诉了她，并对她说："知识分子必须和工农结合才能在革命事业中发挥作用。而要取得工农干部的信任，第一要勇敢，在战斗中不怕死，第二要能吃苦，生活上能和他们打成一片。这两点对知识分子来说是不容易做到的，但必须做到。我们到永年来，第一点李文彪对我已经佩服了，其他的人更没有话说。现在应该做到第二点，和大家过一样的艰苦生活，我想把我的中灶待遇取消，省下的钱归机关食堂，这样机关的同志都会满意。"于川同意我的意见，果然全机关的同志都说我们好，能和大家打成一片。炊事员打菜的时候，还对我们特别照顾呢。

施 庄 坐 村

自从斗争并镇压了宋品忍以后，临洺关一带的群众，都纷纷起来诉苦，从而展开了反奸清算斗争。斗争的对象首先是直接为日本侵略者效劳的汉奸、特务、伪军和伪职人员，但很快就深入到这帮人的后台——地主绅士们身上，至于有些曾经自己出面当过维持会长之类的地主，就更逃不脱斗争了。开始清算的结果，群众得到的是现金和一些财物。进一步清算就非动土地不可了。这正好引导农民去解决土地问题，但这时问题却非常复杂。当受害的苦主（特别是外村的）拿走地主的财物时，这个地主的佃户以至村内的一般农民已经眼红，如果地主的土地也都赔给了苦主，那佃户们就没有地种了。这样，苦主和佃户、外村和本村的矛盾一定会尖锐化。如果地主再加以挑拨，势必造成农民内部的分裂。我到四区去的时候，区、村干部纷纷向我提出问题，问我怎样才能正确地执行"五四指示"，发动农民解决土地问题。

我认为同志们提出的问题很重要，反奸斗争只是入手处，归根到底，必须把农民作为一个阶级发动起来，同心协力去同地主作斗争，从地主手中夺回土地来分给农民，把地主作为一个阶级来消灭掉，彻底铲除中国几千年来的封建剥削制度。因为施庄是这一带最大的封建堡垒，地主势力最大，我决定在这里坐村，把干部集中到这里讨论如何发动群众消灭封建剥削，支援解放战争的问题。

在干部会上，大家讨论得十分热烈，因此对问题的认识和解决的方法都很明确。大家一致认为，经过反奸清算，群众开始动起来了；但这种动，还只是为了个人报仇，为了补偿自己过去的损失，并不是阶级觉悟。当务之急是把群众的个别斗争意识提高到阶级觉悟的水平上来。为此，要尽快把反奸清算迅速转到减租清算，这样租佃的矛盾一突出，农民和地主两个阶级的对立就明白了。这时再让农民讨论地主是怎样发财的，是地主养活农民还是农民养活地主，农民怎样才能翻身做主人等问题，农民的阶级觉悟就会提高，农会的组织才能很好地发展和巩固，农民才能自觉地起来作斗争，当家做主人。随着斗争的发展，我们还要把真正有觉悟的先进分子发展为党员，在各村建立党的支部。同时建立民兵组织，维护革命秩序。并适时地改造基层政权。在党领导农民做主的条件下，团结各阶层人民，包括工商业者和开明士绅；至于知识分子，更要团结教育他们来为革命服务。要做到这些，必须以"五四指示"为武器，政策界线也要以"五四指示"为标准。农民有了阶级觉悟以后，还要提高他们的政策水平。要使农民跟着党的政策走，而不是放弃党的领导而跟着农民跑。是无产阶级领导农民呢，还是无产阶级被农民融化，这是革命成败的关键。

由于战争形势紧迫，这次发动群众，不能采取手工业式的方法，一个村一个村地慢慢来。而且那样做也未必好，容易形成干部包办，不如一大片村庄同时发动能造成浩大的声势。估计到这些情况，县委决定从五区抽调一批村里的积极分子，由路子谊和李庆和负责加以训练，组成一支不脱产的翻身队，到四区来帮助发动群众。这批翻身队员是本县人，又是老根据地翻了身的农民，他们容易深入群众，了解到真实的情况，而且通过他们来宣传革命道理和党的政策，群众容易理解和接受。

谁知下到村里，经过反奸清算初步发动的群众，这时却不肯动了。经过了解，原来是怕"变天"的思想在作怪。这一带是抗战胜利后才解放的新区，群众对日本人和汉奸很痛恨，日本投降了，发动反奸清算较容易。但群众对国民党的仇恨并不那么强烈，而且内战已经开始，一般人认为国民党力量大，怕共产党打不赢，现在跟着共产党斗地主，万一将来国民党来了怎么办呢？所谓怕变天，就是怕解放区晴朗的天变成了国民党黑暗的天，并不是认为共产党不好。这个思想问题不解决，要想把群众发动起来是很困难的。我反复考虑，这个问题不仅在群众中有，在干部中也有。同时领导这次斗争的干部还有两三个重要分子是所谓"脱鞋"干部，即在抗战最困难时期，他们回家不干了，以后形势好转了又再来参加工作的。他们因为有这段历史问题，不说他们容易动摇，即使他们现在对革命很有信心，也很难挺起腰杆来说服别人。基于这些情况，我决定先在干部和翻身队员中讨论：我们能不能打败国民党？解放区的天会不会变？世界和中国今后的形势将会怎样发展？我们应该采取怎样的态度？我们不解决这些思想问题，又怎能去解决群众中怕变天的思想问题呢？

在讨论这些问题时，情绪并不很热烈，也很少争论，发言总是一边倒，都说打败蒋介石不成问题。我在这时就故意引导大家多想到困难，并把问题具体化。例如：我提出，敌人能不能占领邯郸、临洺关，打通平汉线？大家说不能，我说，完全有可能。我又提出，如果敌人打通了平汉线，我们怎么办？这时一个翻身队员出来说话了："打通了平汉线有什么可怕？日本人不是把所有的县城、大村镇都占了吗？结果怎么样？只要群众发动起来了，最终胜利还是我们的。抗战最困难的时候，永年只有我们五区，五区也只有靠沙河的几十个村庄了。但老百姓不投降，解放区的天还是变不了。蒋介石比日本怎么样？顶多，我们像抗战那样再过几年困难日子，最后还是我们胜利。我们五区的天是变不了的。只要农民兄弟都起来了，永年各区的天都变不了，整个解放区的天都变不了。天是要变的，解放区的天要越来越大，国民党的天要越来越小；永年城的天要变，连蒋介石在南京的天也要变；全中国的天都要由阴天变成晴天，变成和解放区一样的晴天，蓝蓝的天。"

这个翻身队员的话说得多好啊！我接着他的话，向大家发表了一通讲演："我的老家就在重庆附近，我为什么参加革命呢？因为在蒋介石统治下，天太黑暗了。所以我跑到延安，又到太行山打日本。抗战期间，大家亲眼看见，无论敌占区、蒋管区，都是漆黑一团，只有解放区的天是晴朗的天。抗战胜利后，华北和东北大部分敌占区获得解放，天晴了；只有蒋管区的天越来越黑暗，那里的人民都和我过去一样，盼光明，盼晴天。蒋介石打内战，不得人心。只要我们解放区的人民能顶住他，顶不住的地方就拖住他，把他搞得精疲力竭，这时蒋管区的人民也会起来反对他，打他。只要全国人民都起来了，蒋介石就完了，蒋管区黑暗的天就会变成光明的天。"翻身队员用他们的亲身经历说明了解放区的力量，我用自己的亲身经历说明了蒋介石不得人心，这样就使讨论更切合实际，更有说服力。通过这次讨论，大家对革命胜利的信心增强了，就是曾经"脱鞋"的干部现在也有劲了。在我和大伙的鼓励下，他们竟然敢于挺起胸膛说，过去因为没有好好学习，没有看清形势，所以犯了错误；现在经过学习和讨论，对打败蒋介石充满了信心，以后不管遇到什么困难也不会动摇了。

干部和翻身队员们的思想问题解决了，通过他们去领导群众讨论"变天"问题，进展便很顺利。许多地方，群众都展开了激烈的辩论。辩论的结果，大部分群众都相信解放区的天变不了，同时也认识到打败蒋介石不容易。最大的收获就是群众都愿意学翻身队员的榜样，积极起来斗争，争取翻身解放，把新区变成老区。于是群众又积极起来了，各村农会都有较大的发展，妇女、青年、儿童的组织都建立起来了。有的村庄还建立了民兵组织，个别村庄还开始发展了少数的党员。

为了把斗争从反奸引向减租清算，又在农会中展开农民和地主谁养活谁的讨论。反对汉奸恶霸，人人都赞成，觉得理直气壮。但要进行减租清算反对整个地主阶级，有些农民，特别是年纪大的，就感到理亏。他们认为要没有地主的土地，农民就活不了，地主出地，农民出力，谁也离不了谁。所以不解决"谁养活谁"的思想问题，不提高农民的阶级觉悟，减租清算斗争，一定搞不好，更不用说解决土地问题了。但农民没有文化，你不能去给他们上课，大讲一通剩余价值一类的理论。我们只能从具体的问题入手，让农民分析地主都是怎样发家的。他们一个一个地分析，终于发现每个地主开始并没有那么多的钱和地，他们的地都是从别人手里买过去甚至霸占过去的，他们的钱都是靠做买卖以至放高利贷越积越多。有的开始还劳动，但劳动时他们并不太发财；只有不劳动了，他们才靠别人劳动发了大财。于是，大家从事实中悟出了一个道理：在旧社会，劳动是发不了财的。这时才觉得这一带流行的一条谚语"坑不了穷人发不了家"，完全是真理，并不只是骂富人的话。在这个基础上，我们再讲只有劳动才能创造财富，土地并不能生财，而庄稼地也是经过劳动才开垦出来的。土地本来在劳动农民之手，后来被地主拿了过去，现在从地主手里把它夺回来，是完全合理的、正义的，一点儿也不亏心。

这时，首先是青年农民就能接受这些道理，一些老农因为在讨论中提供过许多材料，回想起他们从前的痛苦，也会慢慢地想通这些道理。想通了这些道理之后，他们竟至提出来，既然土地本来就是我们自己的，我们现在不是去分人家的地，而是让土地还家。我觉得他们这个提法很好，以后就把这场斗争叫做土地还家运动。但当时还是实行"五四指示"，不能直接分土地，因此只能通过和地主算账的方式，即从抗战开始就该实行二五减租，但地主没有实行，欠下了佃户的债，因此就从那时算起，连本带利，该多少地主就退多少。经过反奸清算之后，又来了减租（包括减息）清算，地主哪里退赔得起？于是用土地作价赔偿。一般地主把全部土地财物拿出来退赔，都还不够，于是农会从宽处理，给他家每人留下一份地，其余全部归农会。

因为清算斗争，是全体农会会员都参加了的，所以斗争胜利的果实应该大家都有份，不能只归某一户或某几户，不过对苦大仇深的特别贫苦的要照顾一些。同时对地主也要分别对待，特别是对有人参加八路军或其他抗日工作的地主家庭，留的土地和房屋就要稍多一些和稍好一些。同时，对工商业，对知识分子，都让农会讨论一番，让会员了解和接受"五四指示"的精神。

尽管经过思想发动，农民的觉悟提高了，但斗争开始时，有顾虑的人还是不少。减租清算，佃户必须和地主面对面地讲理算账。有的佃户平常就老实巴交的，不会说话，见了地主，总觉得矮了半截，现在要他在大庭广众面前斗争地主，是很不容易的。但人多势众，经过学习讨论，他又觉得理直气壮了，便能开始结结巴巴地讲起来。这时大家再帮助他讲理，对地主的狡辩，又帮助他驳斥，他于是又胆壮了，说话也有劲了。地主越不讲理，他就越气愤，终于把地主过去如何欺侮他的一肚子苦水都倒了出来。不少这样的老实贫苦农民，从前是只会劳动，一句话不说，后来经过斗争的锻炼，变得能说会道，并且很有组织能力。这样的人最容易接受党的策略思想，不搞过激行动，也不像某些游民分子那样容易腐化变质。我们非常注意培养这些老实贫农中的优秀分子，让他们成为农会中的骨干，逐渐代替某些开始最积极但随后表现出流氓习气的不良分子。我们发展党员也注意到这些人，当然，还要注意提高他们的思想觉悟。

随着斗争的发展，群众情绪越高涨，越容易发生过火行为。例如地主明明藏有金银财宝，却不肯拿出来赔偿，于是便发生追逼以至打人的现象。这时就要在农民中提出问题来讨论：追逼和打人好不好？能不能解决问题？结果大家都认为打人不好，广大群众不同情，而且事实证明，打人并不一定能得到金银财宝。怎么办呢？地主埋藏东西，总要人帮他干，只要帮他的人觉悟了，埋着的东西自然会出来。因此必须更深入地发动群众，让地主家的丫鬟、使女、佣人、长工乃至他的子女媳妇都参加到运动中来，那时什么东西都可以搞出来，不光财宝，其他如枪支子弹、文书契约等以及任何秘密都会暴露出来。通过反复教育和实际斗争，群众的思想觉悟不断提高，群众发动的面越广、越深入，就越能接受党的政策，越能按"五四指示"的决定办事。我们当时是把"五四指示"的基本精神和一些重要的规定都拿到群众中去讨论，叫做把政策交给群众。这样做的结果很好，党的政策一旦为群众所接受和掌握，群众运动并不一定非过火不可，那种要等到群众过火之后再去纠正的说法和做法是不对的。当然，只由少数干部包办代替则肯定不可能把群众发动起来。

当四区的群众运动热火朝天的时候，我们适时地把它向全县扩展，除了二、三区离城较近的村庄只搞一点反奸反霸的斗争外，其他地方要一律实行"五四指示"，通过减租清算解决农民土地问题。五区是老区，群众基础好，很快就展开斗争，把问题解决得比较彻底。一天，冀南行署主任孟夫唐特地来看我，我把永年的工作情况向他作了汇报。通过他的提问我发觉，他来看我的目的并不是视察工作，而是要我关照他的家庭。他家在五区老根据地内，他本人是以开明士绅的身份参加抗日民主政权的，理当受到照顾。我于是对他说："'五四指示'是一定要实行的，不能打折扣，但指示上也明白写着要照顾一些人，孟主任是冀南抗日民主政府的知名人士，女儿女婿又都是革命干部，我们一定要在政策范围内充分注意，请孟主任放心。"因为我谈得很坦率，他很高兴地和我握手告别。可是不久他又来找我，言谈中婉转地希望对他家的问题还要处理得更宽一些。我当即明确表示：给他家留下的土地虽然面积和大家一样，但都是近地和好地；留下的房屋不但较多，而且把正房、客厅全留下了，为的是好让他有地方待客。这样的照顾已是最大限度的了，再宽就违反了政策，群众不会答应。他见我态度坚决，就只好改口说，他尚未回家，还不了解情况，既然县委的关怀无微不至，他是非常感谢的。他两次来见我，都是求我们多多照顾，谁知在次年的冶陶会议上，他却一反常态，说我们犯了右倾的错误，并以对他家的处理作为证明。当然这是后话。

1946年的中秋节是在施庄过的，我和于川都很高兴。当时土改获得胜利，又庆丰收，群众和干部都喜气洋洋。当晚月明如昼，县里来的和四区的几个主要干部在院里一同饮酒取乐，或划拳猜谜，或做游戏，谁输了不是唱歌唱戏，就是学猫学狗叫，欢愉之情，至今难忘。节后，我布置要在群众中作一次总结，以提高觉悟，引导群众继续前进，保卫胜利果实，努力发展生产。我随即回到机关并到前方去了。

我离开施庄之前，地主的土地和大部分浮财都已经分了，只剩下少量的较贵重的东西因不好分配而存放起来。我走后，农会讨论决定把这些东西标价拍卖。毫无问题，拍卖的标价比实价要低。因此一些干部便抢着把这些东西买了回去。我回来后发现这一情况，觉得很不妥当，要他们一律退回所买的拍卖物品。但有人不满意，说标价拍卖，谁都能买，为什么我们不能买？我立即召集会议，向大家说："拍卖的价格低，大家买是为了占便宜。我们干革命是为人民服务，不是来占便宜的。如果革命者都想占便宜，革命就会垮台，不会胜利。希望大家提高觉悟，以革命事业为重。我还准备建议县委作一规定，禁止一切干部买群众斗争的胜利果实，违者处罚，对党员干部更要严格要求。这次我事先没有估计到会发生问题，没有事先作出规定，作为领导我有责任，所以不能处分大家。今后作出了规定，就是纪律，任何人都不得违犯。"随后县委就发出指示，作出了严格的规定。所以在这次土改中，永年干部大都能守纪律，很少有因这方面的错误而受处分的。全县干部，开始时有人埋怨我们的规定太严，等后来看到别的地方有人因此受了处分，就说：还是永年县委好，他们既能以身作则，又对下面严格要求，因此大家都进步，少犯错误。

参 军 与 战 勤

1946年6月，国民党进攻中原解放区，接着又进攻苏北解放区，蒋介石不顾全面抗战八年后全国人民对和平的热望，发动了全面内战，使疮痍满目的中国，进一步陷入苦难的深渊。解放区军民不得不奋起为生存而斗争，国民党统治区的人民也相继展开反内战运动，形成反对蒋家王朝的第二条战线。

全面内战开始的时候，国民党军来势汹汹。当时我晋冀鲁豫解放区处于南线的中部，敌军北进的同蒲、平汉、津浦三大干线，都要经过我区。尤其是平汉路，从我区中心穿过，敌军正挟其优势兵力，由南而北，想一举将它打通，直抵北平。由此控制全华北，进而与东北敌军相连，将我军打败。这时敌人正怀着三个月用武力解决"中共问题"的妄想，向我南线冀鲁豫区发动猛烈的进攻。在当时敌强我弱的形势下，我军采取集中兵力，选择一定目标，以消灭敌人有生力量为目的，而不计一城一地之得失。10月，蒋军在北线侵占了晋察冀解放区首府张家口，立即宣布召开伪国民大会，猖狂达于极点。12月，敌人攻占我区大名，准备与安阳之敌会师，一同北上，与石家庄南下之敌打通平汉线。这时永年城内的伪匪也开始猖獗起来，不断到城周围四处骚扰。

由于内战形势紧急，特别是永年城敌人的蠢蠢欲动，永年全县人民的心情也都十分紧张。老区的人民充满了对国民党的仇恨，恨它抗战时期弃地逃跑而现在却来打内战。新区人民本来是有变天思想的，但自从实行"五四指示"后，翻身农民的觉悟已经提高，他们为了保卫土地，保卫家乡，决心跟着共产党走，坚决反对国民党军的进攻。正是在这样的情况下，我们于1946年秋至1947年春先后展开了两次大规模的参军运动。

农民是安土重迁的，只愿过和平生活，要他当兵出外打仗，颇不容易。抗战时期，日本人打来了，华北人民已无法生存，不少青年人在共产党的宣传教育下才参加八路军抗日。即使在那时，要动员青年当兵也有许多困难。特别是贫农青年，他当兵走了，家庭生活会受到很大影响，所以家庭常常是许多青年参军的阻力。1942年以前，我在太行山做青年工作，不断在扩军工作中遇到这样的情况。1943年实行中央的土地政策以后，广大农民通过减租减息，翻身做主人，参军的热情就高了。现在永年农民经过土地改革，革命热情高涨，扩军的条件是很好的。但经过八年抗战，人民普遍希望和平，不希望战争；而且这次参军是参加正规军，不是在本乡、本土打游击，是要到南面去粉碎蒋军的进攻，并准备将来反攻去解放全中国的，这需要参军的青年有较高的觉悟。因此这次参军运动的难度还是很大的。

永年县委对参军运动十分重视，几乎是全力以赴。除永年城附近的对敌斗争外，我们集中全县各方面的力量投入这场意义重大的运动。因为不扩大解放军就不能打退国民党军的进攻，更谈不上打倒蒋介石，解放全中国。我们对完成这次参军任务很有信心，但也充分估计到困难，我们认为关键的问题有两个：一个是宣传教育，提高农民思想觉悟的问题；一个是拥军优属，解决参军青年的家庭生活问题。

为了解决群众的思想问题，我们出了两个题目让群众展开讨论。第一个题目是怎样保卫土改胜利果实，保卫解放区？当时是土改刚胜利，群众得到了土地和许多财产，对保卫胜利果实特别关心，所以讨论十分热烈。经过讨论，大家普遍认识到：地主是直接剥削压迫本地农民的，我们进行土改，推翻它的统治，翻身做主人，是完全应该的，是天经地义的。但是推翻本地的地主还不够，因为蒋介石是全国地主阶级的总后台，不打倒他，各地的地主都不会甘心失败，都幻想蒋介石来变天。这样就得出了要保卫胜利果实就必须打蒋贼、刨蒋根的结论。而要打蒋贼、刨蒋根，首先就要武装起来保卫解放区，因此革命青年参加解放军，保卫土地、保卫家乡，以至打倒蒋介石、解放全中国都是义不容辞的责任。人们有了这样的认识，号召青年参军的时机就水到渠成了。

讨论的第二个题目是：国民党来了会怎样？我们该怎么办？在研究是否出这个题目时，有的同志认为不该让群众讨论这样的题目，怕群众讨论起来会泄气。我说：眼看国民党军已占大名，它打通平汉线是很有可能的。现在群众都已经议论纷纷，我们如果不把问题敞开来讨论清楚，不用说号召青年参军有困难，就是参了军也会开小差。而且群众没有思想准备，国民党一旦打过来，我们怎么办呢？我们要坚持斗争，必须把真相告诉人民，让人民掌握真理，才能和我们一起奋斗到底。最后大家同意讨论这个问题，不过要增加一点，就是如何使国民党来不了。我说增加得好，现在最中心的问题就是要动员人民起来粉碎蒋介石对解放区的进攻。

群众讨论这个问题时，开始比较沉闷，都提出问题来问：国民党真的能打过来吗？解放军真的顶不住吗？所有的人，包括我们的干部，都不敢正面去回答。于是我又召开干部会，让大家充分讨论，并要毫不含糊地回答群众提出的问题，终于大家得出了明确的结论：必须承认目前是敌强我弱，国民党军有三四百万人，我军只有一百万多点，国民党军装备好，我军装备差，因此它打过来是完全可能的。解放军不该硬顶着它打，而要集中力量，一股一股地将它消灭。这样就要大踏步地前进和后退，就会丢掉一些地方，特别是城镇。我们作战的目的，是要消灭它的有生力量，而不在于保住所有的地方。只要把它的兵力消灭多了，我们就会由劣势转为优势，我们就能够转为全面进攻，不但所有的地方都会恢复，而且要打到蒋管区去，直到解放全中国。

经过讨论，干部们的思想明白了，然后由他们去领导群众讨论，大家打开窗子说亮话，把什么问题都摆了出来，争论得非常热闹。一个人说：什么打过来打不过来？永年城里不就有国民党吗？国民党来了会成啥样，看城里就明白了。大白天抢东西、抓兵、奸淫妇女，王泽民和铁魔头还不是老样子。他们两个是小土匪头，蒋介石就是大土匪头，叫他蒋匪军，一点不错。另一个人马上接着说：国民党就是刮民党，中央军就是遭殃军。蒋介石和汪精卫一样，美国人和日本人一样，没多大差别。又有人插嘴说：报上登了，北平有个女学生还不是让美国兵糟蹋了吗？全国的学生都闹起来了。这时抢着说话的人更多了，七嘴八舌，嚷个不停。一个人带着讥讽的口气说：某个地主盼遭殃军快来，我看遭殃军要真来了，他家会首先遭殃，你看他家闺女多漂亮呀！这时全场响起了笑声。又一个接口道：从前日本人要花姑娘，也不管什么财主、穷人的，只拣漂亮的挑。马上有人抢着说：北平被强奸的那个女学生能是穷人家的姑娘吗？怕也是财主家的呀。又有人说：快去告诉财主们吧，别盼国民党了，现在全国都在反对美国人，反对蒋介石打内战，日本人、汪精卫完蛋了，美国人、蒋介石也长不了。还有人接着道：打蒋介石还得靠咱们穷人呢。财主的土地被分了，他心疼，他什么也不顾了。后来有人说：警告一下财主们也好，解放区的天是变不了的。讨论从而又转向如何保卫解放区的天不变，如何打退蒋军的进攻。最后，有个新当选的干部起来发言，他说，现在打老蒋，就应该像当年打老日一样，有钱出钱，有力出力，年轻的当兵上前线，在后方的加紧生产，搞好战勤，支援前方。就是蒋匪军来了也不怕，你看各大城市的学生都闹起来，他们都不怕老蒋，我们还怕个甚？日本人那么厉害，在我们这里也只占了八年，我看老蒋也不过三年五载就要完蛋。只要我们能像老区的人民那样敢坚持斗争，我们就一定能胜利。

  基层干部和广大群众的觉悟已经迅速提高，号召参军的时机已经成熟了。于是，由县农会、青救会、妇救会联合发出号召：永年青年奋勇参军，要组成一个翻身团，直接到前方去参加正规部队，坚决打败蒋匪军，保卫解放区，保卫家乡，保卫土地，保卫农民翻身的胜利果实。县委则号召党员起带头作用，每村参军达10人以上者，要有一个支部委员参军，到新兵中去起骨干作用。至于区以上干部，因为永年当时对敌斗争任务重，不号召大家报名参军，如愿参军者，可以个别申请。由于动员深入，全县青年响应号召报名参军的十分踊跃。第一次的人数记不清了，第二次据《冀南日报》的准确记载："仅十天工夫，奋勇报名参军者达4839名"，"五区东辛寨村长王富有带领50名青年报名入伍。""刘汉村在农会主任宋太孟送子参军影响下，110名青年报了名。""姚村全体村干部带头参军"，"石北汪妇救会员欢送丈夫韩大保参军。""石爱合参军时，父母妻子一齐欢送"，"再超娘送子参军，再超年纪小，哭着嚷着道：'小孩就不能打老蒋？打老蒋不光是大人的事，不叫我去不行！'""刘备村新战士走时，爹娘妻子纷纷在后边嘱咐：'打不败老蒋别回来见你爹娘妻子和街坊！'""刘汉村春保弟兄二人共同上战场"，"邀彰村一门三不绝的王洛德也自动报名参军"，"五区报名参军者达2000人；四区1700人；三区519人；离敌人最近的二区亦有120名青年自动入伍。""在欢送大会上，新战士大声高呼：'打败老蒋享太平，打不倒老蒋不回家'……"（见1947年4月22日《冀南日报》）

由于群众参军踊跃，永年翻身团迅速组成。有的村一个班，有的村一个排，有的一两个大村联合组成一个连队。连队里的党员建立支部，班排里则建立党员小组。翻身团长由县武委会主任担任，县委还特意派县委常委、组织部部长王守信去担任政治委员。

这次参军运动轰轰烈烈，很成功，谁知却在领导上出了问题。王守信号召党员参军时表现很积极，派他去当政治委员时他也没推辞。然而下面有人却说：老王的官瘾真大，连句谦虚话都没说。县委同志们连忙替他解释："共产党员就是要敢于负责嘛，何必要假谦虚呢。"不想他回家去做准备的时候，思想动摇，自己向腿上开了一枪，派人来说他走火受伤了。县委立即召开紧急会议。开始有人说这件事不宜公开出去，公开了人们会说县委常委当政治委员的都怕上前线，可见国民党厉害，这样队伍就很难巩固。不如把他调走，另外换个人去。

经过讨论，大家认为党的原则、革命纪律，绝对不能含糊。如果不严肃处理，用欺骗手段把队伍带到前方，那样更不能巩固部队。而且，以后对开小差的、临阵退缩的……该怎么办呢？革命军队必须纪律严明才有力量。把王守信调走，能永远瞒得住人吗？以后人们知道了，党的威信何在？共产党绝不能欺骗群众。在党纪面前，每个共产党员都是平等的，领导干部更要以身作则，遵守纪律，绝不能允许有任何特殊的党员。最后县委一致通过开除王守信的党籍，并要求在全县党员中展开讨论，看大家的意见如何，以便针对实际情况做思想工作，巩固部队。由于永年县委的任务重，人手不多，很难再派人来担任翻身团的政委以接王守信的职务，决定由团长暂时兼任。这次县委的果断措施效果很好，不但翻身团很巩固，没有发生动摇逃跑的现象；而且随后动员干部南下也很顺利，超额完成了任务。

为了巩固新兵，我们还特别加强了拥军优属的工作。对一切军属干属的田地，都指定了专门的代耕队承担耕种之责，并保证一定的产量，如果产量不足，要负责赔偿。这对保证新兵安心上前线和保证一切军人和干部安心工作，都发挥了极大的作用。

1946～1947年，永年除参军外，战勤的任务也很重。经常有一位副县长带着一个团的民工到前方去。再加上围困永年城，要修各种工事，人民的负担太重了，自然产生怨言，甚至发生逃避劳务的事情。

一天，县政府民政科张科长对我说："李政委，现在人们对战勤出工不积极，因为全是支差，毫无报酬。我想如果改为计酬出工，群众的积极性可能会调动起来。"我问他怎样计酬出工，他说："现在全县每个劳力每年大约要出勤60天，当前每个工的工价略低于5斤小米。如果我们规定每个劳动力必须出勤60个工。不足者每个工出5斤小米，超过者每个工收5斤小米，农忙时工价还要提高。这样劳动力多的人很可能愿多出勤，因为等于出外打工；劳动力少的人也将尽可能出勤，因为不出勤就要出钱，等于雇工出勤。而且这样做对贫农有利，因为一般地说，还是贫农的劳动力较多。"我很赞成他的想法，要他回去根据全县户籍认真地计算一番，看结果如何再来和我研究。

两天后他抱着一大堆表册来找我，说他计算的结果，这个办法完全可行。如果每个劳动力出勤不超过60天，工价粮即可有余，可用它来救济因此产生的极少困难户。如果超过了60天就麻烦了，我们商量的结果是，如果超过了60天，超过的工按过去义务出差的办法处理，不过张科长估计不会超过（后来事实证明他的估计不错）。这个办法经过县政府党团讨论通过后，由县长下令施行。实行的结果很好，逃避勤务的现象减少乃至消灭了。有的村还出现争着出勤的现象。这固然首先是因为经过土改人民群众的觉悟提高了，但计酬的办法照顾了出勤者的利益也的确起了作用。

通过永年的参军运动和战勤工作，使我深刻地懂得，爱护人民的利益和提高人民的觉悟是密不可分的。不解决农民的根本问题，不进行土改，要想一次动员数以千计的农民青年参军，是很难想象的。而且动员青年参军后还必须解决好他的家庭生活问题，否则部队也很难巩固。国民党之所以失败就是因为它代表了地主的利益，它与农民的利益根本对立，它不可能实行土改，反而要组织地主还乡团破坏土改，对农民实行报复。人民解放军之所以能胜利，就是在实行土改的基础上提高了农民的觉悟，在共产党的领导下建立了巩固的工农联盟，工农群众自觉地当家做主人。那种空谈觉悟不顾群众利益的做法，如无限制地义务出工，不计报酬，人民群众是不拥护的。当然，只讲报酬，不提高觉悟也是不行的。试问：当兵去打仗，拼性命，那报酬应该是多少？为人民事业牺牲，为革命事业献身，是不计报酬的。但这要最高的觉悟，要求所有的人一下做到，那就太不现实了。而且奋斗牺牲，最后还是为了人民的利益、人民的幸福。因此，只有爱护人民的利益，才是真正的马克思主义者。一切无视人民利益的人，不管他的大旗打得多么高，他的话说得多么漂亮，最后还是要被人民所唾弃。

全 国 土 地 会 议

1947年春，国民党军在全面进攻我解放区遭到失败之后，转而采取对我山东和陕北两解放区实行重点进攻。我晋冀鲁豫解放军为了配合粉碎敌人重点进攻的计划，在晋南和豫北发起进攻。敌人慑于我军对豫北的攻势，其漳河南岸部队于四五月间全部逃往安阳。同时，在4月一个月内，大部分时间停止了向永年城内的敌人空投粮食和弹药。敌人迫于饥饿，不断出城抢粮食，但结果是不但抢不到粮，反而大部分抢粮的敌人被我围城部队消灭。

5月中旬，冀南军区副司令员王光华和政治部主任崔田民来永年前线视察。6月15日，在借马庄召开了讨论如何严密封锁永年敌人的会议。根据晋冀鲁豫军区的指示，一定要做到"困死敌人在城里，消灭敌人在城外"。为此必须：一、加强军事封锁；二、开展政治攻势；三、修筑工事，修筑围墙碉堡。在这次会议上决定了从永年、邯郸、曲周、鸡泽、肥乡五个县，动员5万民工，修筑50里的城墙，以便把敌人困死在城里。

为了完成这"三个五的计划"，从6月至9月，共动用了民工和军工24万以上的劳动日。当这座城墙修成时，王光华同志称它为"城外城"。并决定在城外城的水深处，竖起一万根木桩，每根木桩上挂上若干地雷。这样一来，敌人虽能利用永年的旧城池固守，使我们一时无法打进去，我们则能利用"城外城"围困和封锁敌人，使敌人出不来，最后它不是被困死在城里，就是冒险突围时被我军彻底消灭。

1947年春，我们县委对永年的土地改革做了一次检查。检查的结果是：全县大约有将近一半的地方（140个村）土改搞得比较好；约有100个村庄实行了土改，但搞得不彻底，留有封建尾巴；另外城周围近50个村，基本上没有进行土改。随着战争形势的好转，对永年敌人围困和封锁的加强，永年城周围各村的土改工作也逐步向前推进。

大概是1947年5月间，晋冀鲁豫中央局通知我，说中央不久将召开全国青年工作会议，要我准备前去参加。1942年太行分局成立时，我担任分局青委副书记，书记由分局秘书长江明同志兼，实际工作由我负责。但太行区这时开展群众运动，实行土地政策，要把青救会、妇救会全取消归入农会。我虽根据经验力争，说战争时期不可取消青年工作，那样对发展青年参军参战不利。结果还是把各级青救会都取消了，只是县以上的党委仍保留青委的名义。

1945年晋冀鲁豫中央局成立后，我已在中央局组织部工作，但仍挂着中央局青委书记的名义。1946年后虽然到了永年，我那个中央局青委书记的空名还是没有去掉。所以中央要召集青年工作会议时，中央局还是要我领头去参加。我到中央局后，把下面各区党委从前负责青年工作的同志找来，拼凑1942年以来晋冀鲁豫地区青年工作的材料。就在这时，以刘少奇为首的中央工委从晋察冀来电通知，要邯郸中央局组成代表团，速往工委所在地河北建屏县（由平山县分出）西柏坡去参加全国土地会议。并说青年工作会议要在土地会议之后才开。中央局指定我和蒋毅等参加青年工作会议的同志也去参加土地会议。

大约是7月初，我们从邯郸动身前往晋察冀。因为当时石家庄尚未解放，我们沿平（北平）大（大名）公路北上，由冀南而冀中，从石家庄的东面绕到它的北面，进入平山境内，直抵西柏坡。由于我们坐的是美国吉普车，只要能通过大车的地方，它都能走，遇着小沟小渠，开足马力，可一跃而过，因此一路是很顺利的。记得同行的，中央局有聂真，太行区的负责人是赖若愚，太岳区的负责人是顾大川，冀南区的负责人是王从吾，冀鲁豫的负责人是潘复生，等等。因为晋冀鲁豫的土改动手较早，群众发动得较好，参军参战很踊跃，所以仗也打得好。这时刘邓大军已突过黄河，首先实行战略反攻，把战争引向了蒋管区。我们在胜利声中前往中央工委去汇报工作，每个人心中都充满着喜悦和兴奋，一路上高谈阔论，丝毫不觉车上的颠簸和旅途的劳顿。具体到达的日期已经记不起来了，但我们不是最后到达的则可以肯定。只是我们代表团的团长薄一波同志因病没有和我们同行，比我们到得晚一些。

7月17日会议开始。会议没有一定的议程，只发了一些文件让大家学习，要大家自己提问题，自己讨论，自己解决。就这样由各地报告土改进行情况，差不多有一个月时间，会议平静地进行，没有高潮。

到8月中旬末尾，刘少奇同志开始作报告。他的报告全面总结了自中央发布"五四指示"以来解放区的土改运动，肯定了成绩，指出了缺点和错误。在肯定成绩时对晋冀鲁豫的工作大大地表扬了一通，而对晋察冀则作了严厉的批评。他批评晋察冀抗战胜利后骄傲自满，对国民党的斗争表现右倾，相信什么和平民主新阶段，满脑子和平幻想，以至让一部分军人复员；没有认真执行"五四指示"，土改很不彻底，无论军队还是地方，都有地主出身的干部出来阻挠土地改革，这些人是抗日干部，很难过土改这一关，是半截革命者。他越批评越生气，说他到这里（晋察冀）看到土改不彻底，批评了右倾偏向后，这里的干部不服气，于是来个处处点火，户户冒烟，到处打人吊人，乱斗一气。这是对批评的对抗嘛。而领导呢，毫无办法。你领导是干什么的？占着茅坑不拉屎！他说这些话时，声色俱厉，全场鸦雀无声，坐在我们旁边的聂荣臻同志很沉重地低下了头。因为晋察冀和晋冀鲁豫两个代表团靠得很近，所以我看得很清楚。其他不少人也随着刘少奇的批评把目光集中到聂荣臻身上。在此之前，聂是很郑重地一边听报告，一边作笔记。而听到刘用粗话批评后，他不由自主地低下头来，双手捧着笔记本，再也无法记下去了。

见此情景，我心里也很难受，对刘少奇的批评不服。因为我知道，政协会议后的所谓和平民主新阶段是中央提出来的，晋察冀的复员，只复员一些老弱，并且是经过批准的。为什么刘一点不做自我批评，却这么严厉地批评下面呢？是的，晋察冀在解放战争初期，仗没有打好，土改也没有搞好，受批评是应该的。但中央负责同志的批评能是这样的粗暴吗？我本来对少奇同志十分敬仰，但听到这样的批评，却感到不是滋味，以至对他后面的讲话也听得不很清楚。虽然如此，因为他后面讲的问题很重要，把问题提得很严重，所以他讲的要点，如同他对聂荣臻的批评一样，我至今记忆犹新。

刘少奇说：为什么有些地方的土改搞得不彻底呢？因为这些地方的党组织严重不纯。以后搞土改，必须同时进行整党。他认为：只有经过贫农团和农会，放手发动群众，充分发扬民主，才能彻底完成土地改革，才能通过整党，把党、政、民各级组织和干部改造好，才能树立起密切联系群众的民主作风。他认为现在的问题很严重，要解决这一问题必须经过异常激烈的斗争。他估计在全国各解放区实行土改和整党，将有数十万党员和干部被群众抛弃，或被批判斗争，甚至被审判。他说：这是一个需要十分负责去解决的重大原则问题，但是，为了争取革命战争的胜利，土地改革必须彻底完成，农民的民主自由必须切实保障，作风必须改变，脱离群众的干部必须撤换，犯罪分子必须受到应有的处分。为此，他提出了自下而上的民主整党的十条建议，下决心确定了经过贫农团和农会发扬民主，以完成土改并改造党、政、民各级组织和干部的方针。

刘少奇虽然对土改问题谈得不少，但比起对整党和组织贫农团的论述来，就不够突出了。所以在此后的讨论中，大家都集中在如何去建立贫农团、如何进行整党，特别是如何发扬民主和怎样对待群众和干部等问题上面。

我们晋冀鲁豫代表团的讨论很热烈。因为一再受到表扬，所以大家情绪很高，敢于提出各种不同意见，展开争论。虽然刘少奇在报告中批评了冀鲁豫在斗争中有立"望蒋杆"，即把地主吊在树杆上的做法，但潘复生很不服气。他认为这是群众的创造，用不着大惊小怪。至于对刘少奇提出建立人民法庭的办法，他说："若真要依法办理，恐怕赶不上群众运动的发展，不过经过一下人民法庭的形式去满足群众的要求，也是好的。"潘复生发言时骄气十足，说："冀鲁豫老早就实行雇佣贫路线，比刘少奇现在提出要建立的贫农团，不仅时间早得多，而且观点更明确。"

我听了刘少奇的报告，考虑到在永年实行起来会有许多困难，心绪颇不宁静，所以在会上发言不多。但听了潘复生的"高论"后，实在忍不住了，说："冀鲁豫在抗战末期就搞雇佣贫运动，根本不提中农，是不符合党的政策的，不值得骄傲。现在打蒋介石，搞土改，提出组织贫农团，完全正确，但也绝非不要中农，也不是不要农会。"

潘对我的发言，根本不理睬。他坚持他冀鲁豫的经验，愈是接近敌人的地区，愈加要实行雇佣贫路线，愈加要彻底实行土改，平分土地。他的这个意见，激起了全场人的反对。因为在土地革命时期，批判罗明路线，反对罗明主张区别接敌区和中心区的结果，使革命遭到严重的损失；而现在各地接近敌占区的地方，群众都有严重的变天思想，要马上实行土改是很困难的。潘的意见，既不吸取历史教训，又脱离现实情况，说是他的"经验"，恐怕只是他个人的"创造"，是完全靠不住的。我这时也起来说了他几句："1945年春，我在你们冀鲁豫的杞县当县委书记时，坐村搞减租减息，不少群众特别是老实的贫苦农民,也就是雇佃贫吧,很怕共产党站不长久,连斗争果实都不敢要。那时形势很好,眼看日本快完蛋了,蒋介石还远在峨眉山,群众的顾虑还这么大,难道现在在冀鲁豫地区国共双方正在拉锯战斗,群众竟一点顾虑都没有了?我想冀鲁豫的农民,不会天生的和其他地区的农民两样吧。"潘被大家驳得理屈词穷,仍愤愤地喊道:"各地的经验不同,反正我们那里的情况就是那样。"

我们的讨论这时还没有转到如何分配土地的问题上。8月29日,新华社发出了一篇社论——《学习〈晋绥日报〉的自我批评》,这是毛主席批示发表的。社论中明确指出,我党的土地政策要改变到彻底平分土地,使无地少地的农民得到土地、农具、牲畜、种子、粮食、衣服和住所。并认为这是战胜敌人的最重要的保证。这个社论于9月1日见报。9月4日刘少奇立即作报告,要求参加土地会议的全体代表,郑重地对待这个社论,认真考虑平分土地的问题。于是整个会议的中心转入平分土地问题的讨论。

这一下潘复生更来劲了。他假意检讨他的思想还是跟不上形势,说什么他早就主张平分土地,但还是没有这篇社论彻底,社论中明确提出,不但要使无地少地的农民得到土地,而且要使他们得到农具、牲畜、种子、粮食乃至衣服和住所。他故意有板有眼地说道:"你看,想得多么周到、具体啊!这真是急贫雇农之所急,这才是真正的群众路线。我虽然一贯讲贫雇农路线,但总是前怕狼后怕虎,既要照顾这方面,又要照顾那方面,特别是怕伤害中农,就是不怕脱离大量的贫农群众。"最后他又用教训人的口吻说:"必须坚决彻底抛弃这种错误思想,才能对群众放心、放手,把群众发动起来,才能争取到革命战争的胜利。"随后,他又大讲一通群众路线,说什么群众路线的基本精神就是要相信群众,相信群众大多数的意见是不会错的。只有这样对群众放心,才能对群众放手,才说得上放手发动群众。

对潘复生得意忘形的态度,大家都不满意,但却没有人起来批驳他。因为上次批评他的雇佃贫路线时，主要说他不注意团结中农，并且是以刘少奇的报告为依据。刘少奇8月中的报告，认为大体平分就行了，不要去动中农的土地。可是在9月4日的报告中，刘少奇放弃了原来的提法，强调彻底平分，根本不提中农问题。而彻底平分，就一定要触动一部分中农，这是不言而喻的。从此，讨论的中心转入如何彻底平分的问题。是打乱平分呢，还是在个人原有土地上填平补齐？对地主，是和大家一样平分呢，还是先不分，然后看他的表现再分给他？……对工商业保护到什么程度？地主兼营的工商业动不动？对这许多问题都讨论得很热烈，甚至还有不少激烈的争论。中央工委针对讨论中的主要问题请示中央，中央立即给予明确答复。肯定平分土地利益极多，办法简单，群众拥护，外界亦很难反对，中农大多数得利，少数分出部分土地，但同时得了其他利益，因此土地会议应采取彻底平分的方针。同时指出平分的做法是：平地以乡为单位，山村以村为单位，把全部土地、山林、水利等按人口平均分配，数量上抽多补少，质量上抽肥补瘦。除少数重要反动分子外，不分男女老幼，每人一份。对地主富农多余的粮食、耕牛、农具、房屋及其他财富也要拿出来分配给缺少的农民。地主富农所得的土地财产，不超过也不低于农民所得。正是在讨论和中央批示的基础上，全国土地会议于9月13日通过一部土地改革的纲领性文件——《中国土地法大纲》。

10月10日，中共中央正式公布了《中国土地法大纲》。在全国解放战争的重要关头，我党决定了彻底平分土地，消灭封建土地制度的方针，以此发动农民支援战争，争取及早打败蒋介石，解放全中国。实行这条方针的结果，全国农民都站到我们这边来了。解放区农民积极参军参战，使解放军越战越强，由防御而进攻，由内线而外线，把战争引向蒋管区，取得越来越大的胜利。蒋管区农民对反动派的统治越来越不满，由消极抵抗到逐步参加我党领导的各种斗争以至游击战争。蒋军的战斗力也越来越下降，大量蒋军被我军俘虏后，很快参我军,当了"解放战士",同"翻身战士"(翻身农民参军者)一道向"蒋该死""刮民党"作战。

解决了土地问题,得到了农民的拥护,是我党取得解放战争胜利的根本条件之一。而土地法大纲的制定和公布则是土地改革的最坚决最彻底的一个步骤,因此它在中国革命史上的重要意义是不容抹杀的。但是土地会议通过土地法大纲时,决心有余,谨慎不足,对执行这个大纲可能产生的问题缺乏充分的估计,因而没有相应的配套措施。以后随着运动的发展,从中央到各地都续有多项补充规定和新的解释。这些亡羊补牢的办法,是很必要的,也是很有效的,但毕竟晚了一步,已经造成的损失很不小,而且影响极深远,现在回想起来仍令人感到遗憾。

通过《中国土地法大纲》以后,土地会议就结束了。代表团的同志们都先后离去,只有我和蒋毅同志留下来参加全国青年工作会议。

青年会议由冯文彬主持,主要讨论试办新民主主义青年团的问题。成立青年团,大家一致同意,问题是如何在各地试办以及如何加以推广?我晋冀鲁豫区还根本没有办团,无任何发言权,所以只是听取人家的经验和意见。在这个会上认识了全国各地的青年干部,特别是认识了从大后方来的杨述、何启君等同志,非常高兴。冯文彬要我回去赶快把各级青委建立起来,首先在邯郸等城市试办青年团,他说薄一波已同意,叫我抓紧干。

搞土地改革,办青年团,我都是积极的。但土地会议后如何再进行土改和整党,我就心中无数了。至于试办青年团,毫无经验,而且据我所知,我区除中央局薄一波等少数同志外,下面各区党委的领导同志都不积极。当时他们关心的是战争和土改,再加上个整党问题,他们已顾不过来了,至于青年团吗,"且慢",他们既不反对,也不赞成,你怎么去开展工作呢?难呀!我带着对土改和办团的一大堆难题匆匆地离开了西柏坡。

冶 陶 会 议

全国土地会议结束后,晋冀鲁豫中央局随即在武安冶陶镇召开全边区县委以上的干部会议,讨论土改及整党问题。我因为参加全国青年工作会议,比薄一波同志约晚一些才离开西柏坡。记得我和警卫员郝金生二人快马加鞭,赶在阴历八月十五回到永年县委驻地(小北汪)。当晚皓月当空,想着可以正好和妻子过一个团圆的中秋节。谁知进屋一看,人去房空,什物乱七八糟,仿佛出了什么事似的。忙请李秘书来一问,原来几天前于川感到腹内疼痛,估计要生产了,便要来一辆铁轮轿车,匆忙起身,准备赶到武安白求恩医院去。因为铁轮车颠簸得太厉害,刚走到邯郸,孩子就生下来了。这时于川尚住在邯郸车站区,由车站区区委书记周金光派人照顾。我们县委宣传部部长李庆和也看她去了,已去了三天还没有回来。

周金光与我在北方局共事,是一位很好的同志,李庆和与我在永年也相处得很好,有他俩在,我是很放心的。但一听李庆和三天未回,我心里就感到有些不妙,忙问李秘书,于川和孩子的情况怎样?李秘书回答道:庆和是邯郸打电话来叫去的,他去后一直无消息,于川母子的情况一点也不知道。这一下我可急了!于是乘着中秋夜色,连夜赶往邯郸。在路上,我对郝金生说:我今晚没吃上月饼,连累你也吃不上了!金生说:于川对我那么好,我恨不得马上见到她呢。马不停蹄,不过三四个钟头,我们便赶到了邯郸车站区。

在区委没见到周金光,他有工作出去了。胡一哉(胡绩伟的夫人)立即来见我。她是四川人,为人爽快,一见面就责备我:"你居然也来了!亏你想的好主意,生孩子要到白求恩医院。你知道从永年到医院有多远?临产之前让产妇坐铁轮车,那不会把人颠死吗?多亏有金光,还有我,要不,你们夫妇可别想再见面了!好,现在快去看看你的尊夫人吧！"说着，领我到附近一间老百姓家的小屋里，她说忙着开会，又匆匆走了。

随后，周金光、李庆和都来了。等他们走后，于川才把详细情况告诉我。第二天辞谢了周金光、胡一哉和李庆和，我便匆匆上路，赶到冶陶去开会。

赶到冶陶时，预备会早已开始。我先找到我们永年县委住的房子，见到了副书记路子谊和县长宋钦。他俩很紧张地告诉我：地委说我们永年执行了地主富农路线，准备挨批吧！我说：那有什么，很好地考虑分析一番，如真的是地富路线，那就接受教训，认真改正；如果并不是地富路线，谁说它是也办不到。开会嘛，有意见尽管说。他俩听了，颇不以为然，还是摇头叹气不止。最后宋钦说，已宣布你参加主席团，你到上面去为我们争口气吧！我说，什么上面下面，应该实事求是，讲真理。现在是预备会，有各种看法不奇怪，就是正式开会，也应该坚持真理，修正错误，不能以上下来分是非。

我本想到冶陶后先去见薄一波的，路、宋二位对我说了以上这些后，便决定先了解一下情况。当晚，他们又告诉我，大会虽未正式开始，但空气已紧张极了。地委焦书记自己承认，由于是地主出身，立场不稳，所以执行了地主富农路线。现在要认真检查，改正错误，然后在全地区批判地富路线。他们两人都问我：你看，三地委是执行的地富路线吗？我说：地委机关能执行什么路线呢？还不是要看各县怎么样？宋钦说：对呀！所以有人问焦政委，你的地富路线表现在哪里呢？焦回答说，在永年和成安。一推六二五，好不痛快。路子谊接着说，不是痛快，是聪明。让我们两个县给他说话。如果我们承认地富路线，那么首先挨板子的是我们；如果我们不承认，那他还有什么地富路线呢？我尽量从他们那里了解情况后，也把开土地会议的情形告诉了他们。他们听了，都说，绝不做潘复生那样的人。

经过反复考虑后，我第二天首先到地委住的地方去，看到了焦书记、王副书记、温专员和其他几位同志。一见面都嘻嘻哈哈，非常友善。特别是焦书记，友善之极。他还特地对我说，见到一波同志了吗？一波同志一再问你回来没有，快去看他吧。我说，我得先来看你们呀，直接领导嘛。随后，我故意问他们王从吾同志住在哪里，并随即告辞。看过王从吾后，即去见薄一波。他一见我就说：你回来得正好，大会的记录还得你负责呢。因为我善于记录，能抓住发言者的主要问题，舍去废话，记录成文。薄一波也是一位记录能手，他了解我，所以一有重要会议，都要我负责记录。我当即向他简要地汇报了青年工作会议的情况，希望能在这次会上作传达，并于会后能选择地方试办青年团。他听后说了一声"好嘛"，就要我回去把土地会议的记录拿来供他参考。我原估计他对试办青年团会持赞成态度，没想到他竟一点热情也没有。看来要在晋冀鲁豫开展青年团的工作，还得等待些时日。

大会正式开始后，气氛更紧张了。焦书记果然宣称他执行了地富路线，并痛哭流涕地作了检讨。这样一来，就把皮球踢给了永年和成安县委。成安县委开始不承认，后来因压力太大也就被迫承认了。唯独永年县委坚决不承认，路子谊和宋钦公开和地委对抗，说永年从反奸清算后执行"五四指示"，实际上就把土地平分了，以后经过复查，不但老区，就是新区（沿城区除外），土改也是彻底的。过去地委不断要我们防止过左，怎么，今天却成了地富路线！临洺关、庄集，连药铺都平分了，这还不彻底吗？我们要不要去纠正？老铁子出城来杀我们党员的全家，我们的民兵和大队也杀他们的全家，这样做好吗？党的政策究竟该怎样？请说清楚！要说我们执行的是地富路线，请派人去调查吧！我们要根据事实说话，讲真理，不能随风摇摆，不然我们回去后怎么工作呢？

我没有料到他们二位会这样的坚决。原来自我去开土地会议后，到处妄传"刘少奇讲话""土改新精神"，实行"刮大风"，永年受此影响，不少地方实行"均产"，把工商业连中药铺都平分了，而且还打死了一些人。他们二位来开会，本以为是要纠左的，没想到还要反右，反地富路线，并明白地指出永年执行了地富路线。他们想：如果承认了地富路线，那么回去后，岂不要再来一次均分，把中农稍微冒头的，把所有的工商业都搞掉？岂不还要再杀一些人，打死更多的人？他们想到这些，勇气就来了，认为一个共产党员，特别是一个县的领导干部，不能对党的事业、对革命的事业，毫不负责。我很佩服他们，坚决地支持他们。由于我们三人完全一致，坚持到底，冀南区党委才决定派调查团到永年去，等调查后再做结论。

在讨论永年问题时，冀南行署主任孟夫唐的表演最为有趣。从1946年以来，孟每次回永年，都要到县委来看我，希望对他家多加照顾。我们因为他是著名的党外人士，在政策允许的范围内也确实照顾了他家，给他家留的份地都是好地近地，留的房子好一些，也没有把他的家人拉去斗争。他对此一直表示满意，曾一再向我致谢。可这次他一反常态，发言说：永年的土改就是不彻底，并以他家为例来证明。路子谊、宋钦听了，怒不可遏。尤其是宋钦，他也是永年人，家庭出身也是地主，因在本县当县长，要起模范作用，所以在土改中不要求照顾。他没照顾自己，特地照顾了孟主任，现在孟主任反以被照顾来证明永年执行了地富路线，他怎能不生气呢？当时他气得说不出话来，指着孟夫唐，结结巴巴地喊道："孟……孟主任，你……你说话要讲良心啊！"我这时也忍不住了，站起来说道：我们做错了，执行了地富路线，没有把孟主任拉去斗争。现在，我们立刻纠正，我马上去打电话，叫民兵来把孟夫唐拉去斗争。说着我就往门口走。王从吾起来制止住了我，我才靠近他坐下。这一幕很富戏剧性，至今让人难忘。就是这位孟夫唐，后来在"文化大革命"中，又做尽了表演，他以湖北省副省长的高位，跟着造反派胡闹，最后落得个悲惨的下场。

就在讨论永年土改问题的时候，永年城解放了。于是讨论转向如何解决永年解放后的各项问题。首先是如何对待匪军的问题。温专员提出：匪军排以上的官长，一律杀掉。还有人主张班长也该杀。大家都附和温专员的意见，但宋钦坚决反对。于是大家都起来批宋钦，说：亏你是永年人，为什么不起来为永年的穷人报仇？宋钦愤愤地回答：正因为我是永年人，我才反对在永年乱打乱杀。这一下更把人们的火气挑起来了，有人高声喊道：杀土匪的头，杀他们当官的，怎么是乱打乱杀？有人问他：你的立场到哪里去了？有人说：他就是地主嘛！跟着又有人说宋钦在战争中是怕死鬼，抗战是混过来的；在阶级斗争中是软骨头，一贯右倾；等等。

宋钦一时成了众矢之的，有口难辩，气得脸红脖子粗，坐在那里一言不发。后来，会场上冷静下来，王从吾问我的意见。我说：永年城里那帮匪徒，罪恶滔天，人民恨之入骨，哪有一个不该杀的？但我们是共产党，是先进阶级的代表，不能像一般农民那样，只图报复。而且，现在他们已成了俘虏，不是战场上的敌人，我们就应该按俘虏对待，不管他们是官是兵以及官职高低，都应首先按俘虏政策对待，以后再清查。以后查出有特务罪行和其他罪行的也要按法律处理，不能按官职论处。如果现在不问情由，把什么级以上的一律处死，这叫什么政策？你再宣传"宽待俘虏"，有谁相信？现在解放战争正在紧要关头，我们可不能感情用事，忘记政策。我的发言，没人反驳，也没人赞成，会议在沉寂中结束。我当时是永年县委书记，开始围困永年时还是围城司令部政治委员，按理应由我回去处理善后工作。但是没有派我回去，而派地委组织部部长（我的前任县委书记）康健生到永年去，很显然，我的发言没有得到领导上的同意。

陈毅因华东部队需要我区帮助，来到冶陶。薄一波请他给大家讲了一次话。他率直敢言，妙趣横生，说：我们华东的仗没有你们打得好，土改也没有你们搞得好，所以向你们求教来了。你们的刘伯承是常胜将军。不过，我要说句老实话，自古以来只打胜仗不打败仗的常胜将军是没有的。所谓常胜将军，是胜不骄，败不馁，善于总结经验，因而胜仗打得多些、大些，败仗打得少些、小些。希望你们这个常胜将军也能很好地总结经验，打更多更大的胜仗，供我们好好学习。

陈毅的讲话博得全场雷鸣般的掌声。他的讲话，很显然是有所为而发，正因如此才得到大家最热烈的欢迎。会后，薄一波问我有何看法，我说：陈毅同志给我们泼了一瓢冷水。我看这冷水泼得真好，不然我们的头脑会热得爆炸的。全国土地会议把我们表扬过头了，我们就神魂飘荡，莫名其妙了，现在很需要一副清醒剂。我见薄一波没有什么表示，也就把话打住了。过了一阵，他向我走来，很诚恳地对我说：我同意你的看法，陈毅同志客观而巧妙地向我们提出意见，很宝贵。你们四川人就是痛快，我喜欢。说到这里，他似乎还想再说点什么，但忽地停止了。我于是起身告辞。

这时，关于永年问题的讨论，地委和县委之间还在僵持着。一天晚上，薄一波把我叫去，但他一字不提永年问题，却问我：你看边区农会是不是应该搞起来？我略加思考后回答：搞农会，那不是土地会议上已经决定了的吗？你让池必卿他们搞起来就行了。我是搞青年工作的，希望把青年团办起来。一波说：现在主要还在农村嘛，青年工作也得在农村搞。中央局决定搞边区农会，要你参加筹备工作，你看如何？我问：征求过池必卿他们的意见吗？他说：他们是区党委的，你是中央局的，所以先问你的意见。而且，他们本来就是搞农会的，哪会有意见呢？我说：要我参加筹备边区农会，可以。不过也得搞青年工作，试办青年团。一波说：好嘛，将来在邯郸这些城市可以试办青年团。不过现在还是先到农村去。就这样，决定我任边区农会的筹备委员，并让我立即回永年去进行调查工作。

在回永年之前，我与路子谊和宋钦进行了诚恳的商谈。根据土地会议的精神，地富出身的干部，要回避在本地工作。因此宋钦一定要调离永年。我劝宋钦不要难过，革命是一辈子的事情，在哪里都是革命。你在永年坚持抗战到底，这是谁也抹杀不了的。你走后我们会把工作搞好，会给你撑腰的。什么地富路线，现在戴不上，将来会不攻自破。对路子谊——这位长工出身的干部，我很佩服他遇事坚定不移、不计个人利害的作风。我对他说：老路，我走后，别争什么路线了。现在永年解放，城内城外灾民七八万人，急需救济，为灾民多争些救济粮救济款吧！路很感动地说，我和宋钦都是本地人，怎么能看着乡亲们饿肚子呢？老李，你是好人，听你的。你回去看看吧，看看永年的情况咋样了，我担心我们那一阵"刮大风"搞过头了。

第二天，我怀着不安的心情离开冶陶，直奔永年。

解放永年

我从冶陶匆匆回到永年时，人们纷纷向我述说解放永年的情况。

自1947年5月我军民筑"城外城"，加紧对永年城的围困和封锁之后，城内敌人已很难到城外来抢粮食。城边的人都说城里人一个个"胖乎乎"的，尤其是两腿和脸上格外明显。那时我们还没像"三年困难"时期挨饿的经验，不懂得饥饿会引起浮肿，所以对城里人因饿饭而发胖感到奇怪。当时永年城里人不但没有粮食，而且没有柴禾，他们把一切木料乃至把木床和门板都烧光了。即使从空投中分到一点粮食，也无法煮成熟饭，只得不管生熟，一齐塞进肚子。因此肠胃病流行，到处乱吐乱拉，弄得臭气熏天。7月，我边区刘邓大军突破黄河天险，实行战略反攻，南线敌军自顾不暇，哪里还顾得上永年，从此便断绝了为永年敌人空投粮食。

为求活命，匪首王泽民和许铁英亲自到城墙上瞭望。他们见西大堤外有一片高粱地，便决心不顾一切，再组织一次抢粮活动。他们对手下人说："我们不能坐着等死呀！大家抢粮去！抢不来粮食，抢来些高粱穗也好。"于是挑选了四百多名"精壮"，由桑凤鸣等头目分三路出城抢粮。我军民对敌人的临死挣扎，早有准备。敌人还未接近大堤就已陷入我布雷区，这时桩雷、挂雷等多种地雷纷纷爆炸，敌人死伤狼藉，进退两难。而我分区独立第四团及其他防卫部队在"城外城"上，居高临下，对准敌人猛烈开火，敌人慌忙逃回城内，但已遗尸84具，并且连桑凤鸣也当了俘虏。

敌人抢粮失败后，为争粮食，内部不断发生枪战。至于老百姓的粮食，只要伪军一旦发现，就去抢个精光。于是民心军心均已达到无法维系的程度。只要有一点机会，不仅老百姓会跑出来，就是伪军也照样逃跑。尽管匪首宣传什么"被解放军抓住一定要千刀万剐"，也吓唬不住他们了。就在抢粮失败后三天内，便有敌排长等30余人携枪向我投降。

9月下旬，我方估计城内敌人断粮已久，绝对无法再坚持下去了，但匪徒作恶太甚，怕人民报复，是不会投降的，因此估计他们很可能近期突围逃跑，奔向安阳，去和那里的敌人会合。我军为了有效地消灭南逃之敌，分析了敌人可能突围的地点，在那里部署了足够的兵力，并加强警戒，严密封锁。我游击警戒部队在水深没腰的地段昼夜巡逻，密切监视敌人的动向。同时加强政治攻势，向匪军喊话："只有投降，才是光明出路！""携枪投降者有奖！"等等，用此瓦解敌人。我军分区还通知永年、邯郸、成安、临漳各县民兵加强联防，防止敌人南逃。并报告军区，通报围攻安阳和附近各地区所有的部队和民兵，提高警惕，必要时协助消灭逃离永年的伪匪。这样就给永年匪军布下了天罗地网，使它插翅难飞。这时城内饥饿的匪徒，对王泽民和铁魔头的恐怖统治也怨恨已极。

王泽民虽然还拥有号称三个团和一个独立营的兵力，其实总计不过1200人。至于铁魔头，一共才400人。而且由于面临绝境，军心思变，有人想杀掉匪首，向我投降。铁魔头部下一个姓李的连长，提了一篮子子弹，前来见我军崔副团长，说只要给他一二十斤小米熬点汤喝，他就干掉许匪，率队来降。崔副团长给了他30斤小米，20多斤馒头。他很高兴地回去后即准备投降。他去见铁魔头时，正准备抽枪，被许的部下抓住了手，立时将他打死，随即又将他的老婆也活活打死。10月3日，王泽民的一个连长胡玉申，率一连、三连及特务排共180余人，打死了监视他们的特务，冒着追击的弹雨，泗水到西大堤向我军投降。

就在胡玉申向我投降的这一天，王、许等匪首见死守便是灭亡，遂密谋突围。王匪把不能和不愿随他突围的人一律杀害。一个跟随他多年的老火夫，稍有不愿走的表示，话还没说完就被王一枪打死了。王匪甚至把他年老多病的老娘（岳母）也偷偷地活埋掉了。他对派去的人说，这是为了免得她被八路军抓去，让他丢人现眼。

敌人为了掩护其突围，故意麻痹我们，于3日晚派出代表，出城来与我谈判投降。我晋冀鲁豫军区得知情况后，当即指示，敌投降必须履行三项条件：一、首先交出钟毓麟和电台；二、撤回四关兵力，全部集中城内；三、投降时间不得超过10月4日15时。

4日，秋雨连绵，我围城部队冒雨监视敌人。战士们密切地注视着周围的一切动静。下午3时已过，敌人仍无投降迹象，原来敌人的投降是假的。好吧！你们一定要找死，那么就等着死吧。战士们更加警惕，准备彻底歼灭突围的敌人。大约4时左右，敌人先后有440余人向我投降。其中一个连长报告说，王、许二匪正在冰凌窖集中，准备突围。根据这一情况，我方已大致知道敌人突围的时间和方向，于是更加强了对其突围点的兵力。同时也考虑到敌人分路突围的可能，并预作布置。

晚9点之后，敌人向城西北的堤边冲来了，这正是我方预先估计到的敌突围方向。我分区四、五两个团的主力正在这里等着敌人。敌人边冲边喊："八路军，我们是来投降的，该往哪里走哇？"我二营营长冯一清高声命令道："同志们，快打！敌人是突围，不是投降！"听到这一声命令，我军一齐开火，经过一个多钟头的战斗，毙敌770余人，残敌400余人逃跑，到李园又被我军围住。除当场击毙者外，又俘敌200余人，其中就有匪首钟毓麟。钟是国民党军中枢派到永年城内指挥王、许二匪的首要人物，他的头衔是国民党第十五分区指挥官。伪县长杨异才乘机逃跑了，但跑到东杨庄时无路可走，只得投井自尽。

杨本来是我们的县长，本地人，和他老婆王文娟在永年颇有点名气。1943年到太行参加整风审干，在逼供信的抢救运动中被整成了特务，虽然很快平反了，但他因此心怀不满，回永年后夫妇二人即进城当了汉奸，以后又投靠了国民党。他虽投井身亡，他的老婆却被活捉，随即被枪决。永年突围之敌，除王、许二匪带亲信百余人逃窜外，全部被歼。我军于5日晨立即入城，肃清残敌。至此，被日军蹂躏八年，又被许、王匪徒盘踞两年多的冀南地区的最后一个反动据点——永年城，终于宣告解放。

王、许带残匪向安阳方向逃窜，前面有我军层层包围，后面有永年围城部队追赶。他们走僻静小路，又遇阴雨，因此行动迟缓。沿途遭我民兵截击，狼狈不堪。行至邯郸滏阳河灌区，伪装我军，到吕家庄弄饭吃时，被我民兵发觉，立即被包围。匪徒们虽作困兽之斗，哪能顶得住我英勇八路军的冲击。经过一个多小时的激战，王、许二匪首均被击毙，同时被击毙者共70余人，其参谋长、政训处长以及铁魔头的三弟（三官儿）等50余人全被生俘，无一漏网。

大家向我谈起永年解放和匪徒被消灭的情况，都非常兴奋，我听了也很高兴。随后又谈到把匪军中当官的都按官阶杀了，并把三官儿等拉到临洺关等处开大会，让群众给活剐了。这却使我心中感到难过，我的难过并非对敌人有丝毫的怜悯，而是对我们的某些领导者竟然故作"左"的姿态，甘当落后群众的尾巴。

　　我也曾想，一年多以前，不是在临洺关也剐过人吗？但仔细一想，这次与1946年斗争宋品忍不同。那次是群众的自发行动，而领导加以适当的阻止，而这次却是出自领导的决定，并由领导亲自出面主持。这是什么领导呢？是农民狭隘的报复主义思想在领导，哪里是无产阶级思想的领导？这样不讲政策、言行不一致的做法，一定要招致不利的后果。果然后来有永年城的个别匪兵逃到敌人据点元氏，在那里宣传不能投降八路军，投降了也要被杀掉。这样就使我军解放元氏时付出了更多的代价。可见我们宽待俘虏的政策，不是对敌人有什么感情，而是爱惜我军战士的生命。那种对俘虏实行虐待以至残忍地加以虐杀，不但会丧失社会的同情，而且是帮助敌人巩固其部队，帮助敌人杀害我们的同志。

　　历代农民起义失败的重要原因，就是因为他们没有正确的政策，杀害俘虏也是他们的重要错误之一。个别的农民起义获得成功，就是因为有"谋士"为"王者"策划，使农民军成了"仁义之师""王者之师"。我们在永年执行错误的俘虏政策，由在石家庄、元氏做敌军工作的同志报告了中央，后来曾受到中央严厉的批评。那时我已调离永年了，但当事人却把这个文件仍转给我看，其意是要我承担一份责任。我看后付之一笑，将原件退回了事。

　　由于上级派有专人来处理永年城解放后的善后事宜，并且冀南区党委派来检查永年土改的检查团也到了，我虽然进了永年城，但不好发表意见，何况他们也并不征求我的意见。这时有些干部来对我说：永年西半部（四、五、六区）从"刮大风"之后，不久又闻风而动搞"三查""三整"。村里组织起贫农团，把旧农会扔开了，党支部连会也开不起来。村里的事没有人管，区干部也大都回了家，等着"搬石头"。整个工作处于瘫痪状态。希望我去管一管。我说：县委为什么不派人去呢？他们说，捅了乱子的怎好再去呢？而且去了人家也不理。再说，他们都是本地人，下面对他们都不相信了。你是外来的而且是上面来的，你的威信高，现在赶快去恐怕还有人听话，拖久了就更难办了。我心想：搞乱容易收拾难，我去也未必有用。再说现在政策尚未稳定，我还有地富路线的嫌疑，我去又能怎么办？不过又想到，一波同志让我回来调查，我正该把这种混乱情况弄清楚，好向他报告。于是我便把薄一波要我回来调查以及我准备到西边去的意见向地委来的同志和县委的同志们说了，他们听后很高兴，一致要我赶快去，要我把西半县的混乱情况澄清，把那边的工作抓起来。

开 门 整 党

  我不管永年城解放后的善后工作，专门到西半部去搞土改复查和整党工作。我首先到四区的施庄，因为我一到永年就在那里坐村，村支部和农会都是我在那里建立起来的，而且施庄紧挨着临洺关，洺关的工商业大部分是施庄人经营的。我到施庄，可以顺便了解洺关的工商业情况。到施庄我就找了支部书记，他勉强地把我迎到他家，然后对我说，他不当支部书记了。我问他为什么，他说："我姓单，是大财主的本家，上面就不让我当支书。"我问新支部书记是谁，他说还未选出来，上面说暂时先不选，等一等再说。我问上面是谁，他答："区里呗。"我又问区里现在谁负责，他说不知道。于是我便到区里去。

  区里的服务员和炊事员对我很好，他们把我安排住下了。四区区长参军南下了，区委书记请假回家去了，区里无人负责。我让人把派出所所长找来，向他了解情况。他说："现在区村都没有人敢负责了。因为传说要整党，整党要查三代，凡是地富出身的都不要；整党要经过群众，群众说了算，凡是群众有意见的都不要。据说这叫'搬石头'，区村干部都是石头，都要搬掉。五区的干部大部分都当石头搬了；四区好一点，还没有搬。不过，大家听说要搬，也都不干了。"我向他作了简单的说明后，问他召开一次干部会是否能行。他说："李政委要召集，大概还有人来。"我说："请你告诉大家，我是刚从中央开会回来的，请大家来听听中央的精神，不要听信各处的传言。"当即决定召开一次四区全区的区村干部会，五区、六区也请一些人来参加。

我和派出所所长的谈话还未结束，一个中年妇女抱着一个孩子哭哭啼啼地走进来，一见我就哭喊道："李政委，救救孩子吧！孩子烧了好几天，没有医生，没有药铺，怎么办呀！"我问："医生呢？药铺呢？"派出所所长回答："上次土改复查，说洺关土改不彻底，于是大伙儿把工商店铺里的东西全分了，连药铺里的药都分了。药铺没有了，医生只好走了。"正说着，妇人的丈夫来了，他本是洺关支部的一个支委，所以他夫妇都认识我。他问我孩子的病怎么办，我问他："你们为什么要把药铺分了呢？"他说："上面说我们不彻底嘛。"我又问："这些药都分给了谁，有账吗？还能不能找得回来？"他说："有账，谁分了药都没有用，找得回来。"我又问："医生到哪里去了？能找得到吗？"他说就在路西的亲戚家，不远，能找到。我转身对派出所所长说："快去找医生，就说我请他给孩子看病、治病。救人是好事，共产党绝不反对，当医生，开药铺，是合法的。看病抓药要给钱，医生的收入政府要保障，医生的生活应该好一点。请他快回来，保证他没事。"我又让派出所所长立即告诉洺关村长和农会主任，赶快把分了的药按账单收回来，送回药铺去。另外又叫生病孩子的父亲快回去要支部开个会，请支部书记按我的意见办理。说也奇怪，我的这些意见很快都付诸实行了。医生也回来给孩子看了病，分了的药送回了药铺，因此能按方抓药，把孩子的病也治好了。我想：区村干部不是都躺倒不干了吗？为什么恢复药铺能马上见效呢？因为它符合人民的要求，符合客观实际情况。因此我对整顿西半县四、五、六区的工作充满了信心。

四区全体干部会议按时召开了。来的人不少，除四区大部分干部到会外，五区的区长、两个区委委员和邻近四区的各村的支书、农会主任都来了；六区也来了一些干部。我见坐满了一院子的人，就问大家："你们不是都回了家说不干了吗？为什么今天还来开会呢？"一时七嘴八舌地回答道："谁说不干？没法儿干了嘛！""来听听李政委讲中央精神，看看这回中央是啥精神呀……"人们的回答中虽有埋怨情绪，但对我还是亲切的，并怀有很大的希望。我马上给大家讲开了："中央的精神嘛，很明白，也很简单，一要把土改搞彻底，二要把党整顿好。土改怎样才算彻底呢？按人口平分，每人一份，抽肥补瘦，好坏搭配。地主的房屋浮财，也要拿来分配给贫困户。进行土改是为了发展生产，地主坐吃不干活，所以要把他的地分了。工商业对发展生产有益，所以要保护。平分土地不是平均主义。谁叫你们把药铺都平分了？每人分一两味药拿回家有什么用？结果孩子病了急得团团转。这叫什么彻底，这是透底。好比一口锅，把锅底都砸透了，还能煮饭吗？"这时全场都笑起来。我继续说："分药铺，破坏工商业，不是中央精神！谁让你们这样干，你们就请他拿出中央的指示来看，他拿不出来，你们就不干，这才是听党的话。怎么能见风就是雨呢？"接着我又谈到整党："整党是为了提高党的战斗力，提高党员的觉悟，密切党和群众的关系。我们的党员大部分都是好的，请群众提提意见，有错误改了就是。只有那些混进党内的国民党、地主的狗腿子以及贪污腐化分子，才要清除出去。对于干部，我们一方面要严格要求，同时也要特别爱护。谁说他们是'石头'要搬掉？你们看见中央有这样的文件吗？这是造谣！这是胡来！你们为什么要相信那些胡说八道？你们是出来参加革命的，老区的干部是为了打日本出来的，新区的是为了打老蒋、搞土改出来的，打日本、打老蒋、搞土改，有什么错？这是为国家为民族争生存，为人民谋幸福嘛，都是有功的事情，为什么怕整党？至于请老百姓提意见，群众是主人翁，应该提意见嘛。好的意见听了就接受；不正确的意见，可以解释嘛。这样使党和群众的关系更加密切，有什么不好？同志们！整党是教育，是提高，是治病救人，不是整人，更不是把人整死。你们看，我经过整风，也经过整党，现在不是还好好地活着吗？整党绝不是搬石头，谁说整党是搬石头，那他就是石头，我们大家一齐先把他搬掉！你们说好不好？"我的话还没有讲完，全场就响起了震耳的掌声。

我讲完以后，大家提问题。有人问："地富家庭出身的干部怎么办？"我答："和地富家庭划清界限就行了嘛，划清界限说的是政治上、思想上的界限，并不是要你连爹娘都不认了。我们党的领袖中，不是有许多地富出身的吗？还有大官僚家庭出身的呢。他们不是在为中华民族和中国人民的革命事业奋斗吗？因为他们有无产阶级的思想。我们要向他们学习。"

有人问："听说凡是地富出身的干部都要挨整，都要当石头搬掉，都不许在本地工作，是真的吗？"

我答："谁这么说的？瞎说！照这样说，岂不是毛主席、朱总司令都要挨整，都要当石头搬掉？哪有这个道理？至于有些地富出身的干部，在本地搞土改、整党不方便，要调动一下这是真的，中央说，这叫回避。让这些干部回避一下，免得在本地为难。这有什么不好？我是四川人，现在在你们这里搞土改、整党，就没有那么多的人情、面子，工作起来没有牵扯，别人很难说闲话，这不是很好吗？你们这里，有些地主家庭出身的干部，需要调动一下，但不会调得很远。区干部到外县就行了，县干部可能稍远一些，哪里都是革命，怕什么？反正离不了中国。就是到外国去也好嘛，要是能调我到外国去干革命，我才高兴呢。"这时全场都笑了。

接着又有人问道："两口子中有一个人是地富子女，怎么办？都要离婚吗？"

我说："如果是这样，毛主席和朱总司令就娶不上老婆了。娶了地富家的女儿和嫁了地富家的男人，只要能跟着共产党走坚持无产阶级思想的道路，就是好的。"

这时有个年轻的村干部扭扭捏捏地起来说："娶了地主家的姑娘，能住在她家吗？"一时大家都朝他笑，笑得他满脸通红。我不了解情况，只随便地回答："为什么要住到地主家去呢？让她离开地主家岂不更好？她既然嫁给了农民，就该和农民打成一片嘛。"这时许多人齐声喊道："对呀！"原来这位青年村干部，看上了一个地主家的漂亮女儿，被招赘去地主家当了倒插门女婿，他父母因此对他很不满意。他怕强迫他离婚，才提出了这个问题。我的回答和大家的讪笑，使他狼狈不堪。但他还是继续问道："要是她到了俺家，她家没劳力，我能去帮忙干点活吗？"我身旁的人把他的情况告诉我，我于是回答："你首先应该照顾好你贫农家的生身父母，然后，你丈人家没有劳力，你两口子回去帮忙干点活，当然也可以。"这时有人在说顺口溜："倒插门，真丢人儿……"我于是又说："倒插门有什么不好？谁能到贫农家去倒插门才好呢。男人能娶女人到家，女人为什么不能娶男人到家？这是封建。你们有些贫农家，孩子打着光棍，却不让出去倒插门，这太糊涂了！我看应该改一改。"散会后，人们都说我这个意见很好，但是目前办不到。是的，长期的封建思想怎么能一下子消除？那个青年村干部的倒插门，不过是被那家地主迷住了心眼，这其实也是封建思想的表现。

为了研究工作，我把几个主要区干部留下来开了个座谈会。

首先研究土改复查问题。大家都认为，经过几次复查，土改的问题已不是不彻底的问题，而是透了底的问题。特别是工商业，基本上搞垮了，现在应该考虑怎样把它恢复和繁荣起来。大家都说，要不是李政委亲自抓，谁敢恢复那个药铺？现在那个老中医很高兴，说共产党真好，说话算数。不过他看病还是不敢收钱，连礼物也不敢收，只收药费。他说为人民服务嘛，哪能要钱？现在他还有个难题，就是分到的地没有人种，既不能出租，又不能雇工，眼看就要荒了。我让大家讨论该怎么办，讨论的结果是：让他亲戚代耕，他适当给点代价。这其实与雇工无异，但大家没有明讲。我赞许这个办法好。并问其他工商户有无同样的情况。他们说洺关的专业工商户不少，情况和老医生差不多；就是兼营工商业的农户，也有劳动力不够的问题。我问能否照老医生那样，用"代耕"的办法处理？大家都说可以（以后就按这个办法做了，洺关的工商业果然很快恢复起来。全国解放后我到过南方许多地方，发觉土改确实解放了农业生产力，促进了生产的发展，但乡镇工商业也和北方差不多一样受到了打击。由于南方商品经济发达，工商业受损失，其影响就更严重了）。除工商业外，我们还讨论了许多土改遗留问题。其中最重要的一个问题是干部多分多占问题。特别是新区，分配土地时农民还有变天思想，对地主本人住的房子和亲自经营的土地——分明是最好的房子和地——人们不敢要，却说干部们辛苦了，应该分给他们。可现在大家又说村干部多分多占，占了便宜。对这个问题，大家都主张在整党中解决。那时党员觉悟提高了，能自动退了出来最好。有的家庭困难，群众觉悟提高了，能够谅解也就算了。最后大家都希望我赶快领导整党。

我决定在西半县三个区开始整党，并且和三个区商定了先从哪几个村试点，然后推广。我回到小北汪坐村试点，因为县委机关长期住在这里，我对这个村的情况比较熟悉。同时这个村是西半县的中心，和其他各个试点容易联系。我到村后立即通知支书，要他召集支委开会，但到时支委会竟开不起来。经了解，支委们因被搬了石头，都在闹情绪。我于是一方面对支委们做工作，一方面开始组织贫农团。农会副主任本人是雇工，家庭是贫农，办事公平，作风正派，在群众中很有威信。我就让他领头串联贫农开会。贫农开会时，我讲了话。我说贫农应该是农村的骨干，贫农团应该是农会的核心。贫农团成立起来以后，不要退出农会，应该帮助把农会搞好，把党整好。这样我们小北汪的工作能搞好，就能像在抗战中那样做模范，把解放战争的后勤工作搞好，把生产搞上去，让全村家家户户都能过上好日子。大家听我说贫农团并不跟农会、跟支部闹对立，就放心了。选举的结果，农会副主任当选为贫农团主席，五个委员中有三个是党员。消息传出后，原来的村干部（支书、村长、农会主任、妇女主任和民兵队长等）和党员们的情绪开始转变。他们过去听到的是共产党卸磨杀驴，要组织起贫农团来整村干部、整党员。现在知道过去听信的是谣言，不是党中央的话，上了当。因而准备接受我的劝告，参加整党。

我趁势召开了支委会和党员大会，批评党员竟然听信谣言而不信党的话，县委书记来召开支委会，也竟然拒不参加，这还像是共产党员吗？贫农和村民们对干部对党员有意见，想提出来，那是好事嘛。说明群众对我们还是满怀希望。如果他们什么也不说，只在背地里骂我们，我们的什么号召他们都不理，那才糟糕呢。我们让他们把意见提出来，正确的就接受，不正确的就解释，这样党群关系就密切了。就像抗战时期一样，我们就能领导他们去作战，那该多好呀。我们为什么怕群众，怕整党呢？……然后让党员们讨论，应该怎样对待群众，对待群众提意见，尤其是对群众中有些过火的意见应该采取什么态度。这个支部是抗战初期建立起来的，大部分是老党员，所以讨论的结果很好，大家都说人民是主人翁，党员是勤务员，应该听主人翁的意见才对。

于是首先在支委会展开批评和自我批评，随后又在全体党员中展开批评和自我批评。这时虽然也有斗争，但还不激烈，因为都是党员，提意见都较有分寸。而且有的村干部怕别人揭短，因而批评时留有余地。不过总的说来，批评和自我批评还算是比较认真的。我看条件已渐成熟，可以拿到群众中去征求意见了。为此，我召开了一次党员大会，郑重地向大家说："抗战期间，在永年城没有解放以前，我们的党应该是秘密的，现在，我们解放区巩固了，我们的党应该公开了，要让全村人民都知道谁是党员，谁是党的支部委员和支部书记，好对我们进行公开的监督。所以我们这次整党，党内整了还不算，还要请人民来帮助，首先请贫农团来帮助整党，这就叫开门整党。谁够不够党员条件，我们要征求群众的意见，但最后还是要由我们的支部党员大会来决定。群众的意见是要认真听取的，但并不是群众说了算。"

我们首先挑两个群众反映较少的党员到贫农团去征求意见。他们自以为没有问题，谁知大家议论纷纷，都说他们虽是谁都没有得罪，但这样的党员有他不多，没他不少，没有起到模范作用呀！他俩一听，大吃一惊，然后作了深刻的检讨，随即召开支部大会，并请贫农团代表列席提意见。他们分别作了沉痛的检查，并保证以后遇事要走在前头，起模范作用。当提付表决时，一个党员只获得微弱的多数通过。这时他激动得流泪说道："同志们既然还把我留在党内，我以后绝不再做那种不前不后的中间派了，我一定要当个像样的共产党员。"这一消息在村内传开后，全体党员和全体村民都对这次整党既感到新鲜，又感到很有希望。

接着，我们让妇女主任到贫农团去听取意见。这位妇女主任在永年乃至全冀南都是有名的模范人物，无论在各种运动中和生产劳动中都是模范，我以为群众对她是不会有多少意见的。谁知她刚介绍完自己的情况，群众就意见纷纷，说她没有很好地作检讨，而是在吹嘘。她那些模范事迹中，有些是假的，有些是夸大了的，有些是把别人的也安在自己头上去了。她事前思想准备不够，平常只听见旁人夸奖，很少能听到批评。今天群众一下子提了这么多意见，而且是那样的尖锐,她实在受不了,开始是脸红筋涨,后来竟然晕倒了。有人把她扶到家,她醒来之后"哇"的一声放声大哭,从此病了几天。

据我后来了解,她本是一个很好的同志,模范事迹也不少,但我们对模范人物一贯有故意拔高以至弄虚作假的情况。而且对模范人物,总是一味吹捧,这样就把他们娇惯坏了,怎么能受得住一点批评呢?

我特意去看她,想适当地说服她。我们刚谈得很投契,贫农团的几个代表来了,他们一进门就喊道:"好主任,我们得罪了你,给你道歉。我们提意见,是帮助你,为你好嘛,谁也不想打倒你。"这时她的病还未全好,但立即打起精神,给大家让座位,倒水。一个老贫农把她拉到跟前,亲切地对她说:"你们整党嘛,李政委要我们给党员提意见,我们贫农团把你当成自己的亲闺女,才对你说真话。给你提了那么几条,你生气了?不愿意听了?你说,我们以后还能提不能提?"她很受感动,含着眼泪回答道:"老大爷,怎么不能提呀?既是你们的亲闺女,有错误,要打要骂都可以,哪能连意见都不能提呢?"老贫农说:"那么,为什么我们一提意见,你就受不了,还生了一场病呢?"大家全笑了。她也不好意思地笑了,并娇羞地说:"老人家,都是你们平常把我宠坏了,只说好的,一句缺点都不说,可昨天一说就是一大筐,那我哪受得了?"我这时才插进来说话:"你的话有些对,有些也不对。共产党员是人民的儿女,人民,特别是贫农,有权力监督他们,批评他们。但也不能打骂。共产党员应经常主动地征求群众的意见。你平常自以为比群众高明,摆着模范的架子,谁还敢给你提意见呀!共产党员骄傲自满,不是群众宠坏的,是党员自己宠坏的,是党组织宠坏的,怎么能怪群众呢?"我又转身笑着对那位老贫农说:"老大爷,你这个闺女太娇气了,她现在说你宠坏了她,那么,以后你多多地管教她吧!"老大爷笑了,大家也笑了。老大爷慢慢地说:"管教,不敢当,有意见还是要提的。不过提意见也要公正。那天是她检查错误，所以我们也只是提错误。等评议她的党员条件时，我们好的坏的都要说。认真说起来，我们这闺女可不赖呀，真叫人疼爱。她模范也不是假的，当了好几年妇女主任，确实是个好主任！到时候都要说出来，才公平。"果然，在支部大会评议时，她的检查比过去深刻多了，贫农代表的发言也很全面，因此表决的结果，一致通过她为党员。有了妇女主任的经验，其余的党员也大多能认真地作自我批评，党员们和列席的群众代表也都能严格地但也实事求是地展开批评。很快，支部对党员的评议工作就结束了。全体党员通过贫农团向全村公开了。

　　一般党员经过支部评议就算完了，但党员干部（包括过去的老村干）还必须向全体村民作报告，进行检查。因为长期没有征求群众的意见，所以这回群众提的意见很多，大部分是关于强迫命令的，也有关于生活作风和多吃多占的。至于贪污等违法事件，倒也没有，这说明小北汪村的党员干部，基本上是好的。但是一个老村长在作检查时，却引起了一场风波。他不疼不痒地检讨了自己的错误，正准备坐下时，一个三十来岁的汉子忽然上去拉住他，左手抓他的衣领，扬起右手便要打，并大喊道："你还认识我吗？你当年拿棍子打了我，今天你为什么不检讨？"正在这时，两个四十多岁的汉子上前把那人的左手抓住，同时用更大的声音说道："你要干什么？"然后，其中一个问道："他为什么打你，你说！"另一个接着说："当年打日本，破铁路、挖道沟，哪一次你不耍滑、开小差？要是国民党，抓住你这样开小差的，早枪毙了。打了你，怎么样？我看没错。"老村长这才抬起头来，对着大家说："反正我打人，错了，我认错。"然后又哆哆嗦嗦地补充一句："八路军就是不许打人嘛，我不够党员资格。"大家见他一副狼狈相，不由得全笑了。大家纷纷议论：老村长当年很凶，今天不也很和气吗？当年打日本，没有点威风，怎么当得了村干部？这时，主持会议的支部书记说道："乡亲们提的意见都很好。我们过去当干部的,急着完成上边布置的任务,不会做说服工作,多半靠强迫命令,这是不对的。至于动手打人,更不应该。我现在向大家赔礼道歉。"说着,向大家鞠了躬。又继续说道:"现在日本人打跑了,铁魔头也完蛋了,我们应该团结起来,把生产搞好。乡亲们是主人翁,我们是勤务员,主人翁有什么意见尽管提,我们一定要严格处理。"群众听了这番话,都点头称是。这场大会就圆满地结束了。

随后便是改选支部。除两名没有通过的党员不能参加外,其余党员全都认真地参加了选举,投了票。选举的结果很不错,当选的都是在群众中有威信的党员。在整党期间,还在贫农团中吸收了几个积极分子入党。

整党完毕后,又整顿了农会。因为有贫农团做骨干,新农会把所有的中农(包括富裕中农在内)都团结起来了,因而比旧农会更有力量。还通过村民大会重新选举了村长。妇女会、青救会以及民兵组织也都作了整顿,面目为之一新。

根据小北汪和其他几个试点整党的经验,逐步向全面推广,很快,西半县的整党工作胜利完成。

生 产 推 进 社

永年城解放后,城内和城周的人民都需要救济才能生活。开始,在"左"的思想支配下,县领导和上面来的人都只注意肃奸和土改工作,对救灾抓得不紧,把边区和行署拨来的救济粮款发出去就完事,没有采取长远的措施。很快救济粮款用完了,而灾情却越来越严重。

这时,中共中央1947年的十二月会议已经开过,毛主席发表了《目前形势和我们的任务》,任弼时发表了《关于土地改革的几个问题》,接着还发出一系列的具体工作指示,坚决地纠正了土改以及其他各项工作中"左"的偏向(当然也注意防止右的或任何错误倾向)。人们的心里亮堂了,搬石头停止了,回家的干部也出来了,有的发了几句牢骚,但随后人们的情绪都逐渐高涨起来。参加冶陶会议的路子谊和宋钦都回来了,他们很高兴地告诉我:地富路线的帽子没有给永年戴上,而且后来连提也不提了。地委的领导还说永年的土改和复查搞得不错,没有过头。我插话道:"还要怎么才算过头呢?洺关的工商业连药铺都分了。"大家全笑了。

路子谊还带来了王从吾给我的信,说区党委请示中央局,要我暂不回去,先在永年再待些时候,薄一波已表示同意。我其实并没有想马上离开永年,我在洺关就曾给薄一波打过电话,报告我调查和工作的情况,并说我一定要把整党工作搞完。一波同志在电话里告诉我:边区农会的筹备工作不用急,青年团的试办也从缓,同意我在永年继续工作下去。现在王从吾又来信,我当然不会离开永年了。路子谊和宋钦对此都很高兴。只是宋钦因是地主家庭出身,按规定必须回避,他准备立即起程,表示坚决执行党的决定。说到这里,彼此心里都有些惆怅。随后我们为宋钦饯行,痛痛快快地喝了不少白酒,我还写了一首打油诗送他,所以他和我们握别时还是很高兴的。谁知从此一别,再未见面。所幸来代替他当永年县长的是赵幼博,赵是从成安县调来的,而成安和永年在冶陶会议上的命运相同,都是被指名执行了地富路线而后来又没有戴上帽子的。我们一见如故,相处很好。

接到王从吾的信以后,我即进城主持县委工作。经大家讨论,决定以救灾为中心开展工作。救灾需要物资呀,可救济粮款都用光了,怎么办呢?经我向王从吾请求,行署又拨来50万斤粮。这时全县的灾民已扩大到10万人左右(因1947年歉收,老区也开始闹饥荒),这区区50万斤粮,犹如杯水车薪,何济于事?每人一天一斤,5天便吃完了。在讨论救灾的会上,有人对我说:"边区在冀南的公粮,大部分都存在我们永年五区,你和杨主席很熟,何不请他开开恩呢?我说:"杨秀峰同志是个好人,对灾民不是不关心,但边区的公粮,是全边区军队和干部的生命线,他怎么好动用呢?我和他再熟,也不能开这个口呀!除非是借,借了保证能还,那我和他商量,也许还有点可能。"于是大家讨论开救灾的办法。都说救灾必须靠组织生产,才有出路。只搞救济是不行的,10万张嘴,要多少粮食才养得活呢?因此,又讨论开组织生产的办法。城区的干部说,永年洼经过放水进来,现在已成了一个大湖,周围40多里的堤内,湖水深处,鱼多得很。几年没人捕捞,那鱼长得又肥又大。如果组织起人去捕,每天打上一两千斤鱼是不成问题的。又有人说,堤内堤外到处都是苇子,组织人砍苇子、编苇席,也是一条生财之路呀。还有人补充说,苇子有用,蒲草也一样有用呀。接着大家把各种水产的用处及如何组织生产的办法都议论了一番。大家说永年从前是广平府,生意很兴隆,会做买卖的人很多,只要有了东西,有了本钱,把人组织起来经商,准能发财致富。永年城周围的农民都会种菜,这里的大蒜和白菜是远近闻名的,白菜行销周围各县,大蒜甚至远销京津乃至国外。永年城内的人很会做菜,厨师很多,邯郸饭馆里的厨师大部分是永年人。因此组织种菜,搞饮食业很有前途。五区和四区的干部则说他们那里的妇女大多是纺织能手,会织很好的白布和很漂亮的花布。六区有部分是山区,产煤,并有许多山区的特产。洺关的人有些是很懂行的牲口贩子,可以从内蒙古买回牲口来,但需要较大的本钱。根据大家讨论的结果,生产和谋生的门路很多,但最要紧的是要有本钱和领导这项工作的干部。

我们为此专门开了一次县委会。我说:如能保证还本(利息就别说了),我估计找杨主席借粮借钱是有希望的。大家都说只要有适当的人来干,不但能还钱,赚钱也是肯定的。难道打鱼来卖和纺花织布还会赔本吗?因此关键的问题是干部问题了。把全县干部溜了个遍,也找不出一个适当的人。因为过去的工作就是打游击、搞土改和各种运动，对经济工作是外行，现在要组织起这么多群众来生产救灾，并且还要经商（这是过去人们看不起的），哪有这么合适的人选呢？思来想去，我终于想起了一个人，那就是李长生。

长生于抗战初期参加工作，在游击战争最艰苦时期，他带领着一支武工队，在他的家乡一带坚持斗争。日本人在他家乡周围修了几个碉堡，围困他，出布告悬赏捉拿他，但他得到群众掩护，照样安然地在那一带开展活动。抗战后期他又改做情报工作，也相当有成绩。为了工作需要他常扮做商人，并也真的做过买卖。他这人身材高大，典型的军人模样，特点是对钱财看得很淡，绝不会为个人利益而贪污，做经济工作是最恰当不过了。我一提长生，大家都说合适，不过也有人说他外号"大尾巴狼"，意为马马虎虎、大大咧咧，总之是不仔细的意思。我说："如果他真的马马虎虎、不仔细的话，不早被日本人抓住了吗？我看他呀，表面像个大尾巴狼，心里却比老狐狸还要精呢！"大家全笑了，决定了让长生来担当重任。

这一摊子事情叫什么名称呢？大家说应强调生产，以生产为主，以经商为辅，当前是要救灾，长远看要发家致富，定为"生产推进社"这一名称就挺好。名称定了，任务也明确了，组织者也有了，可是本钱在哪呢？大家一致要我去找杨主席。为此我专程跑了一趟边区政府，结果不错，杨秀峰答应我们可借当地存粮400万斤，但要保证本年秋后归还。另外还告诉冀南银行，酌情给我们一笔贷款。于是，生产推进社很快就开张营业了。

李长生果然是个能人，在他的领导下，生产推进社很快打开了局面，生意兴隆。正在这时，新任县长赵幼博正式上任，他也主张永年当前工作应以救灾为中心，而救灾要靠生产自救，不能坐吃救济粮。政府的工作应该抓住生产推进社来全面推动救灾，其他的工作都要围绕这个中心来进行。赵县长对经济工作很内行，有他领导，长生的工作自然更加顺手。这样一来，我便抽出时间到西半县去结束整党工作，并对遗留下来的问题作善后处理。

我还是到小北汪坐村。村支部、贫农团都来告诉我，这里也开始闹饥荒，春节后已有个别人家断粮。村干部商量的结果是，当前最重要的任务是领导群众生产度荒。什么党内矛盾、党群矛盾都往后边站，至于那些鸡毛蒜皮的事干脆拉倒算了。是吃饭要紧还是生气要紧？大家现在整天说的是赶快想法搞饭吃吧！我们都不是仇人，谁还老找气生？李政委来，请他少开些会，多给我们找些吃饭的门路吧。我听了直好笑，说："你们若早能党内团结、党群团结那多好，何必还要开那么多会？好了，现在大家团结了，不开过去那种会了，但开会研究如何生产度荒还是必要的吧？"大家都说应该。于是我们又开了会，在会上研究了各种生产度荒的办法，但最普遍最有效的一项还是开展纺织业。

这里家家户户都会纺花织布，而且织出来的布质量很好。问题是，一要有本钱，有好的棉花做原料；二要有销路，织出来的布要有人马上收购，不能积压。我问村里的生产推进社组织起来没有，回答是已经组织起来了，有了人，有了架子，但没有本钱，尚未开展工作。我问道："如果把公家的好棉花贷出去能保证收回好布吗？"大家回答说保证能收回好布来。最后讨论的结果是：由村生产推进社向县总社立约贷出棉花和粮食，保证秋后归还；然后由村生产社贷给各户棉花，每一斤四两棉花收布一斤，各织户可赚四两棉，这四两棉可以继续做本，也可以向生产社换米。村生产社收购到一定数量的布匹后即组织运输，运到缺布的地方如山西、内蒙去卖，并可以从山西运粮，从内蒙买牲口回来卖。也可以把布匹卖到东北去，换回粮食。东北的粮食最便宜，布又最贵，赚头很大。最后大家说：只要各织户有了本、有了吃，并有盈余后，就可以让各户向生产社入股，把生产社变为合作社的性质。由入股人员选举社长，实行民主管理。

后来我把这个意见告诉了赵县长，他便找人拟出了农村合作社的章程。这个章程很灵活，可以叫生产推进合作社或推进生产合作社，甚至仍叫生产推进社，也可以叫供销合作社或供销社、生产供销合作社。股金可以每股一元，也可以二元、五元等，但偏向于一元一股。钱多的可以多买，并不限制。同时还拟订了一个全县联合的县联社的章程，准备到适当的时候成立县联社。1948年我离开永年的时候，县联社已经成立起来了（赵县长因为搞合作社有成绩，后来还担任过河北省的手工业合作社主任）。

小北汪村生产社成立时，应村长要求，我对全体村民讲了一次话，要求妇女们纺花织布，一定要讲求质量，否则运到外地卖不出去，就会赔本。并且要求生产社要有专人检查，凡不合格的布匹一律不收。大家表示，政府对俺这样好，谁还没有良心，把坏布交上？开始一段时间还好，收到的布都是好布。可过了一段时间后，交来的布就有次布以至坏布了。村干部很生气，就开大会批评，并把次布、坏布摆出来，希望交布的人讲良心，趁没有人的时候拿回去，再交好布来。果然大部分的布都换成了好布，但仍有几匹没人认领。村干们问我该怎么办？我说：不管谁交布，都要经过检查验收，不合格的当场退回，并给予批评，屡教不改者还要给予处罚。我们办事情不能只讲良心，还应该讲原则，规定出办法来。于是，由妇救会挑选出纺织能手来当检查员，组成检查组，所有的布都由她们检查验收后才交给生产社。以后，再没收进过次布坏布，所以一直盈余而没有亏损。

很快，西半县（以至东半县的不少村庄）都以纺织为中心把各项生产事业搞起来了，生产社不但完成了救灾的任务，而且都有盈利。形成了大小不等的企业。由生产社组织的运输队或个体商贩把布匹等物资运销到山西、内蒙以至东北，又从那些地方运回了大量的粮食、牲口和其他物资。这样就不但把灾荒度过了，而且促进了春耕，特别是因为增加了牲口，使当年的农业生产大大地前进了一步。

以永年城为中心的生产救灾工作，搞得更加红火。只捕鱼一项，就成效卓著。开始因捕鱼的渔具不够，每天捕鱼不超过千斤。李长生亲自到临清一带收购了大批渔具，然后由生产社贷给渔民，以后由渔民们交鱼偿还，渔具充足后又教给并不断提高捕鱼技术。这样一来，每天捕鱼量大增，少则千斤，多则几千斤。问题是销售跟不上。当时农村的销量很小，就是邯郸、邢台等城市销量也不大。而且活鱼很难保存，极易腐烂。所以大家除销售活鱼外，尽量按本地方法烹制酥鱼。但酥鱼保存的时间毕竟有限，不过十天半月而已。于是长生又到临清请来南方会制干鱼的师傅，这样才解决了问题。与捕鱼业发展的同时，其他如制蒲、制苇等与水产有关的手工业、副业和商业都发展起来了。当时永年与河北各地及山西、陕西的陆路交通已畅行无阻，而且由滏阳河行船，可达天津附近各地。天津虽尚未解放，但天津以外都是解放区了，从这些地方渡海到东北，非常方便。东北当时除沈阳、长春、锦州外，已全部解放，东北与关内的商旅也已络绎于途。永年的布匹和一些土特产行销很快，和粮食的比价非常有利，因此通过滏阳河再越海到东北这条路的贸易，给永年生产社带来了厚利。

1948年夏天，发生了一件奇怪的事，永年城南滏河岸，从东北运来了一大批粮食，上写交永年生产推进社收。有人去问长生，长生说东北的账早已销了，怎么还会有粮食运来呢？后来一打听，原来是算账在前，布匹运到在后，等布运到时粮食价下跌了，布价等于上涨了。当地收购部门按运到时的价格算账，所以又给补送来这一大批粮食。这件事说明当时解放区的道德风尚很高，就是商业部门也大有君子国之风。不过，随着商品经济的发展，这种风尚不可能维持下去。商品经济讲求的是契约关系，而且这种契约关系是由法律来作保障的。靠良心、靠道德来做买卖，在商品社会是肯定要吃亏的。（当然，我们共产党人应该是最有良心、最有道德的人，但在商品社会里，我们还应该最善于运用商品经济的规律去实现我们的目的。只有等商品经济发展到尽头，生产力特别是生产率充分发展，超过历史上任何阶段，超过世界上任何国家，只有到了那个时候，才会很自然地废除商品，实行共产主义。而且到那个时候，绝不会只有我们一个国家，必定是许多国家乃至全都要实行共产主义。共产主义是人类最高的理想，它一定会实现，但它不会由人们主观地、勉强地在落后的条件下加以实现。那样做是非科学的、反科学的，只会给人们带来巨大的灾难；它的实现只能是客观规律发展的结果，人类社会高度发展的结果。)

当我1948年秋离开永年的时候，永年的生产推进社已经发展到相当大的规模。它不仅帮助人民度过了1948年的春荒，而且使1948年获得了夏秋两季的好收成。不仅还清了从边区政府借来的公粮和银行的贷款，而且自己也积累起一大笔资金。根据赵县长的倡议，各村的生产社大都已吸收了群众的股金，由官办变为民办，变为集体所有制的合作社；在各村社的基础上，建立起全县的联合总社——县联社。这县联社也是集体的合作社，还清贷款后，资金全是集股而来，领导机构也是真正民主产生的。李长生因为领导有方，成绩卓著，被选为县联社主任。后来为和全国一致，把生产推进社改名为供销合作社。但其集体所有制的性质并未改变。到了50年代，特别是到了"大跃进"的时候，供销社"跃进"为全民所有制，以后就和第一商业局一样，完全成了官办的企业了。

1981年，我曾经回永年一次。这时县供销社的资金数以亿计，工作人员数以千计。我一查问原生产社入股的旧账，大部分村社仍保存完好，经初步计算，过去一元一股，现股值约15元。我主张现在以15元为一股，过去的一元股票仍可换新股票一股。在换股票时号召群众再入新股，这样群众会恢复对供销社的信任，从而会吸收到更多的资金。然后在此基础上，和邯郸合办一个群众性的农工商公司，对外开放，使永年更快地富裕起来。我这次是与李长生同去的，他这时是河北省农业科学院的领导成员之一,在我离开永年后还曾担任过一届县委书记,所以我们一起提出这个建议。当时永年县委和邯郸地委都表示同意,现在看来太超前了,所以口头上虽说赞成,实际上还是没有能够行得通。我当时到邯郸的主要任务是修改由我主编的《伟大的开端》一书,所以对永年的事也就很少过问了。

与任弼时的三日长谈

自从参加革命工作以来,和领导、和下级、和左右同志,不知有过多少次谈话,但连续三天作竟日长谈,却只有一次。那就是1948年夏天和任弼时同志的谈话,因此毕生难忘。

大约是1948年的8月末,我在永年接到党中央的来电,要我立即赶赴西柏坡。到时知道中共中央华北局已成立,要立即组成华北局青委。刘澜涛代表华北局接见了我们几个人,许世平、康濯、李梦华、杨泽江、蒋毅和我,说明华北局青委即由我们组成,暂由我和许世平负责。接着,就接到通知要我到任弼时那里去谈话。那天我去得早,一则因为我对弼时同志很尊敬;再则我知道他在国外待过,很守时,果然弼时同志已经在等着我了。

我们寒暄几句之后,立刻进入正题。说是正题,其实还是很随便的。他随意(恐怕也事先经过考虑)向我提出各种问题,我尽我所知,一一回答。问答中常常又扯到别的问题上去了。这样自由自在地谈,毫无拘束。谈累了休息片刻,接着再谈。午饭就在他那里吃,稍事休息,接着一直谈到傍晚,才让我离开,如是谈了整整三天才告结束。当时仅我两人,既没秘书参加,也没人在旁记录。案子上放着他的一个小本子,只在他认为很必要时才在上面记上几笔。现在档案馆保存下来的记录本就是他当时那个小本子，那上面只有一些零星的数目字和并不连续的几句话，人们看了是无法了解其含义的。

80年代后期，中央文献研究室询问我那次谈话的内容，我当即在电话里作了简单的回答。后来又寄来复印的小本子上的记录，希望我把那次谈话，根据记录作引子，详细地用文字写出来。但我随后因病住院，出院后又继续休养，一直拖延至今，仍未完成这项任务。

已经是40多年前的事了，要详细地把当时谈的话都记起来已不可能。可是那次谈话在我印象中是那样的深刻。弼时同志当时的音容笑貌，都历历如在眼前，所以那次谈话的内容，我基本上牢记在心，不会遗忘，现在写出来，自信还是比较准确的。

我记得他一见面就问我："你不是邯郸中央局的青委书记吗？"我说是。他又问："那怎么又去做了永年县委书记呢？"我答："那是中央局的决定，当然也是我自愿去的。"他笑了笑说，那也好。于是又问我："你对邯郸的情况熟悉吗？"我说："邯郸的情况知道一些，永年的情况比较熟悉。"

因为邯郸是战国时期赵国的都城，我们便从赵国谈起。从赵武灵王胡服骑射，谈到蔺相如完璧归赵，蔺相如与廉颇的关系——由回车相避，到负荆请罪而重归于好。他问道："胡服骑射好吗？"我说："那怎么不好？我们解放军穿的衣服也不是大汉衣冠了。我们用枪炮不也是学的外国吗？如果只用大刀长矛怎么能打败日本、打败蒋介石？就是小米加步枪也很不够呀。"他又问："邯郸真有个回车巷吗？"。我说："是的，真有那么个巷，不过，不一定是真的。我去看过那个地方，如果真是那里，蔺相如的车子恐怕也回不过去。我们中国人就好古，甚至于'造古'，西安不是还有个王宝钏的寒窑吗？"说到这里，我们不禁大笑起来。从古谈到今，就问到了邯郸战役的情况。我说，打邯郸战役时我不在，我那时刚从豫东杞县回到峰峰矿区——邯郸中央局搬到了那里——战斗已经基本上结束了。任弼时同志忙问："杞县，什么地方？是杞人忧天那个地方吗？你在那里干什么？"我答："就是杞人忧天那个杞国，现在叫杞县，我在那里当县委书记。"他笑着又问："那里的人果真胆小，怕天塌下来吗？"我说："恰恰相反，那里的人很勇敢，当兵的很多。在十年内战时期，尽管白色恐怖严重，那里的党组织也没有垮。吴芝圃就是杞县人，他曾在那里组织过农民暴动，还曾打开杞县城坐过三天大堂呢。抗战时期，杞人参加新四军的不少，那里人只认新四军不认八路军，我一到那里就由八路军变成新四军了。日本一投降，我们打开了杞县城，我也算坐过了大堂。后来根据《双十协定》撤退，也和吴芝圃一样，被'赶走'了。"说罢，又都笑了起来。

我们从杞县谈到永年，也是从古到今。任问："有个'脱颖而出'的毛遂，埋在永年，你知道吗？"我说："知道，可惜毛遂墓已淹在永年洼的水底了。"他又问起临洺关，问李世民和窦建德作战的地方是否还有遗迹。我曾到过洺关西面山上李世民驻兵的地方考察过，我把考察的印象告诉他："从西面山上进攻洺关，居高临下，颇占地利。至于用水淹洺关，按现在的水流量，不可能达到史书上所载那样大的效果。也许隋唐时代的河水，要比现在浩荡得多。"

我们又说到太平天国北伐军从山西东下河北，经临洺关北上，想直捣北京。任弼时同志说，那样孤军深入是不可能成功的，而且像洪秀全那样的农民领袖到南京后即已斗志消磨，怎么能打败帝国主义和封建主义结合起来的反动统治呢？他沉吟了一下，然后严肃地说："要克服农民意识，克服那些落后的东西。"听了这些话，我是从心底佩服，我想，他那篇《土地改革中的几个问题》写得多么好啊！那些深刻的思想不正是针对着农民的落后意识而来的吗？这些我并没说出来，只是深思而已，因此我们彼此沉默了一段时间。

接着，他开始详细地询问围困永年和土地改革的情况，我尽可能详细地给予解答。说到全国土地会议和中央局冶陶会议时，我大胆地说出了自己的看法，并对冀南区党委和三地委提出了批评意见。听我说时，他听得极为认真，有时似乎首肯，但没有说话。最后他问我："那么现在问题解决了吗？"我说，"地富路线的帽子，没有给我戴上，但并没有澄清是非。现在，正在动员干部南下，如果许多思想问题、政策问题不搞清楚，对今后革命的发展是会有影响的。"他听后，沉思不语，没有再提问，恰好到了吃饭时间。吃饭时，我们都没有说话，不像前两次那样有说有笑。

最后一个下午的谈话内容，主要集中在生产救灾和党务工作上。他对我们搞的生产推进社很感兴趣，详细了解情况后问我："你们借边区的粮款今年能还清吗？"我说："不但能还清，而且有盈余，而且能把生产社办成群众的合作社。"他听后很高兴，要我们写个总结给边区政府。（后来赵县长把总结交给了边区政府，杨秀峰主席大大地表扬了一番，赵县长和李长生都得到了提拔。）

谈到党务工作时，他问我县委书记是怎么当的。我一时不知该如何回答，他于是又问："你管军事工作吗？"

我答道："围城司令部成立之时，我多少管一点，也不过是去开会提点意见罢了。司令员是李大磊，老同学，他要我到新区发动群众，我到了临洺关一带，离司令部较远，就去得少了。后来，分区直接管围城工作，围城司令部名存实亡；再后来冀南军区也直接来抓围城工作，围城司令部无形中被取消了。"

他又问："那你对独立团或县大队怎样领导呢？"

我答："我到永年，独立团就归了分区，新成立的县大队，由军事部门派来了大队长和副政委，我兼政委。主要的任务是协调军队和地方的工作和关系。副政委参加县委，我要他每两个月或一个季度到县委汇报一次，由县委会讨论一次全县的军事工作和有关前方的一切工作。就这样，我们的大队、区游击队和民兵，以及围城、支前和公安部门的工作，都是很协调的，没有发生过大的问题。尤其是参军和修筑围城工事，成绩很大。"

这时，弼时同志又问："你是怎样领导政府工作的呢？"

我说："县政府有个党团，党团书记是县长，政府的事情由党团解决。我们县委也是每两三个月讨论一次政府工作，开会时一般只是县长参加，必要时全体党团成员都来。"他又问起群众工作，我介绍说："冀南的群众组织工、农、青、妇，联合到一起，以前各称×救会，后来称救国会，那里也有个党团，因为救国会主任不是党员，所以党团书记是别人。不过开党团会时一般都请他参加。县委的领导也是通过党团，有时我也找救国会主任来商量。"

他说："救国会是工农青妇联合起来的吗？"我答："实际上是混合，工会早就并入农会，青救会、妇救会后来也并入了。所谓救国会实际上就是农会。"

他说道："你是搞青年工作的，为什么不争取点儿独立性呢？"

我说："在太行山，我们争取过，但受到批评，说是闹独立性，有的青年干部还因此受到处分。后来战争越来越严重，也就不提了，心想等打败日本再说。"

他说："打完了日本，你们青年工作也没有恢复呀。"

我说："日本打完后，不是又打蒋介石吗？要不是去年召开全国青年工作会议，连我自己也不知道自己是中央局的青委书记呢。"

他说："别的地区早已动手办青年团了，你们为什么不动呢？"

我说："我在下面当县委书记，连个消息都不知道，我怎么能动？当然，作为青年干部，我早就不称职了。不过，我也是无职可称的。"

他听后不觉一笑，说："你呀，真会推卸责任。不过嘛，当县委书记也好，将来总会有用武之地的。"随后又问："你怎么领导全县干部呢？经常开全体会吗？"

我说："永年解放前，每月开一次会，后来每两月开一次。"

他问："怎样开法呢？"

我说："一般是由我先做一个政治及工作报告，然后讨论两天（主要是讨论工作），并由县长、副书记等二三人做专题发言，最后由我作总结。整个会议大约三四天，各部门的会也要自己找时间插在这三四天内开。会议一完，全体干部就赶到前方或赶回村里去了。"

他又问开会效果如何。

我说："在战争时期，干部最关心的是革命形势。他们在下面，连报纸都看不上，所以我作报告总要先讲形势，因为我准备得比较充分，所以一讲形势就很受欢迎。其次是讲工作，下面的干部，不但要求任务明确，最希望的还是要讲明完成任务的方法。我作报告特别是作总结时注意到这一点，所以讲得比较具体，能满足他们的要求。而且开会时我们注意把伙食搞好，要让他们不但能吃上馒头，并要吃上一两次肉。因为他们在下面生活很苦，回来开会都希望能改善生活。我们开会时既能使他们了解形势和任务，在精神上得到满足，又吃得较好，物质上也能得到满足，他们怎么能不高兴呢？所以每次大会的效果都是较好的。"

他马上接问我是怎样准备形势和工作报告的。我告诉他，我在永年时，大约三五天能收到一次报纸（三五天的报同时送来），上级的指示文件也来得较快。我认真地看报并研究指示，这样就能准备好形势报告的内容。我每个月总有20天以上坐村，直接参加村里的工作；同时通过下面的汇报和县委的会议，对全县的情况也基本掌握；所以我的工作报告能讲得比较全面、具体和深入。他听后很表赞赏，说领导者一定要参加具体实践，同时要掌握全面情况，只有这样把点和面有机地结合起来，才能进行有效的领导。

后来，他又具体地询问了全县党务工作干部的情况。县委多少人，常委几人，都是些什么样的人；县委机关多少人，每年需要多少经费；全县共有几个区委，每个区委有多少脱产干部，不脱产的又有多少；全县共有脱产干部多少；全县共有多少个党员，多少个支部；乡村支部是否有脱产人员，支部书记是否脱产，不脱产他们的生计又怎样解决；全县共有多少脱产的党务人员，全年党务工作的经费大约多少；等等。他问得极为详细。我虽没带任何材料，但当时年轻，记忆力好，平时又抓具体工作，所以基本上能完满回答他所提的这些问题，包括具体的数字。前两天谈话时任弼时同志很少记录，现在他却把党务工作方面的情况一一记了下来。我看他对数字记得很清楚，有时还重问一次，核对他记的是否有错。我感到很奇怪。他随后又向我提出一个问题："你们现在的党务干部不很多，全县只有几十个人，开支也不太大，你看，如果不靠政府供给，自己搞生产，能解决问题吗？"我稍微考虑了一下，回答道："我们能组织生产推进社，解决几十个干部的生计和党务工作的经费，是不成问题的。"他表示同意我的看法，我却更加感到奇怪了。经过一番踌躇，我终于向他提出反问："弼时同志，你为什么单单问我们党务干部的生计和党务工作的经费呢？难道要停止对我们的供给了吗？"他慢慢地说道："你放心，不会让你们没饭吃。"

停了一下，他又说："现在不是要准备召开新政协、成立新政府吗？新政府是联合政府，不只有共产党，而且有各党派；那时，如果各党各派的经费都是自给的，我们共产党的经费怎好由政府供给呢？"听了这番话，我才明白他详细询问党务工作的原因。不过我仍不了解他为什么要考虑党务经费自给的问题。因此，我又问他："党务经费为什么一定要自给呢？将来新政府成立，对各党派也给点经费不就行了吗？"他笑了笑，说："问题不那么简单。你给他们多少？给共产党多少？谁来决定？而且，政党的经费由政府供给，这样好吗？"说到这里他停住了，并没有回答他自己提出的问题。

片刻，他对我说："你这个县委书记做得不错。但是青年工作，你没有完成任务，但这也不怪你，党委的决定你哪能不服从呢？好，现在调你来做青年工作了，咱们就谈谈青年工作吧。"当他知道我们那个区域没有单独的青年工作已多时，所以没让我谈具体的工作问题，而要我对整个青年工作发表意见。他问我研究过青年运动的历史没有？我说对青运史没有研究，但有兴趣。在他的启发下，我大胆地提出了对青运史上一些问题的意见。我说："我党的青年工作，大革命时期很活跃。十年内战期间，青年工作在'左'的指导下严重脱离了群众。'九一八'后没有跟上抗日形势的发展，因此1936年取消共青团是正确的。但没有在思想上搞清楚，以后就只搞青救会而没有骨干组织。这样也就只有肉而没有骨头，形不成力量。抗战期间，人们都看不起青救会，所以后来就让农会并过去了。许多人都说农村与城市不同，青年没有多大的特殊性。其实不尽然，当扩军的时候，青救会就很起作用，所以把青救干部称作扩军干部。扩军一完，也就不要青救会了。这是实用主义，没有远大眼光。当然，青年农民也是农民，他们首先要求抗日，要求土地，和中老年农民是一致的。但他们还要求识字、读书、学文化，搞体育、娱乐，要求男女自由交往、自由恋爱、自由结婚，反对封建家长制度，要求独立自主，喜欢科学知识，敢于破除封建迷信。总之，他们还是有特殊性的，应该发挥这些特殊性的优点，让青年在抗日和民主这两件大事中起先锋作用。在抗日中，特别是参加正规军时，人们赞成青年打先锋。等组织游击队和民兵时，他们对青年的先锋作用就开始打折扣了，所以不少地方把青年游击队和'青抗先'全都并到一般游击队和民兵组织中去了。至于青年反封建的民主要求，在许多地方至今仍受到压抑。所以在我们那里，听说要搞青年团，许多人包括领导同志，都不够积极。都怕搞成第二党，闹独立性，脱离群众。其实十年内战时期，共青团的失败，不只是组织问题，而首先是路线问题。那时的工会、农会、妇女团体，还有党组织本身，不是都脱离了群众吗？我们如果不能很好地总结历史经验，群众团体如果不是建立在群众的基础上，只按党的命令办事，最后总会脱离群众。现在办青年团，应该吸取历史教训。既要有青年团做骨干组织，还要有青救会（或青联会）、学生会、少先队、儿童团等一般性、全体性的组织，而且所有这些组织，都要建立在群众要求的基础上，要多为群众办好事，不能光为党办事，要把二者统一起来。干部要由群众民主选举，不要指定、钦定……"我如此长篇大论地讲了一通，他没有打断，也没有插话。讲完之后，他才说："现在要你到华北青委去工作，你可以把你的意见提出来让大家讨论嘛。"

实际上，我早不想搞青年工作了，趁此时，我提出希望调动工作的要求。他马上问我想做什么工作。我说想做教育工作，并告诉他我见到了荣高棠，荣不想到华北大学去，而我却愿意去，是否可以让我去代替他。弼时同志考虑了一会儿，说："当然可以。"随后又半开玩笑似地说："你根本没有进过大学的门，怎么敢到大学去工作呢？"我当时心里一震，但随即沉着地回答："到大学，是去学习嘛。我去和学生们打交道，对教授则是当徒弟，拜个师总是可以吧。"他听后笑了，鼓励我说："不用怕，大学也没什么了不起，恽代英就没有上过大学，不是也当过教授吗？只要肯学习，你将来也可以当教授。我看你可以，就像永年那里的毛遂，敢于自荐。既然你愿意去，我就向吴老（玉章）推荐你，要是他同意，你就到华北大学去好了。吴老是四川人，你们还是同乡呢。你们四川人呀，就是觉得四川好，爱拉同乡关系，照吴老的话说，那是乡谊，可以增进同志之间的友爱。你们四川人都很痛快，我想他是会欢迎你的。"说罢哈哈大笑，我们就在这异常愉快的气氛中告别了。

告别永年，重访永年

吴老（玉章）对我到华北大学表示欢迎，我便赶回永年，准备同妻子于川到石家庄附近的正定去就任新职——华北大学第一部副主任。

这次调动工作，是我自己提出来的，我当然很高兴。我妻刚从冀南三地委参加整党回来，听说我要走，也很高兴。她不是共产党员，但也把她调到三地委去参加整党。按说请党外人士参加整党，主要是征求意见；但一去之后，却要她参加三查三整，而且故意与她为难，使她对这次整党运动的印象很坏，很想离开冀南三分区。听说我调到大学去工作，她很满意，觉得大学里都是知识分子，有道理总可以讲通。而像三地委这样的地方，人们对北平那样的城市里的情况完全陌生，任凭你怎样解释，他们都不理解，总认为像于川这样的小姐，怎么能出来参加革命呢？最令她生气的是，地委的某些领导人还故意在那里挑弄，因此她希望我马上离开永年。

虽然都愿意离开，但到了真要走的时候，不知怎的心里却充满了恋恋不舍之情。到永年虽只有两年，可这两年对我们夫妻两人来说是多么难忘啊！于川是从敌伪统治后国民党又统治下的地方冲出来奔赴解放区的人，这两年是她一生的转折点，她怎能忘记呢？她初到永年时，是那样的兴奋，一切都感到新鲜。战争环境虽然艰苦，但与群众的鱼水关系，也使她感到非常温暖。而县委和救国会的同志们，对她也是非常尊重，因而关系也是非常融洽。这一切的一切，她怎能忘掉呢？因此，在临别之际她和一些同志谈得很多、很深。女人们毕竟更为多情啊。

永年的两年在我的一生中也留下了难忘的记忆。抗战中，我当过八路军、新四军，做过青委工作、农会工作，还在两三个地方担任过县委书记,但都是兼职的,而且时间很短,经常流动。像在永年这样认真负责地干了两年,还是第一次。而且这两年中,又打仗,又土改,后来还搞了整党以及生产救灾等工作,真是内容丰富而又曲折复杂。我怎能把这段时光忘记?而且又是在我新婚之后。战斗与新婚,紧张与甜蜜相结合,这在人生中真是莫大的幸福!离开永年之前,我到各区去转了一遍。凡是我曾坐村的地方,如施庄、小北汪、刘营、大北汪等村,我都去拜访了老党员、支书、村长、农会主任和房东。不知怎么的,他们似乎都知道了我要走,都异口同声地说:"李政委,你以后可要常来呀,别到了大地方就把我们忘了呀!"有的女同志还当众流了眼泪。我也很动情,不住地说:"共产党员嘛,怎能忘记工农呢?……就是进了北平,我也会回来的。"于是大家又兴高采烈地笑了起来。

回到城里,每天傍晚我都要到城墙上去眺望一番。永年是古代的广平府治,城墙修得很坚实,全部都是砖墙而非土墙,四四方方,平平整整,十分壮观。环城皆水,形成一湖,颇似北京颐和园,但这里的湖比昆明湖至少大一倍,而城则比昆明湖中的龙王庙不知要大多少倍。当夕阳西下时的太行山,那余晖反映在水面上,光辉灿烂,颇似颐和园西山落日的景色。我在城墙上徘徊,流连忘返,总要到有人来催我回家吃晚饭,才肯下来。

县委准备召开一次全县干部会与我话别,我坚决地制止了。路子谊爱喝酒,于是趁机要赵县长请客。赵县长当然应允。酒席非常简朴,菜肴以落花生和豆腐干为主,还有永年城的鱼和临洺关的驴肉,在当时算是很丰盛了。我年轻时很有酒量,但在战争年代尚能克制,现在永年已解放,又是要与故人知己告别,怎能不开怀畅饮?话越说越投契,酒越喝越多越有劲,不知不觉全都醉了。但还算是饮君子,除李长生有时高喊几声外,我们还能保持常态,尽欢而散。

离开永年和前往永年一样,坐的是轿车,这次是由警卫员郝金生赶车，一路上经过沙河、邢台、高邑、元氏等县，这些地方都不如永年富庶。只是到了正定，见那里一望田畴，渠沟纵横，才可和永年比拟，因而更觉永年的可爱及值得留恋。在正定，我和郝金生谈话，希望他留在我身边，就在华北大学工作。但他不愿意，因为他弟兄们都参军了，需要他回去照顾家庭。我对此当然不能勉强（可惜这样一个强壮勇敢的青年，后来竟早死了！80年代我回永年知道这一情形时，不胜悼念）。

离开永年后，仍不时想念永年，但未能实现自己的诺言，常去看望那里的乡亲们。1965年秋，近代史研究所响应中央要研究人员下去"滚泥巴"的号召，范老（文澜）要我到邯郸去见李雪峰，和他商量找一个滚泥巴的地方。那时李雪峰是华北局的书记，华北局已搬到邯郸办公。因为我曾长期在太行山做青年工作，和他是老熟人，见面时他就开玩笑说："老青年来了！"并要我参加他们正在进行的华北局会议。等会议告一段落，才要我向大家说明来意，并共同商量我们"滚泥巴"的地方。结果是到永年去，看施庄或者城关有什么地方合适。这样，经过17年之后，我又重返永年。

经过50年代的"大跃进"和60年代的"四清"，和全国一样，永年元气大伤。我到施庄一看，比40年代战争时期还要穷困。施庄的支部是我在那里建立起来的，现在和大家相见，有如梦中，大家还是像当年那样亲切。

当天晚上，老支书招待我吃油饼，我问他："你们每人一年才能分到二斤油，怎么能给我炸油饼呢？"他说："你尽管吃吧，不用问。"我说："你给我实说吧，我不会给你们'泄密'的。"在场的人一听都笑了，说："这里是李雪峰在'蹲点'，他可厉害呢！"我说："我和李雪峰熟识，你们有什么话要我和他说吗？"老支书忙说："你可千万别和他说什么，要不，我们也不敢和你说什么了。"我接口道："那好，我保证给你们保密。"于是他们才向我说明真情。原来，为了让大家有油吃，队里故意不把油籽打干净，等交公和分配完毕之后，才把剩下的油籽再拿去打油，再按人口分给大家。当然，这个数量也不能太大，比起公社化以前差远了，但每人平均二斤油是不成问题的。因此，可以让我尽情地吃油饼。

　　一会儿，有人给我送来棉被，仍像从前一样，几条棉被堆码在炕上。我笑着问支书说："你们的被子不是还和从前一样吗？又薄、又多、又好。"支书叹口气说道："怎么能和从前比，从前八路军一个团进村，每个人两条被也不成问题。现在嘛，凑合着过吧。"随后人们就又你一句我一句地说开了，我才了解到分棉花的情况：县委书记郭先瑞根据李雪峰的指示，规定永年每人每年分一斤半棉花，其余全部交公。宣布后，群众意见纷纷，说，这点棉花连穿衣服也不够呀，我们冬天还盖不盖被子呢？郭书记说，这是上级规定的，我也没法，我也知道不够，又能怎么办？大家想办法嘛！郭书记让我们想办法，我们就让女人和小孩去"拾棉花"，规定每人不准超过十斤，超过了就罚。这样我们"拾"来的棉花，大体上还够穿衣和盖被。听了这些，我走到炕边把被子拉过来摸，哈哈大笑，说道："你们拾到的棉花可真不错呀！"大家全笑了。支书表示歉疚地对我说："我们也是逼得没法才这样做呀。"大家一致要求我千万别说出去，我说："郭书记让你们想办法嘛，怕什么？他这人很好，知道了也不会怎么样的。你们说李雪峰厉害，我看你们才是真厉害呀！"大家又笑起来，随后慢慢散去了。

　　因为施庄地主的房子这时已被上面来的机关占用，所以我们最后选定了城关内原县委机关驻的房子供大家"滚泥巴"用。但随后国内形势更为紧张，1966年春邢台地区又发生了大地震，波及永年，准备"滚泥巴"的房子也给震坏，不久又发生了人为的大地震——"文化大革命"，这样我们到永年去的事就成了泡影。

　　1981年，为《伟大的开端》一书定稿，我借住在邯郸招待所，顺便又去了永年。这次是拉着李长生去的,他这时在省农业科学院工作,并在永年有名的村——河北铺建立了试验基地。经过他的一番调查之后,我们向永年县委提供了十六字的方针:"发展生产,节制生育,提高文化,整顿党风。"

当时正在推行农民家庭生产承包责任制,需要分田到户。而永年的农业生产已基本上机械化了,分田到户,必然要废弃机耕而实行畜耕乃至人耕,显然是一种倒退。因此县委不同意上级的指示,希望我向地委和省委反映他们的意见。我开始时对县委的意见也是同情的,不过为了慎重,我和李长生又亲自下去调查。每到一个村庄,都看见修了一大片的新房,我们拣修得最好的房子进去一看,原来这些好房子不是支书的,便是队长的,或者是其他村干的,而周围其他农民修的房子总要差一些。我们找一些比较贫困的老农(还有老党员)座谈,询问他们对分田的意见,他们都说分了好。我说:"把田分了,就用不上机器了,怎么办呢?"他们说:"不用机器,人种不是一样吗?""反正那么一点地,人种还不够呢,何必用机器?""自己种,还能多得点;机器种,都归了队里,到头来分不了多少东西。"

这下我可明白了,由于党风不正,干部不公,再加上管理不善,尽管实行了机器耕种,增加了生产,但农民得利不多,所以他们愿意分田到户,哪怕以后用牲口乃至用人力耕种也不在乎。因此我没有向上面反映县委的意见。在上级的一再催促下,永年也实行了家庭承包责任制。刚分田之后的景象,看起来的确很滑稽,每户的田,西一条,东一块,有的用牲口耕,有的连牲口都用不上,索性用人拉犁耕。

从机耕退到人耕,确实令人感到可笑,但农民的生产积极性却高涨起来了。他们不惜出力出汗,也要把地种好,为了能畜耕,他们自动地互相换地,然后或一家买牲口,或两三家合买牲口,一时牲口的价格猛涨。原来一匹大牲口不过1000元,小毛驴只卖三四百元,后来大牲口涨价到1500以上，小毛驴更时兴，涨到了800元以上。

当时农村又出现了解放区几乎绝迹的买卖婚姻现象，长得好的姑娘，要七八百元的"彩礼"，相当于一个大牲口的价钱；长得差的只要三四百元，和小毛驴的价钱差不多。现在牲口的价格猛涨而彩礼暂时还没有涨上去。在一个村的支委会上我开玩笑说："你们这里怎么又把女人拿来做买卖了？一个女人的价钱竟和一个牲口的价钱差不多，现在牲口涨价了，女人反而不如牲口值钱了？你们的工作是怎么做的？"支委们都感到很不好意思，许久才有人说："买卖婚姻不好，我们也明白，可就是挡不住这股风嘛。"又有人说："不光买卖婚姻，连封建迷信也到处都是呀。"

我顺便又问了一句："你们村里的庙恢复了没有？"没有一人作答。我问一个比较年轻的人："你说老实话，恢复了没有？说了没关系，我不会向上报告的。"于是他说了实话："恢复了。"大家说："别的村恢复了，我们村的群众也都要求恢复，我们有什么办法？"会后我让那个青年带我去看"庙"，原来这个"庙"修在一条道沟的北墙里面，高不过一人，深不过丈多，可神像还是塑得很讲究，只不过属小型的罢了。庙门外用高粱秆挡住，人们从路上来往是看不见的。看见这种情形，我的感触很多，但因忙着编书，未能更深入地思考和研究。

1985年我又到过一次永年，这时永年的农业和工副业都得到很大的发展。主人领我去施庄参观，去看施庄人在洺关修的一条街。这条街修得很好，而且半年修成，可见，乡镇企业的活力很大。在村里又参观了敬老院和学校，学校的楼房盖得相当漂亮。但到一个党员家中却看到了另一番景象，大门口的对联很革命，是什么"生活样样好、江山代代红"之类，可里面却供着财神爷和灶王爷。财神爷前贴的对联是"生意兴隆通四海，财源茂盛达三江"，和旧社会一样。灶王爷的对联也仍然是"上天言好事，下地降吉祥"。我手指灶王爷，笑问主人："这里以前不是贴毛主席像的吗，怎么现在又供上灶王爷了呢？"主人和县里的人都显得尴尬，没人回答。

20世纪80年代我几次重访永年，看到了那里发生的变化和出现的问题。联系到40年代我在那里担任县委书记的工作，使我不能不进行深刻的反思。我反思的结果是对中国革命和建设中的许多根本问题有了不少新的认识。但这已不是这篇文章范围里的事了，我当另外专门写出来供大家考虑和研究。这篇东西就此打住。

中国人民大学"三反"记
（1952·北京）
LIUSHI DE SUIYUE

流逝的岁月

① 1995年1月,李新在家中接受采访,纵论党史研究问题。
② 1996年秋在家阅读、一生以读书论学为乐的李新。

范长江到人民大学

1952年元旦，胡锡奎（中国人民大学副校长、党组书记）参加团拜会回来，就让校长办公室通知全校各单位的负责同志，包括各系主任和党总支书记、专修科负责人及其所属各专修班的负责人、预科和工农中学的负责人、校修建处和校医院的负责人、校部直属的教务部及其所属各教研室的负责人、研究部及所属各处以及图书馆的负责人、行政事务部及所属各处室负责人、人事处处长、校党委办公室主任等，共计数十人，济济一堂，在东四六条38号人民大学校部会议室开会。

胡锡奎极其兴奋地向大家报告："今天毛主席在团拜会上，号召我们全党、全国，要开展一个大规模的反对贪污、反对浪费、反对官僚主义的斗争。北京，特别是中央各单位，要立即开始，不得迟疑。为此，我把大家召集到这里来，就是要大家回去，立即召开群众会，要大家响应毛主席的号召，立即行动起来，展开'三反'斗争。不管什么人，只要有贪污、浪费和官僚主义行为，都是斗争对象，都要向他展开斗争，不要有任何顾忌。在我们学校，首先是对准校部，尤其是对学校领导，要不顾情面地展开'三反'斗争。我代表我们学校领导,首先是我们三位校长,欢迎全校师生员工来检查我们,向我们展开'三反'斗争。"他在讲话中,对贪污、浪费和官僚主义都没有解释。

贪污,人们的了解是清楚的,可是什么算浪费,人们的看法就大不相同了。至于官僚主义,就更没有界限。因为他号召大家首先向校部,特别是向三位领导提意见,大家觉得与自己关系不大,就都表示欢迎。加上他说得那么诚恳,对毛主席是那么忠诚,所以他的讲话,赢得不断的掌声。一个短短的会议,就在无比兴奋和无数掌声中结束了。

我开完会回家,心中颇为不安。心想平常学校有事,总要先开党组会或党的常委会研究。现在要开展这么大的运动,事前毫不研究,就任其发动,以后将如何发展呢?回想1950年的"镇反",胡校长就是不听李培之和我的意见,把郑昌淦等专家抓起来,后来平反,只得由他一个人去赔礼道歉。但他并未因此吸取教训,现在又贸然干起来了。"镇反"时还事先开会研究了一番,现在事先连会也不开,而且究竟要怎样搞都不清楚,就发动群众,恐怕要出乱子吧?我越想越感到有问题。

随后召开了一次党组会。大概是中央有指示来了,说是要成立"打虎队",说贪污1000元以上的就叫"老虎"。要每个单位自己填一张表,表上规定了打虎的"必成数"与"期成数"。我一看这个表就觉得可笑,还没有调查研究,怎么就知道有多少个老虎必成呢?至于"期成数"更可笑,希望"老虎"越多越好,这叫什么?毛主席不是一贯强调要调查研究吗?这个运动是他亲自发动和领导的,但一看这张表,就知道所谓调查研究全是空话和假话。我在会上发表了我的看法,但立即遭到尹达的反对,他劝我不要右倾。由于他的态度积极,所以在成立"打虎队"时,他和云光分别担任了两个打虎队的队长。云光当时是马列教研室主任,解放前担任过县公安局局长,是随胡锡奎从华北革命大学来到人民大学的。他担任打虎队长顺理成章,不足为怪。尹达一直在北方大学、华北大学以及人民大学工作，号称学者，现在却当了打虎队长，岂不怪哉？但政治运动中总要发生这样的奇闻怪事，见怪也就不怪了。

就在这时，更奇怪的事情来了：新华社的范长江被派来指导人民大学的"三反"运动。鼎鼎大名的范长江是著名的记者，何曾做过群众运动？因为新华社内部有人对他有意见，领导上怕反官僚主义反到他头上，为了保护他，便把他派来人大指导运动。这些情况，他本人是清楚的。所以他一到人大，对发动群众开展"三反"斗争，特别积极。

根据以往的经验，凡在运动中将要挨整或刚挨过整而得到解脱的人，大多表现得特别激进。整风审干中"坦白"了的人是这样；土改整党中，地主富农出身的干部，很多人也都是这样。

范长江来人大指导"三反"，总想把运动搞得格外的轰轰烈烈。他在校部门口，挂出一个密告箱，号召人们检举学校领导，特别是三位校长的"三反罪行"。这时，人民大学各单位领导已号召群众起来揭发三位校长。广大师生员工对学校领导是有意见的，但对三位校长却历来很尊敬，因为他们都是老资格、老革命。尤其是对吴玉章，这位从辛亥革命直到新中国成立，就以一贯革命而誉满天下、被全国尊为吴老的革命老人，要人们揭发他有贪污、浪费和官僚主义的"罪行"，是很难很难的。所以，尽管各单位都在发动，但群众还是发动不起来。范长江来后，情况就不同了。范说他是中央派来的，就是要来检查人大领导特别是三位校长的，大家只管揭发，绝不会有问题。这一下群众果然起来了，全校各处，特别是西郊的校园里，到处都贴满了大字报。说三位校长，不但官僚主义严重，而且浪费十分严重。你看，他们无论到哪里，不都是坐汽车来往吗？这是多么大的浪费！这时，人们还没有说校长有贪污，只是说这么大的浪费，与贪污的罪恶毫无区别，必须要坚决制止、惩罚！于是，在少数人的鼓动下，学生准备集合起来，要到校部请愿游行，要求校长回答问题。

· 流逝的岁月 ·

党组紧急会议

　　学生要到城内校部来请愿的消息，我当天早晨就知道了。那是校团委副书记和学生会主席私自打电话告诉我的。因为我当时是学校青年团的书记，而学生会主席又是校团委委员，所以他们不顾学生会封锁消息的纪律，偷偷地背着旁人向我电话报告。我立即到胡校长家。这时校长办公室和党委办公室都有人在那里向胡校长报告，说西郊学生今天要罢课进城，但具体情况他们并不了解。胡校长一见我，很紧张地问我情况怎样。我告诉他：学生们昨天晚上决议，从今天开始不上课，今天午后2点到校部来请愿，游行示威，要校长回答他们的问题。胡校长一听，马上沉下了脸，厉声对校长办公室的人说：赶快出布告，禁止学生罢课，更不许进城来，什么示威游行，简直是胡闹，一定要禁止，禁止！我走近胡校长，轻轻地对他说："先紧急召开个党组会吧！今天上午不会出事，还来得及。学校领导先商量一下好吗？"于是立即通知党组成员到顾问办公室开会（党组会通常都在那里开）。

　　大约8点钟左右，党组成员到齐，正准备开会的时候，总顾问古德廖佐夫和副顾问菲力波夫来了。菲力波夫是个中国通，在顾问中做党务工作，他见我们要开会的样子，转身就走了。古德廖佐夫是新来的，是代替前总顾问安德里昂诺夫的。安因和人大的两位副校长胡锡奎、成仿吾关系不好，被调回苏联去了。

　　古德廖佐夫是十月革命前的老党员，莫斯科档案学院院长，在战争中伤了腿，走起路来一拐一拐的，但他经验丰富，善于处理问题。我见他从会议室走进旁边的厢房，便赶上去迎着他。心想今天顾问不该来上班，他来必有要事。这时，胡校长也从顾问办公室出来了，他对古德廖佐夫说："总顾问来得正好。现在西郊的学生正在闹事，要罢课，学校准备严令禁止！古德廖佐夫同志，苏联是否也有这样的事情？您能提供点意见吗？"顾问故意慢慢吞吞地回答道："学生闹事嘛，苏联也有。不过，我们的总顾问（政务院的）已通知我，对于中国的运动，不管是"三反'运动和其他什么运动，都不许干预！所以，很抱歉，我不能发表任何意见。昨天晚上，学生会已通过学生班长，告诉苏联专家（教师）不要去上课了，所以，我今天特地来告诉你们。"我这时趁机向总顾问说："上课的问题，应该由教务部来决定，学生这样做是违犯校规的。请总顾问转告各位苏联教师，以后上课，由教研室派人去请并陪同他一起到课堂去。"那时，人大管教学的是教务部，由副校长胡锡奎兼任部长，李培之和我两人任副部长，李培之多病，实际上是我在负责。我这样对总顾问说，是替胡校长说话，免得他开口禁止，闭口禁止，使总顾问听了不安。古德廖佐夫见我们已知道情况，并正在研究处理办法，便起身告辞了。他虽说不干预我们的事务，但临走时还是一再叮咛，不要与学生对立，对年轻人要多加劝导。多么可敬可爱的老人啊！

  顾问走后，党组会立即开始。因为这次学生起来是范长江发动的，所以特地请他也来参加会议。在会上，我首先对范长江说："老乡，你把学生鼓动起来了，现在，该你去向学生们说话了。"他显得很尴尬。他能同意学生们进城示威游行吗？那还了得！这种事情，只有在国民党统治下才能发生。在新中国发生这样的事情，将会震动全世界。他是著名的新闻记者，当然懂得。不允许学生这样干吗？是他自己把学生鼓动起来的，他总不能改口吧？他如果改口，学生将把他看成什么样的人，他心里也很明白。于是，我这位平时口若悬河、滔滔不绝的四川老乡，现在也嗫嚅起来了。因为他是上级派来的，大家都不好与他为难。最后，还是大家（特别是胡校长）都要我去劝说学生，不要进城来请愿。并说学生有什么问题，都可以提出来，三位校长都会尊重群众意见，一定会让学生们得到满意的答复。什么"禁止"一类的话，绝不可提，否则会激起众怒，愈加不可收拾。

因为对学生提出的要求，究竟该如何答复，还拿不出一个准主意；而且对范长江所说的先接受下来再说的意见，大家都不赞成，于是党组决定要先向上级请示。人民大学最早由刘少奇亲自领导，后来他批示由组织部部长安子文领导，后来安子文又把党务的领导关系交给中直机关党委，而中直机关党委又不肯接受。所以要向上级党组织请示，还是要找安子文，同时也得找中直党委书记龚子荣同志。好在胡锡奎和他们都很熟悉，因此，决定由他去赶快联系，务期当天晚上由我们党组全体成员去向他们报告。在得到上级党的指示以前，决定我下午去见学生时，只是听取意见，暂不表态。

劝阻学生请愿游行

党组会结束后，我一直在考虑下午怎样对学生讲话。我把学生们可能提出的一切问题都加以设想，同时想出应如何答复。同时，我把设想下午可能发生的问题，从顺利想到复杂，甚至想到学生蛮不讲理，侮辱我以至打我，都考虑到了。我决定：不管学生态度如何，我都要耐心解释、说服、讲道理，绝对不发火。我想起总顾问临走时的告诫，不要与学生对立，我认为他不愧是一个老党员、老院长，应该像他那样对待学生，爱护学生。学生们年轻，容易偏激，何况还有人在那里鼓动呢！

我安静下来吃了午饭，按照预定的时间到达西郊。我不想在学生们集合好了才到，怕那样难以阻止他们的行动。但也不想早到，因为早到会引起他们过分的注意，甚至怀疑有人事先给我通了风、报了信。当学生们正在集合时我到了，我到得恰是时候。有人一见我走到广场，就喊道："李新同志来了。"有人接着喊："先问问他！"向我走来的人越集越多，很自然地把我拥到了讲台旁边。人大一进校门，对面便是一座教室大楼（是当时唯一的大楼）。教室大楼前面是露天广场，为了作报告或讲大课的需要，在广场靠大楼那边的顶头，筑了一个讲台。当我接近讲台时，人们喊道：让他到台上回答问题吧！我于是上了讲台。由于人声嘈杂，我便高声向大家说：请安静！有问题一个一个地提，最好写在纸条上递上来。一时提问题的人不计其数，纸条也像雪片一样地飞来。

问题主要是针对三位校长的（当然也有对校部各单位和其他负责人的）。我决定只就三校长的问题解释或回答。考虑到回答吴老的问题容易为学生们所接受，所以我先回答和解释有关吴老的问题。对吴老的问题虽然不少，但只要我一解释，学生们都能理解，很少再追问的。例如问吴老为什么要专门住一所房子，要有专门的医生、护士，专门的厨师……

我说这些都是按中央和政务院的规定办的，吴老从来没有超过规定的要求。这时虽然还有人在起哄，问中央为什么要这样规定，但同学们不但不问我，反而群起不满地责问他：你去问中央，问政务院，问毛主席，问周总理！你问李新同志干什么？

同学们要我继续讲。在回答吴老冬天取暖用的煤太多，达××吨时，我说：吴老取暖有专用的锅炉，这是上面规定的，但烧了这么多煤，应该检查，看是否有问题，我可以把这个问题转到行政事务部去。同学们见我回答问题很冷静、客观、实事求是，都很满意。

眼看吴老的问题快完了，忽然有人从后面匆匆地拿着一张纸条走到台上来递给我。我打开纸条一看，原来是问吴老为什么冬天要吃西瓜，这不太特殊了吗？我把问题向大家宣读，大家都怔了。然后我说：冬天吃西瓜，实在太特殊，恐怕毛主席也没有这样特殊。这时台下有人高声问道：这是真的吗？我说："是真的，同学们，你们想，吴老这么大的年纪，冬天吃西瓜，有什么味道？为什么要吃呢？治病嘛。吴老有脱肛的毛病，吃西瓜，是为了通便。吴老用专门的护士，也是为了这个问题。吴老每天早晨要专门清洗直肠，没有护士不行。而且，吴老吃西瓜，并没有花公家的钱。吴老的大外孙女婿，在广东韶关任专员，每到冬天，他都要从本地买些西瓜送吴老。事情就是这样，我看这里面既没有贪污，也没有浪费，更谈不上是什么特殊的享受。同学们都知道吴老参加过辛亥革命，是中华民国的开国元勋，但他不肯在北洋军阀政府里当官，也不肯在国民党政府当官，而不畏艰险，参加共产党，革命到老，直到胜利，又成了新中国的开国元勋。现在，为了治病，冬天吃西瓜，能算过分吗？"我的解释，同学们都首肯，有时，还鼓掌表示欢迎。

这时已超过集合整队的时间。有人把学生会主席等几个人叫到一边去，商量是否整队进城。我见学生们的情绪已较稳定，应该大胆地阻止他们进城了。而这时学生会的头头们正在那里犹豫不决。我于是大声对同学们说："你们进城不是要向三位校长提问题吗？能不能先让我把问题回答完了，你们再决定呢？"不少人说"好"，还有少数人鼓掌，没有人反对，连一个起哄的都没有了。

我觉得这时该向学生们讲道理了，不可错过机会，于是诚恳地向学生们说："同学们，你们要进城请愿，示威游行，这都不是违法的，本来没有什么。但同学们考虑过没有，从前学生罢课、请愿、示威游行，都是对着国民党反动派的，延安、解放区有这些事情吗？没有。今天，毛主席号召大家'三反'，你们响应号召，是完全正确的。但你们采取请愿、游行示威的方式，毛主席虽然不责怪你们，但全世界的舆论宣传，都会说新中国的学生起来了，他们起来反对政府了。这对你们好吗？尤其是人民大学，谁都知道这是中共中央自己开办的新型大学，现在，它的学生起来罢课、请愿、示威游行，这样的政治影响好吗？"我连续诚恳而严肃地问："同学们！你们考虑过政治影响没有?"这时全场鸦雀无声。我于是向大家说:"我看你们别进城了!但是,我们还是要认真地进行'三反',不光三位校长要检查,我们各单位的负责人都要进行检查,人民大学应该成为'三反'运动的模范。同学们尽管提意见,不管意见多么尖锐都可以,只要是从革命利益出发的,毛主席会保护你们,吴老也会保护你们。"这时,全场响起了一片掌声。我趁机问大家,对吴老还有问题吗?全场都回答:"没有了!"我说:"那么,下面我来讲胡校长和成校长的问题吧。"

对胡校长的意见最多。凡是我能解释的都给以认真的解释。不了解的我则诚恳地向大家表示一定转达,而胡校长也会认真地回答。例如:胡校长从会计室借了几十万元(那时一万元等于后来的一元),到上海给孩子买了一辆小孩骑的三轮车,这是什么样的错误?我问大家,这是贪污吗?大家说:不是,但总算浪费吧。而且挪公款私用,是违法的。我说:对!向会计室借款私用是错误的,会计室就不该借给他。这时有人喊:会计室敢不借吗?我说:为什么不敢,对错误的东西就该顶住嘛。贵州省的财会人员坚持制度,报上不是表扬了吗?后来我回去问会计室,原来这大喊的人就是会计室的人,他平时最巴结领导,"三反"来了又最积极地去揭发领导。现在,他感到混在学生里面不合适,就偷偷地溜走了。

我往下再看纸条上写的问题,有一张纸条上说:胡校长用牛奶洗澡,太不像样子了!我念了这张条子后,问大家:有这样的事吗?确实太不像样!你们怎么知道的?没有人回答。我于是说:牛奶黏糊糊的,用牛奶洗澡舒服吗?我从来没见过。旧社会多么有钱的人也没有用牛奶洗澡的。到处风传宋美龄用牛奶洗澡,我就不相信。用一点牛奶作原料的美容剂是有的,但说人家用牛奶洗澡,是故意挖苦人,是无知的人捏造的。谁如果不信,可以买一瓶牛奶来洗脸,看舒服不舒服?这时大家都笑了。有人大声笑着说:我们可没钱买牛奶洗脸呀!

我于是也笑着回答：用一瓶牛奶洗脸都买不起，用牛奶洗澡办得到吗？一澡盆牛奶从哪里去弄呢？说胡校长用牛奶洗澡，我们住在一起的人都从不知道，也没有听人说过，就是有人说，我也绝不相信。说宋美龄用牛奶洗澡我都不信，说胡校长，我能相信吗？我顺便就问大家，你们能相信吗？一时大家都笑了起来。

原来情绪激愤地要责问三位校长的群众，这时又回到平时那样了。平时，我作为团委书记和同学们谈话及至作报告，都是有说有笑、非常融洽的。我这个人，最爱说笑，很少有板起面孔说话的时候。我见群众的情绪已恢复正常，顺便把成校长的问题解答了。对成校长的意见本来就不多，大家听了，更加心平气和。我于是向大家说：我是全体团员选出的团委书记，同学们，如果你们信任我，我代表你们把今天这些问题和意见，转达给三位校长，你们看，可以吗？你们的学生会主席也同我一起去，你们同意吗？全场一致高喊：同意！只是学生会主席出来说，李新同志一个人去就行了，青年团可以代表我们全体学生的意见。全场一致鼓掌。随后学生们分散回到了自己的教室和宿舍，并决定第二天照常上课。

"三反"和"反三"

阻止学生进城游行取得如此顺利的成功，使我心情异常高兴。我马上去见胡校长，他见我就说：还是你这团委书记行哦！原来他已经知道西郊的情况了。他并且告诉我：安部长（中组部部长安子文）要我们党组今晚全都到他那里去，你看该怎样向他汇报？我说：不管怎样，都要回答学生们的问题，恐怕得向群众公开做检讨哟。不过检讨的分寸，得请安部长指示。

晚上，安部长接见了我们全体党组成员，中直党委书记龚子荣也在座。他先让胡锡奎汇报了人大"三反"的进展情况。随后又询问了学生罢课、准备进城游行的情况。他听后，带笑地说：我看你们不是"三反"，而是"反三"，反对三位校长了。好在处理得及时，没有闹成大事。你们的领导太不得力了！随后他又问三位校长每月都花多少钱。胡校长回答说：吴老每月100万稍多一点；成校长每月不到100万，大约90万；他本人多些，每月130万左右。

安部长听后很高兴，笑着说：你们不是贪污分子，也不算浪费分子，我看，都可算节约分子。特别是吴老，应该说特别节约。我比他每月都花得多，比你胡锡奎也花得多，为什么学生们还起来闹事呢？我们说：范长江在那里鼓动嘛！安部长说：他也要回新华社去检讨的，不管他。不过，学生们没有错，是毛主席号召他们起来"三反"的。他们现在"反三"也应该。你们三位校长没有贪污，但全校都没有贪污，谁能保证？应该检查！你们三位都是节约分子，但能说没有一点浪费的地方？至于官僚主义，谁能说没有？恐怕多得很！现在学生起来闹事，就证明你们不会领导，官僚主义很严重，脱离了广大学生群众。学生们提了许多问题，你们应该当众回答，当众检讨。只要你们检讨得当，群众是会满意的。大家都同意安部长的讲话，三位校长都准备回去向全校师生员工做检讨。因为对运动的发展觉得有底了，所以都认为这个会开得很好，都很高兴。

三天后，三位校长向全校师生员工作检查。吴老的检查很诚恳。他说：他一生以办教育为最光荣的事业。他最感到欣慰的是为革命事业培养了一批人才。现在办人民大学是想为建设事业再培养人才。想不到年纪大了，努力不够，在工作中犯了许多错误。不仅有许多官僚主义的错误，而且生活上也有一些浪费的地方。他举例说：冬天取暖竟烧那么多的煤，值得检查。他决定以后冬天烧锅炉取暖的煤，事先定下来，由锅炉工负责，秘书监督，不得超过定额。节约到定额以下的所值，以15%～30%奖励工人。这是过去延安的办法，公私两利，切实可行。我们人民大学，一定要做"三反"的模范，同学们起来进行"三反"斗争，是很好的事情。它将使我们学校根绝贪污，减少以至消除浪费现象，把官僚主义消灭干净。学校嘛，怎么能变成官场？教员要把课教好，学生要学习得好，职工是办事的，行政管理人员不是官员，学校里不能有当官做老爷的。我是校长，不是当官，如果我不能尽责，同学们尽可把我赶走，中央尽可把我免职。不用到那步田地，只要我觉得没有把学校办好，不能把学校办好，我一定会辞职、让贤。我一生办过不少学校，还没有不受师生欢迎的。上面撤我的职，有过，还不止一次，但那是反动政府，我党中央，只许把学校办好，不许办坏。办坏了的一定要撤职，办得好的一定会受奖励。同学们，我相信人民大学一定能办好，经过"三反"，一定能办得更好。我这个校长，有错误就改。我想我是不会被撤职的，也不会辞职。我相信同学们会刻苦地学习，老师们会认真地教学，职工们会勤勤恳恳地工作。人民大学是党中央创办的一所新型大学，是人民的嘛，一定能办好，我有信心，我想大家都有信心把它办好。

吴老的检查，受到群众热烈的欢迎，会场上不断发出掌声和欢呼声。这哪里是检查，简直成了一次对大家鼓励的讲演。

成校长的检查比较简短，因为同学对他提的意见比较少。他检查时表情很沉重，而且有不少的地方说得过分。例如他把用公家的信笺信封为私人写信，也称作浪费。在解放区，无论延安或敌后根据地，私人写信用公家的信纸，已成惯例。因为私人的事情很少。比如劝亲友参加革命，这算私事还是公事呢？分不清。这一惯例沿用到新中国成立以后，大家都是如此，上级对此也没有另作规定。因此成校长的过分检讨使人听了感到刺耳，认为他有哗众取宠之意。他的整个检讨，没有提到贪污。人们都相信，成校长是不会有贪污的。但他领导的单位呢？怎么能打包票！至于浪费，他又说得太多。而且最后把这些浪费总结为贪污性的浪费或浪费性的贪污。这可把大家弄糊涂了。他就这样糊里糊涂地结束了他的检查。场内既没有掌声,也没有人提问,人们见他心情沉重,不想再增加他的负担,就这样平平淡淡地让他的检查过去了。

胡校长作检查报告的时候,他的表情是满不在乎的样子,这引起了广大群众的不满。群众的提问、质问不断,有的还走上台去,面对面地质问他。其实,胡校长的态度和平常一样,但群众却认为他的态度骄傲,目中无人,摆领导的官架子。质问他的问题很多,质问的人纷纷涌向讲台。什么问题都提出来了,连用牛奶洗澡的问题也提出来了。这时,有人递给他一张条子,劝他对群众的态度要谦虚一点。他看见群众情绪激昂,也感到了压力。于是,他擦干了额上的汗,诚恳地向大家说道:同学们,同志们,你们这样踊跃地向我提意见,很好,是对我的帮助,我一定虚心地听取。我不但听取意见,凡是应该改进和能够改进的,我一定按大家的意见办理。有些意见,是因为同志们不了解情况,我应该把事实向同志们说明白。有些连我也没有弄清的情况,我以后还要向同志们说清楚。总之,我诚恳地欢迎同志们进行"三反"斗争。如有贪污,我们一定查清严办,一切浪费现象都要清除。我个人的浪费,除作检讨外,该赔偿的还要赔偿。吴老说得好,学校不是官场,不能容忍官僚主义。我这个人没有学问,只不过是来帮助吴老做些党政工作罢了。我长期在地方、在部队工作,不像老师那样耐心,那样温和地对待学生。我的态度生硬,处理问题简单,这样在学校里是不合适的。我既然来到了人民大学,来到了党中央创办的新型的正规大学,我就要向大家学习,向老师和同学们学习,更要向吴老学习。部队的经验、地方的经验、办训练班的经验不行了,需要提高,提高到新型的正规的大学程度。同学们,同志们,有意见你们尽管提吧!我接受得了。我不是官,更不愿做官僚。我要像老师一样,像同学们一样,和大家团结在一起。一起学习,一起工作，把人民大学办好。

由于胡校长的态度变得诚恳真挚，会场的情绪缓和了。这时，开会的时间已经很长，会场的秩序已经松散。主持会议的人便趁势说：有意见以后还可以提，今天的会就到此为止。于是宣布散会。

各单位作检查

三位校长作检查之后，按理就轮到校部各单位作检查了。这时，行政事务部部长鲍建章来找尹达和我商量。他说：我那里是管钱管物的地方，更兼还有修建处，花钱很多，现在反贪污、浪费才开始，究竟情况怎样，还搞不清，叫我怎样检查呢？是否请你们教务、研究两部先检查，我行政事务部往后推一下。尹达和我都感到我们三个部的检查都可以稍缓，就决定只要领导和群众不来催，我们就暂不检查。但后来尹达沉不住气，他以为群众情绪缓和了，就不与鲍建章和我商量，先行"引火烧身"，想轻易地闯过关去。

尹达和我，认识较早。他在北方大学的时候，我就认识他。后来在华北大学又共事。在筹办人民大学时，我们也在一起。从聂真调到华北大学起，我们三人就成了最亲密的象棋战友。他和聂真是同乡，聂对他很了解。他和范文澜在延安就共过事，范老对他也很了解。而我和聂真、范老的关系都很好，而且都是老关系，所以他们把对尹达的了解都告诉了我，因此使我对尹达的了解更加深刻。我知道他爱耍小聪明，有时还爱投机。所以我们虽然关系亲密，但对他并非毫无防备。

就在"三反"前夕，人民大学工会在儿童电影院包了一场电影。我因工作忙起身较迟，走到校门口时，校车已经开走了。正在犹豫是否回家,不去看电影了,这时尹达也来到了校门口。他见我后,就对我说:老李,你去要个车吧,咱们一起去。临"三反"前,对私人用车,早已议论纷纷了。我想:你尹达不去要车,却要我去,这是什么意思呢?但我没有说,就到对面司机班去要了车,我们进影院时,电影已经开映了。凡是看见我们的人都知道我们是坐小车去的。电影散场时,我们没有走在一起。我先进了小车,以为他很快就会来。但看电影的人都走光了,他还是没有来。我相信他是坐校车走了以后,才让司机开车回家,并故意要司机去问他怎样回家的。司机回来告诉我,尹部长说:他出影院门找不到小车,所以坐院车回了家。司机说:我就在原处等着嘛。尹部长说:对不起,人太多,我真没有看见。司机说罢,和我一起大笑起来。

尹达作检查的时候,开始时会场很安静。后来提意见的人多了,也就纷乱起来。因为这时"三反"运动刚发动,还没有达到高潮。群众的劲头正在上升,并未下降,正需要找发泄的对象。尹达把形势估计错了,当群众起来向他"进攻"时,他因缺乏思想准备,以致不知所措。出版处说他乱批条子,弄得有的课程讲义印得过多,堆积在那里长期不用,有的又印得太少,同学们到考试时还没有拿到,找到教研室乃至出版处来闹。图书馆说他把一些珍本拿走了不还,有的有借条,有的连借条也不打,叫他们不好办。这些意见并没有什么了不起,但尹达认为是故意与他为难,接受不了。一着急,旧病复发,手脚抽筋,缩倒在桌子下面。尹达的检查,就在这样滑稽的场面下结束了。

鲍建章对尹达不顾我们三人协商的约定而抢先检查,非常不满。他跑来和我说:老尹太不讲信义了!结果自找一场病。老李,你怎么样?打算跟着检查吗?我说:咱们下面各单位正乱着呢,我们怎么检查?等一等再说吧。这时,行政事务部下面的修建处正开始抓"大贪污"案,连校医院也发现了"不小的贪污",老鲍为此正感到头疼，不知该怎么办，哪里还有心思考虑自己的检查！我教务部下属的体育教研室，也闹着有贪污，革命史教研室一位负责人则因生活问题弄得狼狈不堪。教务部本身虽没有几个人，但因受人鼓动，也有人想对我起哄；我见此情况，觉得还不是检查的时候。这时火苗正在向你烧来，你引火烧身，岂不会把你烧焦？我想等熊熊烈火过去之后，在余热中趁势检查，也不算迟。这不正合乎毛主席"后发制人"的道理吗？于是便和老鲍约定：等运动后期再作检查。

这时，校部门口，给我贴了不少的大字报，还有一些漫画。漫画上画着我在给小孩"把屎"。还有，便是我让小孩骑在我的肩上，我一面走，一面教小孩念顺口溜。那首顺口溜是："出大门，走十步，前面有个理发铺。理发铺，技术高，不用剪子不用刀，一根一根往下薅。薅得头上长大包。进医院，就开刀，医生给我抹牙膏，你说糟糕不糟糕？"人们揭发的这些都是事实。但与教务何干呢？而且把它们贴在校部大门口，未免太不雅观了！我每看一次，都要笑一回，旁人见我并不恼怒，颇以为怪。不几天，这些大字报和漫画都被撕下了。我猜想作者感到无趣才自己撕去的，因为当年对大字报是谁也不敢去撕的。

因对我无法，校部有几个人便想从我妻身上打开缺口。他们组织了几个人的会议，要我妻去参加，想给她以难堪。谁知我妻也是见过世面的人，推说她的工作单位是业余学校，不在校部，拒绝出席。他们的会终于没有开成。

这时，教务部系统最热闹的中心已经从体育教研室转移到革命史教研室去了。说体育教研室买器材有贪污，只得慢慢去查。而革命史教研室呢，校部的三两个女同志和该教研室的若干同志一起，鼓动大家说，一位学者离婚又结婚，现在又公然发生问题，应该受到严厉的惩罚。准备在支部扩大会的会场上斗他、打他。

我当时兼任教务部党总支书记，教务科科长张腾霄和部秘书胡沙是副书记。我们商量的结果是按李培之经常说的办，党是搞政治的，私人生活问题不应拿到支部大会上讨论，至于在支部大会上斗争人、打人，更绝不能允许。我们决定由张腾霄去"指导"这次支部扩大会。因为他个儿大，身体壮，要打架谁也不是他的对手。他一到会场，见情绪不对头，有人提着马扎去，有的还带着其他工具，准备打人。他一怒之下，不等会议开始，就大声喝道：你们不是开支部大会吗？根据党章，党应讨论政治问题，组织问题，你们今天准备讨论什么问题？把支部会开成斗争会，符合党章吗？想打人，那是犯法的。谁想打，站出来，咱们先试试！张腾霄这一阵呵斥，解救了那位学者，把革命史教研室的混乱局面很快就澄清了。后来会上的意见，都集中到反对官僚主义，反对浪费现象等上面去了。

反贪污、打老虎

　　人民大学的三反运动和全国一样，很快就由反官僚主义、反浪费进入反贪污、打老虎阶段，而进入高潮。为了能达到高潮，高教部党组书记钱俊瑞应范长江之请，专门在校党委扩大会上作了一次骇人听闻的报告。他说：人民大学因为修房子和学生都是带薪学习等原因，花了全国高教经费的3/5。这是多么大的一笔钱呀！但大部分在修建中被贪污了！所以说，人民大学是"山深林密，虎情严重"。这里的老虎又多又大，同志们要像武松和李逵那样，用劲地打。要把老虎通通赶出来，打得干干净净。从此以后，人大两个打虎队都集中起来，到修建处去打虎。本来这里是云光在负责，现在尹达病好后也精神焕发，带着他那个打虎队参加进去了。

　　人民大学是中共中央创办的新型大学，它是为了建设社会主义，专门请了大批苏联专家来培养专业干部的大本营。人们把它和高级党校相比，说它是中共的高级业务党校。它当时在全国高等学校中的地位很高，可以说是首屈一指的。认为它花费的钱一定很多，说它"山深林密，虎情严重"，几乎无人不信。其实，开办人民大学，中共中央因为不愿去挤占原有各大学的校舍，只得另行修建。而新中国成立之初，经费困难，所以刘少奇指示：先修建西柏坡那样的土房子，等财政情况好了，再重新修建楼房。修平房需要的土地面积大，而且为了避免拆迁，所以决定把校址设在西郊。

为了找校址，校部主要领导人和苏联总顾问安德里昂诺夫一起，到西郊各地跑了许多地方。周恩来总理说，圆明园地方好。我们到那里去看了一看，觉得在那个废墟上修建一所大学，不知要花费多少钱财，而且决非短时期能修得起来的。后来发现西直门到海淀镇半路上的一个地方，东面是双榆树，西面是苏州河，安德里昂诺夫一看，认为这个地方很好。他说：这里地势较高，南北两面都往下斜，在平原地上找这样一块地方是很难的。在这里修建楼房最好，最坚固，能保持久远。而且后面有河，将来引水入校园，可以使校园美化、绿化，使学校更加可爱。他又说：从城里到海淀，这里恰好在一半的路上，将来发达起来后，公共交通一定会在这里设站。人们从这里进城或到海淀以至颐和园，都会很方便。安德里昂诺夫是经济学教授，但他对建筑也是内行。他用目测即能看出地势的高低，和用仪器测量出来的差不多。那时，西郊还是农村，人烟很少。后来发展起来，证明他的预计都是正确的。只有苏州河水，没有引进人大的校园，未免遗憾。

人民大学为了修建新校舍，专门在行政事务部下面设立了一个修建处，由副部长刘一心负责。因为我们过去没有大规模修建的经验，所以又从私营的营造公司请来了一位姓白的总工程师。当时高教部的钱俊瑞，曾在华北大学担任过教务长，并在筹办人民大学时负过重大责任，因此他在拨款给人大修建校舍时特别照顾。刘少奇说建筑西柏坡那样的土房子，那一平米只需20万就够了，但他拨款却是一平米50万元左右。刘一心与白总工程师等技术人员研究后，决定：校部各处办公地方一律修建20万左右一平米的简易平房；学生宿舍一部分修简易平房，一部分修稍好的二层楼房（每平米在40万元以下）；另外把财力集中起来，在面对校门的广场后面，修建一座永久性的教室大楼。这样的设计，使初建的新校舍，门面还是壮观的。而且以后改建，先拆简易平房，再拆二层楼房，使政府拨款，可以分批分期，不致引起大的困难。应该说，刘一心和工程师们既是为学校尽心尽力，又是为国家充分考虑了的。谁知他们这样忠心耿耿地为学校和国家设想，反而给自己招来了滔天大祸。

钱俊瑞在30年代，本来是上海的一位文化人，在《中国农村》等刊物发表过一些文章。他从来没有当过教授，也没有办过高等学校。可是解放后一跃而成为全国几百所高等学校的主宰——高教部的实际负责人。虽然高教部部长马叙伦对高等教育是很有经验的，但高教部的党员干部并不真心尊重他，而一切都听钱俊瑞的。这样一来，钱的官僚主义膨胀，以至高教部的经费共有多少，都是怎样花费的，他都不甚了然。比如他说，人民大学花费了高教经费的3/5，其实这个3/5，并非全国高教经费的3/5，而是高教部直属的四个大学（北京大学、北京师大、清华大学和人民大学）的经费的3/5。全国几百个大学和四个大学，怎么能相等？钱部长竟然把它搞混了。可见文化人当官，也会官僚化。这些情况，我在"文化大革命"后和他谈起来，他也连说荒唐，十分荒唐！

范长江也是一位文化人，著名记者，并没有多少实际工作经验和领导工作才能，新中国成立后当了大官，在文教方面管很多事情，对自己毫不熟悉的事情，也发表"高见"。例如，对文字改革，他揣摩毛主席的想法，提出了一套中国化的字母表，既不像罗马的字母，也不像中国的隶书、楷书，谁也认不出来。又如关于学衔问题，他主张不要叫博士、硕士，而应中国化，称为"进士"之类。有人在会上挖苦他说："干脆叫状元、榜眼、探花以及解元、举人、秀才等等算了。"引得全场大笑，连他自己也笑得喘不过气来。

就是这样两位书生、文化人，以大官的身份，到人民大学指导"三反"运动。他们不仅没有调查研究，连起码的情况也不了解一下，到人大一看，正在修房子，而且校门口还盖了一座大楼。他们想，盖大楼，修房子，一定花了许多钱。花了许多钱，一定有贪污，大贪污。因此，认为人大"山深林密，虎情严重"，于是号召全校师生员工一致起来打老虎。结果，在他们的指导下，人大打到不少的老虎，而且打到了全国最大的老虎。当时，刘一心和白总工程师一案成了全国最大的贪污案。虽然很快更大的贪污案就超过了它，但人大一时成为全国之最，确实很出风头。钱俊瑞和范长江这时也非常得意。

人民大学的老干部多，他们大都有整风审干的经验。但他们并没有很好地总结经验，反而利用坦白运动的经验来整人。鲍建章是经过长征的工农干部，整风审干没整到他头上。刘一心虽是工人出身，但是抗战初参加工作的。延安搞坦白运动时，无论怎样轮番"劝说"，他都没有坦白。不像许多知识分子，经不住"劝说"者的轮番轰炸就"坦白"了。所以他的问题，一直成为悬案。一直拖到1946年他担任晋冀鲁豫中央局组织部招待所所长时还没有解决。后来，我担任中央局组织科科长时，经过调查研究，才由组织部部长宋任穷批准，把他的问题解决了，恢复了他的党籍。"三反"运动时，他被当成大老虎来打。许多勤工人员被煽动起来，见他仍吃小灶，非常不满，就向他吐唾沫，他也毫不示弱地回吐，双方几乎打了起来。我见此情况，出来加以以制止。所以刘一心一生与我保持着良好的友谊。

白总工程师等私营公司的职员和我校一些在新中国成立以后新参加的人员，他们没有经过坦白运动，哪能顶得住"劝说"者的轮番轰炸，于是在压力和诱骗之下，纷纷交代了"贪污罪行"。而且越交代越没有完。就像当年人人都被打成特务一样，如今凡管钱的都被视为贪污嫌疑犯。而刘一心、白总工程师便成为全国最大的"贪污分子"了。

当时要修建，就得购买大批建筑材料。要购买建材，就得和私商打交道。为了从东北买木材和从南方买金属材料，修建处和全国各地私商都有关系。"三反"运动一来，再加上"五反"运动开始，各地私商被发动起来检举。于是，人大修建处的贪污材料愈积愈多，贪污数额也愈来愈大。

除修建处外，人大的校医院也发现了大老虎。这个大老虎是谁？原来就是从小参加革命的院长张敬发。抗战开始，他不过十五六岁就参加了八路军，而且入了党。他从白求恩医校毕业后，就从事医疗卫生工作，勤勤恳恳，踏踏实实，根本不知道贪污为何事。新中国成立后当上了医院院长，为了买医疗器材和医疗用品，不能不与私商打交道。他虽然力求节约，但在买货中因为缺少经验而上当受骗是可能有的，但要说贪污则是绝不会有的。可是打虎队看中了他，就把他隔离起来审查。所谓隔离，实际上就是私设监狱；所谓审查，就是私设公堂。整风审干以来历来如此。只要一搞运动，什么党章国法都没有了。一批批整人的积极分子，就是靠运动起家，所以，他们很是留恋搞运动。

打虎队对张敬发和对刘一心、白总工程师一样，首先从他下面的人突破。医院里一般工作人员，大都是新参加工作的，哪里经得住打虎队的突袭。于是一个个地"坦白"交代了。尽管张敬发和刘一心一样，坚决不承认，但最后还是成了"大老虎"。

对刘一心和张敬发，都召开了几千人的群众大会来斗争。我因忙于维持异常困难的教学工作，这些会概不参加。听说斗争张敬发的大会是在劳动人民文化宫开的，会后立刻将他上了铐，送进了北京的监狱。那时的监狱，也不管"犯人"有罪无罪，是什么罪，只要权威方面送来，就得把他收下，监狱把张敬发收下后，不得不调查他的"罪行"。长期调查的结果，证明张敬发根本没有贪污。他获得无罪释放后，对监狱非常感激，只是对人民大学恨之入骨。从此，他一生再也不进入大的校门。这都是后话，是他后来担任了宽街北京中医院的院长，我常到那里请他找大夫看病，他亲自告诉我的。

胡锡奎和成仿吾间的矛盾

在"三反"运动中，胡锡奎和成仿吾之间的矛盾充分地暴露出来了。人民大学的前身是华北大学，再往前可以追溯到延安的陕北公学。从陕北公学起，成仿吾一直担任校长，鲍建章就一直给他做总务工作。成仿吾是创造社的发起人之一，他和郭沫若都是中国新文学界的名人，以后又参加革命，参加长征，到延安后创办了陕北公学，后来到敌后晋察冀边区担任华北联合大学的校长和边区的参议长，解放战争时期担任华北大学副校长，新中国成立后担任人民大学的副校长（校长都是吴玉章）。因此，成仿吾在中国文化教育界是颇有名声的，但中央对他并不十分重视，毛泽东，特别是刘少奇认为他政治上不强。

胡锡奎是中共早期的党员，大革命后到苏联留学，回国后担任过京津唐市委书记。后来被捕，关进了北平草岚子监狱。在狱中曾担任中共党支部书记，是"六十一个叛徒集团"中的重要人物之一。抗战开始后，领导过著名的冀东暴动，以后在中共晋察冀分局担任宣传部部长、社会部部长，解放战争时期担任过热河省委书记，后调任中共华北局党校副校长，新中国成立初期创办华北革命大学时被任命为实际负责的副校长。他在总结"革大"的经验中说："课堂就是战场。"毛泽东认为他把"革大"对旧知识分子的思想改造经验总结得很好，批发给全党学习。随后还把聂真从"革大"调到"华大"（华北大学）任教务长，以加强华大的领导。人民大学成立后，中央任命胡锡奎为党组书记，当第一把手，就是认为他政治上比成仿吾强，可以做吴玉章的得力助手。

胡锡奎调人民大学时，从"革大"调来一批老干部（抗战初参加革命的三八式干部），作为人大的骨干力量。他们大多数在解放区做地方工作，参加工作前多半是本地的中小学生，八路军来了，便参加了抗日工作。因为和本地农民熟悉，在战争和土改中容易和农民打成一片，所以人们都把他们看做工农干部，他们自己也是这样认为的。其实他们的成份大多在中农以上，土改、整党时有些人还挨过整。不过从此以后他们更加"老实"了，更加工农化，更像工农干部。他们到人民大学后，与原来"华大"的干部，作风大不相同。

从"陕公"到"华大"的这批干部，来自城市中的知识分子较多，被人们称为"洋包子"，而"革大"来的则被称为"土包子"。"洋包子"和"土包子"之分由来已久，在延安时期就已存在。整风审干，倒霉的多半是"洋包子"。在文艺界，"大、洋、古"早已成为批判的对象，"洋包子"早就吃不开了。在新中国成立前，"土包子"吃香，已是普遍现象。开办人民大学，请来大批苏联专家，情况发生了变化。苏联专家是洋人，思想作风当然很洋化。要把"人大"办成新型的正规大学，土办法显然不可能。要学俄文（洋文），学马列原著，学专业知识，对"洋包子"来说，比较容易，"土包子"就比较困难，甚至望而生畏。至于和苏联专家在一起，说洋话，吃洋面包，唱洋歌，跳洋舞（而不扭秧歌），"洋包子"容易和他们打成一片，而"土包子"就显得生疏了。总之，解放区长期存在的土洋矛盾，在人民大学学习苏联经验时更加发展了。

胡锡奎和成仿吾之间的矛盾，"华大"干部和"革大"干部之间的矛盾，也是这一矛盾的某种反映。到"三反"运动，这一矛盾的发展就更为尖锐化。照"文革"时期的说法，可以称之为"派性"发作，但它与"文革"时期的大不相同，就是这个时期的"派性大发作"，恰恰表现为严重的派性因被故意地压抑着，而表现为"派性不发作"。

　　谁都知道，鲍建章这位老红军，从"陕公"就跟随成仿吾，一直到人大。此人艰苦朴素，毫无贪污浪费。说他保守，人们都相信。他可以把抗战时期的慰劳品保存到解放战争末期才用，但要说他贪污，那谁也不会相信，因为没有任何迹象。对于张敬发，人们也是这样看待的。成仿吾对他们两人，非常了解，也非常信任。但在"三反"运动中，他为了怕别人说他偏袒"华大"的干部，也就是说怕人说他有"派性"，他明明知道鲍建章和张敬发都没有贪污，也不会有贪污，但却不肯为他们说一句好话。当调查人员去向他作调查时，他不说好话、不表态也就罢了，反而向调查人员说：一个人是可以发生变化的，好人可以变坏，坏人也可以变好。这样一来，那些对鲍、张抱怀疑态度的人更增加怀疑的分量。后来把张敬发打成大贪污犯，送进监狱，其责任虽然不在成仿吾身上，但成仿吾怕沾上"派性"的态度，实在起了不好的作用。

　　和成仿吾一样，胡锡奎也明明知道刘一心没有贪污。但他对调查人员说：刘一心用了白总工程师，和那么多的私商来往，应该严格追查！这种官腔，看起来没有什么，但在正把自总工程师作为全国最大贪污犯来打的时候，等于火上加油。何况人们都认为刘一心是"革大"来的，而胡校长也都对他这样怀疑，可见这个大老虎没有打错。这也是"不发作的派性"起了坏作用。

　　胡锡奎和成仿吾的矛盾，不仅使人民大学的"三反"运动，特别是打老虎出了很大的问题，同时也使教学工作无法正常进行。从前，他们两人争着管事情，虽然使工作有困难，但总还能正常运行；现在，两人都撒手不管了，学校几乎处于瘫痪状态。于是，我们纷纷向上级反映，希望能及时解决他们之间的矛盾，不要使党中央创办的这所新型大学受到太大的损失。

中央很重视我们的反映，决定由安子文来解决人大的问题。安部长要人民大学党组开会，展开批评和自我批评，并请有关部门都派人来参加。这一回的党组会（实为党组扩大会）开的次数很多，时间也拖得很长，详细的情况已记不清了。但其中一次会议我是毕生难忘的，至今记忆犹新。

这次党组会议召开的时间已是"三反"运动的末期了。地点是总顾问的办公室。参加的人都是党组成员，没有扩大，也没有缺席的，吴老也出席了。上级来参加的，中组部是安子文部长，中宣部是副部长胡乔木，中直机关党委是书记龚子荣，钱俊瑞和范长江似乎没有参加。由于会议的内容是解决胡、成矛盾，所以他们两人一直是挨批的对象。在上几次的会议中，我们党组成员都对他们进行了严格的批评。因为我们对胡、成平时都是很敬重的，所以我们的批评虽说很严格，但并没有火气。今天该轮着领导人讲话了，大家都非常重视。安部长在讲话前先请吴老讲话，吴老推辞了。随后，安子文、龚子荣、胡乔木对胡、成都进行了严厉的批评。胡乔木因批评成仿吾时，羞辱备至，声色俱厉，情绪失控，竟自伤其身，当场引发胃出血，被送往医院。胡住了医院，从此留下宿疾。党组会对胡、成的批评告一段落。随后胡、成表态，他们早已熟悉党内斗争的一套。在发言时诚惶诚恐，对所有人的批评都表示诚恳地接受。于是，这一次漫长的党组会终于"胜利"地结束了。

中央在得到安子文的汇报后，认为胡、成的矛盾必须采取组织措施，才能解决问题，于是，成仿吾被调到长春的东北师范大学当校长。显然，在这一场斗争中，胡锡奎得到了胜利。可是，对人民大学来说，本来就对正规大学是外行的领导从此更加外行了。现在回过头来看，这是毫不足怪的。政治挂帅，政治领导一切，外行领导内行，其结果必然如此。对教育工作来说，其损失比其他各部门都更为严重。直到今天，我们还在吃文化教育、科学技术依然落后的苦果。

1997年

反右亲历记
（1957·北京）
LIUSHI DE SUIYUE

流逝的岁月

① 1997年9月，中国社会科学院原现代史研究室同仁贺李新80岁诞辰合影。
② 1997年12月，李新出席何干之学术思想座谈会。

吴老（玉章）救了我

1957年的反右派，在我的一生中留下了深刻的记忆。若没有吴老（玉章）的帮助和保护，我必定被打成了右派，那么后半生的我将不是现在这个样子。但在吴老的鼓励下，我也积极地参加了反右派的斗争，特别是参加了反对社会学领域中的"右派"。在把费孝通等著名社会学家打成右派的错误中，我也有一分责任。对此我在1979年当面向他承认了错误。所有这些，在我的脑际刻下了很深的痕迹，它不时会涌现出来，使我的心情无法平静。因此，我必须如实地把它写出来，让后人知道这一段痛史，以便根据真实情况来评判各人的是非功过。林则徐被贬到新疆后，曾哀叹："白头到此同休戚，青史凭谁定是非。"我认为，只要能把历史的真实情况保留下来，青史的是非尽可由后人去评定，当事人又何必去管它呢。

1955年"胡风事件"中，人民大学马列主义教研室的谢韬被捕了。在新中国成立初期，谢韬和胡华是北京宣讲马列主义毛泽东思想的著名人物。谢韬由于为胡风写给中共中央的"万言书"提过意见并参加了修改而被捕，他的被捕引起的震动不小。经过吴玉章的追查，罗瑞卿（公安部部长）很快就说是抓错了。但又不能释放（因必须经过最高领导同意才行），于是决定让他到被关押的战犯中去做工作。在清查"胡风分子"时，何干之也名列其中，就在要逮捕何干之那天晚上，恰好我因公从杭州赶回了学校。人民大学副校长邹鲁风把我找去征求意见，因为我坚决反对，公安部的同志才没有把何干之抓去。

紧接着"胡风事件"之后，机关内部又展开"肃反"运动。我是人民大学肃反运动五人领导小组成员之一。当要把一个1946年就已将历史问题交代清楚的教师定为历史反革命时，我提出了反对意见。大家也同意了我的意见，但后来又偷偷地仍把他定了历史反革命。我听说后很不满意，因此我对1955年的这些政治运动是心存不同意见的。

但1956年提出的"百家争鸣、百花齐放"的方针，又引起了我很大的幻想。因为从1956年起，我开始被高教部调去编写《中国新民主主义革命时期通史》的教材，觉得在"百家争鸣"的方针下从事历史研究大有可为。同时，全国政协建立了社会主义学院，请吴玉章任院长，杨明轩、千家驹、聂真任副院长，要我去任教务长并讲授革命史。统战部在社会主义学院提出三不方针（不抓辫子、不打棍子、不戴帽子），这样就使得社会主义学院的教学和讨论都非常活跃，全校充满了宽松气氛。

1956年中共召开了第八次代表大会，认为暴风疾雨的阶级斗争已经过去了，今后应该专注于社会主义建设事业，从而使全国的政治气氛趋向缓和，人们对前途都充满希望。

1957年之初，毛泽东提出中共要整风，希望各民主党派帮助。各民主党派及各界人士纷纷发表意见。开始意见较缓和，大家都高兴，后来意见提得尖锐了，人们的心情也开始紧张。等到有人提出国家的领导要"轮流坐庄"时，毛泽东生气了，便发动全党实行反击，一下把55万人都打成了右派分子，并给他们以严厉的处罚。大多数是劳动改造，直到"文化大革命"后才恢复名誉，有不少人从此耽误终身，甚至丢掉了性命。

1957年反右派初期，我没有积极参加。因为1956年我被调去编写教材，连党的组织关系（临时的）都转到高教部去了。为了逃避承担一定的领导责任，我星期日都不回家，以免碰见人民大学的领导人（那时我和他们同住在东四六条38号）。我平时在近代史研究所编书组工作，假日则回西郊人民大学革命史教研室，与何干之为邻。我们两人对当时的形势都很关注。我最担心的是怕他要挨整，因为"胡风事件"牵连着他。我主张他要对反右派表现积极，但又不可多说话，而且说话要特别谨慎，以免被人抓住辫子。我们当时哪能想到，人民大学的领导竟要把右派帽子往我的头上戴呢？

当时，人民大学的反右派斗争，正搞得热火朝天。因为我事前知道党的策略，我想什么话都不说，等一阵热潮退去也就完了。谁知就在把吴景超、李景汉等人打成右派后不久，人民大学的领导人（党组书记）竟然想趁机通过北京市委把一顶右派帽子安在我的头上。现在想起来，也觉得实在可怕极了！

就在我从编书组回到西郊的一个晚上，党委办公室的一个好同志，匆匆忙忙地把刚出版的《党内参考资料》（北京市委的内部刊物）送给我，要我立刻打开来看。我打开一看，呀，不好！那上面在显著地方，登着一则人民大学反右派的报道：人大党委常委李新居然擅自召集校务委员会，让大右派分子吴景超、李景汉参加，引起广大群众不满，连党外教授赵锡禹等人都提出了批评意见。这个报道让读者看了，一定认为李新是吴景超、李景汉的后台，是隐藏在党内很深的右派分子。我看了这个报道，怒不可遏，来不及和何干之打招呼，就立刻赶回城里。回到家中，我连忙写了一封要求更正的信，准备送交《党内参考资料》编辑部，希望他们于下期登出来，以正视听。

在要发信的时候，一想这么大的事情，还是该先请教吴老才好。我于是拿着信和刊物，忙到吴老家去。吴老住在六条39号，就在我们38号的旁边。我见到吴老的时候，虽然很恭敬地喊了他一声，但余怒未息，心里还是气鼓鼓的，吴老一定看得出来。我把刊物翻到刊登报道的那一页，和我要求更正的信，都放到吴老的茶案上，希望吴老看一看，并指示我是否可立即发出或需要如何修改。吴老客气地笑了一笑，便用镇纸石把两样东西压住，然后对我说："你先到书房休息一下，看看书吧。"吴老的书房，就在他办公室旁边，我平常见他的时候，常到里面去看书。但今天进到书房，什么书也看不下去。稍等一会儿，我又走出来，走到他坐的沙发旁边。还没等我开口再问，吴老就说："别急嘛，先看看书，冷静冷静再说。"我这时的心情，也确实冷静下来了。我想吴老见我这么急，他却一点也不急，这其间必定有道理。我于是从报架上拿下一些外地报纸来看。我估计吴老已经看完了我的东西以后，才慢慢地回到客厅。这时，吴老手中拿着我的东西，见我走到他面前，便又把它们压在镇纸石下面。过了许久，吴老也不说话。我实在沉不住气了，便开口问道："吴老，您看我的信可以发吗？"吴老沉吟了一会儿，才回答说："他们就是要你跳嘛！"只说这么一句，就不再说了。坐了一阵，我只得回家。回到家中，我仔细揣摩吴老那句话，"他们就是要你跳嘛！"看来，这封信是发不得的。《党内参考资料》是市委的党刊，你若有不同意见，就可能说你反对市委。我于是感到去请教吴老，这一步是走得太对了。

当天晚上，吴老又派警卫员叫我去。他亲切地对我说："反右派是毛主席决定的嘛，你怎能不参加呢？我已经跟胡锡奎校长说了，他会找你谈的。"

引蛇出洞

第二天，胡锡奎找我谈话，说已经告诉高教部，要我回校参加反右派斗争。并且分配给我就近指导城内两个系的运动，这两个系就是新闻系和档案系。档案系运动的情况我现在已记不清楚了，但新闻系一次会议的情景至今记忆犹新，而且始终感到内疚。

那天是由新闻系召开北京新闻界的座谈会。系主任安岗要我主持会议。我于是请大家对党的新闻工作发表意见。大概到会的新闻系统的人员都不知道我党这次"引蛇出洞"的策略，他们的发言非常激烈，对我党的新闻工作提出了尖刻的批评。在会场热烈情绪的鼓舞下，安岗也忍不住起而发言了。他说："毛主席就不断说，他最不爱看《人民日报》，死板板地……"我连忙暗地里扯了他两次衣服，希望他及时停止发言。但他的兴头很大，一直讲个不停。不得已，我只好宣布休会一刻钟，随后再继续开会。在休会时，我把安岗拉到一旁，严厉地批评了他一顿。等续会时，我故意问安岗是否继续他的发言，他说他的意见已经讲完了。我于是请别人发言，特别请校外的人发言。

这时，彭子冈起来发言了，她说话时激昂慷慨，首先批评《人民日报》，说它拥有那么多的人，花了那么多的钱，结果却完全脱离群众。她问道："现在，谁还喜欢《人民日报》呢？连毛主席也不爱看了。"说到这里，会场上为她鼓起了掌声。她随即又说："《大公报》人手不多，经费又少，但就是效率高，不但消息快，而且文章好，有许多文章，很快就流传全国……"她越说越有劲，还是她的丈夫徐盈劝阻了她，才结束了发言。

这次座谈会的记录，根据校部要求，很快就整理出来上报了。彭子冈就是因为这次发言被划成了右派，因为安岗是新闻系主任，记录对他的发言记得很少，上报时可能又有删节。彭子冈是校外来参加会议的，又是名记者，而且那天她讲得最多、最激烈，所以记录对她的话记得最详细，后来根据记录来划右派，她自然就无法逃脱了。

彭子冈是彭华的姐姐，而彭华在抗战时期，一直和我在青委系统共事。1946年，我在北平军调执行部工作的时候，彭子冈和徐盈都成了我的好朋友。我在4月3日滕公馆事件后招待记者，还是由子冈用电话新闻的方式把消息刊登在《大公报》上。从此直到新中国成立以后，我们一直保持着良好的友谊，而这次座谈会竟使她被划成了右派。这次，我客观上保护了安岗，为什么不能保护她呢？倘若能事前给她打个招呼，不是也可以使她免遭大难吗？我为什么没有那样做呢？真是太不够朋友了！对此，我一生引以为憾，始终感到内疚。

林希翎与葛佩琦

这时，人民大学的反右派斗争正走入高潮，全校大约已有400人被打成了右派。划右派要经过党的常委会讨论。李培之和我在常委会上，尽量把各系上报来要划右派的人减少，故意挑剔某某人的条件还不够，或情况还不够具体，希望拿回去搞清楚了再说。这样推、拖的结果，就少划了些右派。但有的系，由于领导人的心胸狭窄，借机整人，就是抓住一些人不放，非把他们打成右派不可。例如经济系有个青年教师孟氧，注释《资本论》出了名，但系领导嫉恨他，要把他打成右派。几次送到常委会讨论。常委多数同志"爱才"，说小青年说几句怪话不能算反党，应好好地教育他、教训他。但系里最后硬是找到了他恶毒攻击党的"罪证"，终于给他扣上了右派的帽子。

在高潮中斗得最激烈的是林希翎。她本名不叫林希翎，因为在批判《红楼梦研究》中，她羡慕毛主席表扬的李希凡和兰翎两位青年，才改成了这个名字。她本是法律系的学生，但随后研究《红楼梦》并写出了颇有见地的文章。吴老认为她是个人才，在颐和园里为她专门找了一个地方供她写作。后来人民大学还专门开了一次《红楼梦》研究的学术会议，把李希凡（曾在人大学习过）和他在山东大学的老师吴大琨请来参加了会议。吴大琨就是参加了这次学术会议后才调到人民大学来的。

　　林希翎因研究《红楼梦》出了名，反右派恰好轮到了她头上。她不但会写文章，而且会说话，因此，开她的斗争会很不容易。党委从全校找了一批能说会道的积极分子，事前作了很充分的准备，并经过"预演"之后才召开几千人参加的斗争会。但在斗争会上，积极分子的发言却不断被林希翎驳倒。主持斗争会的人无法，只得领着群众高呼口号，才能将她压倒。像这种斗争的准备和召开过程，我是从不参加的，但听到情况后也觉得十分滑稽可笑。据说当时北京大学斗争谭天荣的情况也是如此。因此，林希翎和谭天荣一时成了北京学生界的著名人物。他们被打成右派后，当然是弄去劳动改造，甚至受到异常残酷的对待。直到"四人帮"倒台后，右派才得到平反。人民大学党委把给林希翎平反的决定派人送去给她时，派去的人以为她会感激涕零，谁知她却不甚理睬，于是，这人便把平反决定带回去了。这样，林希翎便成了很少几个没有平反的右派之一。

　　80年代，林希翎被允许出国。台湾把她请了去，希望她能骂中共，给台湾说几句好话。但她并不骂中共，她也不给台湾说好话。人们以为她一定会到美国去，她却去了法国。显然，她到美国谋生会比法国容易。但她有头脑，认为这样做要高尚一些。现在不知她怎样了？写到这里，实在令人叹惋。

　　反右派斗争的高潮中，人民大学教师葛佩琦被打成右派也是轰动一时的事件。葛被划右派没有经过党委常委的讨论，所以当时我对这一事件的经过并不很清楚。现在，为了写这篇回忆录，我特地查阅了他的传记和他1991年出版的回忆录。

　　原来葛佩琦是个老党员，他对党并没有什么不满，也不想在整风中对党提意见。人大党委召开党外人士座谈会，他一再谢绝参加。

后经反复动员,他勉强参加了,在会上说了几句很一般的话,但就是这几句话,被任意篡改歪曲而打成右派分子。他发言的原意是:外行办不好大学,不要脱离群众,不要看不起知识分子,党员干部不要生活特殊化,要克服主观主义、宗派主义和官僚主义。他是在1957年5月24日发言的,5月27日《人大周报》就刊登了他的发言。其中说:"不要不相信我们知识分子。搞得好,可以;不好,群众可以打倒你们,杀共产党人,推翻你们,这不能说不爱国,因为共产党人不为人民服务。"当天下午,葛就去找到人大副校长、党委副书记聂真,指着《人大周报》上那段话气愤地说:"这不是有意诬陷我吗?"聂真说:"葛佩琦同志,你不用着急,共产党是实事求是的,登错了,可以更正。"

6月8日,《人民日报》以葛佩琦发表反共言论为标题,报道了葛的发言说:"群众总要推翻共产党,杀共产党人;若你们再不改,不争口气,腐化下去,必然走这条路。总有这么一天,这也是合乎社会主义发展规律的。喊万岁也是没有用的。"葛佩琦在《回忆录》中说:"我从来没有说过这段话,《人大周报》刊登的……也没有这段话。这段报道纯属捏造。"他当即写了更正信,6月9日亲自把它送到了人民日报社(这封更正信,到80年代居然查出来了)。《人民日报》不但不登更正信,还连续发表批判葛佩琦的文章。6月14日,《人民日报》以本报南京电、保定电、沈阳电,同时发表三篇批判葛的报道,当天《人民日报》还发表了《葛佩琦的学生痛斥葛佩琦》的文章。15日,《人民日报》又刊登了某名人批葛的文章。于是,全国大小报刊纷纷发表文章,批判葛佩琦要杀共产党人,一时形成批判葛佩琦的高潮。就这样,葛佩琦被划为右派分子。后来,还定为"极右派",判处无期徒刑。

从此葛佩琦受尽折磨。不仅他的妻子儿女因他而遭难,连他二哥的家也在1966年被红卫兵抄了,他二嫂被打死,二哥被遣返回山东老家，病中无医疗条件，很快也就死去。

1975年，葛佩琦于不幸中得大幸。党中央对关押中的高级罪犯（抗战时期的战犯和国民党县团级以上的罪犯）实行特赦。虽然当时"文化大革命"还没有结束，但葛佩琦却因有国民党少将头衔获得了自由，而且回到了北京。

"文化大革命"结束，特别是十一届三中全会以后，葛佩琦为纠正对自己错划成右派、错判成罪犯以及恢复党籍问题，到处申诉奔走。最后还是胡耀邦同志为他做主，才使他的问题全部解决。在这一过程中，有许多好心人、好同志为他帮忙、出力，但也有些人、有些组织成了他落实政策的阻力。人民大学党委是当初把葛错划成右派的负责单位，按理应及早出来纠正错误。但直到1979年11月12日作出的《关于葛佩琦右派问题的复查结论》，还说葛"不属于错划，不予改正"。到1982年，张腾霄（曾在反右倾中受到全国性的人民公社讨论会斗争而被划为右倾机会主义分子）担任了人大党委书记和副校长，他在全国平反冤假错案高潮中，主张对葛佩琦的"复查结论"重新研究。结果是"对葛佩琦1957年划为右派分子问题，进行复查，予以改正"。并没有明确说明是错划。直到1986年2月8日，中共北京市委的通知中才明确指出葛佩琦"被划为右派的问题，属于错划，予以改正"。

争取纠正错划右派的同时，葛佩琦还向法院要求改正判罪的错误。1980年，北京市高级人民法院终于作出《再审判决书》，说："经本院查明：原判葛佩琦的犯罪事实、性质和处刑都是错误的，应予纠正。"

葛佩琦要求恢复党籍的问题，也于1983年5月由中共北京市委解决。市委组织部的决定说："恢复葛佩琦同志的党籍，党龄从1938年7月起连续计算。"要恢复党籍，必须找到1938年的入党介绍人证明，必须找到1942年在西安领导他做地下情报工作的证明人，必须找到

1945年派遣他打入国民党东北保安长官司令部、以少将督察名义为掩护做情报工作的证明人。很幸运,葛佩琦所需要的这些证明人都找到了,而且都为他写了材料。当然,这一过程也是很复杂、很曲折的。

1984年6月,葛佩琦的一些老同志、老战友在北京烤鸭店会餐,祝贺他的冤案彻底平反。他的入党介绍人刘子久即席赋贺诗一首,诗曰:

中州风雨忆当年,与君共读马列篇。
道路崎岖成往事,疾风劲草有今天。

我仔细地看完有关葛佩琦的这些材料以后,深深体会到,要不是吴老的帮助,右派帽子肯定戴到了我的头上。我后来的经历,绝不会是现在这个样子。如果没有吴老的指点,我不是也会像葛佩琦那样去要求更正吗?而要求更正的结果是迎来全国的大批判!我有幸在他身边工作,所以才能得救。但是,他虽然救了我,却救不了许多他爱惜的人才,甚至连他的一个外孙女婿,因为不在身边(在河北工作),被打成了右派,他也救不了。对此,他虽没有任何表示,但每当他的二外孙女(吴蜀平)来看他的时候,我从旁也能看出他内心的痛苦。吴老啊!您是多么好的中国人啊!中国几千年优秀的文化传统和日本、法国、俄罗斯等世界各国一切先进文化所培养出来的真正的人类先进分子,像吴老这样的人是永远值得人们敬爱和学习的。

在吴老指导下,也在李培之等好同志的影响下,我在反右派斗争中,绝没有存心去害过人,而且是尽可能地缩小打击面,特别是对一些青年,凡力所能及的都为他们说了话。但是,像林希翎那样的"名人",我就实在是爱莫能助。就是像孟氧那样的人,我虽然说了话,开始也起了点作用,最后还是挽救不了。

1957年的反右派斗争,高潮是在夏季,但一直延续到秋后,在某些领域和某些地区，仍在进行。例如：社会学领域的全国性反右派斗争，就是秋后进行的。人民大学党组织认为我对马克思主义关于社会学问题有"研究"（或了解），就派我去参加了领导这场斗争的党组。其实，我不仅对社会学毫无研究，就是对马克思如何批判社会学也毫无研究。我只是在马克思的著作中，看到他批判社会学鼻祖孔德的一些观点。至于孔德的书，我一本也没有读过。据我现在的记忆，批判社会学的那个党组好像是直属中央（或中宣部）的，组长是谁已记不清了，经常召集开会的是副组长赵守攻，他当时是国务院的副秘书长兼专家局局长。赵和我在中共北方局共过事，他一见我非常高兴。范老（文澜）也参加了这个党组，他是由科学院哲学社会科学部派来的。我见范老后，就向他谈了我在人民大学的情况，并表示希望离开人大到近代史研究所去。他听后对我极表欢迎，并说："我那里是和书打交道的，不像和人打交道那样复杂。"此后，我就想法调动，最后还是同吴老商量，先把我调到文字改革委员会过渡，直到1962年才正式调到近代史研究所。范老和我虽然都参加了社会学反右派斗争的党组，但我们两人都不积极，不过，对所有那些人被划成右派，我们也都是同意了的。例如：对专家局副局长费孝通，有人把他说得很坏，说费是个大野心家，因此，把费孝通划为右派，我也毫不犹豫地表示同意。1979年，中美刚建交，社科院就组织了一个代表团访美，费孝通和我都是其中的成员。这时，我当众向他表示道歉。他忙说：那不能怪你。我说：把你打成右派，主要的责任当然不是我，但我当时也确实把你看成右派了，所以道歉是应该的，而且也是真诚的。从这以后，他又发达起来了。不过，我们似乎也未再见过面。

  关于反右派斗争的事情，我知道的还有许多。因为我这篇只是写亲历的，其余的我就不写了。

八角亭编书记
(1956—1962·北京)
LIUSHI DE SUIYUE

流逝的岁月

① 李新和来看望他的中央党史研究室领导同志在一起。左一为龚育之，左三为陈威，右一为魏久铭。
② 应薄一波、杨献珍等北方局老领导约请，李新参加牺盟会纪念活动。

近代史时期的划分

　　1956年，中国科学院制定十二年科学规划，哲学社会科学部（今社会科学院前身）因此也要制定自己的十二年规划，在学部的领导下，历史学科也在制定规划。这一规划后来写成两大本，一本白皮的，人们戏称之为"白皮书"；一本蓝皮的，戏称之为"蓝皮书"。范文澜拿着这两本计划书曾风趣地向大家说道：这两本书多好啊！大家照此努力去做吧！将来千万别只拿这本书来交卷啊！范老说笑的话，虽未完全言中，可也相差无几。因为自1957年"反右"以后，两本计划书中所列的大部分著作，因其主编或重要编著人员都被打成了"右派"，因此大部分落空。所幸我们编写的四卷本《中国新民主主义革命时期通史》，竟能于1962年最后完成并全部出版。虽然随即遭到批判，但比起别人来，我们毕竟幸运得多。这是怎么回事呢？是由于曲学阿世才幸免于难吗？还是有什么大权威庇护或支持我们呢？都不是。这其中有许多很复杂的因素，我们当时也并不清楚。现在事隔30余年，应当探究一下，从中总结出一些经验教训来。

　　1956年，我当时在中国人民大学管教学行政工作，同时兼任一点革命史课程。一天，接到高教部来文，要我校编写中国现代史提纲，供十二年科学规划（历史学科）讨论。因为胡华养病去了，我就找彭明商量，随即决定由我们两人草拟提纲。高教部来文中所说的现代史，是中国通史的一部分，而时间却是1919～1949年。这虽然是当时社会上的习惯，但我反复考虑，觉得它不科学，我主张把1919～1949年的中国历史仍称为近代史。因为自1840年以来，中国逐渐沦为半殖民地半封建社会，直到1949年，这一情况才得到根本改变。1919年以后，中国新民主主义革命兴起了，但社会性质没有改变，不能成为中国现代史的开端。只有中华人民共和国的历史才能称为中国现代史。于是我们即按自己的思想写提纲，写成后把它称为《中国近代史（下）提纲》，提到科学规划会上去讨论。

在近代史科学规划的讨论会上，我们很孤立，绝大多数研究近代史的人都反对把1919～1949年的历史纳入近代史的范围。尤其是科学院系统的如近代史研究所的与会者，几乎没有人同意我们的提纲。只有荣孟源对我们的意见表示同情，但我们在高等学校系统却有几个坚定的支持者。北京师范大学的王真、山东大学的孙思白、中山大学的金应熙，他们都在讨论中坚决同意我们的意见，毫不动摇。而且讨论愈深入，愈显得我们的理由充分，反对的意见愈站不住脚。但他们人多，我们人少，彼此相持不下。怎么办呢？高教部的人"和稀泥"，说先编书吧，提纲暂且勿论。但由谁来编书呢？谁也不肯承担这个责任。最后高教部指定我组织一个写作班子来完成这项任务。

进驻八角亭

1956年秋，我约请北师大的王真、山东大学的孙思白，各带助手二三人来人民大学，并把彭明和冷超等从系里调出来，集中到桃条胡同人民大学的几间宿舍内，开始编书。本来还约请中山大学的金应熙，但他没有来，后来又从湖南和东北调来几个人。桃条胡同挤不下了，又从人民大学借到张自忠路的两间大屋子。因为我们用的资料，大部分在近代史研究所，为了工作方便，最好住到近代史所去。我于是去找近代史所的所长范老（文澜）商量。我说：范老，我们要编的这部书按规定是由科学院和高教部两方面负责的，现在高教系统已经调集人来了，住在人民大学，已经开始工作。你看，科学院方面（也就是近代史所）出多少人呢？能否挤出点房子来？商量的结果是：人，没有；房子，东山上的八角亭和旁边的几间小屋可以借用。这样，我们便于1957年春搬到了近代史研究所，正式建立起一套编书的班子，由我担任编书组组长，并请高教部二司的副司长胡沙来担任党支部书记，整个机构都归高教部直接领导。

近代史研究所的地址在东厂胡同。东厂是明代皇家的重要机关，类似近代的特务组织，东厂胡同就是因为东厂设在这里而得名的。到了清末，这里是权臣荣禄的府第，八角亭就是荣禄接见宾客的地方。袁世凯当政时，买下了这座府第来送给黎元洪。后来黎元洪当上了总统，这里便成了总统官邸。日本占领期间，在其中东北部临街修建了一座图书馆。日本投降后，国民党中央研究院接收了这个地方，其历史语言研究所就设在这里。胡适也住在里面，他为了留取五四运动的纪念，特意从电话局取得"54"这个号码（他的电话号码是"55400"，前面那个"5"是电话5分局，后面两个"0"，是故意空着，以凑足五个字的号码）。北京解放后，范文澜领着他的历史研究室驻进了这个地方，胡适的住室便成了范老的住室。从此，范文澜辞去了华北大学的一切职务，专心写书，后来这里便成了科学院的近代史研究所。1946年范老在邢台担任北方大学校长时，我在中共邯郸中央局工作，因工作关系我常接触范老，从此建立了友谊，成为忘年交。1948年后，我们都在华北大学，都参加学校党委，关系更为密切。进北京后,吴老(玉章)常有事找他,我因而也不断去向他请教。我们见面时无话不谈,情谊深厚,所以我提出借房时,他慨然应允了。

我们搬到近代史所后,便以八角亭为工作间。孙思白、彭明、王真和我还有两三个助手,在里面都各有一张书桌。八角亭建筑在人工堆砌而成的一个小山包上,虽已破旧,但修得精致古雅,而且周围花园里遍植名贵的花木,一年四季都有花开。我们去的时候,丁香花香溢满园,随后牡丹盛开,格外鲜艳。在这样的环境里,我们的工作进展也很顺利。但不久就开始了反右派斗争,全国的政治空气都紧张起来了。工作单位在北京的要回本单位参加运动;从外地借调来的,也有被催回去的。例如山东大学就一直催孙思白回校,高教部无法,只好让他回去一段时间再来。好在反右派期间,我们这里没有一个人被打成"右派",所以工作进度虽然受到一些影响,但毕竟还在进行,没有完全停板。

谁知到1958年,我们这里却发生了问题。经过是这样的:有一天,我的助手冷超查资料时,在《蒙藏月刊》上发现一篇反共文章。他回过头来对我说:这个研究边疆问题的刊物,怎么刊登这样与边疆问题毫无关系的文章呢?我因为分工写少数民族问题,所以让冷超给我找这方面的资料。他现在发现这篇奇怪的文章,也引起了我的注意。我把它拿过来仔细揣摩。这时王真正在我旁边,也留意到这件事。晚上,他来找我谈话,说这篇文章是他写的。他30年代初曾被捕,被捕后没有供出任何人和组织,但必须写一篇反共文章才能出狱。为此他化名写了这篇文章,投在不引人注意的研究边疆问题的刊物上发表。他谈话时表现极为悔恨。我把这件事告诉了胡沙,他随即向高教部党委作了汇报。高教部让北师大把王真调了回去。这时反右派运动已经过去,王真的问题也不是右派问题,但北师大党委却把王真补划成"右派"分子。这样一来,我们的编书工作受到了很大影响。

历史研究遇上"大跃进"

1958年,全国"大跃进"。北京各机关也都修起土高炉炼铁炼钢。人民大学嫌我反右派不积极,现在要我参加炼钢。我去问范老:我们编书的怎么办?到哪里去炼钢呢?范老说:就在我们这里炼吧,东山下不是有个高炉吗?原来近代史所和考古所合办了一个高炉,许多人到那里去炼钢,都不过是做个样子罢了。我们更是隔岸观火,眼看炉火通红,引以为乐。炼钢虽然应付过去了,但编书也要"大跃进",就不好办了。高教部二司司长李云扬是个好同志,在新疆被捕坐牢期间表现很坚强,但在"大跃进"中也随着大流来催我们"跃进"。一再催我们的"跃进计划",我们说两年完成,他说,不行!一年半,也不行!最后定为一年左右,而且寒假前一定要把初稿写出来,以便召开一个全国性的会议来讨论。

"大跃进"的时候,举国若狂,北京也红火得很。修十三陵水库,由周恩来总理扛着大旗,带领中央和国家机关的干部全去参加。我们也去了。田汉因此写成了一个《十三陵畅想曲》,并在报上公布了他写作的"跃进计划"。一时,人人写诗,个个作画,各机关学校晚上灯火辉煌,还准备夜餐,让大家夜以继日地创作。《人民大学周报》出特刊,用大红字登载该校的"十、百、千、万、亿计划"。我拿着这个计划去见范老,范老笑道:这算什么!你看,我老家三年便要进入共产主义,这才是宏伟的计划呢。他顺手拿出山东范县三年进入共产主义的规划,彼此看后大笑不止。其实范老虽姓范,却不是山东范县人,而是浙江绍兴人,他把范县称作老家不过是谈笑而已。范县地处黄河故道,穷苦得很,三年进入共产主义,简直是异想天开。就是在这种形势下,高教部要我们"跃进",否则就是"右倾""观潮派",我们有什么办法呢?只好先答应下来,随后再说。

那时史学界有人提出：马克思主义史学必须"以论带史"，"突出红线"。社会各界也都反对"白专"，谁如果强调业务，就可能被扣上"白专道路"的帽子。研究历史的，如果认真搜集资料，追求历史真实，就被认为是繁琐考证，脱离现实，违背马克思主义。当时，以论带史的著作真的出现了，而且受到吹捧。我们编书组也有人很崇拜这种东西，把它拿给我看，要我们学它的样。我看这种作品，空洞无物，史不像史，论不像论，不伦不类，不忍卒读。但这是权威之作，怎能反对呢？于是我说：人家是权威嘛，理论水平高，好比西施一样，无论浓妆淡抹，都很适宜，我们是东施，怎能相比？如果去效颦，那就更丑了。

当时写历史还有一种风气，说什么历史要为现实服务，其实就是要根据政治需要去改写历史，把历史的真相弄得面目全非。对此我很不以为然。我去问范老，范老说，写历史嘛，就要写成真史、信史，史而不真、不信，怎么能以史为鉴呢？他那时正在写隋唐时代的历史，就是不管环境怎样，都坚持按照这一精神写下去，这有他的《中国通史》第四卷为证。我接受了范老的教导，也按照写真史、信史的精神写书。

在"大跃进"的压力下，我们改变原来先编资料后写书的计划，改为搜集到资料就写书，等书写成后再编资料。我把这种做法向李云扬说：这是"倒行逆施"，你看可以吗？他说：可以嘛。先倒行逆施，以后再颠倒过来不就行了吗？于是我们又作了分工，人民大学写第一卷（1919~1927）；山东大学写第二卷（1927~1937）；北师大写第三卷（1937~1945）；然后再集中起来写第四卷（1945~1949）。并且要加快速度，一定要于1958年底以前把前三卷的初稿写好并打印出来。

贴满大字报的讨论会

1958年寒假期间，高教部召开了一次全国性的专门会议来讨论我们的初稿。开会之前，就把前三卷的打印稿（第四卷没有写出来）发到一些学校去讨论，还特别发给北京大学、人民大学和北师大三校历史系的学生，要他们讨论提意见，并且把意见写成大字报贴到我们开会的会场。这次开会的会场设在高教部花市大街招待所。学生们的大字报不但贴满了会场，而且从招待所大门口一直贴到了招待所最后的房间，红绿纸相间，大小字不等，真是琳琅满目，招引了无数宾客前来观看。

大字报的内容主要是批判，批判我们没有坚持毛泽东思想挂帅，没有贯穿红线，甚至说我们是贯穿了白线（写了许多国民党区的事情）和黑线（写了不少敌伪统治区的事情）。又说我们没有厚今薄古，把五四运动和第一次国内革命战争时期写多了，而对后来特别是解放战争时期写少了（其实那时还没有把解放战争写出来，只写出了个提纲）。如此等等，意见很多、很尖锐，而且都上了纲，提到了原则的高度。按照这些意见，我们的书稿一无是处，就该付之一炬，而且作者都该挨板子。编书组的同志们看到这些大字报后，都很泄气，特别是对孙思白和彭明所写的部分大字报最多，因为他们两人承担了写国民党区和敌伪区的任务。

在大字报的声势下，会场上也是一片批评责难之声，说我们关起门来写书，两耳不闻天下事，完全是学院派的模样，成天在书本中讨生活，写出来的东西，当然反映不出时代精神。但是来开会的代表都是教师，有的同志不仅学识丰富，而且在旧社会已经历过世变沧桑，在新社会又经历过不少运动，所以他们能力排众议，提出不同意见来，请大家认真地冷静地展开讨论。他们说贯穿红线并不是不要写国民党区和敌伪区,厚今薄古是指整个历史而言,"五四"以后都是今,并不是什么古……由于他们讲出了真理,而且讲得很策略,平心静气,低声细语,不伤人,不刺激,所以得到了多数人的赞赏。于是,会场的空气逐渐和缓下来了。最后大家认为初稿还是比较好的,并同意以初稿为基础,进行修改,将来即把它作为各高校的教材。在几位"稳健"的发言者中,以蔡尚思和陈旭麓最为突出。我以前并不认识他们,就是在这次会议中我们交上了朋友。

意见逐渐一致,会议可以收场了。按照惯例,会议需要作个总结,何况会上虽然大体上解决了问题,但各学校和社会上"左"的风气依然很炽烈,必须要有一个明确的总结意见,以后的编写工作才好进行。由谁来作总结呢?我去找高教部部长杨秀峰。杨部长一见我就说:"你们的会开得不轻松吧?"我说:"现在轻松了,可以结束了,所以来请你去作个总结。"他已大致知道了开会的情况,我又向他作些补充说明,并表示我个人对一些问题的看法。他表示同意我的意见,但不愿去作总结。在我一再的坚请下,他诚恳地对我说:"我坚决支持你,高教部坚决支持你,但当前情况下,有许多意见,都不宜由我去说,而由你去说最好。因此,这回的总结要由你去作,我看就这样定了吧!"杨秀峰过去是晋冀鲁豫边区政府主席,我们同在太行山打游击,老关系,很不错。他现在把真心话都和盘端出来了,怎好再勉强他呢?我于是转个弯请求道:"总结,既然有你撑腰,那我就大胆去作吧,但高教部总要有位负责人来主持会议才好。"最后商定请刘皑风副部长主持总结会,因为他是主管计划财务的,他主持会议,表示不介入学术和政治问题的争论。

总结会在高教部礼堂举行。由于李云扬的提议,别人也不好反对,参加会议的人,除招待所的代表外,还从北京各高校请来了不少的人,其中有不少学生代表,有的还是大字报的作者。在这样的情况下,我的总结很难作。经过反复地考虑,我终于写成一个详细的提纲。

总结会开始时,刘皑风只讲了几句冠冕堂皇的话,马上就说:"现在请李新同志作总结。"我一下怔住了,心想,你怎么连一句表态的话也不说呀!但我很快就镇定下来,非常严肃地作我的总结报告。我首先对那些针对我们的书稿提意见的人,特别是贴大字报的人表示感谢。接着对许多具体的意见(列举了出来)表示接受。随后我说道:"凡是我们认为好的意见,我们都有明确的态度,即接受下来,并在修改稿中吸收进去。凡是我们不能同意的意见,我今天在这里也要明确表态,如果含糊不清,我们下一步的修改工作就无法进行。"我于是从如何才算是坚持马列主义毛泽东思想说起,说写历史一定要写成真史、信史,才算得坚持了马列主义毛泽东思想。"整风运动中不是首先反对主观主义吗?写历史不真不信就是犯了主观主义的错误,就是党性不纯的表现,就违背了毛泽东思想。"在谈到贯穿红线时,我说:"贯穿红线是要求用马列主义毛泽东思想去叙述历史、分析问题,而不是说只写正面的,不写反面的。如果立场、观点、方法不对头,写正面的也不一定是红线。反动派不是也写共产党、红军,写八路军、新四军吗?请问:他们那些东西贯穿的是红线,还是白线?黑线?至于写国民党、写敌伪、写一切反动派,只要坚持了正确的立场、观点、方法,照样可以贯穿红线。请问:陈伯达写的《窃国大盗袁世凯》《人民公敌蒋介石》《中国四大家族》,他贯穿的是什么线?"当时人们把陈伯达视为宣传毛泽东思想的代表,我举出他为例,谁还能不服呢?我看这时全场鸦雀无声,于是接着说:"写1919~1949年这段历史,我们能不写北洋军阀吗?能不写蒋介石吗?能不写日本帝国主义和汉奸卖国贼吗?如果不写、不敢写,那算什么马列主义毛泽东思想?问题是怎样写,如果我们把反动派写成了革命派,同志们说我们没有贯穿红线,骂我们贯穿了白线、黑线,我们是罪有应得;但如果不是这样,我们只不过写了反动派,而且揭露了他们的反动罪行,分析了其所以反动的原因,这样就说我们没有贯穿红线,甚至说我们贯穿了白线、黑线,那我们怎么能承认呢?如果我们承认了,我们以后应怎样写?同志们!如果谁有办法按照那样的'红线论',来写这段历史,我一定五体投地,向他请教。"这时我的劲头来了,痛快淋漓地大讲一通。刘皑风一再向我使眼色,我明白他的好意,但我还是把我的意见毫无保留地讲了出来。说也奇怪,全场惊讶地但认真地听我讲完了意见,而且讲完之后,竟然爆发出一阵热烈的掌声。

通过这次讨论会,我们在全国范围内扩大了影响,并找到一批支持我们的人。在会议期间,我曾单独和蔡尚思、陈旭麓深谈,希望他们俩也能参加我们的工作,两人都欣然同意。随后报高教部批准,1959年初,蔡、陈二位被借调来京。陈旭麓还带来了几个研究生做助手,从此八角亭更加热闹了。陈旭麓、蔡尚思、孙思白、彭明都住在八角亭旁边,每人一间屋,工作和睡觉都在其中,倒也非常方便。我仍在八角亭工作,编书组的秘书和主要助手也在这里办公,这里还是我们的会议室和书报室。孙、陈二位带来的助手和研究生多数住到北师大去了,人民大学研究班来的人则仍住在人大,开会的时候才来八角亭。这时编书组总人数已二十有余,极一时之盛。除过去按卷分工外,又按内容作了分工:蔡尚思负责思想文化;陈旭麓着重经济史;国民党区和敌伪方面仍由孙思白与彭明负责;至于一般政治史和革命史则大家都分担,只是其中需要看机密档案的部分由我负责。此外,由于国家民族事务委员会规定,只有司局级以上的党员干部才能参阅他们提供的材料,所以关于少数民族史那部分的责任也落到我的头上。

为了争取早日出版,我们首先集中力量抓第一卷的定稿工作。每人按分工去修改初稿。修改稿完成后,逐章逐节集体讨论。然后在由我、孙思白、彭明、蔡尚思、陈旭麓五人参加的定稿会上,逐字逐句地宣读,一段一段地通过。有不妥之处或不同意见,经讨论取得一致并修改成文后再通过。这样做看起来似乎很繁琐，但经验证明，这样做起来速度反而快些。我们第一卷的定稿工作五一劳动节前就完成了。

书写成了，但出版却发生了问题。本来1956年开始编写时，人民出版社就来商定由他们出版，并派编辑应德田专门与我们联系，还为我们印了特别的稿纸，供我们改稿使用。1957年后应德田不来了，换了别人。我们第一卷定稿后，他拿回出版社研究，结果是不宜由人民出版社出版，但可由三联书店出版。当时三联专门出资产阶级的书，把我们的书给它出版，是什么意思呢？大家听了都非常气愤。我到高教部去找蒋南翔，他说："把我们的高校教材，归入资产阶级那一类，真是岂有此理！你拿来，我们高教出版社出。"就这样，我们的《中国新民主主义革命时期通史》第一卷于1959年由高教出版社出版了。我写了序言，其中说明了我们为什么不把书名叫现代史的理由，同时无法叫中国近代史（下），因而取了这么一个长长的书名。我把这篇序言送给李云扬审阅，他没有表示意见，转呈杨秀峰，杨部长表示同意。书的作者署了个编写组的名义，而不署人名，这是当时的风气。因为1958年大反资产阶级法权，所以我们也声明不要稿费，但高教出版社还是先给了我们一些补助，后来又按低标准付了稿酬。到1960年第二卷出版，不仅稿酬较高，而且连第一卷的印数稿酬也补发给了我们。第二卷是由教育出版社出版的，因为这时高教部与教育部合并了，两个部的出版社也合并了。

反"右倾"大关

1959年我们正在编写第二卷的时候，彭德怀在庐山会议上受到无情的批判，随即在全国展开了大规模的反"右倾"运动。这次运动来势凶猛，人民大学大部分系主任（包括何干之）都遭受批判。刚从人民大学调到北京大学去的副校长邹鲁风因受批判感到委屈而自杀身亡。我们编书组当然也要检查"右倾"问题。好在全国性的讨论会刚开过不久，人们记忆犹新，虽有个别人煽动，终未掀起大的波澜。这时我倒觉得在那次讨论会上的总结发言，我所采取的彻底展开说透的办法是做对了。那次如果不说透彻，那么这次加在何干之等人头上的帽子，什么"白专"呀、"不贯彻毛泽东思想"呀、"不贯穿红线呀"，以及什么"厚古薄今"之类的大而不当的帽子，一定会往我们头上戴。可见风险来了，如果能顶住还是顶住的好，因为顶住了小风险反而能避免大风险。当然，如果风险太大，那是谁也顶不住的。不过也应想别的方法，最好能在不失原则的条件下加以应付。无论如何也不能像邹鲁风那样，总应该看得远些嘛。这次反"右倾"的错误，不是到1962年就得到了部分的纠正吗（彭德怀等少数人例外）？

编书组顺利地过了反"右倾"大关，但第二卷书怎样写呢？还是个问题。彭德怀在第二卷（1927～1937）中很重要，但不能正面出现他的名字，一出现就不能出版。不单彭德怀不能出现，连平江起义也不能写。因为当时有人把建议写平江起义的历史看作是阴谋，是为彭德怀想夺权服务的。怎么办呢？真伤脑筋！经过反复思考，终于想出了一个办法：彭德怀的名字不写，那么相应地在平江起义中滕代远、黄公略的名字也不写。到第三卷抗日战争中，不写彭德怀的名字（他是八路军副总司令），只写总司令朱德的名字。相应地，一一五师只写师长林彪、一二〇师只写师长贺龙，一二九师只写师长刘伯承，副师长一律不写。新四军也是只写军长叶挺，不写副军长项英，这样正好把项英这个难题也解决了。但平江起义却不能不写，不写它，那红五军从哪里来的呢？后来红一军团又怎么写呢？想来想去，决定写红一军团时，说它是由红四军、红五军合编而成的。红四军前面已经写得很多，这里可不再写。对红五军则采取补叙的办法，从平江起义一直写下来，顺理成章，只是像古代史书那样，加一个"初"字，表明是倒叙。这样读者一看也就明白了。我把这一办法向编书组的同志们一说，大家都赞成，甚至鼓掌称善。不知哪一位下来对我说，你真是"用心良苦"啊！是的，我的心是苦的，也是良的，不管怎样想方设法以求出书，总不能连良心也丧失啊！唉，怎么在历尽千难万险才缔造起来的新中国，写书竟是这样的困难呢？我们在革命中梦寐以求的自由、民主和幸福，怎么到今天成了这种情形呢？我感到痛心，但不能向任何人倾诉，只能深深地埋在心底。

由于"大跃进"造成了严重的经济困难，全国都在挨饿。不知饿死以及由饿而病死了多少人！北京各单位都有不少浮肿和肝炎患者。所幸我们编书组没有一个浮肿和得肝炎的，因为我们把稿费全拿来吃了。东厂胡同的对面便是华侨饭店，同志们很早便去排队领牌子，到开饭的时候才能去吃饭。开始还有肉菜，后来便只有鲍鱼这样的海味一两样了，而且价格非常昂贵。为了活命，为了写书，忍痛吃饭！我们五位主编（孙思白、彭明、陈旭麓、蔡尚思和我）的情况好一些。我在人民大学吃小灶，便厚着脸皮去请示人民大学的实际领导人，把他们当作客人也让其吃小灶。为了吃饭，我们每天从八角亭到张自忠路来回走四趟，至少也有七八里路程。不过几人同去同归，好像青年时代过学校生活，也很有趣。有时晚饭后皓月当空，我们踏着月色，边走边谈，其乐融融。

大概从1960年开始，我们当主编的，还得到一点"特殊供应"，给我们每人发了一个本子，每月持本可以到指定的商店买到一些肉和鸡蛋、糖果，还有两条烟。当时群众对这种特殊供应和高价出售点心糖果就很不满意，流行着一首顺口溜说："高级点心高级糖，高级太太上茅房，手里拿着高级纸，拉了一泡高级屎。"在街上听着小孩们不断念着这样的顺口溜，心中实在难受。

编书组最满意的一年

1960年,中共中央宣传部成立了一个教材办公室,统一组织和管理高校教材的编写。胡沙仍是我们的支部书记,同时又在教材办公室负责,这样,我们的日子就好过得多了。因此,我们编书的速度也就加快,不但出版了第二卷,并且把第三卷也编成了。事实证明,只要把条件准备好,办事的速度是可以提高的,而不顾条件人为地去推行什么"大跃进",不但"欲速则不达",反而会把事情搞糟。这年暑假,高教部规定,参加编教材的人可以去北戴河休假。我们几个主编都怕拖长了编书的时期,夜长梦多,对编书不利,因此谢绝了上级的好意。同时,山东大学和上海复旦、华东师大又不断来信催促孙思白、蔡尚思、陈旭麓返校。尤其是山东大学,说孙思白已经借出去几年了,怎么能老不回去呢?难道是刘备借荆州吗?好在胡沙善于从中斡旋,并站在高教部立场上要三校顾全大局,三个学校也只好服从。我怕他们三人回校后不能再来,决定暑假中把他们三位的夫人接来北京。蔡尚思的夫人好像是因病未来,孙、陈二位的夫人都来了。为了凑热闹,我和彭明也把夫人请出来作陪。

这个暑假,过得生动活泼、情趣盎然。城内好地方都游遍了不说,城外的颐和园、香山、八达岭以至十三陵,到处都有我们的踪迹。而且游兴很高,时而在茶座上浅酌吟诗,时而在小船上引吭高歌,不亦乐乎。蔡尚思是爬山专家,彭明是划船好手,他们各显其能,令大家赞叹不已。孙、陈二位诗兴大发,吟出了许多好的诗句。我也追随其后,即兴赋打油诗不少。事隔多年,孙思白的《游颐和园遇雨》里的佳句"天恐豪情收不住,故遣微雨送轻寒",我至今记忆犹新。

记得一天,大家登上长城,都说不可无诗,要作诗比赛,看谁先作成。我一时兴起，即刻得七律一首："秦皇汉武建奇勋，近世空余万里城！粉黛江南长袖舞，风云塞上大刀横。一轮旭日山河赤，满眼春光柳麦青。蒙汉弟兄手携手，长城内外尽欢声。"大家称我"才思敏捷"，我不过主张"诗言志"，欣赏"打油体"，不守规律，所以来得快。而孙、陈二公则是精雕细刻，"语不惊人誓不休"，所以能有佳作。他们当时咏长城的诗，比我的强过了不知多少倍，令我十分佩服。只可惜如今年老，竟然记不起来了。

我们编书组，在1960年时，无论工作和生活都很让人满意。但国内和国际局势却都很紧张。国内形势自1959年庐山会议反"右倾"以来，"左"得更加厉害。例如农村大办食堂，认为食堂里充满了阶级斗争，结果给人民带来极大的灾难。河南信阳地区有一首顺口溜这样说："一进食堂门儿，稀饭一大盆儿，盆里有个碗儿，碗里有个人儿。"由于饥饿和疾病，非正常死亡达到惊人的程度。同时在国际共运中展开了反现代修正主义的斗争，把苏联称作"苏修"，把苏联领导人赫鲁晓夫当作新沙皇来批判。记得一次在中南海听报告，碰见潘梓年（当时他是社会科学部的领导），我问他看见我们的书没有，他说"拜读了"，"很好"。又说："不过你们无论叙事和评论是不是太'客观'了些？莫搞客观主义啊！比如对胡适，你们的评价就和中央的精神不太一致。现在又要反修了，请注意点！"我知道他是个大"左派"，因强调逻辑的阶级性而特别著名。我"唯唯地"听他讲，没有做声。这样的人谁惹得起？回来我也没有把原话告诉大家，只说学部要我们积极参加反修，写书要防止客观主义。

好在紧张的国内外形势对我们编书组的影响还不很大，我们倒可以借此动员大家加紧工作。在大家一致努力下，到1960年冬，我们把第三卷也写成了。本想趁热打铁，一鼓作气把第四卷也写出来，以竟全功，但这时各学校都纷纷来信要人，高教部也无话可说了，只好答应寒假后各校的人都回去。至此，我们又作出规划：第三卷于寒假前发稿，第四卷由彭明带着助手到华东师大去写，陈旭麓和他的研究生也帮着做些工作；我随吴老（玉章）到上海，帮他写辛亥革命回忆录，同时照顾写书，解决编写过程中的问题。至于编资料，等写完了书再说。大概是放寒假前夕的一个晚上，所有参加编书的人齐集八角亭话别。

人们都说，我们在八角亭大学毕业了，有的是四年制本科，有的是二年制专科。八角亭同窗生涯将毕生难忘。于是有人唱起了《毕业歌》，众人继起相和，歌声雄壮激越。之后，又有人唱起了《离别歌》，这时却没有人和着唱了，这人唱完最后一句"一瓢浊酒尽余欢，今宵别梦寒"，也颓然坐下。许久没有人再说话，各有所思。当然，最后还是打破了沉寂，转为欢笑，直到深夜才散。我回到家里，久久不能入睡，无限惆怅中提笔写下了一首五言律诗：

一曲骊歌声，怆然八角亭。
书成百万字，人别几多程？
纵有音书至，终无朝夕亲。
何当重聚首，载酒泛昆明？

谁知从此一别，别说全体同志，就是我们几个主编，也再没有在北京重新聚齐过。人生聚散无常，本无足怪，但八角亭数载同窗，却永系我心，至今犹未淡忘。

1961：大功告成

1961年春节过后，我随吴老到了上海。经过一百天的奋战，帮吴老写成了一本《辛亥革命回忆录》。同时，我们的第四卷也进展顺利，基本完成。吴老对我们在八角亭编书，一贯支持鼓励，现在听说我们四卷书都写成了，他非常高兴，特邀我们几个人（蔡尚思、陈旭麓、彭明和助手桑咸之，还有我）同他一起到西湖去游览。

到杭州后，有人把我们接到刘庄。这时省委特派一个同志来对我说："刘庄是只供中央领导同志住的，你可以同吴老住在这里。其余几位同志安排在对面的杭州饭店，这是新修的一座高级宾馆，很不错。请你向他们解释一下，希望他们谅解。"随后，一辆轿车把他们送到了杭州饭店，每人一间客房，的确很好，而且那辆车就专门配给他们游览时用了。此后，我每天吃罢早餐，即乘一辆车到饭店，然后几个人分乘两辆车出发去游览。有汽车之便，就不像古人骑驴游西湖，需要多少天才能游遍。不几天，我们游遍了西湖内名胜和围湖诸山如南北高峰等地，以及湖外的九溪十八涧和更远的地方。

他们在饭店，每天按菜谱吃，不多日子把菜谱上的菜基本吃过来了。这时他们担心饭后算账，恐怕谁也负担不起这笔开销，准备赶快回程。我对他们说："你们为什么不问一声负责人怎么算账呢？"他们说："不好意思。"我说："是省委把你们安排到这里的，他们不会按饭店标价收费，只能像我们那边一样，按供给制收粮票菜金而已。"我劝他们多住几天，他们怕不保险，随即到会计室结账，果然只收粮票菜金。算账回来，彼此相视而笑。但既已清账，就不好再留下了。

西湖之游，淋漓痛快，但意犹未尽。不过这样也好，正因为未完全尽兴，所以今天回想起来才格外有味呢。从这次游西湖，使我对"特权"增加了理解。当时困难时期尚未完全过去，到处都能见到"民有菜色"，而我们这些沾边特权的人，却能优哉游哉地尽情游览。名义上按规定付账，实际上还是高档免费。而我们却安之若素，视为当然，可见要享受特权者来打破特权，实非易事。如果说"浮夸风""共产风"是由于领导人头脑发热而受了欺骗,那么这些在困难期间修建起来的高级楼堂馆所,领导人亲自住在里面,能说什么也不知道?一面三令五申地反对修建楼堂馆所,一面舒舒服服地住着高级馆所,而那些主持修建这些的人,不但未受罚,反而升了官,这便是楼堂馆所所以屡禁不止的真正原因。类似这种现象的事情,今天依然存在,我们能不警惕吗?

1961年,四卷本的《中国新民主主义革命时期通史》全部完成了,我们如释重负,非常高兴。这时人民出版社派人来找我们了,说我们的书应由他们出版,因为这部书政治性很强,以国家政治出版社出版为宜。我问他:"过去为什么要在'三联'出版呢?请问那是什么政治性?"他说:"过去让在三联出版是错误的。现在上面已决定由'人民'出版,并已与教育出版社谈妥,第三、四卷由'人民'新出,第一、二卷由'人民'重印。"

为什么人民出版社现在那么积极地要出我们的书呢?因为第一、二卷发行后,很快就卖光了,而且各校在教学中对我们的书反映都很好。其实并非我们的书写得好,只因许多学有专长的编者都被打成"右派",他们主编的书夭折了,而在"大跃进"中应运而出的书,又经不起时间的考验,于是我们的书便成为仅存的"硕果"。对此,我们还是有自知之明的,因此在前言中,明确声明我们这部书是过渡性的,既不成熟,更不完善,诚心期待有佳作出来,像阳光那样代替我们的烛光。同时,出版社的同志还告诉我们,上级规定,从今以后,不用"编写组"之类的集体署名,而必须署作者个人的名字。如是几人合著,则几个人均须署名;如系集体编写,则署名应为一个主编或几个主编。根据这一规定,我们商定这部书(四卷)的主编为:李新、彭明、孙思白、蔡尚思、陈旭麓五人。本来第一卷的主编应有王真,但因他没有参加后面的工作,而且他的问题那时尚未解决,不好列名。这样,北师大参加这项工作的人既多又早,却没有一个主编，在当时就感到遗憾，到今天仍感到不安。世事难平，古今如此，希望后之来者能有法避免才好。

四卷都印出来以后，分别送中宣部、高教部和学部的领导人每人一套，请他们提意见。高教部对我们的工作表示满意，由蒋南翔副部长在鸿宾楼设宴招待我们所有在京的编写人员，并发表了一通热情的讲话。中宣部副部长周扬同志在广州遇见我的时候，说他只粗略地翻看了一下我们的书，对其中文艺方面的评价，表示赞成。特别是对鲁迅的评述，他认为比较全面，也比较深入。1962年春，我由广州回到北京，收到了学部副主任潘梓年一封信，说我们不应在书里公开批评冯友兰和贺麟的学术观点，并说冯、贺都是政协委员、学术界的知名人士，我们这样做有碍统一战线。

看了这封信我感到很奇怪，前些时候你们不是随便就批判人，任意给人家戴上"右派""右倾"的帽子吗？怎么现在（七千人大会之后）竟连学术批评（而且是历史上的）也不能进行了呢？要就是一团和气，要就是把人打倒整死，这算什么样的统一战线？我于是给他回了一封信，说明统一战线主要是政治上的，应该团结一切可以团结的人，不应随意斗争，扩大打击面；至于学术问题，无所谓统一战线，而是追求真理的问题，应该实行百家争鸣的方针，不管是不是党员，是不是名家，都可以平等地进行讨论。听说他看到我的回信，很不高兴，可是当我见到他，问他我回信的观点是否妥当时，他却乐呵呵地回答说："好嘛！"虽然笑得有些勉强。

陪绑的毒草

1962年夏天，在北戴河会议上，毛主席提出"不要忘记阶级斗争"，说阶级斗争要年年讲、月月讲、天天讲。于是刚刚稍微轻松一些的政治环境又紧张起来了。康生说《刘志丹》是株大毒草，毛主席同意，由此说借写小说反党是一大发明。于是意识形态领域内的"阶级斗争"更加尖锐化。这时有人写信给人民出版社，对我们的书提出了一些意见。出版社既不分析这些意见（其实这些意见都没提出什么重大问题，而且有的意见并不正确），也不将意见转给我们，就背着我们组织批判。从此我们的书被停止发行了。我们作为作者，对这些情况，竟然全不知道，只不过有些风闻而已。

  出版社的这种做法，连我们这些研究历史的人，也闻所未闻。不过这在那大讲阶级斗争的年月，又何足怪哉！我们这部书的遭遇，只是其中的小焉者，又何足道哉！你看，那些批判我们的人，那些组织批判的人，后来不是也都受到更严重的批判吗？按理，这些人是应该觉悟了吧？但奇怪得很，至今还有人认为他们当时批判我们是完全正确的，只是对他们的批判错了。据说，这是"马克思主义"的分析，多么神奇的马克思主义啊！我为这般自封的马克思主义者、马克思主义的垄断商感到可悲、可笑亦复可怜！

  本来，1962年，高教部为了教学的需要，还要我们编写一套1919~1949年历史的资料。正如我先前所说的，这是"倒行逆施"，但毕竟是件好事，所以我们答应下来了。高教部还为我们调了几个人来，并开始展开工作。但不久随着形势的变化，这件事也就吹了。1964年，近代史所大部分人员到甘肃张掖去参加"四清"。我和我的助手们也都"踊跃参加"，于是八角亭人去楼空，只好用一把大锁将它锁了起来，怕的是许多资料失散，将来难以寻找。1965年回京，范老要我去帮助他写通史，并强给我加上了个通史组组长的名义。这样，八角亭依然锁在那里。

  谁知不过一年，"伟大的""空前绝后的"（我认为它会绝后的）"文化大革命"开始了！"文化大革命"一开始，我即被打成

"三反分子""牛鬼蛇神",并且当上了近代史所的"黑帮队队长"(第七、八班联合班长)。毛主席虽然保了范老,使他免于被批斗,但他的书还是受到批判。

一天,我的孩子回来告诉我,范老的《中国通史》被当作毒草在美术馆展览,我们的那四卷书也"陪绑"在那里。我对孩子说:这下我可真要出名了。孩子莫名其妙。我说,这道理很简单:范老的书好比是千里名骥,我们的书在那里奉陪,岂不是真的"附了骥尾"?这真是一次太好的机遇呀!我还对孩子说:你知道我的教授头衔是怎么来的吗?是在困难时期,高教部要给我们一点特殊供应,但必须有学衔的才能领。蔡、陈、孙、彭诸位都有学衔,唯独我没有,怎么办呢?问杨秀峰部长,杨部长说:给他个教授吧。于是我便成了教授。你看我这人运气多好!杨部长一句话,我便成了教授。现在革命小将把我们的书和范老的一起展览,岂不是把我们的书也看作权威之作了吗?(而且还没有说是反动权威呢。)孩子听了,都大笑不止,觉得爸爸真开心,受批判毫不在乎,是不会发生什么问题的。

蓬蒿满目八角亭

1970年,我到了河南干校。1971年回北京探亲,到近代史所一看,呀,八角亭完全变了!亭内空无一物,四周杂草丛生,满目凄凉景象。原来在"文化大革命"派斗期间,两派都争八角亭,因它是制高点,可以用作司令部。因此亭内的资料,被全部烧掉或扔掉,把家具拿去作了防御工事。后来造反派也被赶下干校,八角亭无人管理,遂致破败不堪。见此情景,我不胜感慨,回家写成《风萧吟》一首,其中有这么几句:

上东山，蓬蒿满目，萋萋八角亭边。

见亭中饥鼠，窥人无惧，竟自盘桓！

……

难堪！自都门一别，到而今白发苍颜！

倩谁挥采笔，似龙蛇飞舞，再续长篇？

林彪事件之后，形势有所好转，学部搬回北京。从1972年秋天开始，我们又开始编写民国史。我设法将孙思白调来北京，彭明也来参加了一部分工作，只是陈、蔡二位仍在上海。而八角亭因其又破又脏又乱，无法再用。当年的盛况已一去不复返了！后来，在上级的支持下，近代史所修建高楼，按计划是只拆近代史所的房子，八角亭作为典型建筑物，要保留下来。有一天，我经过建筑工地，见东山及西面的房屋都已拆光，而八角亭巍然独立在那儿，心有所感，即兴作诗一首：

划却东山好，独留八角亭。

当时人尽老，遍地草丛生。

四卷书犹在，重刊事未成。

……　……

这里所说的"重刊事未成"，是指1972年人民出版社的范用来约我编民国史后，又提出要重印《中国新民主主义革命时期通史》的事，当时我认为时机尚不成熟，还是不印为好。"四人帮"垮台后，高等学校恢复招生，为应付教育部门教学的需要，范用又来找我，希望重印这部书。于是我和彭明两人又重新校订了全书，并请原来编书时担任秘书的萧滋生编成一个简要的大事记附在第四卷后面，并于每卷前面都写了前言，说明各卷编写、出版、重印及这次校订的情况，然后交给了人民出版社。从1979年至1981年，四卷书重印完毕，距离1959年初次出版，恰好20年。这20年我们都干了些什么呢？真不堪回首啊！

书重印了，但八角亭却拆了。原来保留八角亭的计划行不通。因为施工地方太小，大卡车来往不便，不拆掉八角亭，高楼就盖不起来。是要新的高楼呢，还是抱着破旧的八角亭不放？权衡得失，八角亭便因此作了"牺牲"。建设一座楼房如此，建设一个社会恐怕也有类似的情况，一味守旧复古总是有碍社会进步的。因此，我对八角亭虽有特殊的感情，但对它的拆毁，不仅不感到痛惜反而感到庆幸。对我们的书也一样，它本是为完成过渡任务而编写的，老是重印它，就说明过渡还没有完，这并不是好事。只有用新书来代替它，才证明过渡已经完成，事业大踏步地前进了。

但是，人毕竟是富有感情的动物，尤其是老年人更充满怀旧之情。80年代我每到一处，碰到当年一同编书的同志，他们对八角亭那段同窗生涯，都不胜怀念。他们说：在一个学校里同学几年，但能同在一个班、一个宿舍共同学习和共同生活的人并不多，时间也并不长。而我们在八角亭时期，大家在一起，同学习、同工作，朝夕相处，共同生活，少则两年，多则四年以上，在每个人的一生中都是少有的事情。何况师生同志之间，已形成一种共同的学风和精神呢。是的，我们几年之间，在惊涛骇浪中同舟共济，如果没有一个共同的信念和作风维系着，恐怕这只船早已翻了。

"文化大革命"中批判我们为"八角亭学派"，是"三反"学派。"三反"倒不是，"学派"也不敢当，但我们确有一种共同的学风。这种学风主张"论从史出"，要写真史，写信史，少发空论，反对以论带史，而要把历史事实按照历史本来面目翔实地写出来，只有这样，才能做到史论结合。我们这种学风是从范老那里学来的。

大概是1985年吧，我在上海先后见到陈旭麓和蔡尚思。陈旭麓当时感慨颇多,提起八角亭编书的事,他建议由我牵头,每人写篇回忆性的文章,并最好能把当时的诗词收集起来,留作纪念。我说现在大家正忙,恐怕还不是时候。随后,蔡尚思邀我夫妻到他家吃饭。席间,他谈起八角亭一段,颇动感情。谈到批孔问题,他说我们书中的见解基本上是正确的,"文化大革命"期间的所谓批孔,那是别有用意。而现在有些人在那里提倡什么"新儒学",也不是味道。他提议我们写文章批驳,并希望我们八角亭的那些人能有再聚会的机会才好。谁知1988年我大病一场,几至不起。而陈旭麓以其非常健旺之身,忽然先我弃世而去。看来诸人重聚已不可能,每人写篇文章也成泡影。为此,我写这一篇"编书记"聊以塞责,并借以寄托对故人的思念。八角亭当年一起编书的同志,倘见此而引起怀念,那么,请你也提笔来写一篇吧!我年老体弱,记忆力衰退,错讹之处必多,望诸同志有以补正之。

"四清"记
（1965·甘肃张掖）

流、逝、的、岁、月

① 下笔前的凝思
② 在北京万寿路家中

刘 少 奇 讲 话

  1964年的夏天，一个闷热的晚上，忽然接到通知，第二天要到人民大会堂去听重要报告，不得缺席。第二天我按时前往，会场不大，坐满了人。台上，所有在京的政治局委员和元帅们都到了。全场鸦雀无声。我心想，是谁作报告呢？这么严肃。一会儿，周总理引着刘少奇走到台中央，向旁边的人问了一句话后，对大家说：今天是请少奇同志给大家讲话。

  刘少奇开始讲了。虽然桌上分明有扩音器，但他并未坐下来，而是背着双手，在台上走来走去地讲。声音一时大，一时小，听起来挺费劲儿，但人们都很安静地听着。

  他讲的大意是：中央不是有规定吗？中央和各部门的领导人每年至少要有三分之一的时间到下面去。可是你们为什么不下去呢？待在北京，什么情况也不了解，光会在上面发空头指示，怎么不产生官僚主义呢？下面的情况千变万化，新鲜事物多得很，只有了解新情况，发现新问题，才能想出新对策，才能领导。你们看，王光美下去了，不是就发现了许多新问题吗？她现在写出东西来了，总结了许多新经验，很有意思。我看大家还是下去吧，赶快下去吧！

说到这儿，刘看了周总理一下，然后又对大家说：谁要是不下去，就把他赶下去！他的讲话到此就戛然而止。

周总理大概没有想到刘少奇的讲话如此简短，所以当刘的讲话结束时他也感到突然。但仅是略一迟疑，就马上起来圆场。他很温和地对大家说道：少奇同志今天的讲话，虽然很简短，但是很重要。我希望大家赶快下去参加"四清"①，执行中央的决定。又说，王光美的报告中央即将作为正式文件发下去。并转身向刘少奇说：我看可以让光美到各单位去作报告嘛。然后对台下大家说：各单位都可以请王光美同志去作报告，口头报告比书面报告会更生动些、丰富些。随即宣布散会。

这个会议，连头带尾，总共不过一个钟头。在这么大热天把这么多高级干部集中来"训话"，人们是非常不满的。退出会场时，我就听到有人议论说：这是干什么？这不是"听训"吗？走出大会堂，在下台阶的时候，我前面有两三个军队干部在骂娘。当我走近时，他们都回过头来看，原来都是熟人，彼此相视一笑。

随后王光美即到各机关讲"桃园经验"②虽然几次发票给我，但我一次也没去。后来"文化大革命"开始，造反派说我吹捧刘少奇、王光美，吹捧"桃园经验"，顾亚立即起来更正，说"四清"时我给他当秘书，"桃园经验"的文件一直放在我那里，李新从来没有看过一

---

① "四清"，即在农村开展"清账目、清仓库、清工分、清财物"的由工作队干部领导的大兵团运动。
② "桃园经验"是1963年11月至1964年4月，王光美带领工作队在河北省抚宁县卢王宕公社桃园大队开展四清运动后总结出来的。其"经验"的主要内容是：先搞扎根串边，访贫问苦，从小到大逐步组织阶级队伍；然后开展背靠背的揭发斗争，搞"四清"；再集中地和系统地进行阶级教育，开展对敌斗争；最后进行组织建设。"四清"的内容已经不止是清工、清账、清财、清库，而是要解决政治、经济、思想和组织上的"四不清"。当时的中共中央批示认为，"桃园经验"是在农村进行社会主义教育的一个比较完全、比较细致的典型经验总结，在许多问题上有普遍性。值得在全国推广。

眼，提过一句。于是，关于吹捧"桃园经验"这条罪状，便从我的许多"三反"①罪状中取消了。"三反"是指反党、反社会主义、反毛泽东思想。

去 甘 肃 张 掖

听了刘少奇的报告后，各单位立即组织工作队下去"四清"。近代史研究所参加"四清"的地方，最后决定在甘肃省的张掖县（古甘州）。

黎澍和我都没有参加去张掖的筹备工作。黎澍因在《光明日报》发表的《让青春发出光辉》，遭到全国性的批判；我则因1963年到四川讲学，被《宣教动态》糟蹋了一番，因此我们两人都被排斥了。主持筹备工作的是刘大年、张崇山和祁式潜。

一天，要我到会议室参加"四清"动员会，我去了。会上发的"四清纪律"真严格，其中有一条是"四清"期间不许谈恋爱。我看了以后觉得好笑，便信口说道："中央说'四清'要分期分批地搞，要搞好多年。不许谈恋爱，行吗？我们这些年近五旬的人，倒也没什么，不过也难说，也许还有人憋不住呢。至于年轻人，要等到'四清'完了，恋爱才开禁，这样的规定合适、合法吗？行得通吗？"本来会场空气十分紧张，我这几句话倒把大家都逗乐了。大家唧唧喳喳地纷纷议论起来。当讨论得莫衷一是的时候，刘大年忽地向我问道："李新，你说怎么办？"我满不在乎地答道："很好办嘛，到甘肃去，听甘肃省委的不就得了吗？何必另搞一套，多此一举。"我的话

---

① "三反"是指反党、反社会主义、反毛泽东思想。

一说完,大家都表示赞成,于是所里自订的那许多条纪律便被搁置起来了。

国庆节后二十天,我们就启程赴甘肃了。在这之前,我和黎澍送陈旭麓回上海,在车站遇雨,北京的天气顿时冷了下来。时值黄昏,一种凄凉的感觉袭上心头,很不是滋味。我们去甘肃时,是大队人马共同"开路",送行的人也不少,倒很热闹。不过在当时的政治气氛下,大家都不肯多说话,人们的心头都很压抑,那种滋味也很令人难受。汽笛高鸣,火车缓缓开动,车上车下的人挥手告别,我听见孩子们在高声喊叫"爸爸再见"时,心中感到无限的凄楚。我一生中经过多少次别离啊,但那些都是壮别,只有这次与家人离别和几天前与陈旭麓的送别,才使我领略到了真正意义上的别离滋味。无怪江淹在《别赋》中说:"黯然魂销者,惟别而已矣。"

上车后我躺倒卧铺上,想把情绪稳定下来。但天是阴沉沉的,山是光秃秃的,田野是莽苍苍的,我时卧时坐,心中仍是烦躁不安。于是便想作诗词以解闷。开头还有些灵感,凑成了几句:

挥手登车从此去,
君往江南,我往河西路。
冷落关河秋色暮,
行行行过山无数。

后来灵感不继,写不下去了。随着轧轧的机车声,我也昏昏沉沉地进入梦乡。一觉醒来,不知身在何处,凭窗一看,入眼俱是沙漠。于是又返身上铺,直至兰州才下来。

"四清纪律"

从北京至兰州,一路上都是祁式潜在那里指挥。大家都默默地听着,既不拥护,也不反对。在队伍即将从北京出发时,刘大年向大家宣布:这次参加"四清"的队伍由一个临时党支部领导,支部委员三人:刘大年、祁式潜、李新,由刘大年任书记,祁式潜任副书记。由党支部直接向群众发号施令,根本不符合我党的建党原则和共和国的宪法,但从反右派以来,人们对此早已习以为常了。而一个由三人组成的党支部委员会,竟有一个支部书记和一个副书记,另以一个委员作陪衬,这种滑稽的做法,简直把党章糟蹋得不成样子!但没有一个人出来说话,我也不能说话,因为谁说话谁就要挨剋,被剋为反对党的领导,反对无产阶级,反对社会主义……总之,不是右派,也得是右倾。就因为这样,祁式潜才能在那里瞎指挥,人们敢怒而不敢言。

到兰州后,祁竟然在一次大会上指责王思玉给陈铁健缝被子。陈和王是一对公开的恋人,怎么不可以互相帮助?即使是一般的男女同志互助,也是正当的,无可指责呀。我实在难以忍受,决定站出来说话了。尽管陈是我的研究生,我还是不避嫌,在支委会上对祁式潜提出了严厉的批评。但他说是在"维护纪律",我就质问道:"哪里有不许男女同志互助的纪律?"他回答说:"'四清'期间。"我说:"难道'四清'期间男女互助就犯了法?"他说:"'四清'期间是不许谈恋爱的。"我说:"这是谁的规定?谁作出这样荒唐的规定?"刘大年见我很生气,也很认真,便出来打圆场。他对祁式潜说:"所里那些规定暂不执行了,等着执行省里的规定好了。"我于是又问刘大年:"所里又有什么新规定吗?"他连忙说:"哪里,哪里,我是说等着省里的规定嘛。"随后他就把话题岔开了。

在兰州,我碰到了副省长王孝慈。抗战时期他和我在太行分局同事，他即将调离甘肃，向我介绍了不少甘肃的情况。他说：甘肃的灾情很严重，饿死的人不少。省里对你们来参加这里的"四清"很重视。李友九（省委书记处书记）担任"四清"工作团总团长，汪锋（省委第一书记）也要去参加。现在大家的情绪都很紧张，凡事谨慎一点为好。好在你和老九（指李友九）很熟，有事可以找他。几天以后，王孝慈就离开了兰州，从此以后再未见面。

在兰州，决定我们"四清"的地方是张掖的乌江公社，由甘肃省永靖县的干部和我们近代史所的一帮人共同组成一个工作队，永靖县委书记担任工作队队长，刘大年参加领导。我被分配到乌江公社的东湖大队担任工作组组长，这个工作组也有永靖县的干部参加，他们的县委宣传部部长担任工作组副组长。

在老乡家

从乌江公社到东湖大队不过十多里路，由于我们是吃了第二顿饭才起身，加之逆风而行，路又不熟，所以走到东湖，已是掌灯时分了。根据工作团的规定，凡是地、富、反、坏、右和村干部以及他们的亲属的家，工作队员都不能住，结果能住的贫下中农家一时又很难找到，只好住进牛棚了。

东湖大队（从前的乡）共有12个小队（从前的村），我们把工作组分成4个小组，分别住进4个小队。我带一个小组住在大队所在地东湖村，除女同志外，我们集中住进退伍军人李富祥家里。李家共有两间屋，外间不到10平方米，有一个小炕；里屋是灶房，没有墙，是临时搭起来的，能挡雨却不能挡风。李富祥光棍一人，住在这房子里倒很宽敞，我们去则显得太小了些。我们一到，李富祥就要把外屋让给我们，自己住灶房。我们也争着住灶房。最后决定大家一起挤住外屋，灶房不住人。这么一来，外屋炕上炕下都住上了人。

刚安顿好，李富祥不知从哪里端来一盘油饼请我们吃。这油饼和北京的不一样，也不像南方的油条，因为那些都是油炸透了的。这里所谓的油饼，只是把一些粗面捏成团，在油锅里滚几下即捞出来，而且因为油少，外面全是黑糊糊的。即使是这样粗糙的东西，在当时当地也是美味呢。但我们因有严格的纪律，大家都坚辞不受，这样推来推去，李富祥很不高兴。

我见此情景，觉得如果辜负了他的一片诚意，以后必不好相处，于是拿了两个油饼出来，分给每人一片，并对李富祥说："你当过解放军，我是老八路，咱们军队的纪律你是知道的。何况我们今天是吃了饭来的，肚子并不饿，现在我们一人吃一口，领你的情，以后咱们就都是好同志。"大伙全都笑起来，又谈又笑的挺欢畅。等李富祥端着盘子出门以后，我对大家说："今天我们可违犯纪律了，是不是要把这情况向上报告一下呢？"大家都说："干嘛要报告？一报告准会倒霉的。"我又说："既然不向上报告，那就谁也别往外说。"大家齐声说："好！谁往外说谁就是混蛋。"人心如此一致，我也就放心了。

进村后我们就开始访贫问苦。其实这里的贫苦一看便知，何待访问？每个家庭都一无所有，床上有条破被就是比较富裕的了。太阳出来，南墙根就有一群"日光浴"者，老头、老太太光着上身，十二三岁以下的男女小孩，全是赤身裸体。为什么？没有衣服穿。还有两三个小队，十几岁的大姑娘没有裤子，一家人合穿一条，谁出门谁穿。多么凄惨的景象啊！汪锋、李友九他们知道这种情况后，才把省里的救济物资集中往这里投放。但灾情太重，灾区太大，分到每家每户的东西也就少得可怜，哪家能分到一条被子、一两件衣物就是天大的幸运了。

经初步了解，这里遭受"大跃进"的灾难很深，三年困难时期饿死的人很多，几乎每户都有。中监委书记钱瑛曾于当时带领工作组来作过调查，并发了些救济品。群众对中央工作组印象很好，敬若天神。我们这次从北京来，而且也叫工作组，群众就以为中央工作组又来了，对我们的希望很高。他们哪里知道我们是来搞阶级斗争、搞"四清"的，是专门整那些"四不清"干部的呢？由于群众对我们多怀好意，所以我们了解情况比较容易，访贫问苦效果也很好。但我们对群众反映的情况并不满意，我们要的是村干部"懒、馋、占、贪"的材料，谁如果不反映这方面的材料，我们就认为他是包庇村干部，受了村干部的收买。慢慢地，群众见我们爱听假报告，不听真情况，一些老实人就和我们疏远了。

三餐都是稀饭

参加"四清"的工作队员，必须和贫下中农同吃同住同劳动。我们每天到一户贫下中农家吃饭。三餐都是稀的，一大盆粥里稀稀疏疏地只有几根面条。老乡们有经验，用勺子一搅，就能把面条和米粒捞上来；而我们这伙洋学生出身的干部却毫无本领，拿着勺子拼命地在盆里搅和，可盛到碗里时几乎全是清汤。老乡们肚子大，能吃三四大碗；我们男同志也能勉强吃上三碗，只可怜我们那些女同志，吃上两大碗就把肚子撑得鼓鼓的，但连续两三次小便后肚内就空空如也，饿得不行。当大家饥肠辘辘、唉声叹气时，我便把"大跃进"时期河南信阳地区关于公社食堂的一首顺口溜念给大家听："一进食堂门（儿），稀饭一大盆（儿），盆内有个碗（儿），碗里有个人（儿）。"大家听了，开始笑了一阵，但随后还是打不起精神来。这首顺口溜是人民大学哲学系教师舒天巩1959年参加人民公社考察团回来偷偷告诉我的。随后便是庐山会议、反右倾，这类顺口溜谁也不敢说了。我虽然爱说笑话，但还是能掌握分寸的。这次在大家情绪低落时，为了能安慰大家，我才说出这首顺口溜。谁知到"文化大革命"时，竟成了我的罪状之一，说我污蔑"三面红旗"！

由于吃不饱，还要参加劳动，同志们很快都"掉磅"，体重普遍下降。女同志们全都变得很苗条，但绝不是秀美，而是面黄肌瘦。我常给她们开玩笑说："你们可真是'关山漂泊腰肢细'呀。"黎澍过去长期在白区大城市工作，没有经过小米加步枪的锻炼，哪能禁得住只喝稀粥的考验呢？于是他一天天瘦下来，连脸型都变了。姜克夫对我说："老李，黎澍不像咱们是在解放区过来的，他的肚子没有经过革命，顶不住呀！你可否向总团反映一声，解决一下他的问题。"我就去找了李友九，不久总团就把黎澍调进张掖城，负责编写《张掖新志》，并且还把喻松青（女，黎的研究生）等人调去当助手。黎澍进城后，能吃饱饭，身体很快就恢复了。

我每到一个地方，都喜欢看那里的地方志。现在黎澍在编新志，我便从他那里看到了许多旧志，例如《甘州志》《张掖志》等，使我增加了不少河西地区的历史地理知识。河西是汉代为对付匈奴而开辟出来的，这一条通往西域的走廊，形势非常重要，张掖之名也是这样取来的。张掖后来又称甘州，由汉以至唐宋都很发达。隋炀帝曾经西巡到此，对西域使者大吹牛皮，说什么洛阳吃饭不要钱。范文澜写《中国通史》，正好在"大跃进"时期写到这里，他大胆地把隋炀帝好大喜功、爱吹牛说谎的真实情况都如实地写到书上了。这种敢于写真史、说真话、秉笔直书的精神实在令人钦佩。

从旧志书上，我看到甘州过去是个很美的城市，引雪山（祁连山）之水灌溉农田，城外农产丰富，城内市场繁荣，无怪《八声甘州》成了著名的词牌。但现实的张掖却破败不堪，这使我心里感到很难受。

　　张掖的景色也别具一格，尤其晚上的月亮，显得特别高，特别清明，从而使我对高适的诗句"高高秋月照长城"有了更深切的体会。同时，对杜甫的"月是故乡明"的理解也更深刻了。它不仅是感情使然，事实也是如此，因为一般说来，河南的月亮确实比四川的要明亮些。

　　在张掖，我还领略过一次黑旋风的奇特景象，那可真是大开眼界。黑色的旋风自西而来，先沿走廊的南北两面山麓向前飞奔，如同两路大军包抄一样，形势逼人。老乡们都拼命往家跑，边跑边喊：黑旋风来了，快回家呀！这时两股风合围在一处，其势之猛，不但摧枯拉朽，更会使房倒屋塌。没来得及跑到家的人，必须马上就势卧倒，否则风会把人卷得很远很远。有的小羊被风刮到河滩，摔死在石头上。有了这次亲身经历，我才明白用黑旋风来形容李逵的性格，是再贴切不过了。

只动口，不准动手

　　"四清"像历次运动一样，一开始就要放手发动群众，对所有的村干部都要大胆怀疑，用各种方法搜集材料来开展斗争。尽管是捕风捉影来的材料，也都信以为真。还在北京的时候，中央文件就已指出，农村政权有三分之一以上不在我党手中。到了张掖以后，各处传来的情况更为严重，似乎绝大部分的村干部都烂掉了。例如西北局的试点长安、北京的通县，还有安子文在山西某县的经验介绍，都是按照"桃园经验"的看法，也就是按照刘少奇的看法，把农村看成一团漆黑。这和1947年"搬石头"的情况颇为相似，只是没有把区以上的干部包括进去罢了，而对村干部却看得比"石头"还不如。正因如此，所以"四清"以"桃园经验"为榜样，不但不相信村干部，而且也不相信群众，进村的时候不开群众会，先搞秘密串联，搞得很神秘，竟像在白区工作一样。工作组因为先入为主，所以看见村干部就不顺眼，总以为他们都是"四不清"干部，偏听偏信，只要得到一点"四不清"的材料就穷追不舍，已成了工作方法。这样也就自然会产生逼、供、信的错误。和历次运动一样，开始不防"左"，只怕右，一定要等到出了无数乱子以后再来纠偏。

工作组的权力很大，可以任意隔离审查（等于逮捕）；可以随时审问（等于私设公堂）；即使逼死了人，也不负任何法律责任。所以在"四清"中逼死的村干部是不少的。即以乌江公社而论，人命案不下十余起，我们东湖大队也死了一个人。我身为工作组组长，未能阻止这种惨痛事件发生，心中确有愧疚。但仔细想来，在当时的情况下，我个人又怎能阻止得了呢？附近有的大队已突破大案，一天之内全村主要干部都已交代，虽然我听了不相信，但总团已作为经验通报表扬了。我们有的工作队员为此加紧逼供，因而发生了惨案。

我当时分工负责对支部书记进行审查。我曾到他家看过，根据观察所得，我认为多吃多占，他肯定有；但若说有多大数量的贪污，则很不像。因为除炕上有一领席子、一床被子外，他也是家徒四壁。我跟他谈话多次，都是说明政策，鼓励他交代，并希望他能动员全支部的党员，特别是村干部中的党员交代问题。他问我还可以由他召集党员开会吗？我不敢答应。我心里很明白，现在已有人说我右了，若答应他召集党员开会，我必定是个"大右倾"无疑。但若以党章论，他是党员选举出来的支部书记，现在又没有撤销他的职务，他怎么不能召集党员开会呢？可是历次运动形成了一种惯例：只要运动一来，什么党章，什么国法，全都不要。这就是"和尚打伞，无法无天"了。但是对东湖大队死人事件，我还是认真追问了一番，并要大家引为教训。尽管永靖的干部比我们近代史所的人更"左"一些,但我对本所的干部要求更严,我要他们未经向我报告不得隔离审查村干部,更不得任意设法逼供、诱供,要调查研究,注重事实。所以在以后的日子里,逼供的现象少些了。当然,因此战果也就不那么辉煌,也不能得到表扬。但等到后期进行甄别时,我们的工作也就比较好做了。

对待村干部如此,对待"民主补课"也是如此。所谓"民主补课",就是找出漏划的地主富农来斗,或是对斗得不彻底的地富分子再拉出来斗争。我们没找出一户漏划的地富分子,只得把对贫下中农不服的一家地主又斗了一次。事前准备诉苦时就宣布我们的政策不许打人,所以斗争会上,只动口,未动手,斗争对象认了错并保证以后"口服心服"了,也就完事。现在回想起来,这样做也很滑稽。但当时若不如此是怎么样也过不去的。

因为"四清"的具体过程多是些无聊行径,写出来也没有多大的意思,所以不想再赘述。

短 暂 的 欢 愉

我每次进城开会,都要去看黎澍,因为在他那里可以知道"四清"全局的消息,也可以知道从北京传来的毛主席和党中央对文教方面的指示。特别是有关历史研究方面的指示,我是更为关注的。例如毛主席说:中国历史上的封建统治阶级"哪有什么让步政策?只有'反攻倒算'"。这分明是批评范文澜和翦伯赞的。因为范老和翦老都认为农民大起义之后,封建统治者以史为鉴,被迫要对农民让步,总要采取一些轻徭薄赋、鼓励生产的政策,从而使经济得到发展,社会向前进步。汉唐初期的盛世就是这样来的。

毛主席根据解放区土改后逃亡地主组织"还乡团"的事实，认为地主与农民之间乃至一切剥削者与被剥削者之间、压迫者与被压迫者之间，都只有仇恨和斗争，不可能有让步和妥协。这是他1957年特别是1962年以来强调阶级斗争、把阶级斗争绝对化的必然发展。再往后就更发展到"阶级斗争就在党内"，从而导致了"文化大革命"。

黎澍和我谈到这个问题时，不住地摇头，大声说道："他老人家为什么在20年代和30年代要去和国民党搞统一战线呢？没有让步能有统一战线吗？"我也说道："'大跃进'饿死了人，农民有意见，他老人家还是让步了，连食堂也不坚持了。看来世界上天天都有斗争，天天都有让步，这是铁一般的事实呀！谁也无法否认。"我们俩对毛主席的这些思想既感到迷惑，更感到忧虑，因为阶级斗争的弦，已经绷得够紧了，如果再绷紧一些，岂不要绷断了吗？我们当时已预感到要出什么事情，但谁能想到后来会发生"文化大革命"那种历史上空前绝后的运动呢？

接着刘大年从北京回来，又传达了毛主席要求历史研究者搞"四史"，并严厉批评历史研究脱离实际脱离政治的指示。刘大年对主席的指示很崇敬、很欣赏，但对如何搞"四史"也很茫然。因为在张掖，虽然接触到不少贫下中农的家史以及村史和公社史的材料，但这些材料怎样写进书里去呢？历史要为无产阶级政治服务，就只能说好，不能说坏，可是现在看到的都是贫穷、落后，"四清"中查出的种种材料能如实地写出来吗？高明的历史学家如刘大年者，对此也一筹莫展。"四史"中还有工厂史，对我们近代史所来说就更生疏，难度也就更大了。所以对于搞"四史"，大家除表示完全拥护外，只能空议论一阵。当然，我私下里和黎澍、蔡美彪等人还是要说真话的。即使对毛主席的指示并不以为然，但谁能有回天之力？最后仍只有叹息而已。

在黎澍那里，总还是比较轻松些，因为还有人可以开玩笑。喻松青这位女才子，博学多识，就是一个爱开玩笑的好对象。他们在修张掖新志，自然要研究乌江的地理和历史。一次，她颇有心得似的说道："乌江即黑河，我看这黑河就是《木兰辞》里的黑水，'朝辞黄河去，暮宿黑水头'，这黑水不是离黄河很近吗？"我听罢不觉好笑，这才女竟把诗词作为考古的依据，因而随即回答她："这黑水离燕山更近呢！'不闻爷娘唤女声，但闻燕山胡骑声啾啾'，能听见马叫，当不会有一天骑马的路程吧？"这一下把她难倒了，但她始终不服。她这人很聪明，才思敏捷，而今已是很有成就的女学者，对道教的研究更为著名。

　　同志间的谈笑纵然能带来短时间的欢愉，终究不能消除人们心中无限的惆怅。一天下午，黎澍对我说，咱们到外面走走吧，何必老待在家里耍贫嘴。于是我们便登上了甘州著名的定远楼。登楼远眺，与华北平原相比，别有一番景色。我不是文学家，无法描绘出这景色有多么迷人、多么别致。不知怎的，我们在城楼上徘徊许久，自薄暮至黄昏以至皓月升起，既不多说话，又不忍离去，有时相视苦笑，但更多的时间是各人想各人的心思。直到夜色渐深，天气凉了，才缓步回去。回住所后，我忽有所得，便伏案提笔，写下了一首《水龙吟》，记下这次登临的感慨：

　　甘州南北皆山，祁连山上千年雪。长城何在？残垣废垒，若连还缺。

　　更上层楼，临风极目，地长天阔。望胭脂山麓，黑河水曲，斜阳里，如凝血。

　　又是西风萧瑟，望高高一轮秋月。阳关千里，黄河九曲，寒光四射。雁渡红楼，鱼通黄浦①，莫伤离别。但君心耿耿，余怀渺渺，视浮

---

① 当时黎澍和我住的地方，前面都冠红楼之名，陈旭麓住上海，故称黄浦。

云白。

第二天,我把这首词放到黎澍的书案上,便匆匆地回东湖去了。

高 台 考 察

东湖大队的西面,不到十里路便是平原大队,赵世利带着一个工作组在那里搞"四清"。赵是我受范老的委托经过吴老(玉章)向四川省委交涉刚从四川调来的。1963年我到四川讲学,他当时是四川省高教局的教学处长,我的一切活动都由他安排并陪同,因此他对《宣教动态》上那些诬蔑我的不实之词进行了批驳,因此也引起某些人对他的不满,受到排挤。后来他离开了近代史所,调到语言学院当教务长去了。他在平原大队搞"四清",我们近如咫尺,所以时常来往,关系较为密切。

平原大队有不少西路军当年失散下来的人,从他们那里知道不少西路军当时的情况。过去教党史时,就知道西路军是在甘肃高台地区被马家队伍打败的,现在既然来到离高台不远的地方,当然要去考察一番。

原来1935年,三路红军即将在陕北会师,党中央考虑到陕北地方小,人口少,而且地瘠民贫,难以养活这么多的部队,决定向外发展。于是首先进行东征。东征军对阎锡山作战虽然取得胜利,而阎却因此引来十万国民党中央军入晋相援。党中央为避免内战扩大,便回师陕北。随后,又决定举行宁夏战役,向西发展,希望通过宁夏,到蒙古人民共和国取得远方(第三国际和苏联)的援助。后来宁夏战役计划没有实现,已经渡河的红军便称为西路军。

红四方面军的一部分于1936年渡河，完全是为了打宁夏，根据中共中央军委的正式命令而行的，绝不是像《毛选》第一卷有关注解中所说的那样，是什么张国焘的命令。至于11月改称西路军，不但有中央军委的命令，而且有中共中央的决定。我到高台考察时，对西路军的原委尚不清楚，这些事情是到80年代才搞清楚的。我亲眼看到高台的一个集镇，据甘肃到新疆的河西走廊要冲，当年必是冲杀要地。但在平坦的公路上，除一些土墙外，无险可守。而马家军火力既占优势，又大部分是骑兵，来往冲突，红军虽无比英勇，终究难以抵挡。我根据地形地物和残垣废垒，想象当年红军顽强奋战的情形，既无限敬仰，又不胜感慨。

　　我弄明白了这次战斗是1937年3月的具体日期之后，心中又极为愤懑。《毛选》中，毛主席在《中国革命战争的战略问题》中这样写道："为敌人吓倒的极端的例子，是退却主义的'张国焘路线'。红军第四方面军的西路军在黄河以西的失败，是这个路线的最后的破产。"可毛主席写这篇文章的时间，是1936年，他怎么能在1936年就预见到1937年西路军的失败呢？很显然，这是毛著编委们帮助整理成这样的。我在60年代初曾认真研究过"西安事变"，看过几乎所有的有关档案。我知道当时党中央考虑的中心问题是建立第二次国共合作，一切问题（包括军事问题）都是围绕着这个中心的。西路军的前进、停止、后退、再前进等等，中央都有指示，而这些指示又都是根据党的中心任务发出的。西路军除很短的时间失掉和中央的电讯联系外，凡能通电报的时候，都是按照中央的要求行事的。怎能把西路军失败的这笔账挂在张国焘的头上呢？尽管张国焘的错误很多，"罪该万死"，也不能如此对待呀，更何况西路军有两万多人呢！无怪乎徐向前、李先念等人和西路军所有的同志都对此始终不服。直到80年代，这一问题的真相和是非，才在徐、李和陈云反复坚持下，大体上搞清楚了。对于党内斗争如此的复杂而残酷无情，我此时才有所领悟。但我不能对他人讲，只和黎澍一个人交换过意见。

1938年我在西安八路军办事处工作的时候，就见到不断有从兰州办事处送回陕北的西路军战士（那是由谢老觉哉和朱绍良交涉的结果），他们谈起西路军作战的艰苦和英勇，都很令我钦佩。后来批判张国焘，我因此把他恨入骨髓。但到了我研究西安事变了解到一些真实情况之后，我的思想开始有所变化。以至这次到高台实地考察，我才发觉对西路军问题应该重新考虑。所以到了80年代，我的研究生陈铁健发表《论西路军》时，我完全支持他的观点，因为那是实事求是的、无可非议的。写"四清"这段往事，写出了到高台考察，看来似乎有些不相及，但我认为是一大收获，因而特地把它写了出来。

过一个"四清年"

时光迅速地流逝，很快便到了1965年的春节。节日前夕，总团把所有的老干部都召集进城，名为开会，实际是改善生活，让这些老干部增加点营养，借以恢复日渐瘦弱的身体。我当然与会了，但到年三十那天，我感到自己在城里过年，却把工作组的同志们丢在乡下，于心不安。于是便到商店里买了许多肉食、糖果、烟酒，不顾旁人的挽留，搭车回到乌江。

从乌江到东湖只能步行，尽管天色已晚，我还是顶着西风赶路。谁知半路上又下起了大雪，我背着沉重的东西，冒着迎面而来的大风雪，奋力前行，身上不住地流汗，终于在晚10点过后赶到了住处。当我推门而入时，大家都很吃惊，谁也没有想到我此刻会回来。他们都知道老干部们在城里过年，所以在吃晚饭时，虽也念叨我一声，但随即也就过去。大家围坐在炕上"守岁"，因为没有什么可吃的东西，枯坐着颇觉得无聊。正在此时我出现在他们面前,而且带回来那么多好吃的东西,他们怎么能不兴奋呢?曹大个儿(振中)赶快把东西从我背上解下、打开,女同志们连忙把烧鸡、熟肉拿到厨房切好、放进盆里,然后和花生瓜子等一齐摆在炕上。酒瓶业已打开,酒香肉香同时扑鼻而来,沁人心脾。大家兴高采烈,高声喊道:我们要趁"四清"过个好年啊!

　　这个"四清年"过得真不错,开始是举杯庆祝,随即行令饮酒,划拳之后,继以猜谜。人们酒酣耳热,激发出各种天才。唱歌的声音特别好听,跳舞的腰肢也特别灵活,猜谜语的更是各显所能,自己编出许多独出心裁的诗谜、灯谜。我也兴致勃勃,用同志们的姓名编成谜语,惹得大家捧腹大笑。我记得一个谜语是"宋太祖贪财,唐明皇好色",前者射赵喜宝,后者射李瑚,他们两人都很老实,听了这个谜语也笑弯了腰。我针对钟碧容和姚宝珠的谜语已经记不起来了,只记得她们被我逗得又乐又恼,假装要打我,被邻座的人给止住了。我还记得吕景琳打的谜语又多又好,他真是个出谜语的奇才,可惜现在一个也记不起来了。吕景琳是一个很好学的书生,来搞"四清"还背着一部《辞源》。他的教条主义味道因之也较重。

　　一天,大家谈论起胡麻,因为我们当时吃的都是胡麻油。吕一听便高声说道:"胡麻有什么奇怪,不就是芝麻吗?"大家都笑话他,他不服,赶快取出《辞源》,翻到胡麻那一条,指着向大家说:"你们看,这里明明白白地写着'胡麻即芝麻'呀,有什么错?"我把书拿来一看,果然是这样写的,而且还附着一幅小图。很显然,《辞源》的这一条错了。于是我对吕景琳说:"回头吃饭的时候,你拿几根胡麻秆看一看,看这里的胡麻秆和你们山东的芝麻秆一样不一样?"饭后他走来对我说:"胡麻和芝麻很像,但不是一个东西,仅仅是同科的植物,《辞源》的编者大概没有亲眼见过胡麻,所以搞错了。我呢,也跟着错了。"我通过这件事对大家说:"一个人应该发奋多读书,但多读书不能全信书,书不一定都可靠,只有符合实际的才是真理。"吕景琳是复旦大学毕业的,学习不错,而且从此以后,既注意读书,又注意实际,在研究工作中进步很快。

继猜谜语之后,我们还做了各种游戏。做游戏时,有人故意把灯吹灭了,然后把碗中的酒点燃,在酒光下,人们的脸呈蓝色,有如鬼脸一般,有的女同志吓得叫起来,大家乐不可支,一直狂欢到黎明。

这个"四清年"过得如此欢快,至今难以忘怀。然而到了"文化大革命"时,却有人据此贴了我的大字报,说我把青年们引错了方向。我想,过了这么多年后的今天,这个贴大字报的人总会有新的认识了吧。

边塞好风景

旧历大年初一,永靖县的同志们请我去吃手抓羊肉。把一只羊砍成几大块,煮在锅里,等煮得差不多了,每人抓出一块拿着就吃。这里的羊肉很嫩,不用煮多长时间就熟了,看着好似还很生,可放到嘴里一咬就烂,而且没有膻味,实在鲜美得很哪。

我是第一次吃手抓羊肉,开始还有些犹豫,吃了几口以后,兴致高涨,和大家谈笑风生,居然把一大块肉给消灭了。很快,几个人便把一只羊吃得干干净净。他们有人还带来了糌粑和酥油,糌粑我凑合能吃两口;一闻酥油的腥味我就反胃,只好辞谢了。糌粑是青稞麦面做成的,很耐消化,是藏民的主要食品。藏民所以能耐寒,能登山,据说与吃糌粑和酥油很有关系。酥油是牛羊的脂肪制成,但制作不精细,虽然营养价值很高,初吃却让人难以下咽。他们还带来很多酒,其中也有青稞酒,味道倒还不错。酒兴一来,划拳声如雷震,好不热闹。我直到傍晚才尽兴而归。

大年初二雪停了，天气放晴。我清晨出去"蹲点"的时候，那朝阳中的雪景，令人眩目。什么是"蹲点"？就是出去大便。张掖的农村没有厕所，人烟稀少，所以男同志都到野外去解手，因时间长，要蹲着，便戏称为"蹲点"。那个时期，许多领导同志下农村，找一个村庄长住，叫"蹲点"，同志们把拉大便叫蹲点，颇有调侃之意，实在是大不敬。可见无论把阶级斗争的弦绷得多么紧，人们有牢骚，总是要发泄出来的。

"蹲点"时四望，景色实在迷人，那雪落满枝头，宛若梨花，而春天的梨花哪能满林皆是？可眼前确如"千树万树梨花开"呀。尤其是远望南面耸入天际的祁连山，在浮云的掩映下，一个个高峰相连，时隐时现，幻如琼楼玉宇，把阳光化为异彩，反射到大地上来，其美妙之处实非文字可表述。我看呆了，忽然想起去年10月起程来甘时，还有一首词没有写完呢。一时灵感所至，便把那首词的下阕拼凑成功。

原来的上阕是：

挥手登车从此去？
君往江南，我往河西路。
冷落关河秋色暮，
行行行过山无数。

现在凑成的下阕是：

雪后边城如画幅，
山拥琼楼，林拥梨花树。
欲步岑高才力麽，
斯人不在何人赋？

我这时确实想起岑参、高适来了，他们的边塞诗写得是多么好啊！想到陈旭麓不在此地，他若在，一定能写出好诗来，因为在我的好友中数他的诗最有唐人风味，但他现在情况如何呢？不禁心系念之。

《二十三条》

1965年的春节，虽然是在艰苦的环境中，我们过得还是挺高兴的。就在节日期间，传来了《中共中央政治局召集的全国工作会议讨论纪要》，也就是《二十三条》。人们当时对这个文件，是衷心拥护的，并一时引起很大的兴奋。

我们东湖大队工作组讨论《二十三条》的时候，争论非常热烈。永靖县的同志们多数思想不通，认为我们原来那一套搞法，也是根据中央指示办的，因而成绩很大。现在中央来了新的指示，我们照办就是了，用不着大张旗鼓，大肆宣扬。近代史所的多数同志则认为《二十三条》有许多新精神，与"桃园经验"大不相同，甚至是批判了"桃园经验"中的某些做法，例如搞秘密串连等神秘化的做法，就受到了批评。更重要的是对干部情况的估计，《二十三条》没有提多大比例的干部烂掉了，而说"我们绝大多数干部是要走社会主义道路的"，这样一来，我们几乎把所有的村干部一律打倒的做法显然就错了。《二十三条》中还明确规定"要从当地情况出发，实事求是"，"要摆事实，讲道理，防止简单粗暴的做法，严禁打人和其他形式的体罚，防止逼、供、信"。而我们实际上与此相反，违背了这些规定。如果不把这些问题讨论清楚，明确正确和错误的界线，勇于承认错误，纠正错误，我们便不能使东湖的"四清"工作得到较好的收场。

因为我是工作组组长，不便于和永靖的同志们在会场上公开争论，便推举了两三个同志根据《二十三条》的明文规定，针对永靖县个别同志明显的错误言论展开严肃的批评。永靖县的干部大都是农民或小知识分子出身，哪里顶得住近代史所这些人的攻势？何况发言者上有中央指示，下有村里的事实，有理有据，讲得头头是道，令人信服。我们的曹大个儿，平常并不太爱说话，在这次辩论中却大出风头，他几次发言，都是长篇大论，讲得有声有色，并能抓住要害，使对方无言以对。我为了缓和会场空气，常常在适当时机，出来总结一下，让大家取得一致的意见就停止争论了，所以讨论的结果还不错，思想上基本按《二十三条》统一起来了，同志之间也没有伤了和气。

经过深入的讨论后，我们贯彻执行《二十三条》比较顺利，隔离审查的村干部都放回了家。为了定案，进行了细致的调查了解，然后根据事实，为所有被审查的干部做了结论。凡是没有证据的条款都取消，只把证据确凿的一条一条地定下来。这样，真正有贪污行为的干部只是少数，多吃多占的虽然比较多，但数目字大大地减少，不但比原来搜集到的数少，而且比本人承认的也要少，可见有些数字是逼供出来的。根据《二十三条》的规定，我们让每个确有问题的干部，自己做出了退赔的计划，经审定后按计划退赔。在我们离开以前，退赔计划大部分实现了，有些则暂缓到以后退赔。

三十多年过去了，当年的这些事情仍记得清清楚楚。为了写这段回忆录，我特地把《二十三条》的文件借来重温了一遍。啊，这是一个多么可怕的文件啊！它把这次"四清运动"的性质规定为社会主义与资本主义的矛盾、走社会主义与走资本主义道路的矛盾，而且重点是整走资本主义道路的当权派。现在看来，问题很清楚，这是毛主席1957年特别是1962年以来强调抓阶级斗争的必然发展。但我们当时还把它当做反"左"的文件来欢呼，可见我们当时的认识水平之低，也可见"左"倾病毒深入我党的机体已多么严重了。无怪一年之后，"文化大革命"的浩劫终于降临全国大地。

将在外，君命有所不受

在张掖"四清"末期，近代史所工作队的副支书祁式潜因作风问题而越来越不能服众。这时，刘大年正好有事要回北京。一天，在乌江公社开完会后，刘大年找我谈话，他说："我回北京后，近代史所支部的事就请你管起来吧。"我说："应该由祁式潜管嘛。"他说："你明明知道他不行了，何必再说什么呢？"后来，他又承认无知人之明，不该重用祁，希望我顾大局，把责任承担起来，无论如何不要让近代史所在甘肃留下不好的名声。他谈得很多，也很诚恳，我终于勉强答应了。

刘大年回北京后再未返甘肃。不久"四清"就要结束，他和张崇山（近代史所负责行政的副所长）来信说，凡有劳动锻炼任务的青年研究人员都留在乌江劳动一年，其余的人由李新负责带领回所。我接信后，即找姜克夫并一同到张掖城里去和黎澍商量。我们都认为甘肃太苦，青年同志们在这里才只有半年多，身体就已经瘦弱不堪了，若再在这里劳动一年，谁还受得了？非把大家的身体拖垮不可。于是决定由我回信，让大家都回京，青年们可到山东劳动去。但所里的回答是：青年们就是要到艰苦的地方去锻炼。这件事要我不必管，我的任务只是把其余的人带回北京。

要青年们在张掖继续劳动的消息，我们虽然还在保密，但被所里的青年人传出来了。于是，一个个青年人来找我谈，希望我把他们带回去，他们保证以后到山东锻炼时一定好好干。听了这些年轻人的要求，我心里很难受。这些人大部分是1964年毕业的大学生，都是我们所里派人到各大学挑选来的，为什么不让他们好好地学习做研究工作，而一定要把他们赶到乡下去受折磨呢？什么"滚泥巴""劳动锻炼"，根据我个人亲身体验，对于研究工作并无多大益处。但这些话是无法说出来的。怎么办呢?我又去找姜克夫,他是一位经历丰富并看透了世情的老同志。他坚决对我说:"将在外君命有所不受。老李,对青年人行行好吧!不管所里怎么说,我们还是把所有的人统统带回去,看他们怎么办!谁有权让年轻人在这里挨饿?"于是,我便请黎澍出面(因为他有副所长的名义)向有关方面辞行,然后把全体人员一齐带回了北京。

附录一

八十感赋

抗战孑遗八十翁,同侪洒血尽英雄。
弹雨枪林心益壮,按头喷气恨无穷。
曾经沧海方为水,踏遍荒山罕见松。
销除兽性扬人性,世道坎坷趋大同。

李新八十感赋

1997年手书的《八十感赋》

廿载重逢

1957年秋，李成之、王方名、罗义淮、胡其谦和我重逢于北京。这样，当年（1935～1936）重庆学联的骨干组织之一"众志学会"的主要成员，除周极明烈士外，都聚齐了。而且还有万县省四师的罗义淮，他也是与我们一起奔赴延安的。一别20个年头（1938年分手）的战友，忽然于革命胜利之后在首都北京重聚，其欣喜欢快之情，实非言语所能表达。

先是1950年或1951年的五一劳动节，在天安门观礼台上，我发现身旁的一个人很像李成之。我毅然地叫了一声他的名字，于是相视稍顷便大笑而拥抱，让旁边的人都感到十分惊奇。等知道我们的情况后他们也为我们而高兴不已。

我与王方名的相会也很值得一述。那是1953年斯大林逝世后，中国人民大学为纪念他举行了一次关于社会主义经济学问题的讨论。我是这个讨论会的主持人，坐在讲台下的头一排，对讲话的人看得十分清楚。当附属工农速成中学的一位代表发言时，口若悬河，手舞足蹈，我一看，这不就是王方名吗？于是写了一个纸条给他："你是王方名吧？若是，请讲完后下来和我坐到一起。"他讲完后，果然下来和我相认了。

罗义淮，新中国成立后在南京，给军事学院院长刘伯承当秘书长。这是新中国成立后不久就知道了的，军事学院进北京后我们已见面多次。

胡其谦新中国成立后在重庆钢铁公司任党委书记，他一来北京就到中国人民大学看我。

1957年秋到北京来聚齐，这是我和罗义淮发起的。因为李成之和王方名都有满腹冤屈，而李成之生病在疗养中，胡其谦又远在重庆，所以只能由我们两人发起。不过，从发起到最后实现团聚，至少也有两年之久。

重聚的愿望终于实现了。因为我家住在市中心（铁狮子胡同，现张自忠路一号），自然由我当主人，请客。当时的隆福寺，是内城区离我家最近也是最热闹的地方。我在那里包了一席，我们几个战友连同夫人们都来参加了。李成之的夫人因为孩子多而工作又忙（双桥农场幼儿园园长），似乎没有到席。那时我们刚改工资制不久，工资不高，所谓包席，其实非常俭朴。不过有酒有肴，比我们学生时代用豆腐干加落花生佐酒强得多了。在学生时，我们把豆腐干夹花生米称作"文明火腿"，常常用它来"对酒当歌"。我们那时的歌已不是"人生几何"，而是"怒发冲冠，凭栏处，潇潇雨歇"。现在，我们经过抗日战争，驱逐了日寇，又经过解放战争，打败了蒋介石，除周极明牺牲外，我们全都活着，这次团聚是何等的不易啊！于是我们开怀痛饮，畅叙离情，真个不亦乐乎。

饭后，我们又到照相馆合影留念。大家要我做首诗，以便将来写在相片后面，寄给他们。我一时兴起，随即吟成七律一首：

廿载重逢聚北京，难忘同道奔光明。
壮心欲捣黄龙饮，挥手但闻班马鸣。

> 百战沙场惊未死[①]，几经铁槛庆余生。[②]
> 今朝共醉东风酒，莫再伤心哭极明。[③]

本来，照相之后就可以尽欢而散。不知谁提议还要到我家坐一坐。我当然不好谢绝。于是，大家一窝蜂又到了我家（张自忠路中国人民大学红一楼）。又不知是谁说酒兴不够，还得再喝几杯，于是又喝了起来。这一下可糟了！李成之趁着酒兴，不顾情面，指着胡其谦大骂一通。骂他在延安审干时不该胡说八道，硬说李成之介绍他人的党不是共产党而是复兴社，致使李成之后来遭受到莫大的冤枉。胡其谦挨骂，一句也不申辩，只是痛哭流涕，哭得沉痛时就用头去碰暖气管，准备一死了之。我们一面抱住胡其谦，不让他碰破头；一面劝说李成之，要他原谅胡其谦，说胡也是被逼迫得没有办法才"坦白"的。李成之一听说"坦白"，就火冒三丈，大呼道："什么坦白呀，是捏造嘛，整死了多少人啊！"一面海骂，一面起身就走，谁也拦不住他。从此，李成之和胡其谦就再也不曾见面，当然也不能见面了。

后来，李成之在"文化大革命"中被整死了。胡其谦在"文化大革命"中也吃了不少的苦头，80年代我们在重庆见面时，只要一提起李成之，他就悔恨不已。他说："如果有阴曹，我愿当着阎王爷的面自杀，请求李成之饶恕我。"说到这里仍止不住流泪。

事情已经过去40年了，但1957年那次聚会，乐极生悲，李成之和胡其谦当时的情态，使我毕生难忘。关于整风审干，人们在著作、文章以及回忆录中，已经写得不少，但大多粉饰之辞，即使是当事人写的，也很少暴露其心灵深处的创痛。至于那些当年整人的人，

---

① 罗义淮、王方名在胶东坚持抗战，我则在太行山。
② 李成之抗战时期在四川被捕多次，我也曾在西安、北平两次被拘。
③ 周极明于1942年2月在太行壮烈牺牲。

一直到今天也有不少人依然在台上,他们对于整风审干,当然是"歌德派",由此可见"左毒"之深。"伤痕文学"之所以遭禁,绝非偶然,但是左毒不除,必将再发;创伤不愈,身体很难健康。我写到这里,已不胜感慨,只好停笔了。

·流逝的岁月·

我的好友王方名[1]

从1934年认识王方名起,直到他1985年逝世,我们之间,从无芥蒂。像这样有始有终、至死不渝的友谊,我是非常珍惜的。记得1974年国庆节前夕,我曾写了一首诗赠他,诗曰:

风雨巴山四十秋,长江不改向东流。
凶终隙末寻常事,惟我与君到白头。

他也步原韵和了一首,全诗已记不起来了,只记得最后两句是:

江山易改人常在,风雨同舟到白头。

他如今已逝世6年了!人常在,他在哪里呢?他是搞哲学的,在他看来,一个人只要顺着潮流走,有益于人世,就属于永恒之列,可以不朽了。他的音容笑貌不是还鲜明地活在我的心中吗?一点也不错,

---

[1] 作家王小波的父亲。

人是常在的，他也是常在的。像他这样能与同志、与朋友风雨同舟到白头的真能不愧为人者实在不多，是应该与人类一样长在的。

我是在重庆川东师范认识王方名的。他比我年长两岁，原在川北嘉陵高中读书，1934年因发表同情苏区和中共的言论被学校开除，幸有人帮助得以转学到川师。同年冬，李成之也因思想问题转学来校，他1911年生，比我们都年长。李成之和王方名都编入廿一班博物组。我是廿一班文史组。我们虽不同组却同班（同一个年级），教室相邻，所以很快就相识相知，成为好友，李成之便成为我们公认的老大哥。

1935年春，我们组织了一个读书会性质的团体"众志学会"，因为它是以"布衣协会"（布衣协会是一批穷学生因穿不起德国咔叽布的校服而穿三峡布制的校服，受到学校当局的压迫，不得不团结起来斗争，因而组成了这个名为"布衣协会"的团体）为基础建立起来的，我原是"布衣协会"的会长，所以就被推为"众志学会"的会长。这学会办了一个《众志壁报》，报头是王方名写的，编辑工作也由他主持。他是写文章的里手，不论哪一类文章，他都可以按需要即时写成。这份壁报很受欢迎，一时轰动了校内外，正准备铅印出版时，却因得罪了训育主任而被学校当局取缔了。但众志学会仍在活动，在李成之的指导下，有意地转向音乐、体育方面发展，如组织"众志合唱团""众志球队"之类，后来干脆连"众志"二字都不叫，因而能长期存在下去。

众志学会的积极分子后来成了重庆学联中的骨干，王方名一直负责学联的宣传工作，无论川师或学联的宣言、通电以及重要的传单等宣传品，大部分都出自他的手笔。他博学多才，会写骈文，所以通电之类都请他拟稿。他的字写得不错，所以大幅标语也常请他写。他又会刻蜡版，因此油印也离不了他。他还会刻印章，重庆学联的图章就是由他刻的，并由他长期保管。因为图章上有暗记，所以学联被反动当局取缔后，这颗图章照样有用，能把各校的有关人员召集起来。由于王方名曾被嘉陵高中开除过，所以在川师，我们有意不让他出头露面，学校当局对他未特别注意，因此，李成之和我都先后被川师开除离校，而他却能坚持到1937年夏天在川师毕业。王方名在1935～1936年的重庆学运中是一位真正的无名英雄，但只有我们众志学会的少数人才知道底细。

在川东师范上学期间，王方名因为婚姻问题和他的父亲闹翻了。他父亲是渠县的烟商，因经营"渠烟"而颇有积蓄。但在封建落后的四川，商人不如地主有社会地位，他父亲便设法和一位有名的"绅粮"家联姻。因为王家已富有家资，所以对方居然允许其小姐和王方名订立了婚约。但王方名对这桩婚事坚决反对，我们也都支持王方名。因为我们这时都已接受了新思想，特别是在抗日潮流的影响下，不但反对包办婚姻，而且认为"匈奴未灭"，根本就不该成家。但在当时的四川，要解除婚约很不容易。我们也认为这件事罪在双方的家长，便把那位小姐接到重庆，送进一个短期的职业学校读书，等她毕业并给她找到了职业之后，经她本人同意才同王方名解除了婚约。这件事做得很漂亮，合情、合理、合法，也很合乎当时的人道主义精神，但却激怒了王方名的父亲，他声言和王方名断绝父子关系，自然也就断绝了王方名上学的经济来源，但王方名并未屈服，在我们的支援下，他竟然在川东师范读到毕业。

王方名虽然完成了学业，却没有找到职业。这时，抗战已经爆发，我们正考虑如何先到陕北入抗日大学或陕北公学，然后到华北抗战。我于是请王方名到万县，帮助我在民众教育馆办民众学校，并积极筹备北上之行。

我这时名义上是万县民教馆三正埠分馆的主任馆员，实际上大部分时间从事救亡活动，并联络一道奔赴陕北的人员。愿意赴陕北的人很多，川东师范的有李成之，他当时在成都，希望我们经过成都同他一路到陕北。还有周极明，他当时在合川，愿和我们同行。还有胡其谦，他已来万县接替了我在县立高峰场小学的教职。万县省四师的有罗义淮、蒋忠槐等，他们都在万县各小学教书，中心是在电报路小学。重庆女二师的也有二三人，其中一位是我的女友万春秀，当时在万县女中教书。我联络到的最重要的一位朋友是陈寄宇，他是我荣昌的小同乡，比我年长10岁，曾因参加农民运动入狱。入狱时他并不是共产党员，但出狱后更追求进步，到处找共产党，听说我们要去陕北，决定与我们同行。他这时是省建设厅的专员，驻万县，与当局的各方面都有关系，因此被我们推为团长，而由我任副团长。为了赴陕北方便，我们由抗敌后援会组成华北川军慰问团，并取得万县市政府和国民党市党部的证明文件。我们还从重庆大学取得该校土木工程考察团的名义和文件，说是要去考察川陕公路。

一切都准备就绪之后，临动身时却有许多人动摇了。结果只有胡其谦、罗义淮到三正埠来和我与王方名集合，随后陈寄宇跟来，然后到王方名的家乡去等周极明来会合。

到渠县后，由陈寄宇和我出面去交涉。渠县抗敌后援会很客气地招待我们，并引我们去见了县长。这时王方名的父亲和他的哥哥对我们也热情起来了，一定要我们住到他家去。我们因工作关系不能全去，只让王方名回家去住。王方名的父亲之所以改变态度，我很能理解。渠县过去离苏区很近，并曾被红军占领过，现在国共合作了，王方名这次结团回来，又受到官方的欢迎，其前途未可限量，他作为父亲，为什么不趁此重讲天伦大义呢？我们也装做不知道他们的家事，一再去拜望他的父亲，从此王方名又恢复了家庭关系和父子之情。在渠县正值新年之后、春节之前，到处都很热闹，正是开展抗日宣传的时机。恰好周极明也赶来了，他原是众志歌咏团的团长，不但有一副很好的男中音嗓子，歌唱得好，而且会指挥，会导演。在他的领导下，我们练熟了许多救亡歌曲，把《放下你的鞭子》也重新演练了一番，并开始排练我和王方名合作编写的新短剧《两弟兄》。在抗敌后援会的主持下，我们在渠县举办了盛大的演出，效果很好。

　　由于在渠县的演出成功，我们随即沿嘉陵江北上，一路都找抗敌后援会招待，这样既便于宣传，又节省路费。不几天到了阆中。胡其谦有一个长辈的亲戚在阆中任法院院长，他通过当局要我们多住几天，帮他们多做些抗战宣传工作。

　　阆中虽是一座名城，古迹很多，但地处偏僻，颇为闭塞。因此我们的宣传立即引起轰动，在剧场演出时座无虚席；在广场演出时更是人山人海，挤得水泄不通。我们到各学校教唱歌也很受欢迎，学生们很快便学会了最新的救亡歌曲，随即满街传唱，一时从阆中城头到嘉陵江边，到处都飞扬着"牺牲已到最后关头"、"大刀向鬼子们头上砍去"等雄壮的歌声。

　　红军过去在阆中曾留下深刻的影响，尤其是青年学生现在都非常向往陕北。不知怎的，他们察觉了我们到陕北的意图。一连几天晚上，都有几个男女学生来找我们，希望我们带着他们一起去陕北。虽然我们一再说明我们不是去陕北而是去考察川陕公路的土木工程，但他们总是不信。这时阆中当局也对我们起了疑心，胡其谦的亲戚也来说我们的宣传太左了，希望我们赶快走，免得惹出麻烦。为此我们特地到国民党的县党部和县政府辞行，表示谢意，并故意出示证件，请他们向我们的前站县通知一声，以便到时能接待我们。

　　第二天黎明，我们便迅速离开了阆中。但走出城不远，后面就跟上来了十几名青年男女学生，他们说无论我们到什么地方，都要跟我们学习怎样进行抗日宣传。我们怎样劝说也未能把他们打发回去，不得已，便让他们分成三个组（男的两个组、女的一个组），并另推两名代表和王方名在一起，领导他们，这样形成四个小单位，跟在我们后面行进。他们的领导组离我们至少要有一小时的距离（约10余里），他们的各组之间也都要保持一小时以上的距离，而且他们的行程每日不得超过70里。我们还要王方名在途中说服他们回去,首先要把女生早些说服回去。就在头一天傍晚,有几位学生的家长赶上来了。原来有人造谣说我们拐带了他们的孩子。但一看孩子们并不和我们在一起,他们无话可说,只希望我们帮助他们动员孩子们返家。我们坚决说我们不是去陕北,也不是去前方,只是去考察土木工程,我们是搞专门技术的,这些孩子跟着我们,学不到什么东西,希望他们把孩子们领回去。在我们和家长的共同努力下,全部女生和几个男生就和我们依依告别而去,但还有五个学生坚决不走,继续由王方名领着他们跟在我们后面。

到达陕西褒城的时候,褒城县长热情地招待我们,要我们为新招到的士兵演出。演出很成功,使新兵抗日情绪高涨,县长因此设宴款待我们,并希望我们留在那里工作。在宴会上,有一位负责检查行人的特务营长作陪。此人对重庆大学的情况很熟悉,席间故意迂回地反复盘问我们。胡其谦警惕性不高,差一点说露了馅,好在王方名在重大有朋友,曾常住重大,所以能应对自如,而陈寄宇和我又觉察了那个营长的阴谋,就帮着胡其谦支吾过去了。陈寄宇还很大方地反过来问他说:营长在重大时是读书呢还是做事,怎么我在重大那么久也不认识你呢?他见陈很老道,再不敢问重大的事了。后来在1938年夏天,这位营长混进了陕北公学拘邑分校,恰好编在王方名担任指导员的那个队里。学校发觉后让他毕了业,然后把他打发回国民党统治区去了。从褒城再北上,王方名就回来和我们一起走,让阆中那五个学生组织起来,独立行动,这样一直走到西安。

在西安遇见了李成之,他是由成都先期到达的。但他这次赴延安并未经组织同意,因此无法为我们介绍,他要我们去找民先(中华民族解放先锋队),请民先把我们介绍到延安去。我找到颜利民,那时他在民先总队部(或西北队部)工作。他只答应介绍我们从万县来的几个人到延安,至于阆中那五个学生,只能介绍到安吴堡青训班(是

423

由西北青年救国会主办的）。后来，我们到了延安，阆中那五个学生只有两个到了青训班，其余三个好像是到山西民族革命大学去了。

在延安，王方名和我都进了陕北公学，而且编在同一个队和同一个班。但很快我就调到西安去招生，他毕业后则到了旬邑陕公分校。1938年10月武汉失守以后，投考陕公分校的学生渐少，我从西安回到陕公分校。这时王方名在队上任指导员，我在组织科工作，我们工作关系密切，见面的时候很多。1939年初，我调回延安，他则在当年春天东渡黄河，到敌后去办抗大分校，先在晋东南，以后到了山东。我虽然也在这年秋天到了晋东南，但他早已离开了，从此我们各在山东、山西坚持抗战以至解放战争，直到新中国成立都未曾见面，等到1953年见面时，他已蒙受了极大的冤屈而无法挽回了。

大概是1953年夏，中国人民大学在张自忠路一号的小礼堂召开斯大林社会主义经济问题的讨论会。这个会由我主持，各系及附属工农速成中学都有代表参加。等到附中代表发言时，全场都很注意，因为他讲得很精辟，而且手舞足蹈，神采飞扬。我一看，这不是王方名吗？但一想：他怎么能在这儿呢？仔细又看又听，我认定发言者必是王方名无疑。于是写了一张纸条给他："你是王方名吗？讲完后请坐到我这里来。"他讲完后果然来到我的座位，散会后便到了我的家。在我家中，尽管当着我家人的面，当我问起他的近况时，他还是忍不住泪流满面，大哭一场。他告诉我：他到敌后，先是在晋东南抗大一分校任指导员，随即到胶东抗大三分校任政教组组长，以后又曾任胶东公学副校长等职。一直在胶东坚持抗战，历尽艰苦。新中国成立后，他任山东省教育厅督察。华东领导本拟任命他为浙江省教育厅副厅长，因与山东领导关系不好，山东表面上留他，不放他走，但背地里对上面说了他的许多坏话。他因此十分恼火，引起旧病（肺结核）复发。后来高教部把他调到北京任政治教育专员。我说：新中国成立后我就在中国人民大学，经常到高教部开会，为什么没有见到你呢？

他说：你们中国人民大学的政治教育，高教部是不管的，所以你没有参加这方面的会议。我问起他的家庭情况，他说是在胶东抗战时与学生宋华结婚的，现在已有子女四人，并说宋华还是人民大学统计专修班毕业的呢。我说我在人民大学管教务，到处都有我的签名，宋华又知道我们的关系，她为什么一次也不来找我呢？王方名对此也感到奇怪，后来一问，才知道宋华在统计班上学时，看到课程表等上面我的签名，也曾动了一下心，但一想李新一直在地方上工作，这上面的签名怎能是他呢？也就算了。

王方名把他受冤屈的经过和我讲得很详细。那是1952年"三反"的时候，高教部党组织号召大家起来给领导提意见，而且党员要带头，起模范作用。他于是响应号召，给领导（主要对党员领导人）提了许多意见，其中有些意见比较尖锐，这就引起了领导对他极度的不满。恰在此时，四川转来了王方名家乡农会揭露他父亲恶霸地主的罪行材料，并附有王方名给他父亲的信，因此控告王方名包庇地主家庭。王方名的家乡解放之初，他父亲还被评选为人民代表，等到1951年初土改的时候便成了斗争对象。他父亲写信给王方名，说农民群众对他的揭发有许多不符合事实，而且不讲政策，连工商业财产也一律没收了，完全违背了法令，问王方名可否向上级告状。王方名不了解抗战期间他父亲买进许多土地成为地主，还认为他家只是烟商，因此回信说：政府是保护工商业的，如果群众不讲政策，违背法令，可以据理依法力争。这封信被群众查抄到手，不仅对他父亲没有好处，反而使他父亲遭到更残酷的斗争，群众因此也迁怒于王方名，便把他父亲的罪行材料连同他写的信一并转高教部，希望把王方名也整治一番。这些材料层层转递，恰好1952年"三反"期间送到高教部。高教部领导一见这些材料，不分青红皂白，就把王方名当作阶级异己分子，开除党籍。按党章，开除党员是要经过支部的，但"三反"期间谁还顾什么党章呢？由党组书记钱俊瑞签名写个报告，经领导"三反"运动的"中央节约委员会"副主任刘景范批示，再呈中央组织部部长安子文批准，这个铁案就铸成了。

在处理王方名的问题时，钱俊瑞完全是感情用事，不仅不按手续，甚至连王方名的档案也没有查阅。因为王方名的履历表上，许多地方都填写了我是证明人，而我和钱俊瑞共事多年，关系也很好，如果他看一看档案，何至于那样轻率地就把王方名开除党籍呢？

听了王方名的述说，感到非常奇怪，为什么那么多的偶然性因素，竟然碰到了一起？现在事已至此，怎么办呢？那时，他已"贬"到中国人民大学附属工农速成中学当教员。不过这也好，因为附中正由我管，我可以帮助他申冤鸣屈。我俩分析的结果，暂时不能完全翻案，最好先调到本科教研室，教什么呢？他希望搞哲学。考虑到他已没有党籍，搞哲学有困难，于是决定到逻辑学教研室。

王方名到逻辑学教研室以后，非常用功，加以他语文基础好，各种知识也都很丰富，所以很快就在逻辑的教学和研究上都取得了成绩。他在《教学与研究》上发表了一系列的文章，对逻辑学提出了许多新见解。这些文章引起了毛主席的注意。

无论苏联和中国，大多数研究逻辑学的马克思主义者都认为逻辑学具有阶级性，同时把形式逻辑和辩证逻辑完全对立起来，认为形式逻辑是低级的，只有辩证逻辑才是高级思维形式。王方名研究逻辑学后，觉得这些看法大有问题。如果逻辑学有阶级性，那么请你说出无产阶级的逻辑学来吧！西方自希腊以来，中国自春秋战国以后，人们讲的逻辑规则基本上都是相同或相通的，印度的因明学也一样并没有什么阶级的区别。看来要硬造出一套什么无产阶级的逻辑学来是根本不可能的，自马克思至今还没有一点端倪。何况马克思从来就没有这样的想法和说法。至于辩证法或辩证逻辑，当然是很高的学问，但辩证法或辩证逻辑学家的思维能够不合形式逻辑吗？你不是无产阶级，就是资产阶级；你不是红专，就是白专；这显然不合形式逻辑，难道这就合乎辩证逻辑吗？如果这样理解，简直是天大的笑话。很显然，真正的科学思维，必须既合乎辩证法，又合乎形式逻辑。把形式逻辑和辩证逻辑作高低之分，虽然恩格斯有类似的说法，但也未必恰当，至于把它们对立起来，那就近乎荒唐了。

王方名的这些论点，遭到逻辑学界很多人的批判，而这些人都自以为在坚持马克思主义，反对资产阶级思想。自从斯大林的《论语言学问题》翻译出版以后，形势有所改变。多数人认为语言都没有阶级性，那么逻辑自然也没有阶级性。但那些自称要坚持马克思主义的逻辑学家，仍不改变立场，说语言是语言，逻辑是逻辑，二者不完全一样。尽管他们承认语言是思维的外壳，外壳没有阶级性而里面却有阶级性，这本身就不合逻辑。但他们希望，你那是形式逻辑呀，我们要的只有辩证逻辑。多么神奇的理论啊！世界上竟有不合形式逻辑的辩证逻辑，也就是不合逻辑的逻辑。

在这场争论中，周谷城老先生是和王方名一致的，但他们是少数派，而且都不是党员，处境很困难。毛主席年轻时候学师范，对逻辑学很有兴趣，以后也很注意这方面的学问，所以他支持周谷城、王方名这一方，他曾特意接见了他们，并设便宴招待，鼓励他们在学术上坚持真理，但没有明确表示自己的意见。

自从毛主席接见后，王方名的处境大有改善，人民大学党内的主要负责人胡锡奎改变了从前的态度，对王方名格外重视，并一度让他担任逻辑学教研室主任。但教研室内部仍有些人对王方名不买账，一则因学术观点不同；二则因为王方名是一个被开除了党籍的老干部，毛主席虽然接见他，但并未解决他的组织问题，可见他的问题严重。王方名向我谈到这些情况后，我引他去见吴老（玉章），请示是否可以提出申诉。吴老一直很关心王方名的问题，由附中调到本科以及安排到逻辑学教研室都是由吴老提出解决的。吴老主张先向校党委提出问题，然后再转至中监委和中组部以求解决。随后王方名即向校党委写了个报告,在报告中沉痛地检查了自己的错误,最后希望校党委复查他的问题,恢复他的党籍。校党委讨论他的报告时,都认为对他的处分过重了,但他的问题,校党委无法解决,必须由他本人直接向中监委申诉,校党委负责转呈。于是王方名又向中监委写了申诉书,校党委附上几句话之后,送呈中监委。但不几天,中监委即将原件退回,不予受理。很显然,这一状没有告准。怎么办呢?我先后去找了刘锡五和王从吾,他两人都是中监委的副书记,我把详细情况向他们报告之后,他们都认为对王方名的处分是在"三反"运动中作出的,现在来看是过重了,可以改变,但最好由人民大学党委进行审查,提出改变处分的意见,呈请中监委批准。我把他们的意见回来告诉了党委。党委随即进行复查,并提出了改变处分的意见,再呈送到中监委去。但不久,中监委还是把原件退回来了。看来这一状还是没有准。怎么回事呢?我和王方名进行了分析,认为钱俊瑞、刘景范和安子文三人的批示,好比三座大山,谁敢推翻呢?我们又去找吴老请教。吴老说:解铃还得系铃人。如果钱俊瑞那里能松动一下,事情就好办了。他要我去找钱俊瑞。我说:这事情太大,而且以我和王方名的私人关系,再由我去说话,恐怕不好。于是吴老答应在适当时候,他可以把这个问题顺便提出来,而不宜专门为此事去找钱教务长(钱曾在华北大学任教务长,吴老习惯地这样称呼他)。就这样,王方名的申诉只得暂时放下。

  大概是1957年的初夏,学校有事要我到杭州去见吴老,谈完公务之后,吴老留我在西湖游玩。一天,吴老说钱教务长也在西湖,我们该去看看他。我说:可以顺便提一提王方名的事了吧?吴老欣然应允。但我们见到钱俊瑞时,他病得很厉害,那么热的天气,他还盖着两条棉被。吴老只问了他的病情,没有提王方名的事,我当然更不好意思提出来。坐了不多会儿就告辞了。回来说起这件事,吴老笑了笑,叹道:王方名可真不幸呀!后来我也对王方名说:你的命太苦了！彼此莞尔而笑，不过笑得很不自然。

1958年来了个倒霉的"大跃进"，从此闹得举国不安宁。钱俊瑞被下放到陕西当副县长，随后又转到安徽去当副专员，直到"文化大革命"结束之后才回到北京。王方名和我也都先后受了折腾，在"文化大革命"中，王方名被当作"黑五类"分子，受折磨更甚。

1976年10月，"四人帮"在万人唾骂声中倒台，全国又重见天日。王方名的问题也终于在十一届三中全会以后得到完满的解决。钱俊瑞回到北京后，我专门去找他，这次我直截了当地提出了王方名的问题。并对他说，我曾向他的秘书戴虹（王家宾）作过调查，戴虹说：钱部长当时根本就没有想到要把王方名的问题提交支部讨论，也没有想到要查阅他的档案。不用说他本人看了档案会重新考虑问题，就是让我去看一下档案，也不会不问一问历史证明人就胡乱地给人家扣上阶级异己分子的帽子。钱俊瑞耐心地听完了我的谈话和批评，他非但不生气，而且不断点头，最后很诚恳地自责道：荒唐！荒唐！我这人竟是这样的荒唐！让人家受了二十多年的罪！事情解决后我一定要去向他当面道歉。言下不胜悔恨和痛苦。我连忙劝解道：人谁没有错误呢？现在只要能帮助把他赶快解放出来，他也就满意了；至于当面道歉，那也不必，我可以把你的意思转达给他，他是不会计较的。随后我们就商量怎样进行，最后决定由他写一份报告，把事情的经过详细说清楚，并作深刻的自我批评，然后请刘景范、安子文撤销他们的批示，再提请组织部作出为王方名平反的决定。钱俊瑞办事还是那样的精明，他写的报告简直是一篇很动人的文章，其自我检讨真挚诚恳，令人感动。可见一个人只有被整之后才能深刻地体会到挨整的滋味，一贯整人而从未挨整的人，很难放下鞭子来承认整人的错误，分明整错了，他也要说出一套整错的道理来。我从钱俊瑞身上深深地悟出这一条重要的人世之道，从而对那些能在任何条件下只整人而不挨整并因此自以为一贯正确的人，采取不敬而远之的态度。

由于找不到刘景范，钱俊瑞对我说：只要安子文能撤销他的批示也就可以了。那时安子文在中央党校任副校长。我从1978年秋就借住在党校编革命史，找他比较容易，所以钱俊瑞就托我转交他的报告。安子文看了钱俊瑞的报告后，二话不说，就在报告上写下了他的意见，说他从前的批示有错，应予撤销。并回过头来对我说：我们这些人，过去的官僚主义太严重了！我笑了笑，略为闲谈几句就告辞而出。很快，王方名的问题经中组部批准解决了：撤销原来的处分，恢复党籍。

问题解决了，但28年的时光也过去了！且不说王方名在这28年中，挨了多少斗争，遭了多少罪，写了多少检讨，流了多少泪；就是他振作起精神来做研究工作，其资料和文稿不知有多少也在"文化大革命"中散失了！问题解决后，他高兴之余，想重理旧业，但一看书架上乱糟糟的，除马列原著和毛选外，其他一无所有，再看看箱柜也是如此，他不免四顾茫然。王方名勤于研究，勇于探索，有许多非常宝贵的新见解都只写成提纲或草稿，未敢轻易发表。他已发表的文章只是很少的一部分，而且还是比较平稳的部分，而大部分都储存在那里，等待将来。这并非因为他研究的成果不成熟，站不住脚，而是因为他的处境不佳，使他不得不如此。现在处境改善了，但稿件、资料以至有关的一切都完了！此情此景，怎不令人痛心呢！

他到西郊找我商量以后怎么办，到什么地方去工作？再研究些什么问题？人民大学虽然欢迎他回去，但因过去人事关系不融洽，他不想吃回头草了。北京市社科院刚成立，条件较差，但曹子西在那里担任副院长，曹为人很好，在人民大学工作时对我和王方名都不错，现在极为热忱地邀请王方名去他那里，并愿尽可能地提供研究条件。因此，王方名倾向于去北京社科院。我当然听从王方名自己决定。至于再研究些什么问题，他和我谈了很多，我固然很难提意见，他自己也拿不定主意。

他在50年代就很注意从中国古籍中搜集、整理逻辑学方面的材料，经过研究选择后扼要地把它写进逻辑学讲义中去，这样就比完全照搬西方和苏联的那一套更受学生欢迎。他又认为现在的思想和语言比过去已经极大地发展和丰富了，但逻辑学还是老一套，演绎法还是希腊时代的，归纳法还是近代初期的，为什么不从现代思想和语言中去寻求逻辑学的发展和丰富呢？当然，人类思维和言语的许多根本规律是古今一致的，因而不可能有完全不同于古代的崭新的现代逻辑学，但现代的逻辑学应较古代的更为完整细致、更为丰富则是毫无疑义的，而不应一成不变地完全因袭过去的一切。而且，随着科学技术和文学艺术等多方面的革命性变化，逻辑学也可能产生较大的变化，例如数理逻辑的产生和取得重大的成就便是证明。既然数理逻辑能有那样大的发展，为什么普通逻辑学不能有所发展呢？对此，王方名一方面去研究、去探索，同时还在普及方面下功夫，努力编写供一般学生和读者用的新鲜的逻辑课本。这项工作，在"文革"前已取得很大成绩，但还未完成，他问我是否还应该继续搞下去。

在60年代后，曾有人否定形象思维的存在。外行人说出这样的话不足为奇，最为可笑的，是从事逻辑学专业的也有人跟着瞎嚷嚷。王方名对此非常愤慨，他说：如果没有形象思维，那还有什么文学艺术呢？要文艺创作完全按演绎和归纳的思维方法进行，那会产生什么样的作品呢？请问三千丈的白发，如斗大的雪花，合乎抽象思维的规则吗？他还特别举出了元人的小令："枯藤老树昏鸦，小桥流水人家，古道西风瘦马，夕阳西下，断肠人在天涯。"说：这不是形象思维是什么？难道这也是抽象思维吗？很显然，那位身在天涯的断肠人，在一系列的形象面前引起了乡愁。这是感情的作用，不是推理；这是形象思维，不是抽象思维。抽象思维属于人类理性方面的需要，形象思维更多地属于人类感情方面的需要，这两方面的需要，都是人类与生俱来的，只要人类存在，那么人就既有理性，也有感情，因而既有抽象思维，也有形象思维。当然，在阶级社会里，不同的阶级有不同的感情，同样，他们的理性也是有所不同的。我们强调不同阶级的理性，是指它们对事物的理解不一样，绝不能强调到它们思维形式的规律也不相同，那样就是不同的阶级有不同的逻辑，也就是逻辑有阶级性了，这显然是错误的。而更重要的是我们强调无产阶级的理性，绝不能强调无产阶级只有理性，没有感情，如果强调到这样的地步，那就荒唐了。而如果只承认抽象思维，不承认形象思维，其结果一定要达到这样荒唐的地步。王方名还就形象思维写了一系列文章，并且已经发表了几篇——当然是其中态度比较温和不那么刺激人的几篇。他这时又问我是否要写成一本专著，充分展开来论述这个问题，并特别问我出版这样的著作有多大的风险。

　　王方名从研究逻辑学开始，就认定逻辑学研究的对象只是思维的形式而不是它的内容，而那些强调逻辑有阶级性的，就是把逻辑研究对象搞错了或搞混淆了。要弄清思维形式的规律，必须研究人类思维发展的历史。所以从50年代末，王方名就开始了对人类思维史的研究。他读了许多这方面的书，特别对黑格尔的著作感兴趣，但这方面的著作毕竟很少，这是科学上的缺陷，人们应该努力来填充这个比较空白的地方。他从两个方面来进行研究：一方面考察人类从古至今的思维发展，一方面考察儿童由幼到长的思维发展。他到科学院古脊椎动物、人类学和考古学研究部门搜索资料，请教专家，得到这些部门专家的热情帮助，认为他的研究很有价值，无偿地给他复印了许多图片，乃至专门为他精印了一些图片。他又专门到心理研究所、教育研究所去搜集儿童心理发展的材料，还亲自到幼儿园、小学去进行他自制的一套测验，并与一定的小孩和家长交上了朋友。总之，他为此付出了辛勤的劳动，并且还自己掏腰包花了不少的钱。但他的收获也很丰富，他不仅收集到许多珍贵的资料，而且已形成了不少重要的观点。他一次很兴奋地对我说：人类思维的发展和儿童思维的发展过程竟是那么的一致，很早就有形象思维和抽象思维，而形象思维还出现得更早一些，不过早期的思维很简单，既没有抽象思维的推理，也不能用形象思维来表达感情。从"识数"到"会算"是一个很长的过程，从笑笑到会唱儿歌、会童谣的过程也不简单。人的思维后来同时向两个方向发展，抽象思维的高度发展形成科学，形象思维的主要发展形成文学艺术。他准备把思维史写成一部大著作，其中西方的材料最多，但中国的材料也不少。

我是个外行，但对他谈到中国的材料时很感兴趣。如他说中国人的抽象思维到春秋战国时已很发达，但多重治国平天下的世事而缺乏对世界整体的思考，无论儒家、法家和杨、墨都是如此，只有道家有较深的哲学思维，但又过于空泛玄虚而未深入细密，直到宋儒才在吸收佛学的基础上形成他们的"理学"。由于中国封建统治者的专横，严密钳制思想，除很少数不满分子隐居到山林中去谈佛谈玄外，所有的士人或经"推举"，或经"考试"，都去当官吃俸禄，在以皇朝划定的圈圈里去思维，做学问，写文章，著书立说，就是诗词歌赋乃至琴棋书画都不能超越这个范围。加以轻视体力劳动和工商事业，使得自然科学不能发展。所以中国人抽象思维的天地很狭小，老是跟着统治者的意图打转，故步自封，很少进步。以逻辑学而论，战国时期较为活跃，但还没有形成亚里士多德那样的体系，以后就停滞了，更不可能产生归纳逻辑，直到近代，还是从西方输入逻辑学。又如语言文字学，这似乎是中国人的拿手好戏，把方块字弄得神乎其神，奇而又奇，一字之妙，令人颠倒，后来发展到写对联，猜诗谜，还有什么八股文等等，这一系列近乎文字游戏的东西，束缚了无数士人的头脑，搞了3000年仍然只知通句读和虚实词之类一点点东西，根本没有形成严密的语法。直到近代，还是马氏兄弟参照西方语言学写了一部《马氏文通》，中国人才开始研究自己的语言。至于形象思维，由于中国的文学艺术发达得很早，所以很早就有人探索形象思维形式的规律。

研究《诗经》的结果,把它归纳为赋、比、兴三种体裁,而且发现三者又可相互渗透结合。这一成果是很有价值的,可惜以后没有发展。对诗的研究如此,对其他文体以及音乐、绘画的研究也相差不多。尽管在美学和技巧方面的研究有许多成就,但对形象思维形式的研究则几乎陷于停止了。所以到今天还提出有没有形象思维的问题。

我对王方名讲的一套道理虽不甚了解,很难置可否,但觉得把它写出来是会起作用的。特别是对建立起思维史这一学科,对于科学事业和文学事业的发展都是很有益处的,因此我鼓励他树雄心、立大志,一定要抓紧把思维史完成。

王方名学识渊博,兴趣广泛。他对哲学问题经常思考,特别是对马克思主义哲学颇有研究。还在50年代的"大跃进"时期,他就想写文章批评《联共(布)党史简明教程》。他认为这部书完全是为树立斯大林个人威信也就是为搞个人迷信而写的,把一部联共党史写成了列宁和斯大林两个人的历史,而神化已死的列宁又是为神化活着的斯大林服务。人们都传说其中的第四章第二节(关于辩证唯物主义和历史唯物主义的那一节)是斯大林亲自写的。姑不论那时的斯大林能否亲自动笔写这样的文章,即以文章本身而论,它也把马克思主义哲学从根本上歪曲了。它把辩证唯物主义和历史唯物主义完全割裂,说什么历史唯物主义是辩证唯物主义在社会领域中的运用。好像辩证唯物主义产生在历史唯物主义之前,曾经有一个离开历史唯物主义的辩证唯物主义,这根本是不符合马克思主义思想的发展的历史实际,从理论上也讲不通。它又把马克思主义的唯物论和辩证法分割开来,殊不知马克思主义的辩证法是和它的唯物论分不开的(故称之为唯物辩证法);正如它的唯物论是和辩证法分不开一样(故又称为辩证唯物论)。至于谈到辩证法,他把马克思从黑格尔那里继承下来的三个法则,别出心裁地改为四个要素,有意把否定之否定取消。取消了否定之否定就是认为事物的发展不是螺旋形的、迂回曲折的,而是直线的甚至可以跟踪跳跃式的前进，这样的发展便没有了继承性而增加了随意性。斯大林还把马克思关于生产力三大要素的学说改为生产力只由劳动力和劳动工具构成，排除了劳动对象对生产力有一定的作用，这也是错误的。这样就很容易导致唯心论和唯意志论。我们当时的"大跃进"思想，固然有中国本身的原因，但与接受了联共党史的思想，曲解了马克思主义哲学，也有很大的关系。我很欣赏王方名的这些思想，但不赞成他写文章，因为在当时的情况下，谁也不能写这样的文章，至于像王方名那样处境的人就更不用说了。"文化大革命"结束使他的劲头又起来了，有一次他拿了文章的提纲来征求我的意见，我只对提纲作了补充，而对他写文章的计划未置可否。

王方名想写的东西太多了，而他想写的每个项目，规模都很大，难度则更大。尤其是思维史、资料、笔记和文稿，都在"文革"中散失了，现在如何着手呢？他很痛心，但又不肯罢手。每一个项目他都不肯放弃，但年龄和精力以及客观条件都无法使他能达到主观的愿望，他于是陷入矛盾和苦恼中。他的助手和他闹翻了，他的夫人和孩子们也不以为然。他的长子本来很同意他的逻辑思想，后来也走向反对他的那一面。

他感到莫大的孤独。有一次他到西郊来看我，谈到这些情况时，十分感慨。我劝他：你可以找他们开诚地谈一谈嘛！他沉默很久，才痛苦地拉长声音叹息道：欲取鸣琴弹，恨无知音赏。

他吟诵了这两句诗以后，颓然地往沙发上一躺，再也不说话了。我发觉有两条泪线，潸潸地从他的面颊上直往下流淌，而且我还看见他的额上满是皱纹，头发也稀疏得和我一样，头顶脱得光光的了。我不禁脱口而出，轻声地向他喊道：老了！方名，我们都老了。我劝他以后不要想写那么多的东西了，甚至可以撒手不写了。我说：主观愿望必须以客观条件为基础，办不到的事何必强求呢？我们做不了的事还有下一代嘛。

不等我讲完，他忽地站了起来，愤愤地对我吼道：你也觉得我不行了？哦！我完了，我完了！显得怒不可遏而又力不从心的样子。我扶他坐下后，又耐心地劝慰了一番，说明我们这一代人，在抗战和解放战争中已度过半生，本来搞学问就晚了，以后又蹉跎了十多年的岁月，现在一事无成，怎能不急呢？但着急也于事无补，徒劳耗费身心，不如量力而行，能发挥点余热就可以了。这是历史的安排，也是无法改变的。我特别一再问他：余热，我们只有点余热，你承认吗？同意吗？他开始勉强地点了点头，慢慢地我们相视而笑，相视而会心地微笑。后来我们谈得很高兴，直到晚上，我把他送到车站，我们才依依不舍地挥手告别。

1982年，我接到王方名寄来他自作的书画。他多年不习此道了，现在重新捡起来，因为历尽沧桑，无论书法和画笔都更苍劲有力。我很高兴。按他附寄的诗和了一首寄回：

青山长驻水长东，革命人生万代红。

百炼千锤钢铁汉，行书漫画乐无穷。

我以为他以后会安下心来了。谁知他思想中的矛盾不但未得解决，后来反而愈演愈烈。一时提笔写这方面的文章，一时又改写另一个问题，接着又把它们都撕了，扔进纸篓中。每日起居无常，有时半夜起来写，黎明大睡；有时入夜即睡，黎明起来写；弄得家人深以为苦。他的思想也时而东，时而西，有时很敏锐，有时似乎又很迟钝。他的行动也很任性，到处乱跑，家里常常不知他的去处。据说他有一次跑到成都后到四川大学他弟弟那里，因得知他弟弟的不幸遭遇，回家后大为伤感。有人对我说：像王方名这种情况，是老年人的一种特殊病态，叫做"精神飘逸症"。我因为从未听说过，所以对此说半信半疑，仍希望能把他劝说过来，常在家里以诗词书画自娱，即使是病，也会自然好的。不过从1984年以后，我们见面少了，对他的情况也只能从孩子们的口中得知一二。

1985年是抗战胜利的四十周年。我们这些从"九一八"以后就为抗日救亡而奔走奋斗的一代人，这时都已经老了。正因为年老而感慨愈多。我因为忙于写文章、讲课，没有注意及此，没有找王方名来一道好好地谈谈心，共同从回忆中总结经验教训，瞻望前途。这实在是莫大的疏忽！说也凑巧，就在1985年9月3日下午，就在人民大会堂开盛大的纪念会并向全国直播现场情况的时候，王方名面对着电视机，在床上靠着被子与世长辞了！当时，他家中无人，孩子们不在，夫人也到人民大会堂开会去了。他独自一人在收看纪念会的实况。我想，他此时一定有很深的感触。他大概认为：日本帝国主义已被打倒了，蒋介石也被打倒了，我们这一代人的任务已经完成了，何必活在世上让人家看作多余的人呢？还有什么多余的话说出来让人家争论不休呢？可以走了，可以放心地走了！于是他往床上一靠，安然地离世而去。

等他夫人开会回来时，看见他斜倚在被子上，还以为他在休息呢。是的，他是在休息，是在永远地休息。他休息得很安详，毫无遗憾的样子。

他的一生既无愧于天，也无愧于地，更无愧于任何人。他还有什么可遗憾的呢？他死在抗日胜利四十周年纪念日，真可谓死得其时。他死在新中国的首都北京，也可谓死得其所。他的冤案已经平反，他总算死得清白。但是，我们这些后死者当如何呢？反躬自问，我们是否真的清白无瑕？是否问心无愧？我们何以安度晚年而后安然长逝呢？而且，综观王方名的一生，他自己虽然可以心安理得，死而无愧，但那些处理过他的人和组织，也能无动于衷吗？其中不是有很丰富也很沉痛的经验教训吗？

在悼词中对死者说一大堆好话固然也必要，但那有什么用处呢？重要的是认真吸取经验教训，让后人避免走弯路，少受些痛苦。因此，我把我所知道的一些情况，如实地直率地写出来，一则用以寄托我的哀思，一则可以引起人们的思考，至于我从中引出些什么经验教训，当另外写出文章来。

雨歇凭栏
——怀念李成之[1]

1980年7月,我在大连为教育部主办的革命史教师讲习班讲课。忽然得到一封电报,要我回京参加李直(李成之)的追悼会。我一方面感到欣慰,因为李直的沉冤终于昭雪;一方面又为失去了我参加革命的引路人和共同战斗多年的老战友而感到悲痛。因为当时课没有讲完,不能回京,只好由我在京的孩子们代我前去吊唁。

1979年十一届三中全会以后,大量的冤假错案得到平反,但李直问题却一直拖着没有解决。他的一个孩子来找我,我为此专门去找了王震同志。我见到王震时就问他:"你还记得李直吗?"他说:"怎能记不得呢?那是一位好同志呀!"我说:"可他的冤案还没有解决呢!请你过问一下好吗?因为你最了解他。"王震答应了我的要求。

新中国成立后,李直一直从事农垦工作,很有成绩。王震非常了解他、器重他。在"文化大革命"初期,北京西四一带,到处都贴满了"打倒王震、李直"的大字标语,李直是与王震同命运的。李直冤

---

[1] 作家李锐的父亲。

死于"文化大革命"中，王震出来为李直平反是义不容辞的。果然，在王震的干预下，李直的问题很快解决了。1980年隆重地召开了李直的追悼会，宣读了党组织通过的悼词，肯定了他革命的一生和他一生为革命所作的功绩。

对李直冤案的平反，我虽然感到欣慰，但未能亲身参加追悼会，总觉遗憾。那天讲完课，我到大连海滨公园去散心，极目海空，心渐舒坦，忽然一阵风起，急雨飘来，我忙到一凉亭中躲避。等雨稍停，东方的上弦月早已升到高空。我无心回宾馆，便倚着栏杆远眺。猛然间，45年前的旧事历历浮现在眼前。

那是1935年的秋天，在日本帝国主义的侵略下，华北形势十分紧张。一天午后课余，阵雨新晴，李成之（李直）、胡其谦、周极明、我和王方名等一些众志学会的同学们爬上教学楼顶，凭栏极目，畅谈国事。一会儿唱歌，一会儿又联句作诗。好像是李成之起的首句："浮图关上鸟纵横。"马上有人续道："一带寒山浸夕昏。"我联上第三句："雨歇凭栏无限意。"这时马路上正走过一批摩登女郎，边走边哼着当时的流行歌曲《桃花江》。周极明当即骂道："国难当头，这些女娃还只顾穿红着绿，涂脂抹粉，真是'国之将亡，必有妖孽！'……于是有人联上了末句："垂杨马路咒摩登。"后来，我们唱起了救亡歌曲。谁知马路上的那群女士们也跟着唱了起来。原来，她们是附近一个中学的女学生，也都爱唱救亡歌曲。李成之事后批评了周极明，说，我们不能以衣饰取人，应该团结一切有爱国心的人都来参加救亡运动。

45年过去了，但当时的情景却永远铭刻于心，不能忘怀。那时我只有17岁，而李成之25岁，已经是一个各方面都比较成熟的青年了。他早年就参加过革命活动，社会经验和政治经验都比我们丰富。因为有了他，重庆学联在"一二·九"运动中没有犯大的错误。我们这些人都在他的影响下走上了革命的道路，参加了党。但谁知他一生却历尽坎坷，最后还冤死于"文化大革命"之狱。世事竟是如此的不公平啊！想到这里，我也不免生出好多感慨，于是步当年联句原韵，又吟成一首诗：

大连湾外岛纵横，细雨蒙蒙海月昏。
今夕凭栏谁与共？怜君跨鹤又先登！

我还记起了1938年我们在延安相聚的日子，特别想起与他在西安分别时的情景。当时我在八路军办事处招生组工作，他从延安出来，准备回四川，那时他正患严重的鼻炎，需要动手术。我劝他就在西安医治，等四川把他的组织关系转来，不必回四川去了。因为我知道胡宗南的"战干团"正在沿途拦截知识分子，路上很不好走。他不听我的话，两人争论得很厉害。一天，我到火车站接学生回来，他径自走了！没过几天，就得知他被扣留并被送往"战干团"的消息。因为我们招生组要营救被扣留的学生，所以对各处拘留学生的地方（包括战干团）都很熟悉，并有关系，我们很快就与李成之联系上了。他在"战干团"表现很好，做了很多工作，而且做得很出色，后来他借机逃离，回到了四川。我得知他脱险，非常高兴，但也恨他不听我的劝告，以致遭受一场磨难。

他回四川后，从事地下工作，担任过汉源中心县委书记、自贡市中心市委书记和川康联委书记等许多重要职务。他在工作中，成绩卓著，为党作出了不少贡献。例如在汉源时，就为党提供了一笔经费，解决了党的困难。由于在整风审干中四川地下党被诬为"红旗党"，李成之1946年被调回延安审查，并停止了党籍。他在被审查期间坚持实事求是的原则，没有乱说，更没有牵扯别人，而他对审干中经不起考验、乱咬别人的同志很看不起。由于战争期间无法调查，他的问题拖到1949年初还未得到解决。

一天，他在报上看见华北人民政府拖拉机训练班招生，这时他已在中组部机关当了文化教员，却不辞而别，去投考并考上了拖拉机训练班，中组部知道这一情况后，索性让他去从事这一工作，因此他当上了华北人民政府农业部机垦科科长。新中国成立后，他到中央农业部担任机务处处长、干校校长，后又任芦台农场场长，1951年任双桥农场场长。就在这年国庆节，我们偶然在观礼台碰见了，当时的惊喜之情，实非言辞所能表达。他那时正医痔疮，我当即到医院去看他。他1938年回川后的情况，他就是在医院里告诉我的，当时他还告诉我，已改名李直。

1953年以后，李直已患有严重的疾病，但他满不在乎，依然格外积极地工作。1954年他不顾东北严寒，申请到东北中苏友谊农场工作，在那里担任训练班主任、五分场场长，后来领导上见他身体实在难以坚持，才把他调回农业部任农场场长训练班主任。农垦部成立后，他又到农垦部干校任副校长、机耕总队任总队长。60年代初又开始任农垦部机械物资局副局长。

50年代末，李直的肝病更严重了，已由肝炎转为肝硬化，但他仍毫不在意地拼命工作，后来领导上硬是强要他到北京潭柘寺肝病疗养院去疗养。在疗养院，他不断地偷着下山，回去参与一些重要的工作决策，疗养院不见人，到处追查，就像捉拿犯人一样把他找了回去。尽管他回去后"诚恳地检讨"，但过几天又"逃跑"了，就这样，他的病没有得到很好的治疗。就在他振作精神、继续坚持工作的时候，他的病情日益恶化了。

"文化大革命"开始不久，他又住进了人民医院。我到医院去看过他两次，劝他安心养病，不要管事情了，但他不听，仍和以前一样，对一切问题都要问个是非曲直。但在当时情况下，哪里还有是非可言？于是他遭到残酷的折磨，终于在1972年含冤死于江西干校。

想到这里，心绪难平。雨后的海滩虽然空气清新，但我的心情却很沉重。在海边盘桓很久，直到弦月西沉。回到宾馆已是深夜，但还是不能入睡。我想，应该写点东西来纪念李直。通过他的一生，不但能了解中国革命的胜利来之不易，而且应该从中总结出许多革命和建设的经验教训来。为什么在整风过程中有人能制造出"红旗党"这样的大冤案？而且有那么多的人（以至领导）都相信？为什么在"大跃进"的灾难尚未完全克服的时候，又会出现更大的灾难——"文化大革命"？作为一个历史工作者，对这些问题应该有自己的答案。写纪念李直的文章，如果对这些问题没有答案，是写不好的，即便写得再多，也没有价值。因此我一直想写，却写不出来。

10年过去了，对这些问题，我仍然在不断探索。但答案呢？还是说不出来，然则就不写了吗？今年11月是李直80岁的冥诞，我非写不可了。因为我们一道去延安的周极明、罗义淮、陈寄宇、李直、王方名、胡其谦都已去世，仅剩我孑然一身，若再不写，将遗憾无穷。于是在病中写了这些，借此介绍一些情况，并提出了问题。一则用以抒发心中对故人的怀念，更重要的还是希望引起后来者的注意，希望他们在纪念前辈时，不止要学习前辈，还要研究前辈，从中吸取经验教训，以便把我国的社会主义建设事业搞好。

1990年于北京

·流逝的岁月·

挽邹鲁风之死

　　邹鲁风是1952年"三反"运动后从东北调到中国人民大学来的,他来是接替成仿吾的工作,担任了副校长并兼研究部部长。我知道他是北平"一二·九"运动的活动分子,对运动的发展有过积极的贡献。抗战时期在冀鲁豫区担任过专员,和我是晋冀鲁豫同一个山头的人。因此,我对他来人民大学极为欢迎,相信以后会相处得很好,谁知他一到人民大学,我在一次党组会上提出对他夫人(方志西)工作安排的意见,从此就结了仇,长期不得解决。我那时年轻,没有处世经验,我在党组会上竟然坦率地提出:邹鲁风同志来人民大学代替成校长(仿吾)的工作,这是中央的决定,很好,我们应该坚决地执行。但方志西同志来人民大学,怎么能恰好就安排她专门接替成校长夫人(张琳)的工作呢?据我所知,方志西在东北管普通教育工作很有成绩。那么,把她安排在教育部系统工作不是很好吗?何必要随邹校长安排在高教系统、安排在人民大学呢?过去,让张琳当工厂管理系主任,让徐伟立当副主任,下面就有意见(因为徐向苏联专家学得更早、更好),说学校领导不公平。现在,方志西从来没有学过工厂管理,来当系主任,徐伟立心里能服吗?全校干部师生能服吗?应该

444

说，我提意见完全是从工作出发的，毫无私心。但是，我的意见被否决了，而邹鲁风认为我是与他为难，从此怀恨在心。

从1953～1958年，我和邹鲁风之间，闹了不少的别扭，这些都不必说了。1958年"大跃进"的时候，邹鲁风跟着毛主席跑步，想很快进入共产主义，他要把人民大学办成一个大公社。校党委开常委扩大会时，通知我一定要参加，不准缺席，我那时虽然已经被高教部调到近代史研究所编书，但仍然是校党委的常委，因此按党规回校去参加了会议。胡锡奎（副校长，党组书记）一见我就说："现在全国都热气腾腾，你们还在冷冷清清地编书，坐得住吗？"邹鲁风接着说："……现在，官僚主义太严重了！学校领导太脱离群众，关在自己的公馆里不出来……应该和大家（同学们）同吃、同住、同劳动、同学习嘛！"我听到这些话语很反感，立即回了他一句："邹校长，说公馆嘛？我只有一个，你不是有两个吗？怎么办？你去和学生同住，是不是要让学生来住公馆？"他无法回答我的话，别人忙着把话题岔开了。但邹校长仍然很兴奋，他高声对大家说："我们办'人大公社'的条件很好。请中央把石景山钢铁厂划归我们，这不就有了'工'吗？把四季青（公社）划归我们，不就有了'农'吗？至于'商'，我们有商店，'四季青'也有商店。至于'学'，我们'人大'不仅有大学，而且有预科，'工农中学'和'附属小学'，一应俱全。至于'兵'，'人大'有'民兵师'，四季青的民兵就更多了……"他说话时，兴高采烈，神气十足。我觉得他头脑太热，体温总在40度以上，应该给他泼瓢冷水，因此，故意郑重地问他："邹校长，'人大'公社办起来以后，我们的学校是'社立'、'市立'还是'国立'的呢？哪个地方给我们。'关饷'、发工资呢？你考虑过没有？"他知道我是在打趣他，但他毫无准备，无法回答。他略加思索后，故意风趣地说："到了共产主义，还有什么'社立'（公社办）、'市立'（北京市办）和'国立'（高教部办）的区别？"大家听了,都大笑起来。

不久,邹鲁风果然去兼任了四季青公社的党委书记,每天坐着他专用的小汽车来回跑。李培之(人民大学教务部副部长)看见,就讽刺道:"公社化屁股后还冒烟呢?"大家都引为笑谈。邹鲁风对社员们说:"四季青很快就实行供给制。"社员们热烈鼓掌欢迎。因为那时一般农民的生活,比部队供给制还差得多。邹的秘书小马,曾当过河北省邢台县的区委书记,对农村情况很熟悉,他和我关系很好,跑来问我该怎么办?我让他先仔细算算账,再和邹校长商量。他算账的结果,四季青这年冬天,每人发一双鞋的钱都不够,别说发棉衣了。邹鲁风赶忙查账,查账后他的头脑开始冷静了,于是对社员们说:"要实行供给制,得慢慢来。今年冬天,且先不吃大锅饭。"

1958年,由于大炼钢铁,丰产未丰收。不少地方,放开肚皮吃饭的结果,到第二年春天就缺粮,以至断粮了。毛主席这时也号召学经济学、讲价值规律。1959年,邹鲁风调到北京大学任副校长,这是北大校长陆平提出来要他去加强北大领导的。这样,人大和北大的关系就特别好。于是,两校联合组织了一个人民公社考察团,由邹鲁风任团长,张腾霄(人民大学研究部副部长)任副团长,两校师生一百多人到河北省藁城县和河南省信阳地区各县去考察。

师生们到农村考察的结果,使他们大吃一惊,原来所谓的"大跃进",全是吹嘘。什么"高产"呀、"放卫星"呀,每亩地产粮几千斤、几万斤以至几十万斤,都是胡说八道。实际上是基层干部把农民当做奴隶,把他们像军队那样编成班、排、连、营,男女分开,不许同居,把每家的锅都打碎,拿去炼钢铁,然后由公社办食堂,全村在一起吃大锅饭,农民们干活不出力,吃饭却拼命。吃大锅饭的结果,一个冬天便把粮食都吃光了。春天师生们看到的是:到处喝稀汤,不少村庄已经开始吃野菜树皮。哲学系一个教师舒天巩回校偷偷地告诉我:"李新同志,信阳地区现在流行一首民谣说:'一进食堂门（儿），稀饭一大盆（儿），盆里有个碗（儿），碗里有个人（儿）。'现在还是春天，以后怎么办呢？会饿死人呀！"舒天巩曾在一二九师给刘伯承当过参谋，为人特别老实，不爱说话。他和我说话的时候，非常怕被人听见，他几乎是含着泪向我说的，我听了也非常难过。他的话果然说中了！从1959年开始的所谓三年困难时期，中国的非正常死亡（实即饿死）人数不下三千万人！这是多大的罪过啊！但至今还不敢正视这个问题，竟把这么大的罪过说成是想在中国探寻社会主义的特殊道路。

　　1959年春夏，邹鲁风的头脑已经冷静下来，他根据师生们的调查材料，写成了一批报告和文章。应该说，考察团写的这些东西，基本上是实事求是的（虽然把一些特别坏的典型材料都舍弃了）。北京市委（特别是彭真）非常重视考察团的报告，准备拿到即将召开的庐山会议上去表功。因为那时在庐山会议上，毛主席一定要纠正"左"的错误，谁知庐山会议后期的八届八中全会，忽然由纠"左"一变而为反"右"，反对彭德怀、张闻天的"右倾反党集团"，于是全党全国都展开了反对右倾机会主义的斗争。北京市委为了表现他们反右倾特别积极，便把人民公社考察团的那批材料作为罪证，把邹鲁风和考察团中的骨干都打成"右倾反党分子"。

　　本来，在组织考察团下乡的时候，人民大学的胡锡奎、聂真和北京大学的陆平、邹鲁风，大家的思想都是一致的，都认为"大跃进"太"左"了，应该适当纠正，组织考察团的目的就是要了解实际情况，用事实向上级报告。现在，全党反右倾了，陆平、胡锡奎和聂真便联合起来，说组织考察团的目的是为了调查人民公社的"优越性"，而邹鲁风却让考察团去挑人民公社的毛病，写出那么多的"罪恶材料"。于是向邹鲁风发动了无情的批判斗争。邹鲁风气愤不过，便起了自杀的念头，准备了许多安眠药，想一次大量吃下后长眠不起。本来，邹鲁风和方志西是一对非常亲密的夫妻，方是回民，邹为了她也就按回民的习惯生活。但在这次运动中,方志西表现积极,她与邹的关系疏远了。因此,她对邹想自杀的思想没有发觉,对邹准备那么多的安眠药也毫未注意。于是,邹鲁风才在服了大量的药物后真正地"安眠"了。

我听到邹鲁风自杀的消息,心中非常难过,情不自禁地潸然泪下。但是,对邹鲁风的批判反而更加升级了。

1959年冬,召开了一次全国性的人民公社讨论会。舒天巩为此专门来找我。他说:"这次讨论会专门请了信阳地委的宣传部部长来作报告。那个人坏极了,当地人民恨之入骨。听说在会上要当场揪出人来斗争……"他问我参不参加这个会,我说能躲就不参加,不能躲只得参加。他又问,他是否应参加?我说:"平常开什么会都参加,这次你不参加,不证明你这个老实人也并不老实了吗?"他听了也和我一起笑了起来。这次讨论会前,人大党委就通知我必须参加,因此我不能不去。会上,信阳地委宣传部部长果然作报告,大大吹嘘他们的公社办得多么好,北大和人大的师生虽然去挑出了许多毛病,但他说:"那也好嘛,挑出了毛病,把它改了,不就更好了吗?"他说:"我们非常感谢考察团的同志们!"说话时还敬了一个礼,引得全场都为他鼓掌。我看见这一情况,心想这家伙可不简单呀!我们已经训练出一批善于百变的官僚,他们将把我们引向无穷的灾难。后来听说此人因为作恶太多,1962年被抛出来枪毙了,这当然是后话了。在这次人民公社讨论会上,虽然没有当场揪出人来批斗,但因邹鲁风已死,批判的重点无形中转到考察团副团长张腾霄的身上。因为事前我们已经给他打了气,所以张无论在会上和会后都有了思想准备,绝不走邹鲁风的愚蠢道路,而是要挺起身来,亲自看看那批反右倾积极分子的破产,所以他会后虽然下放到学校农场去赶大车,但他一直很乐观,一直到1962年给他平反。

1962年"七千人大会"后,中央决定为1959年错划的右倾机会主义分子平反。为此，高教部部长杨秀峰带了一个工作组到人大和北大作调查。一天，杨秀峰去看吴老（玉章），问吴老：人大党委是否有过关于人民公社考察团的决议。吴老说："我年纪大，党委会我不参加。李新是校党委的常委，可以问他，他现正在我这里。"于是便把我从书房里请到客厅去见杨部长。我向杨详细地说明了人大和北大组织人民公社考察团以及邹鲁风被迫自杀的全过程（当然只是我所知道的）。并且明确地告诉他：所谓两校党委的决议全属捏造。于是杨秀峰去向胡锡奎要人大党委的决议，胡锡奎拿不出来。杨秀峰严肃地批评胡锡奎："你这样老的党员、老资格的大干部，怎么能撒这么大的谎！"杨秀峰又到北大去找陆平，向他要北大党委的决议。陆平支吾其词，被杨部长狠狠地骂了一顿。因为陆平年纪比杨秀峰小，资历也差一些，所以杨对他更不客气。随后，胡锡奎就被免去了人民大学副校长的职务，但他并没有被罢官，只是调离工作，而且调职的结果，不但没有降级，反而调到中央西北局去当一名书记，给西北局刘澜涛当副手去了。

邹鲁风之死是很可惋惜的，所以我特写这篇挽邹鲁风之死的文章。但是，他在官场中早爬到了相当高的地位，从解放区的行政专员，到新中国成立后东北大区的教育部部长；少年得志，盛气凌人，自以为一贯正确、完全正确，听不进别人的一点意见。自从到人大后，在历次运动中，都是拿着指挥棒整人的。1955年的反胡风运动、1956年的内部审干运动、1957年的反右派运动和反教条主义运动，直到1958年的三面红旗运动，他都非常激进，很想在运动中大显身手、出风头。但是，比起老一辈的官员，他毕竟太年轻，没有望风转舵、随时变色的本领。而且他毕竟是学生出身，还有一定的是非感、正义感，在真理面前，不敢公然违背它，硬说真理有什么"阶级性"，一会儿说白的是"真理"，一会儿又说黑的是"真理"。邹鲁风最后在举世昏昏、不分黑白的情况下敢于从谬误中走出来，说真话、讲真理，这种精神是很可敬佩的。他竟然因此而不免于死，呜呼，痛哉！正因为如此，我才把我们私人之间的夙怨，置之天外；我们因此而无生死之隔，成为追求真理的志同道合的战友。邹鲁风同志，你虽然死了，但你是为真理而死的，为正义而死的，我们将永远怀念你、纪念你。你若有知，当有所感吧。

附录二

李新生平简介

李新,1918年9月15日生于四川省荣昌县(现属重庆市)安富镇一个富于革命传统的家庭中,其父曾参加过同盟会和辛亥革命时的保路同志会。

1934年考入川东师范学校。1935年他积极参加了"一二·九"运动,被推为重庆学联主席。1936年遭学校开除后,到万县民众教育馆三正埠分馆任主任馆员,同年冬加入中国共产党。1938年初与同学罗义淮(后曾任军事学院秘书长)、王方名(作家王小波之父)、李直(作家李锐之父)等步行到延安,同年在陕北公学毕业后,到八路军西安办事处任招生委员。1939年返回延安任《中国青年》助编(主编胡乔木),同年秋任西北青年救国会第二剧团指导员兼团长,率该团赴华北抗日前线。其后历任中共北方局青年干部训练班主任(副主任彭梦庚,后曾任江西省副省长、省委秘书长、内蒙古自治区政府常务副主席),中共北方局、晋冀鲁豫中央局组织部(部长刘锡五)组织科长,晋冀鲁豫中央局青委书记,中共河南杞县县委书记。1946年任北平军事调处执行部整军小组成员、第十八集团军驻北平办事处滕代远将军中校秘书兼党支部书记。同年秋任中共河北永年县委书记兼围城司令部政委（司令员李大磊，后为解放军少将）。1948年任华北局青委负责人之一（另一负责人许世平，后曾任国务院知青办主任）。同年秋任华北大学一部副主任（主任由教务长钱俊瑞兼）。1949年任该校正定分校主任。

从1950年初起，投入中国人民大学的筹备工作。该校于当年秋成立后，历任教务部副部长（部长由副校长胡锡奎兼）、党委副书记、中国革命史教研室主任、历史研究所所长等职，并曾兼任团委书记。1956年任中央社会主义学院教务长、党组成员。1960年任中国文字改革委员会秘书长、党组副书记。

从1956年起，受高等教育部委托，开始与蔡尚思、陈旭麓、孙思白、彭明共同主编《中国新民主主义革命时期通史》（全书共4卷，于1961年完成），1960年被高等教育部评定为教授。1961年至1962年，协助吴玉章写作《辛亥革命》和《历史文集》两部著作。1962年后辞去一切行政职务，调至中国科学院近代史研究所任研究员，专心从事研究工作，协助范文澜编写《中国通史简编》。

1972年，接受周恩来和董必武布置的编写民国史的任务，开始主编《中华民国史》。1978年，任中国社会科学院近代史研究所副所长、党委副书记（所长、书记刘大年，另一副所长、副书记黎澍）。同年在胡乔木院长的领导下，开始主编《中国新民主主义革命通史》（全书12卷，于1996年完成）。1980年，任中共中央党史编审委员会党史研究室副主任（主任胡乔木）。同年被增补为第五届全国政协委员，并担任文史资料工作委员会副主任委员（主任委员王首道）。在全国政协会议上，率先提出"撤社建乡"的提案，得到近百名委员的热烈响应，参与联署，并很快成为中央的决策。

1976年后，任中共党史人物研究会副会长，中国中共党史学会副会长，中国现代史学会理事长、名誉会长，兼任北京大学、清华大学、复旦大学、南京大学、中山大学、河北师范学院等校教授，是国

家中阅读

务院学位委员会批准的第一批博士生导师。

  1982年机构改革后,任中共中央党史研究室副主任(主任胡绳),1986年免去该职,退居二线,仍任研究员。

  1997年离休。

  2004年2月5日,因病在北京逝世。

附录三 | 陈铁健

赤条条来，复赤条条去

2004年2月5日上午，应邀到车公庄参加《北京党史》编辑部顾问会议，见到彭明、张注洪两先生，谈起李新先生近日病情，我告以北京医院日前曾报病危。

近数年，院方曾多次报病危，而先生竟以异常耐力度过一次次险境。大家都以为先生的吉星高照，这次病危定会安然度过。不料，下午2点，刚刚回到家中，便接到先生胞妹李德坤电话：先生在今日上午11点40分以心力衰竭谢世，安详而无痛楚。最后，先生长公子李小丁电告：依照先生遗愿，遗体供医学解剖，眼角膜捐献，骨灰于清明时节海葬。我问小丁：原来先生曾有归葬重庆老家之意，何以又改为海葬？小丁说，先生在病中听到川东亲友拟建大墓消息，断然决定不再归葬老家，也不在京举行任何仪式。

这使我想起，有些人逝世，后辈们竟违背其生前意旨营建巍峨崇高的遗骸留置处，自毁尊严之后，又故作神圣。先生对此举不无感慨，他说，不遵既有决定，出尔反尔，足令逝者与行者失望。赤条条来复赤条条去，人生不过如此，何必作无谓的张扬！先生阅世之深、视事之明，于此可见。

先生崇尚海葬，正是他坦荡人生的自然归宿。当先生骨灰远离喧嚣的人境，漂向无边无涯的汪洋大海，不留丝毫痕迹之时，他的魂魄、风骨和精神，将和无所不在绵延不绝的时空永存。

| 陈铁健

编后记

李新与本书整理者陈铁健合影（美国学者李又宁1989年夏拍摄于北大畅春园宾馆）

2004年春，我的导师李新先生辞世后，上海《文汇报》施宣圆先生来京盛情邀约我为李新先生整理一部回忆录，交由文汇出版社刊行，并当即与出版社副总编冯勤草签出版协议带回上海。我从那时起整理先生所写回忆文字。其中，有些文字送请于川师母重新校订，并请李小丁为他父亲选择可以同时配发的照片，做成光盘。几个月后，我将全部书稿和照片光盘寄给上海的冯勤先生。一年之后，得到不予出版的答复，说是考虑到"经济效益"，他们只好放弃原定出版承诺。不仅不予违约补偿，寄回的书稿竟少了两篇原稿，照片光盘也不知去向。经多次催索，总算璧还失落的文、照。一生很少发怒的我，这次真的动了肝火，写信严词训斥了不守信诺者。

此后，书稿一直在我的书框里静候发落。2006年，与老朋友、兰州大学出版社总编张克非教授谈及此事。热心的克非先生说，可以寄给他看看，争取在他那里出版。克非披阅全稿，并按规定把几篇"敏感"文字上报。新闻出版总署及时转给中央党史研究室专家进行审读，亦获通过。然而，又是因为"经济效益"，使克非处于欲进不能、欲退不可的境地。我只好将书稿撤回。克非为此一再表示由衷的歉意。老实说，我对施、冯、张三先生的处境，十分理解，十分同情。出版业与学术界、编者与作者所遭遇的尴尬，乃大形势大环境使然，非一人一社之过也。

书稿在书框里又放了一年。2008年秋初，经金以林教授介绍，与出版策划人尚红科先生相会。尚先生听到此书的遭际，当场索读书稿，不久便推荐给山西人民出版社的李广洁社长，李社长当即拍板出版此书。他说，即使赔款，也不放弃。此举为原来打算设法筹款出版此书的中央党史研究室解脱了困境，也使我这个奔波数载求告无门的"老学生"终于能够欣然告慰导师李新先生的在海（遵先生遗嘱，骨灰撒向大海，不留八宝山）之灵了。

先生的这本回忆录，是革命者的反思，是历史家的批判，是学问家的质疑，是文化人的启蒙，它是任何"经济效益"所不能替代的。山西人民出版社的诸位先生，高明卓识，助学为乐，令我感佩之至。对李广洁社长和尚红科先生的运筹举措、责任编辑杜厚勤、特约编辑黄海龙、李占芾先生的编辑加工，尤其表示诚挚的谢意。

2008年9月15日　写于李新先生90冥诞之夕

李大兴

再版后记

从小我在户口本里就看到自己的籍贯是四川，但是一直没有去过。直到前年11月，才因为一次新书签售讲演，有机缘到成都。初冬的蓉城阴雨连绵，然而我一下飞机就感受到天府中人的热情：两位北大校友全程陪同，四川校友会热情款待，令我受宠若惊。

久闻成都生活令人向往，亲历方知名不虚传。虽然不过短短数日，已感受到一份日常生活中的从容。或许因此吧，新朋旧友把酒言欢，少了些商业时代的匆匆行色，多了点人情味与尽兴而散的感觉。

临行前日，自三星堆归来，天色已暗，忽然收到在校友群里相识的一位校友微信，十分真诚地执意来见，说在酒店聊几句就好。我回到酒店，他和一位年轻人已在大堂等候。时过九点，我们在已经打烊的咖啡厅里一杯清水聊了一个多小时。告别时我才知道，原来黄立新校友是四川人民出版社社长。

他的专程来访让我很感动，回到北京后不久，我忽然想到，如果父亲的回忆录能够在他的故乡再版，该是多好的一件事！他在天有知，应该也会很开心吧。于是，一次雨夜在桔子水晶酒店的邂逅，便成了这本书再版的缘由，而那天晚上见到的年轻人便是本书责编章涛。

父亲的这部回忆录初版于2008年，甫一问世便颇受好评，许多知名学者与评论家都发表过评论文章，推许为他那一代人回忆录中的佳作。

父亲2004年去世后，家人委托他的第一个研究生、著名历史学家陈铁健先生整理他的遗著，遂有这部回忆录的定稿。这次再版，已经85岁高寿的陈先生特意题写了书名，他的书法在中国社科院素负盛誉。

父亲在波澜起伏的20世纪度过一生，青年时和他的许多同龄人一样，当抗日风起云涌之际，为救亡投笔从戎。然而他中年的选择多少与众不同，大多数人离开书桌参加革命，从此就远离学府，父亲却主动一步一步回归书斋，从主编《中国新民主主义革命时期通史》到《中华民国史》，渐渐转型成为历史学者。

在父亲看来，历史学的本分是求真，这也是中国史学里最值得珍惜的传统："在齐太史简，在晋董狐笔"。父亲这部回忆录为人所

1948年冬，父母在河北正定。

称道的，大多也是其中的细节真实。在我看来，至少同样重要的是叙述的平实。很多时候，他的史笔并不着太多笔墨，但是不回避史实和他曾经感到的困惑。可惜的是他的回忆录还没有写完，就猝然中风倒下，从此卧病不起。这部回忆录写到1965年戛然而止，来不及覆盖他的后半生。那一年我刚刚记事，不久后开始的十年浩劫，是我的童年少年记忆，虽然不甚了了，却也能感觉到父母在度过他们一生中最艰难的时光。改革开放之初，父亲是亲身参与者，不过进入80年代后，他又把大部分精力投入编撰史书。从90年代初他开始写回忆录，既是对往昔的怀念，也是浸淫史学多年后对自己一生与所经历时代的思考吧。

　　父亲在19岁时就离开了四川，再次回到故乡是在26年后。他的岁月大半在北方度过，虽然终其一生，说的还是椒盐普通话。他逝世后骨灰归于大海，然而当我想起他时，就会想起童年时他给我讲的他小时候的故事。我想父亲一定是怀念故乡的，因此，我非常感激四川人民出版社在父亲百岁冥诞之际再度出版他的回忆录。在此我的兄长和我向黄立新社长、章涛责编暨所有为本书出版做出贡献的朋友们致以真诚的谢意。

2019年6月18日